我们一起解决问题

PRACTICE GUIDE TO

普华审计实务工具书系列

胡顺淙 ◎著

舞弊审计

[实务指南]

FRAUD AUDITING

人民邮电出版社

北 京

图书在版编目（CIP）数据

舞弊审计实务指南 / 胡顺淙著. -- 北京 ：人民邮
电出版社，2021.10
　　（普华审计实务工具书系列）
　　ISBN 978-7-115-57179-3

　　Ⅰ. ①舞… Ⅱ. ①胡… Ⅲ. ①企业－审计－指南
Ⅳ. ①F239.6-62

　　中国版本图书馆CIP数据核字(2021)第171340号

内 容 提 要

在企业的经营管理中，往往存在着舞弊行为。舞弊行为的发生不仅会影响企业的正常运营，甚至会给企业造成严重的经济损失，所以舞弊审计的重要性日益凸显。对于审计人员来说，要做好舞弊审计，除了要熟悉审计知识和会计知识，还需要掌握其他领域的知识和技巧，如证据学、心理学、博弈学、数据系统等。

《舞弊审计实务指南》由具有二十余年多行业审计实践、中国企业财务管理协会特约内控课程设计专家、跨国集团审计副总裁胡顺淙老师倾情打造。本书内容分为两大部分，其中前五章从总体上介绍了舞弊审计，包括企业舞弊概述、舞弊审计与流程审计的异同、舞弊防范与舞弊审计原则、舞弊审计中的证据要求、舞弊审计的流程；第六章到第十三章则具体阐述了舞弊审计思路和舞弊审计技巧，涵盖了文件审核、数据分析、报表审查、信息系统与电子痕迹审查、现场观察取证、察言观色、信息访谈，以及认错访谈等。作者以深入浅出的方式来介绍舞弊审计的思路与实操方法，并辅以案例解析，带领读者透视舞弊，掌握鲜为人知的舞弊审计实战技巧。

本书适合企业内审人员、会计师事务所审计人员、企业风险管理人员、企业财务人员、企业舞弊调查相关人员、企业人力资源从业人员阅读和使用。

◆　　著　　胡顺淙
　　　责任编辑　贾淑艳
　　　责任印制　胡　南

◆人民邮电出版社出版发行　　北京市丰台区成寿寺路 11 号
　　邮编 100164　　电子邮件 315@ptpress.com.cn
　　网址 https://www.ptpress.com.cn
　　北京盛通印刷股份有限公司印刷

◆开本：787×1092　1/16
　　印张：30.5　　　　　　　　2021 年 10 月第 1 版
　　字数：620 千字　　　　　　2025 年 10 月北京第 19 次印刷
　　著作权合同登记号　图字：01-2021-4503 号

定　价：129.80 元
读者服务热线：（010）81055656　印装质量热线：（010）81055316
反盗版热线：（010）81055315

本书出版指导委员会

专家推荐

对于企业的平稳运营和健康发展来说，舞弊审计的重要性不言而喻。顺淙的这本《舞弊审计实务指南》特色鲜明，一是内容新颖，既有对国外一些先进审计理念的借鉴，也有对国内审计部门和岗位工作鞭辟入里的剖析和细致入微的指导；二是覆盖面广，不仅对国有企业管理层有积极的指导作用，而且适合民营企业等不同所有制性质的企业的管理需要；三是实践性强，全书不但有理论、有思考，更为突出的是有非常实用的审计工作中的具体方法、措施和手段，是一部不可多得的审计实务工具书。推荐给所有相关工作从业者！

——张亮

职务犯罪侦查专家

腐败调查与腐败预防专家

全国多所高校特聘教授、研究员

《舞弊审计实务指南》通过手把手的操作指引、翔实生动的审计案例，揭示了舞弊审计活动的基本原则和一般规律，提供了可操作、易执行、能复制的宝贵经验。同样，舞弊审计作为以查明事件真相、收集证据、查获行为人为目的的活动，其"道"与"术"，亦值得从事纪律检查、案件调查、刑事侦查、巡视巡察工作的人员细细研读。

——木役

省级人民检察院检察官

舞弊是生长在组织肌体上的毒瘤，危害着组织的健康成长。通过内部审计对组织进行经常性的体检，可以及时清除舞弊诱因，预防舞弊的发生。对舞弊行为进行检查和报告，尽早发现并遏制舞弊的发展，更是《中国内部审计准则》对内部审计提出的职业规范要求。胡顺淙老师的这本书，通过诸多实用技巧和案例分析，指导审计人员更加合法合规、积极有效地参与舞弊的预防、诊断和治疗，正所谓"治已病、防未病"，本书将成为防治舞弊毒瘤的好大夫、组织健康的守护者。

——沈立强

中国内部审计协会副会长兼秘书长

舞弊审计是内部审计的难点，也是内审人员审计能力的试金石。企业反舞弊审计能力的提升，有助于净化企业内部环境，为企业健康发展保驾护航。顺淙的这本《舞弊审计实务指南》提供了包括反舞弊原则、方法、技巧、策略在内的较系统和全面的解决方案，也是作者长期实践经验的总结与凝练，为从事内部审计或反舞弊职业的人员提供了很好的工具，是企业反舞弊领域重要的探索，特别点赞。

——周清平

广东省企业内部控制协会会长，万科集团审计监察部总经理

这本书就和胡老师本人一样，有着丰富的内涵。把这本书说成是审计者的宝典一点都不为过。书中每一个章节的内容都安排得十分周密，也十分实用和接地气，让人读起来充满兴趣。

——马爽

上海安越企业管理咨询有限公司创始合伙人

我始终认为，没做过舞弊审计、不擅长舞弊审计的审计人员终究算不上行业的高手，甚至无法体会到审计职业的成就感。市面上的规范理论十分缺乏，本书弥补了这一缺憾，有很强的实践指导意义。

——傅怀全

浙江省总会计师协会秘书长，中国内部审计协会理事，

浙江天泽企业管理咨询有限公司董事长

随着中国市场经济的发展，舞弊审计的地位越来越重要。胡顺淙老师根据多年的跨国企业舞弊审计经验，从理论到实操系统性地指导企业内审人员识别并防范风险和舞弊，从而提高资本的保值增值能力，减少不必要的损失，促进企业健康有序地生产和发展。

——刘军忠

卓远咨询集团有限公司创始人，深圳市移动云科技有限公司 CEO

我有幸拜读了胡顺淙老师的这本《舞弊审计实务指南》，读后不禁为这本书的出版拍手叫好。这本书涵盖了财务、法律、犯罪学、心理学在舞弊审计中的应用，包含了舞弊审计流程设计、访谈、取证、报告撰写等各个环节，不仅有国内外相关政策的解读，而且有生动翔实的实操案例，理论与实践并重。本书有助于读者快速掌握和提升舞弊审计技能。真诚地向大家推荐这本书！

——胡玉华

国际注册舞弊审查师协会北京分会会长，宏景国际教育集团学术副总裁，

反舞弊课程高级讲师

鲜有企业或个人对舞弊是免疫的。舞弊和腐败破坏商业行为中的公平正义，污染经营环境和经营风气，推高企业运营成本，玷污品牌形象，损害企业利益。

《舞弊审计实务指南》一书系统地阐述了及时识别并发现舞弊风险的实战方法，全面揭示了透视舞弊真相的审查技术。该书结构严谨、内容丰富、技术领先，有助于审计实务中提升舞弊败露率，成为反舞弊源头的一盏明灯。

本书是反舞弊领域难得的实用、管用的专著！

——罗志国

内审之友专家委员会会长，上海栩骏企业管理事务所总经理

舞弊问题一直是困扰经济活动的一个难题，尤其在经济、科技快速发展的今天，舞弊的方式方法更加多样，因此如何有效发现舞弊甚至减少舞弊成为审计领域的一个重要课题。本书通过丰富的案例剖析，系统揭示了一些常见的难点、痛点，重点介绍了实操环节的技巧，对舞弊审计工作的开展具有很好的指导作用。

——周伟

南京公用发展股份有限公司总经理

本书无论对刚入审计职场的新兵，还是在审计行业工作多年的老兵都具有实践指导意义。本书具有很强的操作性，通过一个个具体的案例，通过一步步可以落地的操作步骤，对舞弊审计抽丝剥茧，以达到审计目的，从而增加舞弊审计对公司治理体制健康运行的保障！

——陈大伍

皮姆西科技实业中国区总裁

舞弊审计是企业内部审计中的重要组成部分。胡顺淙老师是资深的一线反舞弊审计专家,他的这本《舞弊审计实务指南》将反舞弊相关理论与企业实际运用完美地结合起来,是不可多得的舞弊审计实战手册。这本书不同于以往审计教材的理论化,它直指舞弊审计实操环节的难点、痛点,书中介绍的技巧和工具可为审计人员提供快速参考。相信此书将对提升舞弊审计人员水平具有非常大的推动作用。

——沈维文

上海宝钢包装股份有限公司审计部部长

舞弊审计可以更加直观地反映内审工作的价值,体现内审工作的重要性。本书是胡总多年舞弊审计工作知识与经验的总结。全书通过生动的语言、丰富的案例,带读者了解舞弊的本源、舞弊审计工作的面貌,分享舞弊审计工作中所需的知识与技术、工作实施的思路与方法,有理论、有实战、有心得,内容深入浅出、通俗易懂。无论你是正要从事舞弊审计工作的新兵,还是在反舞弊战线奋战多年的老兵,在读过之后一定都会有所收获。

——牛恺

《内审人员进阶之道》《房地产企业审计从入门到精通》作者

舞弊是一种利用管理缺陷损公司利益肥自身利益的行为,往往手段高明、过程隐蔽,但再狡猾的猎物也永远逃不过技艺高超的猎手。本书就是一位技艺高超的"猎手"揭露的关于猎物的点点滴滴,为我们内审人员快速识别舞弊行为、发现舞弊线索描绘了生动的"猎物图谱",不失为一部操作性极强的舞弊审计实务指南。

——袁晓斌

江苏农垦集团审计部部长

对于企业内审人员来说,舞弊审计与常规管理审计在审计目的、范围、方法等方面都存在显著差异。比如,执行舞弊审计不仅需要运用管理学、审计学、法学、会计学的知识,更要对心理学、行为学、犯罪学、计算机科学等学科有所了解,还要具备扎实的逻辑推理能力。大部分中国内审从业者在上述领域目前尚存在较大的不足,胡老师这本书的出版恰逢其会,必定能帮助从业者打开新的局面!

——王子宁

FCCA, HKICPA, CIA, 上海先进半导体制造有限公司审计部负责人,

上海市犯罪学学会内控及反舞弊研究会理事

舞弊审计作为企业内部审计中高附加值的审计类型，综合难度及所需技能较高，但从内部审计的迭代来看，又是不可或缺的审计种类。对于如何开展、如何做好此类审计，该书从理论到业务实操做了详尽的描述，会让各位同仁受益匪浅，使业务知识储备及技能均有提升。

——王锐

正大天晴药业集团股份有限公司董事会审计委员会审计稽查办公室主任

我幸运地与胡总有过几次交流，我们对新技术在反舞弊中的应用充满了兴趣，也偶有感慨，一些行内的老窍门儿对于新入行的同事似乎变成了尘封的秘密。现在好了，《舞弊审计实务指南》出版了，它包含了大量的新技术和老窍门儿，既满足了读者的好奇心，又为新人打开了一个宝库。

——李涛

企业反舞弊联盟调查委员会专家，上海市犯罪学学会内控及反舞弊研究会理事，

上海立信大学校外硕士生导师，上海上美化妆品有限公司审计总监

凡企业者，或因性质不同，或因理念相错，风控之道，概不相同，各有所长。然他山之石，可以攻玉；他人之事，亦我事之师！顺淙同志从业半生，终得此书，系实践中的不断总结，亦代表了风控人不断求索之精神。

——孙世超

上海市犯罪学学会内控及反舞弊研究会理事，某大型企业法务总监

反舞弊调查能力的高低，直接决定了调查时能否出业绩，决定了审计部门、监察部门能否满足公司的期待。胡顺淙老师的《舞弊审计实务指南》，就像身边的一位绝世高手，把自己的经验、心得对我们一一道来。

——施增洪

海亮集团审计部部长

初入审计江湖时，有幸遇到胡总做我的审计导师，一路带我"升级打怪"、快速成长，彼时胡总分享的舞弊审计案例让我至今忆起仍觉精彩绝伦！舞弊审计可以说是审计中最难打的一仗，如今胡总将数十年舞弊审计经验凝结于此书，实为从业者的锦囊和弹药！得此舞弊审计"红宝书"，如名师在侧，我们必能所向披靡！

——柏婧

杭州某互联网公司内审负责人

《舞弊审计实务指南》是一本实用的专业审计工具书。在经常被忽视的舞弊审计领域中给出了许多实用的提示和技巧。这本书不仅是专业审计师应该读的,也是企业最高层和各职能管理层领导者应该拜读的,同时监管者也将会发现这本书对他们的工作有帮助。

——卢耀群

新加坡国立大学商学院治理与永续发展研究所所长

《舞弊审计实务指南》是一盏照亮舞弊审计工作思路的明灯,内容全面、细致,概括了舞弊的类型、表现,挖掘了舞弊的动因,透视了舞弊的根源,从而提出了舞弊审计的策略与技术。全书既高屋建瓴地阐述了舞弊形式,树立了人们对舞弊全方位立体感的认知,又深刻地描述了舞弊手法,从根本上提出了舞弊审计的实现路径和方法。书中介绍的舞弊审计方法不仅可操作性强,而且具有前瞻性,能极大地提高舞弊审计的效率。此书的出版,将提高专业人员的工作技能与审计质量,使舞弊无处可藏,无路可遁。

——陈丹萍

中国财务管理协会审计专业委员会主任,南京审计大学国际审计学院原院长

本书是舞弊审计业界资深实操者的倾情之作。作者理论功底扎实,书中案例分析透彻,有很好的借鉴和启发意义。

——陈艳娇

南京审计大学教授,内部审计系主任,硕士生导师

本书作者在舞弊审计方面有着丰富的审计实务经验,书中的内容通俗易懂,可以为读者今后深入学习信息化、智能化环境下的审计技术和方法打下扎实的基础!

——陈伟

南京审计大学教授,江苏省高校"青蓝工程"中青年学术带头人

《舞弊审计实务指南》是凝聚了胡顺凉老师几十年审计工作经验和思考的一部力作,为舞弊审计工作提供了一整套完善的方法和实用的技巧,也为开展舞弊审计教学提供了非常好的参考。

——魏晓雁

上海立信会计金融学院副教授,审计系主任,硕士生导师

本书作者从实务的角度出发，无私地分享了研究、查核舞弊的技巧，举凡报表审核、现场取证、察言观色及识人访谈，各类重要的审计技巧悉数包含。本书行文畅快且简单易懂，着实可称为一部与时俱进且掷地有声的舞弊审计实操指南。

——康格温

新加坡义安理工学院中文系主任

本书涵盖了很多务实、深入浅出的案例，有效地介绍了舞弊审计的各种方法，对初学者或有经验的读者皆有帮助，值得一读再读。

——李兴彬

普华永道风控部大中华区内控鉴证服务主管合伙人

作为一本实用手册，本书浓缩了胡顺淙老师在舞弊审计领域多年的积淀，给反舞弊从业者提供了一套成熟专业的方法论和大量鲜活的实战案例。无论从职业还是职能的角度来看，本书中的建议都能助你一臂之力。

——陈炽

安永法证及诚信合规服务合伙人

这本书详细地介绍了舞弊审计的实务方法，不仅对审计人员非常有用，对会计人员、财务总监和企业所有者也非常有用。此外，本书也为会计、财务专业毕业生提供了有关舞弊审计的知识，以备他们在工作中应用。在当前充满挑战的经济环境下，毫无疑问，可能会发生更复杂的舞弊行为，《舞弊审计实务指南》肯定能为揭露舞弊和促进企业治理提供巨大的帮助。

——黄家骏

德勤审计与鉴证服务合伙人

由经验丰富的胡老师撰写的《舞弊审计实务指南》是我阅读过的众多舞弊调查书籍中最实操有用的一本。在今天竞争激烈的商业世界中，企业无时无刻不在面对舞弊与合规问题带来的财务及声誉损失风险。搭建高效的审计体系将有效协助企业降低舞弊风险。这本书是企业管理者和任何一位要提升公司治理和舞弊风险管理能力的职业管理人的必看指南。

——黄声智

新加坡某大型基建管理投资公司资深董事

胡顺淙老师二十年来在企业治理和审计工作中持续耕耘，他对审计的热忱是无可否认的。《舞弊审计实务指南》凝结了胡老师多年的审计知识和经验。这部实操指南是审计从业者和任何想了解舞弊审计的专业人士的必备读物。

——程志彬

宏诚上市集团执行董事，Finsource 集团创办人兼董事

舞弊行为对一家企业的破坏性不言而喻。且不说财务造假事件可以毁了一家世界 500 强企业和一家位列世界第一的会计师事务所，一般如虚假报销、公物私用的舞弊行为也会慢慢地侵蚀企业的良好氛围，导致企业危如累卵。非常感恩顺淙兄着笔《舞弊审计实务指南》，书中内容深入浅出，为审计同行在极具复杂性、隐蔽性、多样性的舞弊环境中提供了一盏明灯。

——林万烽

FCCA，CIA，长江商学院内审总监

如何将内外数据和审计方法联动，排查舞弊风险，构建风险导向舞弊审计机制，本书可以学习借鉴。

——张孝昆

《大数据风控》作者，智能财务、智能风控、智能审计讲师

本书非常系统地介绍了现代企业反舞弊的理论、策略、方法和操作指引，极具实用价值和提升公司治理水平的现实意义，同时也是中文类反舞弊研究集大成之作！

——范思江

沃尔玛亚洲区原安全与内部调查总监，中国反舞弊调查师联盟微信公众号创建人

随着我国企业制度的日益完善，审计在企业治理中扮演的角色越来越受到重视。本书的作者是审计一线实务工作者，不仅理论扎实，而且经验丰富。本书既介绍了审计方面的理论知识，又汇集了大量一线审计案例，是一本值得审计人员随时放在手边的审计工具书。

——肖天君

中国商业会计学会理事，重庆材料职业学院客座教授，
重庆理工大学审计硕士研究生合作导师，"审计号"公众号创建人

本书干货满满，各种技巧均有涉猎；图文并茂、详略得当、通俗易懂，很容易就能快速掌握。舞弊审计一直以来是审计领域的热门及难点，这个细分领域的相关书籍极为稀缺，本书的横空出世为广大审计、监察等人员插上了强有力的腾飞翅膀，它将有望成为相关从业者的必备工具书之一。首席审计官及监察总监们也不妨把本书列入部门必读书单，如此能节约不少的培训时间和精力。

——紫阳

"会计审计帮"公众号创建人，深圳某互联网上市公司审计监察中心负责人

《舞弊审计实务指南》中提到的舞弊审计实用技巧众多，包括如何察言观色、执行数据分析和审计访谈等。胡老师在书中做了详细的讲解并分享了他的宝贵经验，这些对于企业管理者和内部审计师来说具有重要的参考价值。

——林国荣

意大利 Fbm Hudson Italiana Spa. 首席财务官

在全球化、规范化和数字化的商业环境中维护和增强企业合规，已成为企业领导者面临的日益艰难的挑战。尽管许多国家在过去十年通过各种方式进行监管，但全球新闻头条上还是充斥着企业舞弊的例子。《舞弊审计实务指南》是一本从 A 到 Z 的全方位完整指南，适用于正寻求综合方法来解决当今复杂商业环境中合规问题的企业领导。这本书以解决问题为导向，提供了顶级专家的见解，手把手带你了解和掌握行之有效的舞弊审计方法，以及建立诚信道德文化来预防和应对欺诈腐败的策略。

——蔡兢纬

雅培 Abbott 亚太区商业服务总监

胡老师是审计领域一位受人尊敬的佼佼者，在舞弊审计和公司治理方面有着深厚的经验。胡老师热衷于分享知识，总能将自己的经验以通俗易懂的方式分享给大家。根据胡老师的指导，我实施了部门改革，提高了审计效率和监督效益，将部门职能从传统审计蜕变为目标明确的数字化审计。胡老师的学习脚步从未停下，他不断地跟进数据技术趋势的变化，扩大自己的知识库。胡老师撰写的这本《舞弊审计实务指南》，对审计、监察、风控从业者具有极强的指导意义。

——马花蒂

英特尔科技亚太审计负责人

推荐序一

打开舞弊审计的"黑箱"

企业舞弊行为的本质是对商业伦理与会计职业道德的一种严重违背，它在微观上会损害投资者、债权人等利益相关者的切身利益，在中观上会破坏证券市场的资源配置效率，在宏观上会对国民经济的可持续发展造成严重的负面影响。因此，企业舞弊行为具有严重的经济后果。

二十一世纪以来，安然公司、世界通信公司、南方保健、瑞幸咖啡等一系列重大舞弊丑闻的爆发，沉重地打击了投资者信心，侵蚀了市场信用基础，使舞弊演变成一个世界性顽疾，并呈现出愈演愈烈的态势。美国证券交易委员会（SEC）将财务报告舞弊认定为它的"头号敌人"。国际注册舞弊审查师协会（ACFE）、美国注册会计师协会（AICPA）以及国际内部审计师协会（IIA）共同发布的《舞弊风险管理实务指南》指出，严重的舞弊事件会导致企业的倒闭、巨额的投资损失、沉重的法律成本、关键人物的牢狱之灾，以及动摇对资本市场的信心。因此，企业舞弊治理问题成为世界各国监管机构、国际组织和职业组织关注的重点。

总体而言，对于企业舞弊的治理包括公司治理、风险评估、舞弊防止、侦测与审计、调查与校正行为等几个主要方面。然而，如何有效地开展舞弊风险确认和评估，如何实施必要的审计程序和审计方法以及时地管理和应对舞弊行为及舞弊风险敞口，这些一直以来都是各类组织的内部审计师所面临的实务难题。非常欣喜的是，胡顺淙同志所著的《舞弊审计实务指南》一书首次打开了内部审计师舞弊审计实务的"黑箱"。本书基于作者二十多年的舞弊审计实务，对舞弊审计要素和实施方法进行全方位的穿透，将为同行提高舞弊审计的效率提供极大的帮助、启发与借鉴。

本书具有以下特色。（1）体系完整、逻辑清晰。本书前五章为舞弊审计之总体框架，包括舞弊审计目标、原则、证据与流程等；本书后八章则为舞弊审计之具体方法。（2）案例驱动、情景驱动。本书每章均使用了大量的脱敏但真实的舞弊审计案例，这些案例再现了舞弊审计的真实过程。（3）方法详尽、工具完备。本书用了八章的篇幅对舞弊审计之具体方法进行了详细的阐述，为内部审计师提供了丰富、实用、有效的工具箱，其中包括文件审核、数据分析、报表审查、信息系统与电子留痕审查、现场观察取证、察言观色、信息访谈、认错访谈等。

相信本书的出版能为中国各类组织的舞弊风险防范与治理起到非常重要的推动作用，会成为内部审计师和其他财经人士的"工作宝典"。

是为序！

韩洪灵

浙江大学教授、博士生导师

2021 年 8 月 9 日于杭州

推荐序二

舞弊审计，企业风险管理的最后防线

内部审计如果不能为组织创造价值则成为"无根之木，无源之水"，而舞弊审计恰是内部审计职业的一项皇冠，是价值利器，也是体现审计人员水平高低的"试金石"。我始终认为没有成功进行过舞弊审计的审计人员很难称为"审计高手"，也难以体会职业带来的成就感。但是很多审计人员对舞弊审计有畏难情绪。

现代内部审计发展很快，已经从原来的财务审计向全面业务审计拓展，风险导向、价值导向清晰，从单纯事后审计向事前事中的内部控制延伸。内部审计是风险管理的重要组成部分，越来越受到大家的认可，但就实务来说，各企业内部审计水平仍旧参差不齐，其中以舞弊审计尤甚。究其原因，除了专业化的系统理论不足（大学里开设的舞弊审计课程很少、舞弊专业书籍不多等），从业人员大多还是靠内部师徒"传、帮、带"培养体系或自学成才等得到提升，而企业治理结构的个性化和舞弊保密的特质，导致学习交流受限，加之舞弊审计涉及面广、实战性强等特点，使舞弊审计的发展水平亟待提高。

内部审计作为企业风控第三道防线的"守门员"任重道远，舞弊审计是"守门员"接球时的惊鸿一瞥，是没有退路的博弈。要做好舞弊审计，较好的专业背景仅仅是基础，审计人员还要掌握经济学、心理学、法律、沟通等知识，其是一项典型的跨学科工作。当然，较好的舞弊审计技能可以为从业人员跨专业、跨职业的晋升打下基础，以我多年的工作经验看，一些优秀的舞弊审计人员后来都成长为跨国企业、上市公司和大型企业的 CEO、CFO。

胡顺淙老师的《舞弊审计实务指南》一书从理论到实践对舞弊审计进行了有益的探索。国内舞弊审计方面的书籍不多，大多局限在理论或案例汇编或限定在财务舞弊范畴，真正对实务有指导意义的几乎没有。胡老师具有国际化的视野，二十多年大型跨国企业审计经验使其有着企业高层的战略视角同时擅长理论研究和总结，这使得这本书有理论、有实例、有工具、有方法。没有对审计事业的深沉热爱是写不出这本书的，我从中受益匪浅。期待胡老师的书能为大家的成长提供助力。

内部审计工作是可以给我们带来幸福和快乐的职业，我们虽然致力于发现阳光下的阴暗面，但这能促进企业更健康，也能让自己不断提高认知，体会审计职业的乐趣。

本书也适合从事纪检、监察、内部控制和人力资源等职业的人员阅读。

浙江省总会计师协会秘书长
中国内部审计协会理事
浙江省内审协会上市公司分会首任会长
浙江天泽企业管理咨询有限公司董事长
上市公司独立董事
2021 年 8 月 14 日

推荐序三

舞弊调查利器"天下无贼"策略

当下，越来越多的企业正充分利用舞弊调查这一利器来加强企业的监管，积极推行"阳光"管理，以使企业在合规的前提下充分发展。

欣闻好友胡顺淙老师的《舞弊审计实务指南》一书即将出版，可以说此乃业界一大喜事。国外关于舞弊调查的书籍和资料不少，但国内有实操参考价值的舞弊调查类书籍则可谓凤毛麟角，故我多次与胡老师交流，希望他完善内容，尽快出版，以满足广大业界朋友之急需，填补国内舞弊调查实务之空白。

本书内容丰富、脉络清晰、方法独到、案例齐全，具有较强的实操性，其中许多方法、技巧和策略适合行业人员使用，并可以快速提升从业人员技术水平。该书可以说是舞弊调查工作的实操性手册。

舞弊像流水一样，总是沿着阻力最小的路径进行。华审历年调查案例显示，企业中的舞弊案例往往发生在存在内控缺陷的环节，失败的企业85%与内控缺失有关。因此，内部管控往往成为内部审计以及管理高层的工作重点，而内部审计、舞弊调查和监察三者之间呈梯级顺序：内部审计为企业梳理内控流程并提供增值作用，舞弊调查为企业核实贪污腐败之事项，监察为企业提供贪腐人之处理策略。舞弊，特别是职业舞弊是一种严重的问题，其后果不单是企业和个人经济上的损失，更会让当事人失去工作、家庭失去收入，给社会增加不和谐因素。所以，及早发现舞弊、及时做好舞弊防范工作是逐步实现"天下无贼"的最佳策略；而"天下无贼"也是舞弊调查的终极目标。

舞弊调查就像一束光穿透企业的黑暗角落。愿本书成为舞弊调查者必备利器，成为内部审计师的必读书籍。

《增值》系列书籍作者

华审增值（深圳）咨询有限公司创始人

2021年6月28日

前　言

　　贪污腐败为人民所不容，反腐倡廉是国家坚定不移的方针；违规舞弊为企业所不容，反舞弊、弘扬诚信文化是企业矢志不渝的方向。近年来，反腐倡廉取得了显著的成效，企业反舞弊工作也发展迅速，然而舞弊问题依旧是企业治理中的一大难题。

　　舞弊影响深远。小则损害股东利益，影响企业存亡；中则干扰商业运作，动摇市场诚信基础、打击投资者信心；大则破坏国家经济的正常发展，给社会带来不良风气，对建立平等、公正、和谐的社会有着负面的影响。企业承接的基建工程可能因舞弊贪污而出现严重质量问题，直接给大众带来安全隐患，增加社会成本。

　　今天，许多企业以零容忍的态度向舞弊腐败行为宣战，并将廉洁文化建设作为企业永续发展战略的重要部分。高效的舞弊风险管理始于企业治理层，并延伸至战略、制度、流程、系统、架构、人员、文化等方面的防范机制中。舞弊审计亦是风险管理中重要的一环，结合防范机制，能为企业树立强大的反舞弊威慑力，使员工不敢、不能也不想舞弊。及时发现、制止和防范舞弊能助企业止损、保全资产，可以立竿见影地彰显出财务、风控、审计、监察人员以及管理层的价值。

　　舞弊审计涉及知识范围甚广，实操的技巧性要求极高。舞弊调查人员须德才兼备、理论与实务兼修。要证实舞弊，调查人员需从隐蔽的操作中寻找并固定文书、电子、环境、口头等证据，并与舞弊当事人进行一次又一次的斗智、斗勇、斗毅力的博弈周旋。舞弊审计犹如一场无硝烟的微型"战争"。调查人员除了要熟悉审计知识与会计知识，还需掌握法学、心理学、博弈论、数据系统等其他领域的知识。此外，舞弊调查人员还应具备明察秋毫的洞察力、逻辑批判的分析能力、识别谎言的察言观色能力、运筹帷幄的计谋力以及触动人心的谈话能力。

　　还记得刚入行时，我总是惧怕舞弊审计，未行动便认为自己缺乏公权力无法获取充分证据，也不知道合法、合规取证的边界在哪，经常面临无法证实舞弊的困境。也曾见过经验不足的调查人员以违法、违规、违纪的方式取证，导致未证实舞弊反而触及法律红线。在这些年的工作中我积累了一些用对审计方法的心得、用错调查策略的教训，以及从舞弊当事人的反省中获得的启发。希望借本书整理这些经验，给同行同仁提供前车之鉴，同时为浩瀚的审计领域尽一点绵薄之力。本书内容分为两大部分，前五章从总体上介绍了舞弊审计，包括舞弊防范，舞弊审计证据、原则与流程，之后的章节阐述了各种舞弊审计技巧。想直接了解舞弊审计技巧的读者可从第六章开始阅读。

这些年来，本人非常有幸得到诸多专家前辈、检察部门领导、律师界以及审计界老师们的无私指导，也从前辈们的著作中获益良多。同时，我也很荣幸得到本书出版指导委员会专家们的抬爱，收获了许多宝贵的指引和意见，使我能站在巨人的肩膀上完成这本书。读者在书中看到的好的技巧和知识点，亦都是诸位前辈、领导、老师和委员会专家所教诲指导之精华。在此，我再次向各位无私提供帮助的专家致以诚挚的谢意！

牛恺、戚婷婷、陈大伍、张若笠、金涵、汪蕾、赵子豪、王子宁、沈观正等同志对本书的出版给予了大力的支持，在此表示感谢！书中的疏漏和不足之处，都是源于本人水平有限，请广大专家、老师和读者不吝赐教和指正。

反腐倡廉、弘扬诚信是一条艰难但坚定的道路。有机会走在这条路上，与一群非常专业、敬业，锲而不舍、秉持初心的审计同仁一同工作，为建设廉洁与诚信的社会出力，我深感荣幸。

最后衷心祝愿各位读者安康。

2021 年 1 月 20 日于上海

目　录

第一章

企业舞弊概述

其身正，不令而行；其身不正，虽令不从。

——《论语·子路篇》

一、引言

舞弊问题在现代企业中并不罕见，在财经新闻报道中经常出现。舞弊问题不仅使企业蒙受经济上的损失，也让企业声誉受损面临触犯法律的风险。严重的舞弊事件甚至可能影响企业的存亡。舞弊风险管理是现代企业治理中不可忽视的重要环节并且内容涵盖甚广，包括设定企业战略方向，建设企业廉正文化，制定健全的企业制度、管控流程，搭建完善的信息系统、组织架构，以及执行全方位的人员培训等一系列风险防御工作。

完善的舞弊风险管理体系除了舞弊风险防御机制外，还需有调查舞弊的出击能力。当企业内发生了舞弊或怀疑有舞弊发生时，企业必须及时进行调查并予以处理。如果企业不及时或完全不调查和处理舞弊事件不仅将使损失扩大，同时也鼓励了其他想舞弊的员工，他们看到了企业对舞弊事件的不作为后会更加蠢蠢欲动。

由于舞弊事件的隐蔽性、严重性和特殊性，舞弊的调查工作与内控审计是不完全一样的。舞弊事件的调查人员需具备专业的审查能力，才能找出充分的证据证明舞弊。不专业的舞弊调查不仅找不出舞弊证据，还可能在调查过程中污染了证据，导致证据无效、揭露舞弊的机会流失。如果在调查舞弊过程中审计人员采用了违法违规的调查方式，将导致企业和审计人员面对一系列的法律风险，如侵犯隐私、诽谤、违法取证等。这种非专业的调查让舞弊人员和想要舞弊的人看在眼里，将促使他们认为反正舞弊了也不会被查，查了也查不出结果，有了结果也无须承担后果，这将导致他们产生"舞弊的风险成本低"的想法。

要做好舞弊调查，审计人员必须掌握内控流程与审计知识。但单靠内控流程与审计知识还无法保证能做好舞弊调查，审计人员还需要具备其他的舞弊调查胜任能力。

企业内的舞弊调查工作有多种名称，如舞弊审计（Fraud Audit）、舞弊检查（Fraud Examination）、舞弊调查（Fraud Investigation）、合规调查（Compliance Investigation）、

廉正调查（Integrity Investigation）等。这些对舞弊事件的调查工作都是为了获取证据，以核实舞弊事件是否真的发生了。根据中国内部审计协会发布的《第 2204 号内部审计具体准则——对舞弊行为进行检查和报告》（以下简称《第 2204 号内审准则》）第十四条，舞弊检查是指实施必要的检查程序，以确定舞弊迹象所显示的舞弊行为是否已经发生。本书沿用"舞弊审计"和"舞弊调查"这两个较普遍的名词。

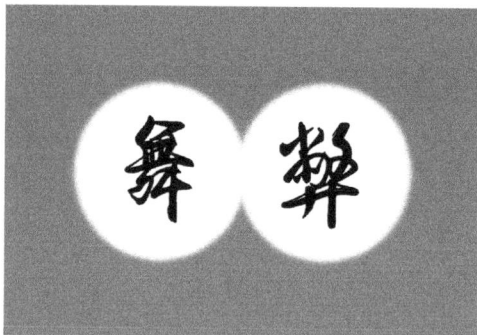

二、舞弊审计中常见的问题

由于缺乏专业舞弊审计方面的培训，许多审计人员把舞弊审计当作流程审计来进行。以内控审计的思维、流程和方法来执行舞弊审计是不恰当的，可能会导致证据污染、证据不充分、调查结果无法说服管理层或法务部门，最终舞弊调查不了了之。舞弊审计是一门专项审计，有一系列的审计工作需要审计人员特别处理。假设公司收到了如下这封舞弊举报信，应该如何处理？审计人员应该如何调查？

收件人：审计部 @ 家禽农业公司 .com.cn

发件人：123456@126.com

日期：2021 年 5 月 28 日

主题：重大事件投诉

尊敬的高管：

本人是集团的一名员工，想投诉 N 市工厂的采购总监金某的不良行为！金某一直和煤炭供应商走得很近，晚上常去 KTV。公司采购的煤炭比市场价高，而且热量不足！

公司的产品 123 号的原材料采购价超高，SKU237 采购价也比市场价高 30%，金某从中获取了好几千万元的回扣！上个月新工厂的工程没有招标直接发包给了金某的

侄子。材料质量差，使工厂很多设备出现故障。这几年客户抱怨开始增多。

金某购买的饲料都没有竞标，公司采购的饲料是假冒的，蛋白质含量低，根本不达标！这些饲料不是在原厂生产的，都是冒牌的。金某造假库存记录，销售也不到位，产品退货都记为销售费用了。金某截留了货款存小金库，给自己的消费报销！最重要的是分厂的几千万元的改造工程也指给了金某的侄子！

尊敬的领导，我们认为您必须解雇金某。金某的管理技能差，动不动就把员工调职，很多优秀的员工都离职了！

以上事件，句句属实，希望领导明察！

一名关心公司的员工

收到这封舞弊举报信，公司有一系列问题要处理。

- 是否应该回复举报信，如何回复举报信？
- 是否应该与举报人联系？和举报人联系时要注意些什么？
- 如何做舞弊案件管理？哪些信息要保密？如何保密信息？
- 如何查实或推翻所举报的事项？应获取什么样的证据？
- 如何做文件审核、数据分析？如何发现虚假文件、数据异常？
- 如何审查电子痕迹？如何不污染电子证据？如何固定并保存证据？
- 执行现场走访调查需要注意哪些事项？如何规避法律和安全风险？
- 如何执行审计访谈获取信息？
- 如何执行审计访谈使对方坦白认错？
- 什么时候才可以询问舞弊嫌疑人？
- 询问舞弊嫌疑人有哪些注意事项？如何才能促使他坦白认错？
- 如何做到合法合规询问？
- 如何做笔录？是否需要当事人签名？
- 是否可以在访谈中做隐蔽录音？
- 在舞弊审查过程中有哪些法律风险？
- 如何撰写舞弊审计报告？汇报舞弊报告有哪些注意事项？
- 外移舞弊事件走司法程序的流程、立案标准和注意事项有哪些？
- 相关的法律对证据的要求是怎样的？如何才能证明舞弊嫌疑人构成犯罪？

案件管理　保密　数据分析　证人访谈

案件追踪　舞弊审计原则与概念　访谈询问　内查外移

欺诈与舞弊概念　防范措施　现场观察　当事人谈话

审计立案与策划　投诉者管理　风险管理

流程审计与舞弊审计区别　法律风险　诽谤和疏忽　调查报告

审计工作文件与存档　证据要求　隐蔽录音　法务协助

文件审核　电子痕迹　惩戒纪律

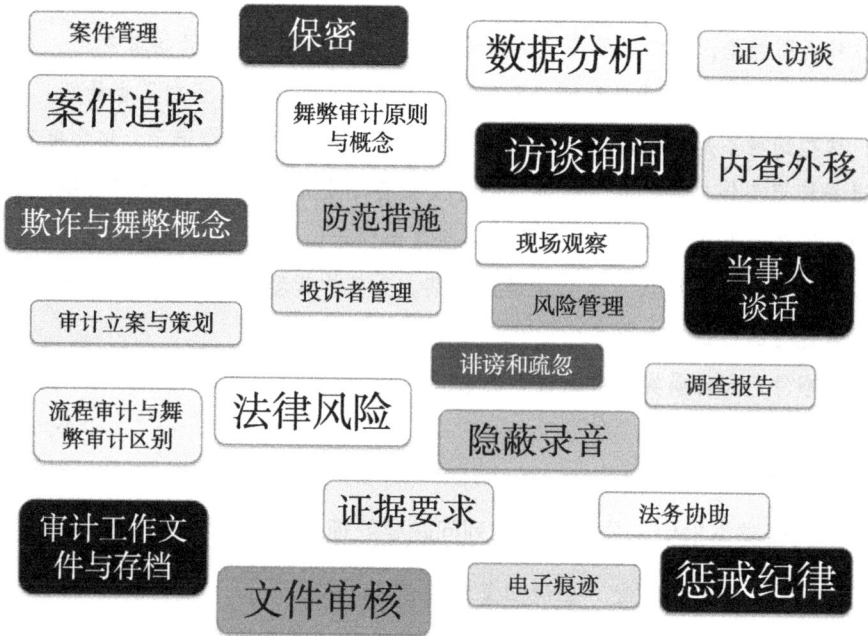

本书接下来将详细介绍舞弊审计工作的基本思路、方法与技巧，为以上问题提供解答。

在企业内审查舞弊的一大困境是审计人员没有公权力。没有法律所赋予的侦查权力，企业内的审计人员无法借助政府的数据库调取相关人员的信息，如公民信息、财务信息、通信信息等，并且也不能以任何形式限制相关人员的自由或惩罚当事人。许多内部审计人员提到舞弊审计的第一反应就是我们不是公检法，没有公权力，无法给当事人带来心理压力，无法深入调查。他们直接认定在企业中做舞弊审计是徒劳的，肯定是证据薄弱的，舞弊嫌疑人一定不会承认错误。这其实是个思维的误区。

除了法律规定的不可未授权获取隐私信息以及法律赋予公安机关、检察机关的侦查权力之外，在企业中执行舞弊审计还是有许多合法合规的方法和技巧可用。如果方法与技巧使用恰当，审计人员可以在不侵犯个人隐私、不依靠敏感信息、在没有公权力下获取许多审计证据来佐证或推翻舞弊的指控。而且许多调查方法与审计技巧都是审计人员熟悉的，只要稍微调整一下思维角度即可运用在舞弊审计中。当然要做好企业内的舞弊审计工作，审计人员还需要结合其他领域的知识，如心理学、犯罪学、证据法学、信息系统、数据分析、组织行为学、博弈行为学等。

三、舞弊审计中的法律与安全风险

1. 舞弊审计中的法律风险

一些审计人员可能急于"证明"舞弊不惜以违法违规的方式去获取证据。常见的舞弊审计中的违规操作如下。

- 诽谤他人声誉。
- 泄露公司机密信息。
- 违法获取公民信息。
- 违法获取个人银行账户信息。
- 违反《民法典》，侵犯个人隐私。
- 伪造虚假凭证、文件、印章。
- 通过私人侦探非法获取隐私信息。
- 通过贿赂或其他违法方式获取信息。
- 以恐吓、欺骗方式获取当事人的供述。
- 未经授权进入第三方厂房、办公室、住宅。
- 未经同意在他人交通工具中安装 GPS 跟踪器。
- 伪装成公众熟悉的机构或冒用他人名义收集信息。

……

这些行为不仅使所获得的证据无效，而且会使公司与审计人员面临法律风险。最终不仅没抓到舞弊当事人，审计人员反而先触犯了法律法规、公司章程制度，导致"出师未捷身先死"。不恰当的审计访谈也可能导致审计人员不小心透露关键审计信息给舞弊当事人，打草惊蛇，让对方有所准备及时编故事、修改或销毁凭证。如果在舞弊审计过程中没做好保密工作，审计人员也可能泄露公司的机密信息。根据《第 2204 号内审准则》第十五条，内部审计人员进行舞弊检查时，应当保持应有的职业谨慎，以避免损害相关组织或者人员的合法权益。

2. 舞弊审计中的安全风险

舞弊审计的结果可能切断舞弊人员不义之财的源头，也可能直接导致其失去人身自由。因此，舞弊人员一定会想方设法地把舞弊事件隐藏起来。如果所涉金额巨大或影响深远，一些舞弊人员甚至会做一些过激的行为来确保审计人员找不到证据。在舞弊审计过程中，审计人员应做好安全防范措施。在审计现场走访观察时要结伴而行，不在现场与任何人争吵，也不在现场揭穿他人的谎言。审计人员不应在未授权的情况下进入他人控制的区域，要尽量对自己的行踪进行保密。

审计人员不可把自己当成电影情节中的间谍或英雄去执行法律不允许的调查工作，如潜入供应商办公室偷取文件，非法入侵他人的电脑或手机，或者单独一人在偏僻的地方与举报人或嫌疑人见面等。

3. 平衡审计风险与审计效益

审计人员在企业内执行舞弊审计要掌握足够的审计方法和技巧，克服无公权力的困境并以合法合规的方法获取充分、有效的证据来佐证或推翻关于舞弊的指控。审计人员要对舞弊审计的法律和安全风险有所认识并采取防范措施，知道什么事可为，什么事不可为；什么话可说，什么话不可说。企业进行舞弊调查是为了维护本身合法权益，但必须做到不触犯法律法规、不侵犯员工隐私、不侵犯他人的合法权益。审计人员必须找到舞弊审计的最佳平衡点，避免自己触犯法律红线；也不能停留于基础审计思维，用过于简单的审计方法来审查复杂的舞弊事件，导致证据薄弱。

在接下来的章节将详细讨论舞弊审计中的法律问题，证据的概念，电子证据问题，隐蔽录音，公司外部走访观察，审计访谈技巧，等等。

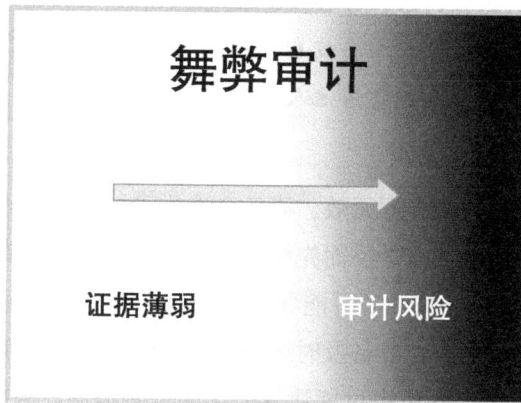

四、舞弊的种类

企业中的舞弊事件种类有很多，以下是部分常见的企业内舞弊违规行为。

（1）采购行为不透明，赚取回扣。

（2）通过围标、串标、轮标、独标、限制潜在投标人等方式操纵招投标。

（3）勾结供应商，让挂靠供应商、不合格供应商中标或陪标。

（4）通过不公平评标、不合理评标标准操纵招投标。

（5）允许供应商提交虚假资质文件。

（6）泄露标底或技术信息给供应商、投标人。

（7）通过分解项目逃避投标或审批要求。

（8）通过虚增现场签证、违规合同变更、虚假隐蔽工程增加工程量、款。

（9）允许供应商货物以次充好，贪污采购款。

（10）未经授权许诺供应商特殊利益，从中获取回扣。

（11）未经授权许诺顾客优惠价格或折扣，从中获取好处。

（12）滥用职权与自己或亲属控制的公司进行交易。

（13）通过挂靠、虚假资质等方式引入供应商。

（14）与供应商勾结取得虚假发票，并支付款项。

（15）滥用职权或越权采购，挪用公司资金。

（16）通过职务侵占公司各种财产。

（17）滥用职权让公司签订不平等合同，通过各种合同挪用公司资金。

（18）以虚假的互联网流量骗取各种促销费用、采购费、活动费。

（19）伪造、修改存货盘存表清单，掩盖不合规行为。

（20）销售商品时不做记录，私自截留销售收入。

（21）以个人收款二维码或银行账户截留公司款项。

（22）伪造、篡改付款凭证，虚增付款、违规转账。

（23）使用已入账的原始单据再次入账。

（24）篡改原始单据或以虚假伪造的凭证做会计单据。

（25）增加发票的金额，收取回扣。

（26）虚构应付账款，并提取公司款项。

（27）重复收取客户的款项，重复向供应商付款。

（28）套取客户支付的款项并开具非正式或自制的收据。

（29）隐匿收到的应收款项并将其作为坏账处理。

（30）收到已作为坏账处理的应收款项但未做报告。

（31）挪用预付款于私用。

（32）收取客户账款时不入账，创建小金库。

（33）虚增费用，挪用资金或创建小金库。

（34）为虚构的客户索赔做退货退款处理。

（35）虚报员工人数、提报虚假加班、增加工资率或工时，骗取工资。

（36）在工资表上虚增支出项目，扣留未领取的工资。

（37）在员工离职后继续支付工资。

（38）记录未实际产生的各种折扣，向客户收取好处。

（39）虚增销售收入、虚减费用，提高盈利。

（40）虚增费用扣减销售收入，降低盈利。

（41）重复计算存款数或利用借贷反复创造存款余额。

（42）以关联单位名义设立虚假客户订单和虚假供应商。

（43）不如实披露关联方交易。

（44）违规出售或租借公司资产。

（45）以公司资产为个人贷款做担保。

（46）盗用公司印鉴、假冒公司印鉴。

（47）偷窃或泄露公司的商业秘密、客户信息、内部保密信息。

（48）偷窃公司商品存货、设备资产、资金和其他物资。

（49）伪造签字假冒管理层的授权进行交易。

（50）取得空白支票并伪造签字付款。

（51）以个人的费用票据为依据制造虚假支出、报销。

（52）滥用职权使公司为个人购货支付款项。

（53）收取的现金款项不及时送存银行，或仅存入部分款项。

（54）伪造、篡改或作废现金销售单据，截留现金收入，挪用款项。

……

根据《第2204号内审准则》第八条，损害组织经济利益的舞弊包括下列情形：

（一）收受贿赂或者回扣；

（二）将正常情况下可以使组织获利的交易事项转移给他人；

（三）贪污、挪用、盗窃组织资产；

（四）使组织为虚假的交易事项支付款项；

（五）故意隐瞒、错报交易事项；

（六）泄露组织的商业秘密；

（七）其他损害组织经济利益的舞弊行为。

根据《第2204号内审准则》第九条，谋取组织经济利益的舞弊包括下列情形：

（一）支付贿赂或者回扣；

（二）出售不存在或者不真实的资产；

（三）故意错报交易事项、记录虚假的交易事项，使财务报表使用者误解而做出不适当的投融资决策；

（四）隐瞒或者删除应当对外披露的重要信息；

（五）从事违法违规的经营活动；

（六）偷逃税款；

（七）其他谋取组织经济利益的舞弊行为。

企业舞弊行为种类繁多，无法一一举例，但可以将舞弊大致归纳为如下三大类，如下图所示。

舞弊类别

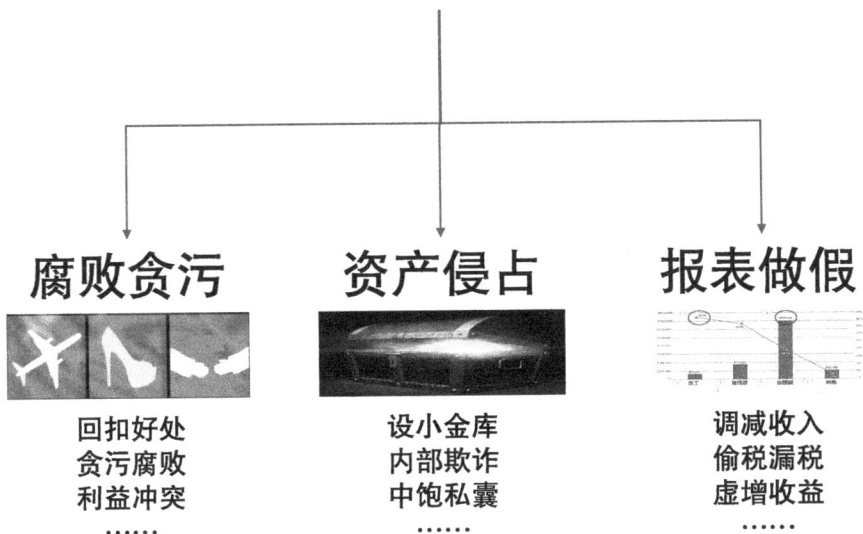

腐败贪污

回扣好处
贪污腐败
利益冲突
……

资产侵占

设小金库
内部欺诈
中饱私囊
……

报表做假

调减收入
偷税漏税
虚增收益
……

第一类，贪污腐败。所有的利益冲突、勾结供应商或客户拿回扣、违规拿佣金、收受贿赂等都可归纳为贪污腐败。贪污腐败的呈现方式主要有：

- 货币资金、红包；
- 加密数字货币；
- 资产享用、代付；
- 股票交换；
- 海外资产；
- 银行卡、购物卡；
- 娱乐享受；
- 巨额费用报销（孩子国外学习费用、旅游等）；
- 变相的好处，如提供职务职位，提供业务、交易合同等。

第二类，资产侵占。所有的中饱私囊、虚增费用、公款私存、占用公司资产、设立小金库、盗用公司有形资产或无形信息都可归纳为资产侵占。其主要形式有：

- 截留、私分、盗窃、侵吞公司资产；
- 贪污公司货币资金；
- 盗窃实物资产或无形资产（商业秘密、技术资料等）；
- 工资薪金舞弊；
- 个人消费公款报销；
- 对未收到的商品或劳务付款；

- 私设小金库；
- 出租出借账号、将公司资产挪为私用或为个人贷款作抵押；

......

第三类，报表做假。所有财务报表和非财务报表上的弄虚作假，如虚增虚减收益、偷税漏税、以关联交易调节收益等都可归纳为报表做假。

财务报表做假可以细分为两大类。

（1）我是土豪：装有钱、有实力

企业通常在要上市、融资、被收购或要发年报时装土豪，往往采取以下会计操作：

① 高估资产、少计负债；

② 虚增收入、虚减支出；

③ 虚增利润、关联交易。

（2）我是穷人：装穷，装可怜

企业通常在逃税漏税的时候装可怜。当企业想替未来的会计期间"藏粮"的时候也会装穷，一般会高估当期预期亏损，虚增费用计提，以便将来可以把费用计提转出来从而提高未来的利润。在装穷的时候企业通常会采取以下会计操作：

① 低估资产、多计负债；

② 虚减收入、虚增支出；

③ 虚减利润、关联交易。

除财务报表造假之外，企业的其他非财务类报表也可能被弄虚作假。例如，工程报告、环评报告、质量检验报告、业绩报告、客户数量、注册用户数量、同店销售额、网络流量、网页点击率、用户平均销售收入额、产品预订量、税息折旧及摊销前利润（EBITDA）等。

非财务类信息也会影响投资者对一家公司的总体价值评估。由于非财务类报表或指标一般都不归会计准则管辖，所以很多企业会通过造假操纵非财务指标来粉饰公司的总体价值，误导投资者和总部管理层。

五、舞弊的定义

要做好舞弊审计首先要弄清楚什么是舞弊。审计人员只有了解了舞弊的定义，才能更好地把握证明舞弊的关键点，才能理解为何能显示内控漏洞的证据却无法佐证舞弊。有些审计人员疑惑到底什么样的粉饰财务报表行为是舞弊而不是会计预估错误？哪些违反公司规章的行为才能被认定为舞弊？舞弊与会计错误、工作疏忽到底有什么区别呢？舞弊的红线在哪呢？要鉴定员工的行为是否有舞弊的嫌疑，我们先来看看相关会计与审计专业协会及准则对舞弊的定义，具体如下表所示。

相关会计与审计专业协会及准则对舞弊的定义

《国际内部审计师协会——专业实务公告》	《中国内部审计协会——第2204号内部审计具体准则——对舞弊行为进行检查和报告》第二条	《中国注册会计师审计准则第1141号》第六条	"国际注册舞弊审查师协会"
舞弊包含以故意欺骗、隐瞒或破坏信任为特征的一系列违法违纪行为	舞弊是指组织内、外人员采用欺骗等违法违规手段，损害或者谋取组织利益，同时可能为个人带来不正当利益的行为	舞弊是被审计单位的管理层、治理层、员工或第三方使用欺骗手段获取不当或非法利益的故意行为	舞弊是指故意歪曲事实或隐瞒重要事实，以诱使他人采取对自己不利的行动。舞弊包括通过欺骗、背信弃义或其他不公平的手段故意剥夺他人财产或金钱的行为

以上四个会计与审计专业协会及准则给出的舞弊定义虽然文字不一样，但有一个共同点，那就是都存在"欺骗""故意""谋取不当利益"等词语。这些词语都隐含着"意图""故意"的意思。舞弊和错误是非常接近的，两者间的一线之差是看当事人在做那些错误事情时是否是有意图的、故意的，是否谋取了不当利益。

审计人员可能会有以下经历：花了很长时间审计却无法说服公司管理层和律师认可舞弊事实。管理层看了审计报告后认为审计证据无法"充分"地证明舞弊事实，拿这些审计证据去指责当事人舞弊不够稳妥。有些管理层甚至还帮当事人找理由解释其舞弊行为。也有律师看了审计材料后评价文书证据不足、笔录不完整、电子证据被污染、获取证据方式不合规等，担心案件无法外移到派出所立案，走司法程序有败诉的风险。

在流程审计中只要有证据证明内控漏洞、流程不完善、凭证有错误、数据不正确、采购价过高、供应商审核不规范、投标书不符合规矩就足够了。但是如果要证明舞弊，单纯证明了事情的发生是不够的，审计人员还需要证明相关的员工在犯这些错误的时候是故意的。许多的舞弊举报被当事人以各种借口解释，例如，会计错误；不知道公司规矩；听领导的安排；例外事件；根据流程处理的，事后补了流程审批；不知道价格过高；其他人一起决定的；公司没亏钱；并非故意的等。如果无法证明当事人是存心地、有意图地去做这些不恰当的事，那么最多只能说他办事不力、疏忽。因此，要证明舞弊，除了要证明事情的发生，还要证明当事人在做这些事情的时候是故意的。

舞弊

有意图的
故意的

错误

?

六、舞弊发生的原因

是什么原因促使了舞弊的发生？有人说主要原因是个人道德沦陷，受不住物质的诱惑。真的是因为道德沦陷吗？

我们做个测试：在一家酒店会议室中的桌上放一千元现金，在无人看管的情况下，是否会有人拿走这一千元呢？相信大家仍会笃定地说："肯定不会！大家的道德还没沦陷！"有人相信这世界上大部分人的心总是向善的，无论受到什么诱惑都不会做坏事；同时这世界上也有一小撮人的心总是向恶的，无论受到什么教育和惩罚总是在做坏事。世界上的绝大部分人都分布在这两个极端之间，如果把所有人根据向善或向恶的倾向做成图，那么将会得到一个善恶正态分布图。

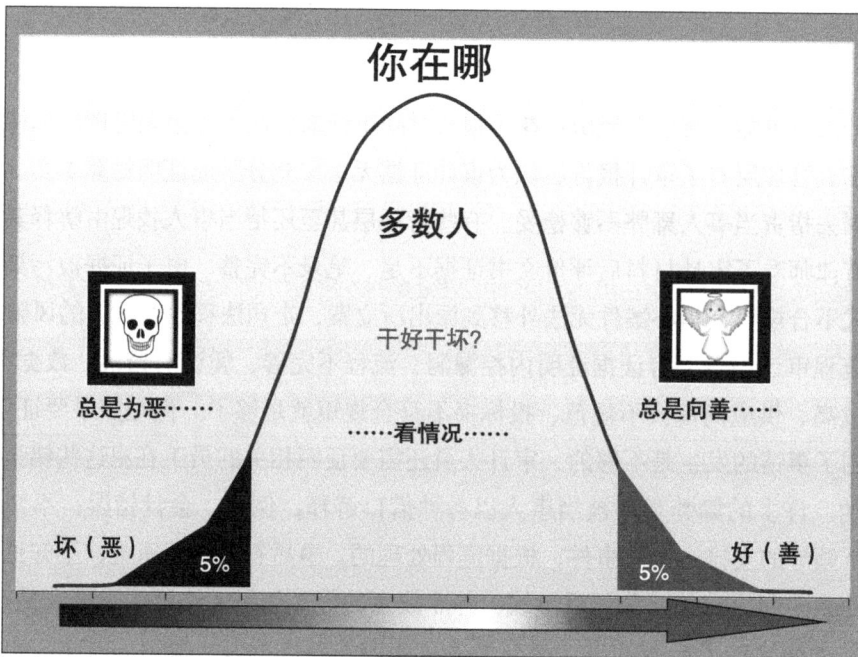

你在哪

多数人

干好干坏？

总是为恶……

……看情况……

总是向善……

坏（恶）

5%

5%

好（善）

在回答"是否会有人拿走这一千元"这个问题前，我先问问大家："你行贿吗？""你造假吗？""你舞弊吗？"估计大家都会斩钉截铁地说："肯定不会！"但是，人们在面对一件事时会选择做坏事还是做好事，这要视情况而定！那视什么情况呢？一般取决于以下三个因素：

- 将获得的好处；
- 被逮到的可能；
- 被逮到的后果。

下面我们用三个虚拟小实验来介绍促使一个人舞弊的三个因素。

1. 虚拟场景一

假设你是一家公司的采购经理，有个供应商来找你说如果你帮他中标，他可以承担你全家的旅游费用，让你们全家免费旅游一次。你会怎么说？答应他吗？当然有人会不假思索地拒绝他，也有人会马上答应他的要求。那其他人呢？看情况！看他的免费旅游是去哪里，是出国还是只是在本地。如果是本地，估计有人压根不会考虑是否帮他了。如果是出国，或许有人还会考虑是否冒这个风险。这个考虑因素就是"将得到的好处"。

2. 虚拟场景二

假设你是一家公司的财务经理，你的总经理跟你说："我们一起把公司多余的资金转出去，反正公司的盈利与资金余额都很高了，总部也没人管！"你会怎么说？答应他吗？同样的，肯定有人会不假思索地拒绝他，也可能有人立马答应他的要求。那其他人呢？看情况！看是把钱转到隐蔽的境外"避税天堂"，还是转到本地某个个人银行账户。如果是转到本地的个人银行账户，估计有人就不会考虑了。如果是转到较隐蔽的、难被追踪到的地方，或许有人就会铤而走险。隐蔽性越高，当事人的侥幸心理就越强。这个考虑因素就是"被逮到的可能"。

3. 虚拟场景三

假设你非常向往去太平洋上一个非常漂亮的海岛度假。储蓄了多年后你终于有了足够的钱在岛上的一家星级豪华度假酒店订了六天五晚的套房，买了商务舱机票，办了签证，带着妻子和 10 岁的女儿，一家三口浩浩荡荡地"飞"到了你梦寐以求的度假天堂。下了飞机要过边检。你走到边检柜台把护照递了上去。边检官员拿着你的护照看了 5 分钟后盖了个章让你通过了。接下来是你太太上前递上护照。边检官员拿着她的护照又看了 5 分钟，左看右瞧，最终也盖了入境章让你太太通过了。最后到你女儿递上了护照，这个边检官员拿着你女儿的护照看了 10 分钟后还是不盖章，不让你女儿通过边检。最后那个边检官员把你喊了过去，说你女儿的签证有问题——签证没贴好，看不到签证编号的最后两位号码。那个官员就说你女儿的签证可能是假的，不能入境！

（1）三个选项

这对你来说可是个坏消息！当你还在不知所措的时候，那个边检官员慢条斯理地告诉你三个选项。第一个选项，你和太太继续你们的行程，入住那家星级豪华度假酒店去享受你们的阳光、海浪、沙滩。你的女儿因为签证有问题不能入境将被扣留。他们会为她提供咖喱饭，六天五晚后你们从酒店过来可以把她接回去。第二个选项，你们可以查看当天晚上回程的航班打道回府。现在暂时可以待在他们那，他们也将给你们准备咖喱饭。当然，你无法去那家豪华度假酒店，更不用提享受阳光、海浪、沙滩了！你所有的酒店费用和机票都泡汤了。当然还有第三个选项！边检官员说可以帮你到签证系统内去验证你女儿的签证真伪。但他说要验证签证是很花时间的事，为了做这件事他需要一些"动力"即买点咖啡喝。一百美元就足够了。他在向你索贿！请问，你会选择第一个选项、第二个选项还是第三个选项呢？

（2）你会如何做

你会选哪个选项呢？你会行贿吗？无须说出你的选择，此时重要的是当你在做选择的时候，你的考虑因素是什么：是否考虑到了女儿的安危，你的酒店费用，以及机票，等等。当然总有小部分的人会选第一个或第二个选项，估计会有不少人选择第三个选项！在多次的现场测试中很多人说他们会选择第三个选项，包括一些一开始就说不做坏事、不行贿、不舞弊的人。为何在这种情况下会有这么多人选择第三个选项呢？因为我们迫不得已！这就是舞弊会出现的其中一个原因。当一个人面对无法纾解、驾驭的压力的时候，可能就会铤而走险，去做一些平时不会或不敢做的事。压力越大，舞弊的可能性就越高。

① 当严惩行贿时

假设当你要把那一百美元递给那个边检官员的时候，突然发现在柜台边上有个牌子写着："在我们美丽的国家行贿是严重的罪行，一百美元及以上的行贿一律要面对严厉的法律制裁，最低坐牢5年，最高死刑！"这时候你还会继续把那一百美元递上去吗？如果这时你停止了行贿的动作，请问为何停止了？是什么原因让你不敢继续行贿了呢？估计你会说："后果太严重了，犯不着冒这个险啊！""我宁可浪费了酒店和机票的钱，也不要冒可能要坐牢或被判死刑的风险，这个犯罪成本太高了！"这就是影响一个人是否做坏事的第三个因素：被逮到的后果。

② 当监控摄像密布时

假设你知道了被逮到的后果后还存有侥幸心理想继续行贿。但是你抬头一看，有三个监控摄像头对着你，摄像头的红灯也在闪烁着。请问你还会继续递上这一百美元吗？估计这个时候，大部分人都会打消这个行贿的念头，因为你被逮到的可能性太高了，最后的侥幸心理也没了。

以上就是影响一个人是否舞弊的三大因素：

将获得的好处——将获得的好处越大，舞弊的可能性越高；

被逮到的可能——被逮到的可能性越高，舞弊的可能性越低；

被逮到的后果——被逮到的后果越严重，舞弊的可能性越低。

舞弊的因素

七、舞弊三角

现在回到刚才那个把钱放在会议室的例子，钱到底会不会被偷？这取决于很多因素：酒店员工的道德诚信度如何，钱的金额是一千元还是十万元，会议室内是否有监控摄像头，酒店对员工偷钱的惩罚措施是否严厉，酒店是否有强大的审计调查团队，那个有机会偷钱的人本身是否面对财务压力（如儿子住院没钱动手术），有机会偷钱的人对自己被逮到的概率盘算如何，是否存有侥幸的心理。以上这些因素可以归结为舞弊三角关系：

- 压力；
- 借口；
- 机会。

1. 压力

正如前面虚拟场景案例所述，压力就是当事人面对的不可解决的难题或者不可抗拒的诱惑。如果当事人在难题或诱惑面前把持不住，就会做出不理智的决定，以过激的行为去应对难题或满足自己的欲求，压力最终变成了舞弊的动机。压力的来源是不可控的，没有人知道什么人什么时候会面对不可缓解的压力，什么时候会被压力击垮。下面列举一些常见的舞弊的压力动机。

（1）为了满足企业上市、增发股票、配股、发行债券等的利润目标。

（2）为了避免被退市或在企业收购中抬高收购价格而粉饰造假报表。

（3）为了满足融资需求，获取信贷资金和商业信用而调整财务报表指标。

（4）为了满足并购时许诺的利润目标。

（5）业务人员、财务人员为了满足高层所设定的经营或报表指标。

（6）为了自身的利益，应对企业内部考核（达标后的红利奖金、报酬、职位晋升）。

（7）为了追求奢侈的生活方式或物质需求。

（8）面对供应商给予的高额红包回扣、贿赂。

（9）个人的财务与精神压力（如赌博、投机损失等）。

（10）非法逃税避税。

……

2. 借口

借口就是当事人合理化自己的舞弊行为。这是一种自我解释、自我调节的心理状态。当一个人找到可为自己的行为做辩解的理由后，就会比较愿意去执行该行为。这种自我寻找借口的个人心理状态也是他人不可控的。一些占用公司资产的人会说公司剥削了他的福利，他只是拿回他该得的而已。做财务报表舞弊的人会说，他们只是粉饰了报表，为了让利润比较平稳。逃税的人也可能会说他只是在合理避税而已。下面列举一些舞弊常用的借口。

（1）公司内控没做好，是流程漏洞在引诱我犯错。

（2）即使我不做其他人也会做，我不拿钱其他人也会拿。

（3）其他人也在侵占公司的财产，我只是拿那么一点东西而已。

（4）其他员工可以有奢华的物质生活，为何我不能。

（5）是供应商强塞给我红包的。

（6）我没拿公司钱，这是供应商给的钱。

（7）公司赚的钱太多了，也没给我们分一些。

（8）总经理刚骂了我，我就给他点颜色看。

（9）我在IT技术方面很有造诣但没人赏识，我进系统看看，反正没人知道。

（10）管理层本身态度也不端正、缺乏诚信。

（11）反正企业管理层也不重视相关控制。

……

3. 机会

有了自欺欺人的借口和无法缓解的压力，当事人等的就是舞弊的机会了，这些机会就是内控漏洞、系统漏洞。如果采购流程中缺乏比价议价、招投标流程、分工审核、供应商准入等管控，当事人就有了采购舞弊的机会。在舞弊三大因素中只有"机会"是相对可控的，企业可以设立相关流程、系统、制度等来降低舞弊风险。下面列举一些常见的舞弊机会。

（1）内部控制存在缺陷，缺乏制度、标准、流程来规范。

（2）没设定审批权限要求。

（3）不相容职责未分离。

（4）组织结构复杂或不稳定。

（5）缺乏管理层与业务团队的有效监督。

（6）容易被侵占的资产（如现金、存货）缺乏管控。

（7）容易发生舞弊的部门（如采购、营销等）缺乏管控。

（8）缺乏完善的财务管理流程和制度。

（9）允许以不确定性、多变性的会计方法处理财务信息。

（10）管理层、治理层态度不端、缺乏诚信。

……

压力、借口和机会三大因素只有同时出现才会促成舞弊的发生。

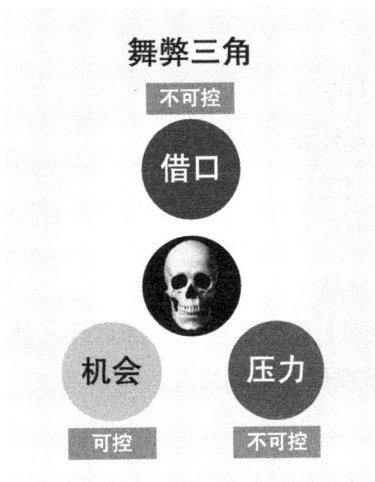

4. 舞弊三角 vs. 火患三角

舞弊三大因素和火患三大因素是类似的。压力、借口和机会三大因素必须同时出现才能促成舞弊的发生。借口和每个人的道德、诚信息息相关，道德、诚信是每个人无法分离的个人价值观，就像氧气存在于我们的周围。

压力就像造成火患的温度因素，温度可能会受环境影响而上升到燃点，就像个人可能在某些时候受不住外来的打击和诱惑。

机会就像燃料，是唯一可以控制的因素。为了降低火患，人们可以不存储易燃易爆品或采取措施保管好易燃易爆品。

为了降低舞弊的可能性，企业应做好内部控制，设定制度流程，减少漏洞，规避舞弊风险。

根据《第2204号内审准则》第十一条，内部审计人员在审查和评价业务活动、内部控制和风险管理时，应当从以下方面对舞弊发生的可能性进行评估：

（一）组织目标的可行性；

（二）控制意识和态度的科学性；

（三）员工行为规范的合理性和有效性；

（四）业务活动授权审批制度的有效性；

（五）内部控制和风险管理机制的有效性；

（六）信息系统运行的有效性。

根据《第2204号内审准则》第十二条，内部审计人员除考虑内部控制的固有局限外，还应当考虑下列可能导致舞弊发生的情况：

（一）管理人员品质不佳；

（二）管理人员遭受异常压力；

（三）业务活动中存在异常交易事项；

（四）组织内部个人利益、局部利益和整体利益存在较大冲突。

八、本章小结

舞弊是现代企业面临的合规与廉洁文化方面的挑战。虽然舞弊种类繁多，但可以归结为三大类，即腐败贪污、资产侵占、报表造假。企业舞弊风险管理应从舞弊防范和审计两方面下手。审计人员应当充分理解舞弊的定义、促使舞弊发生的三大因素，从本质上掌握舞弊审计的方法。

第二章

舞弊审计与流程审计的异同

任其事，必图其效；欲责其效，必尽其方。

——欧阳修

一、引言

流程审计和舞弊审计之间有什么区别？一些审计人员流程审计做得很好，但总是做不好舞弊审计，也有一些审计人员能做好舞弊审计却做不好流程审计。许多审计人员感觉舞弊审计难做，总是查不出问题来。本章将介绍流程审计与舞弊审计的异同，以及审计人员要做好舞弊审计需要具备的条件。

二、流程审计与舞弊审计的程序

审计是一个获取信息验证事物的过程。不管是流程审计还是舞弊审计，审计人员都需要挖掘、验证、分析信息并与审计的期望标准做对比。审计的流程一般包括审核会计、原始凭证，分析各类财务与业务数据之间的合理性，验证系统记录是否与原始凭证匹配。

审计工作也包括审计人员到企业运营地点，如工程现场、车间、仓库、计算机机房、发货点等做现场观察，检验实际工作流程的合理性与合规性，确保资产的安全性。审计中还有一项相当重要的工作是与相关人员进行访谈，了解企业运作流程，从中发现是否有不合理、不合规的情况。另外，通过函证或邮件向第三方确认信息也是审计的重要环节。

企业内的各项财务与非财务系统，如 ERP、采购、客户管理、人事等系统也需经过审计测试，以验证其设置的合理性与安全性。

总的来说，流程审计与舞弊审计的挖掘、验证、分析信息的核心程序是大同小异的，两者都涵盖以下审计程序。

（1）审阅会计凭证、原始凭证、合同文件。

（2）分析数据，包括各项财务比率、逻辑与趋势。

（3）计数总和，重新核算、复查。

（4）确认会计总账与明细账。

（5）现场观察，查看流程执行情况、资产保管情况。

（6）通过询问访谈确认信息。

（7）以函证或邮件确认信息。

（8）测试与验证系统设置、程序、信息安全措施等。

三、流程审计与舞弊审计中的审计目标

不管是流程审计还是舞弊审计，都可能涉及审查企业中各个业务循环，包括采购、物流、库存管理、质检、生产、销售、人事、信息管理等。要做好审计就要了解审计的目标，知道为什么要进行该审计步骤。流程审计和舞弊审计中的审计目标涵盖以下12类。

1. 真实性

审计的一个重要目的是验证企业报表与信息系统所记录的交易的真实性。如果在会计账簿上看到一笔原材料购入，审计人员就要核实该原材料是否真实地被买入并由仓库接收保管。如果该原材料被记录为转入生产车间，制成了成品卖给了客户，那么审计人员就要核实从材料转换至成品一直到销售及收款的这一系列交易。如果企业的内部流程无法防止或发现不真实的交易，那么内控就有需改进。如果不真实的交易是故意输入的，那么就有了违规舞弊的嫌疑。因此，不论是流程审计还是舞弊审计，审计人员都要对真实性这个审计目标进行测试验证。

2. 授权性

企业内的所有交易都需要获得授权才能进行。有些交易是事先批准或已纳入标准工作流程的，而有些交易则要根据企业授权权限表中的额度，经由相关管理层授权方可进行，未获得授权的交易不可以执行。权限控制可以是手工执行，也可以通过系统来实现。审计人员的工作是要确保所有被执行过的交易都得到授权。假如公司规定超过100万元的原材料采购需获得总经理的审批才能执行，无论是流程审计还是舞弊审计，审计人员都要审查超标准的原材料采购是否得到了总经理的审批。

授权性这个审计目标在流程审计和舞弊审计中都是要进行测试验证的。

3. 完整性

企业内的每笔交易都必须记录在案，现代企业普遍利用 ERP 系统来记录业务与财务交易信息。如果有交易发生但没被记录就有漏记、截留、隐瞒的嫌疑。一些小金库都

是因为销售交易未被完整记录导致资金被截留而生成的。常见的例子是工厂的废品销售收入被截留而没有入账。

要做好交易记录完整性的审查，审计人员就要从原始凭证开始，追溯到 ERP 系统内的会计记录。如果在原始凭证上有交易，但在系统或会计凭证内没有相关的记录，那么就表示有交易被漏记了。如果企业无法确保所有交易完整地记录在案，那么企业的流程或系统就有改进的空间。如果交易是故意被遗漏的，那么就有了违规舞弊的嫌疑。因此，不论是流程审计还是舞弊审计都要对完整性这个审计目标进行测试验证。

4. 准确性

企业的每一笔交易的金额、数量、交易方等信息也必须准确记录。错误的记录将导致企业信息混乱，报表缺实，也可能导致有心人浑水摸鱼，挪用、占用公司资产。常见的例子有虚增费用、虚增销售收入、虚假记录库存数据等。

审计人员在审计过程中进行文件审核与数据确认都是为了检验交易记录的准确性。无法防止或侦察出错误信息的内控系统可能存在漏洞，是流程审计要关注的重要方面。如果错误信息是有人故意输入系统或登记在账本上的，那么就有了舞弊的嫌疑。因此，不论是流程审计还是舞弊审计，准确性这个审计目标是必须验证的。

5. 及时性

企业应及时将相关信息记录在企业系统与财务账簿内，当期的交易不应延迟记录到下个会计期间，会计期后发生的交易也不应记录在当前会计期间。很多财务报表的舞弊操纵都涉嫌把费用或销售收入提前或延迟记录，以达到管理层期望的报表利润。在流程审计中，审计人员要审查交易发生和记录的日期，以确保信息是被及时记录的。如果交易记录的时间点是故意被操纵来达到报表造假的目的，舞弊审计就要发挥作用，来审查这些违规行为。

6. 符合制度

俗语说"国有国法，家有家规"，企业也有企业的规章制度。规章制度可以规范员工的行为，确保操作流程统一规范并符合内部控制的要求。企业的交易和事项都必须遵守企业规章制度、标准流程及权限限制。除非得到豁免或特批，否则任何员工都不得违反既定的制度。假设企业规定 100 万元以上的采购必须要招标并要求内控部门同事参与监督，而采购人员在执行 100 万元以上的采购时并未进行招标，也没让内控人员参与监督，即使交易被完整、准确、及时地记录，也算是违规操作。符合制度这个审计目标是流程审计和舞弊审计都要审查核实的。

7. 信息安全

企业内的很多信息都是保密的，如财务信息、客户、产品、成本、招投标信息等都不可在未授权的情况下透露给企业以外的人员以及无知情权的员工。违规泄露保密信息会给企业带来财务与运营上的损失。一般企业会通过设立相关规章制度、信息加密控制、权限设置等措施来确保信息安全。检查公司的信息安全是流程审计和舞弊审计中审计人员都要做的事。

8. 资产安全

企业应设立安全措施与内部控制来确保资产安全，例如，资金安全管理、保险柜、门禁控制、监控摄像、保安巡逻、工地厂房围墙等。如果企业的资产安全措施不规范，进行流程审计时就必须提出来，以加以改进。如果企业的资产是故意被员工偷走的，舞弊审计时则必须审查出来。不管是流程审计还是舞弊审计，确保资产安全是不可忽略的审计目标。

9. 合法合规

企业的所有行为必须遵守国家法律法规，任何违反法律法规的行为与交易都会给企业带来严重后果。常见的例子有违反环境保护条例、违法工程、违规施工、厂房运作违反相关安全与防火规定、公司业务违反公平竞争条例、证券交易违规、不按国家规定为员工缴纳五险一金、贪污腐败、行贿受贿行为等。企业不仅需要在国内做到合法合规，在国外的子公司、分行、合资企业也必须要遵守当地的法律法规。审计人员需要对国家法律法规有充分的认识，对审计过程中发现的任何可能违反规定的交易和行为保持敏感。确保企业合法合规是流程审计和舞弊审计都必须审查核实的审计目标。

10. 真实、准确、及时披露

企业的财务及运营信息必须真实、准确、及时地披露给治理层和股东。上市公司的股东群体大，其财报不真实、不准确、不及时披露的影响范围更大。重大的关联方关系与交易也是企业股东们十分关心的事。确保企业对外披露是真实、准确而且及时的，也是流程审计和舞弊审计都必须审查核实的审计目标。

11. 维护企业声誉

员工有责任维护企业的形象，损害企业声誉的行为将直接影响销售收入，也可能给企业带来不可挽救的长期性影响。员工的舞弊行为也可能导致企业声誉受损。不管在线下还是线上，任何破坏企业声誉的交易和行为都应该被禁止。审计人员不管是做流程审计还是做舞弊审计都要审查并确保企业形象不受损害。

12. 维护企业利益，避免利益冲突

员工必须从维护企业利益的角度出发，不得做出损害企业利益的行为，任何与企业利益有冲突的行为都要避免或申报。如果员工没有从企业利益角度出发或在交易中与企业有利益冲突，那么即使该交易符合了以上各种审计目标，也是不恰当的。常见的例子

是采购人员不从企业利益出发，采购了一些企业根本不需要的材料或向自己的亲属的企业采购了比市场价高的材料。由于这个交易是违背企业利益的，所以纵使满足了其他的审计目标，该交易还是不能符合最后一个审计目标的要求。维护企业利益也是流程审计和舞弊审计都必须审查核实的审计目标。

审计人员只要理解了以上 12 种审计目标，就能抓住各个业务流程的审计重点，在面对任何一个业务循环的审计时都游刃有余。只要把 12 种审计目标套在要审查的流程上，审计人员就可无须参照标准审计工作清单，想出有效的审计方法。掌握了 12 种审计目标，审计人员就有可能在任何审计中做到"无书胜有书"。

四、为何舞弊审计难做

既然流程审计与舞弊审计有着非常多的相同点，那为何舞弊审计如此难查？为何有些审计人员能做好流程审计，却不能胜任舞弊审计？要想知道为何舞弊审计难做，审计人员首先要了解舞弊的特性。一些审计人员把舞弊当成了流程缺陷，对舞弊事件"轻敌"，在审计工作上掉以轻心，并且让经验不足的审计人员单独上阵审查舞弊。因为对舞弊事件的特性不了解，不具备舞弊审计的胜任能力，缺乏必备的知识与技巧，审计人员往往无法侦查出充分的证据。

1. 舞弊事件的特性

舞弊事件与流程缺陷不同，舞弊事件具有以下特征。

（1）敌暗我明

舞弊，顾名思义就是一件不想让人察觉的、含有欺骗性质的事情。为了防止被揭发，舞弊当事人肯定会想方设法来隐蔽整个舞弊过程。这和流程审计中所要发现的内控失误、管控不足、执行不到位有根本的区别。虽然当事人也可能会隐瞒，但是这类内控相关的事件通常比较公开，即使是流程负责人知道自己没把事情做好、不符合制度，也不会事先做大量的工作来掩盖痕迹，只要审计人员多留心，一般都能从文件与数据或通过询问获得审计证据证明内控缺陷。

舞弊事件就不一样了。当事人是主观上故意地、有意图地去做损害企业、利于自己的事，他们一般会做好大量的工作来掩盖舞弊痕迹，也会采取各种方法让交易合理化。而且当审计人员审查舞弊时当事人是知道的，即使审计人员以其他审计项目（如例行审计、跟踪审计）为理由来掩饰该审计的目的。舞弊当事人可能就是财务部或采购部的一名成员，其看到审计人员到现场便心里有数了。舞弊当事人可能紧盯着审计的工作过程，也会通过同事或下属知道审计人员在询问些什么事情、在查看什么文件、掌握了什么证据等。

舞弊审计是一个敌暗我明的审查过程，舞弊当事人可以看到审计人员的举动，但审计人员往往对舞弊当事人一无所知。因此，舞弊审计人员不能让被审计方知道审计策略，也不能让他们知道我们掌握了什么信息，要利用信息的不对称在最后的审计访谈中促使他们认错。通俗地说，就是舞弊审计人员不能让被审计方看穿"底牌"。

（2）共谋同伙

一些舞弊通常是两人或多人共谋操作的，如采购围标、行贿受贿、集体侵占公司资产等。同谋人可能来自企业内或企业外，可能是同一个部门或跨部门的同事，也可能是上下级关系。大部分的内控流程系统及职权分工的基础是两人或多人参与一件事，确保没有人可以在其他人不知晓的情况下单独完成一件事。通过合伙共谋舞弊，当事人可以跳过内控的限制完成一个人无法执行的交易。

同谋人也会串通并编织好故事来对违规行为和舞弊交易进行辩解，使其合理化，在这种情况下单靠基础的审计方式是很难找到舞弊证据的。尤其是行贿受贿事件，只要行贿方（供应商）不说，受贿方（采购人员）不说，以普通流程审计的方法与思路很难找出证据。由于有共谋同伙，很多在内控制度管控下不可能完成的行为都变得可能了。在流程审计中被默认为理所当然的流程审批、"一定"正确的数据、"通常"不会被篡改的文件，都要再三地验证确认。在舞弊审计中审计人员需要提高专业谨慎度，减少对事情的假设，增加对信息的验证次数。

根据上海星瀚企业内控与反舞弊法律中心所发布的《2019 年度中国企业员工舞弊犯罪司法裁判大数据报告》（以下简称《2019 年舞弊大数据报告》），调研统计中有

27.62% 的舞弊犯罪属于共同犯罪，无共犯的为 72.38%。在共同犯罪中，内部多人犯罪占 20.47%，内外勾结犯罪占 7.15%，具体如下图所示。该调研报告显示个人独自作案的情况在挪用资金、非国家工作人员受贿、职务侵占案件中占比较高，分别为 89.54%、75.89%、52.55%。在侵犯公民个人信息罪中，内外勾结情况较为严重，占比为 58.82%。

共犯性质的比例

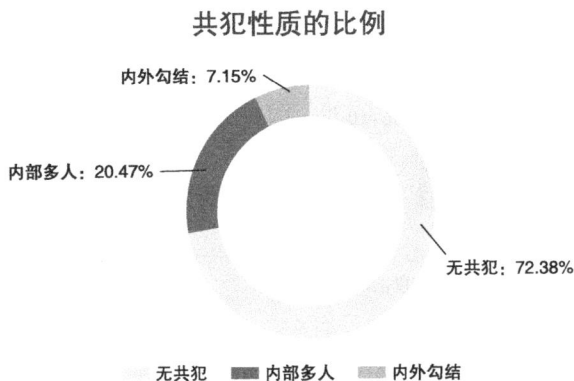

资料来源：《2019 年度中国企业员工舞弊犯罪司法裁判大数据报告》。

该调研报告还显示，从舞弊犯罪给企业造成经济损失的角度来看，内部多人的舞弊犯罪造成损失最为严重，单案平均金额为 255.67 万元。内外勾结的舞弊犯罪单案平均金额为 180.9 万元。无共犯的案件损失相对而言较小，单案平均金额为 138.26 万元，具体如下图所示。

共犯性质的平均案件金额

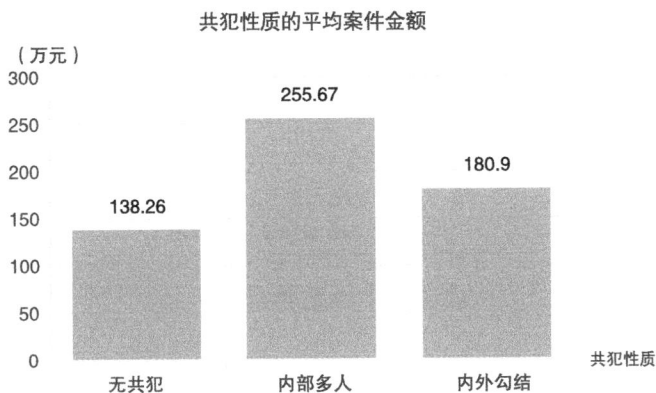

资料来源：《2019 年度中国企业员工舞弊犯罪司法裁判大数据报告》。

（3）被信任的员工

哪些员工比较有舞弊的倾向？是刚加入公司的新人还是已经在公司较长时间的老员工？国际注册舞弊审查师协会（ACFE）的《职务舞弊和滥用年度国际报告》（*Report to the Nations on Occupational Fraud*）显示，几乎每年的调研结果中大部分的舞弊嫌疑人都是在公司工作时间较长的员工。例如，在 2020 年的《职务舞弊和滥用年度国际报告》

中，1 年工龄的员工舞弊只占了 9%，1~5 年工龄的员工舞弊占了 46%，超过 5 年工龄的员工舞弊占了 45%，具体如下图所示。同时该报告也显示，工龄越长的员工的舞弊将会造成更大的损失中间值。

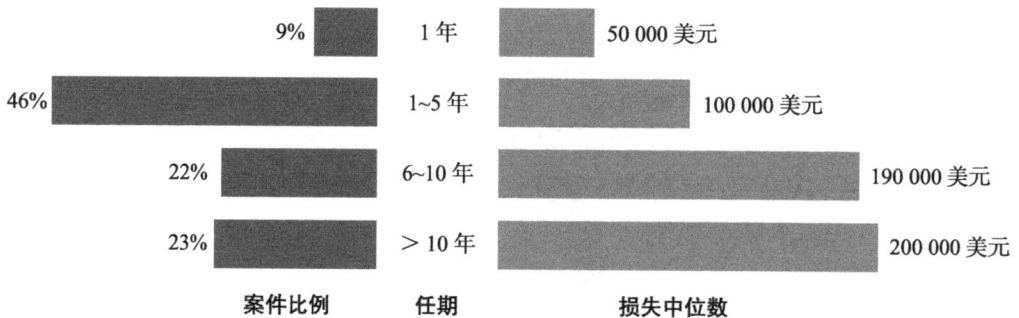

资料来源：《ACFE 2020 职务舞弊和滥用年度国际报告》。

《2019 年舞弊大数据报告》显示，舞弊人员的职位分布比例为：高层人员占 9.86%，中层员工占 22.04%，一般员工占 68.10%。该报告还显示，高层人员虽然只占 9.86%，但高层人员的舞弊案件给企业造成的损失最为严重。高层人员单案平均金额为 517.74 万元，高于一般员工（108.07 万元）与中层员工（188.41 万元）的单案平均金额，具体如下图所示。

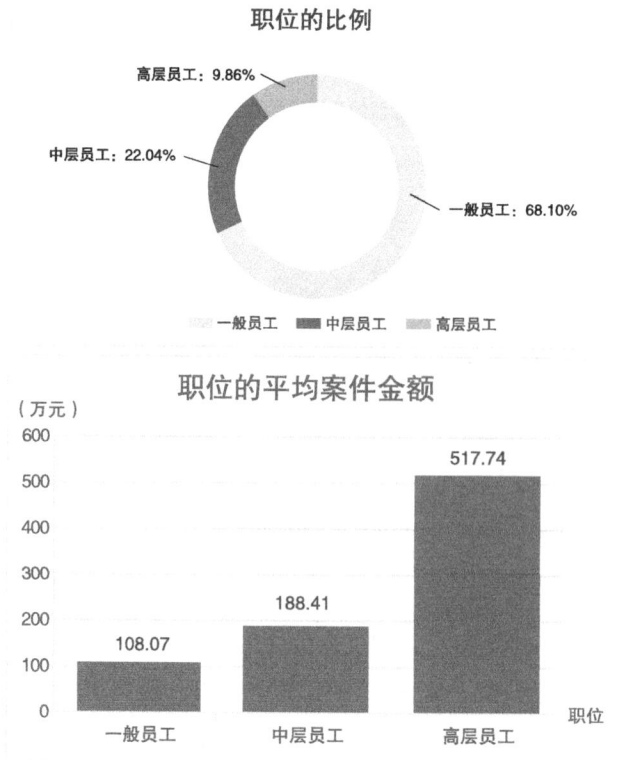

资料来源：《2019 年度中国企业员工舞弊犯罪司法裁判大数据报告》。

　　一般工龄较长的员工都是相对被信任的，如果审计人员要求管理层抛开对老员工先入为主的信任，去相信他们舞弊骗取企业的资产是不容易的。没有充分有力的证据很难让管理层承认曾经重用多年的人其实一直在欺骗自己。在流程审计中足以让管理层相信内控有缺陷的证据可能不足以让他们相信自己多年信任的老员工有舞弊行为。

　　《2019 年舞弊大数据报告》调研显示，入职少于 2 年的舞弊犯罪人员占 39.3%，入职 2~5 年的占 42.7%，入职 6~10 年的占 13%，入职 10 年以上的只有 5%。其中，入职 5 年以上的单案涉及金额平均为 672.93 万元，比起入职 5 年以内的平均单案涉及金额 113.04 万元要高。该调研报告也发现在侵犯个人信息类和计算机类舞弊犯罪中，全部犯罪人员入职年限均在 2 年以内。入职 5 年以上行为人的舞弊犯罪，仅发生在职务侵占罪、挪用资金罪和非国家工作人员受贿罪这三项侵犯财物类舞弊犯罪中。

案例：闲置的 300 万美元被老员工盗取

　　Y 市某私企财务总监盗取了公司闲置在国外银行账户内的 300 万美元资金。该财务总监在公司工作多年，对公司的资金情况非常了解，他知道公司在海外的关联公司有 300 万美元资金闲置多年，并且该公司的财务报表未做合并报表，长期在集团报表账外。于是，该财务总监自己在海外开设了一家与集团公司名称相似的公司，把该闲置资金转到自己公司的账户中。几年后该资金的挪用才被发现，但此时该财务总监已经离开公司了。

被信任的员工

　　（4）舞弊当事人对公司流程、系统有深度了解

　　舞弊当事人要成功做到舞弊并把它隐藏起来是不容易的，其需要熟悉并掌握公司的流程与系统，如要了解哪个系统有漏洞、哪个流程不完善、哪个财务账上有可挪用的资金、哪些资产没人监控、哪个会计账户常年没做调节对账等。同时他们还要具有深厚的 IT 系统的知识，知道如何规避系统安全的检测。

案例：滥用公司 IT 资源

H 市某大型互联网公司 IT 系统安全经理利用公司 IT 资源进行数字货币挖矿。由于该经理对系统有深入的了解，他知道哪些系统的资源是闲置并且无人看管的，于是通过他的系统管理员超级用户账号登录系统底层，植入数字货币挖矿软件，挖矿多年造成公司大量电力损耗。公司是在 IT 系统漏洞测试中才偶然发现该挖矿软件的。

（5）舞弊当事人有着丰厚的专业知识

一些企业的运营涉及专业技术，如建筑工程，高科技生产流程与材料，产品化学成分与质量，大型信息系统的设置，能源、煤炭或柴油的能量转化，蒸汽系统工作压力等都需要相当高的专业知识。这些专业领域的流程或采购上的舞弊，审计人员是否能察觉出来呢？即使能发现问题，是否能成功地说服管理层呢？是否能反驳当事人利用技术上的借口来合理化舞弊行为呢？专业领域上的舞弊有很多，较常见的如下。

① 以无中生有的理由限制投标人。

② 以各种技术性借口让某供应商中标供货。

③ 以不合理评标标准排斥投标人。

④ 通过各种技术理由和隐蔽工程虚增工程量、工程计价。

⑤ 虚增材料采购需求量。

⑥ 以次品充当高价材料。

⑦ 以技术借口让不合格材料过关。

⑧ 签收未达生产标准的设备。

⑨ 替换未损坏的备品备件。

《2019 年舞弊大数据报告》显示，舞弊犯罪人员的学历背景是均匀分布的。舞弊犯罪行为人的学历在初中及以下的占 31.37%，高中占 27.26%，大专占 22.44%，本科占 17.83%，硕士及以上的占 1.1%。从案件涉及金额上来看，舞弊犯罪人为高中及以下学历的平均涉案金额是 102.93 万元，比大专及以上的舞弊行为人的 258.55 万元的平均涉案金额要低。

2. 舞弊审计是一场博弈对垒

舞弊审计是审计人和被审计人斗智斗勇的博弈对垒过程。从舞弊当事人的角度来说，如果"斗不赢"，当事人就要承担严重后果、丢掉"饭碗"，甚至受到司法制裁，因此他必定竭尽所能，使出全身招数撒谎或隐瞒事实，不让审计人员把事情揭穿。有人把舞弊审计形容为一场没有硝烟的微型战争。

流程审计审的是固有的流程与系统，流程和系统设置后一般是不变的，是"死"的。但在舞弊审计中除了审查"死"的流程与系统外，还要审查"活"的人。流程审计是标准化的审计，该审计的流程控制点和询问点可预先设计好，审计人员根据标准审计清单询问一遍，抽样审查凭证就完成了。流程审计有标准审计清单可参照，以一个通俗的比喻来说明，流程审计就像有秘籍的武功，有迹可循，有书可看。

舞弊审计
博弈对垒

五、流程审计与舞弊审计的区别

基于舞弊事件和舞弊审计的这些特征，使得流程审计与舞弊审计有以下五大区别。

1. 信息来源

流程审计中的信息来源主要是公司内部文件与数据，如会计凭证、原始凭证、合同等。舞弊审计中的信息来源不局限于内部信息，大量的外部信息也可作为审计证据。政府部门公开的信息，如企业征信信息、司法裁判文书等，以及网上招聘信息，社交网站、论坛上的公开信息都是舞弊审计的重要证据来源。当然，在流程审计中如需审查供应商和投标商的背景，审计人员也会大量地做网上开源信息的搜索。

2. 分析深度

在数据与文件分析方面，舞弊审计和流程审计也有着不一样的深度。流程审计中的数据分析一般是基础分析，通常是对单一数据进行分析，判断是否有遗漏或重复。除了流程审计中的一般分析，审计人员在舞弊审计中还会执行一些比较有针对性的分析，如分析数据之间的关系、进行数据画像、寻找关键词、进行趋势分析等。审计人员会使用大量的财务与非财务数据、外部与内部数据进行交叉匹配和各种量化与非量化分析。

流程审计中的文件审核是基础的核对，审核的文件包括招投标文件、合同、发票、凭证、发货单、内部报告、邮件、工程文件等。在流程审计中审计人员一般不会先入为主地认定文件有问题，通常不会详细地验证文件的真伪。但在执行舞弊审计时审计人员是以更高的职业谨慎态度来审查文件，不仅要确保文件合规，也要审查交易的结果是否合理，另外审计人员还会查看文件上的印章、签字、金额、名称等信息是否被篡改或修饰（P图）过。

3. 观察范围

审计中的观察包括实地现场观察、供应商走访了解、电子监控和电子痕迹审查。流程审计中的审计现场观察的地点大部分是企业内部如工厂、分公司、销售点等，且观察行为是公开的。舞弊审计中的观察除了在企业内部外，也会到企业外走访取证，如对供应商与客户的走访、市场询价等。舞弊审计的观察行为除了公开的走访也有隐蔽的观察。

电子监控和电子痕迹审查通常只有在舞弊审计中才采用，在流程审计中一般不进行这两种审查方式。电子监控是指通过技术监控当事人在使用设备时的操作，如公司配的电脑、手机、网络设备、汽车等。电子痕迹审查是指通过技术在当事人使用的电子设备或系统服务器上复原、搜索电子档案和操作痕迹。

这些电子监控和电子痕迹审查可以在当事人不知情的情况下远程操作，或者直接在当事人使用的电子设备上进行操作。由于电子监控和电子痕迹审查牵涉企业和个人的保密信息，所以只能在企业自有的设备上执行，并且在非必要情况下不得执行，只在其他审计方法无效时才可向企业管理层申请执行电子监控。

4. 询问重点

流程审计中的询问一般着重对内部流程和控制点进行了解，而舞弊审计中的询问不仅只对流程进行了解，更重要的是通过询问获取有价值的信息和当事人的供述，进而结合文件、数据、电子证据、视音频等来证明或推翻关于舞弊的指控。在舞弊审计询问过程中，审计人员进行审计谈话时，要灵活运用信息的不对称、语言科学、测谎与问话技巧、心理学原理等，让被访谈人产生供述的动机和心理压力，促使他供述认错。

在舞弊审计中，询问和讯问是最重要的审计步骤。如果执行不好，就会让当事人知道审计底牌，并污染证据。由于审计部门不是公检法部门，没有相关法律赋予的审讯和限制他人自由的权力，所以审计询问的方法和技巧显得更加重要。企业的审计谈话必须以专业的、合法合规的、合情合理的方式进行，绝对不可严刑逼供、以欺骗恐吓方式获取信息和供述。

5. 审计时间

流程审计是定期进行的，审计人员可以在年初做好风险评估并安排审计内容与工作计划。舞弊审计是被动式地应对舞弊事件，无法像流程审计一样提前做出年度审计计划。舞弊审计一般是突发的，无法准确预测何时收到举报邮件或发现违规事件，以及被举报或涉嫌违规的是什么事、什么人。舞弊审计人员只可根据往年的经验和廉正宣传工作来预测舞弊举报的大概数量，他们唯一可事先计划的是一些主动式的舞弊风险防范措施，包括廉正思想宣传教育工作、舞弊风险内控自我评估问卷和以舞弊风险为导向的专项审计等。

六、完美文书舞弊和非完美文书舞弊

舞弊事件可以笼统地分为完美文书舞弊事件和非完美文书舞弊事件。非完美文书舞弊事件就是舞弊当事人没有对交易做好掩饰工作，如虚假合同的 P 图痕迹、虚假印章的破绽、围标报价单中的相同文件保存人等。对于这些非完美文书舞弊，审计人员只要多加留心就可以审查出来。非完美文书舞弊的风险管理重点是要及时发现舞弊迹象，不让舞弊事件生根扩散。审计人员对非完美文书舞弊的审计目标是全部查出，一个都不放过。

完美文书舞弊是舞弊当事人经过详细的策划和安排后执行的，他们把所有相关的文件都准备齐全，并符合公司的规章制度，即使是虚假文件也没有任何破绽。同时舞弊当事人也不"贪心"，不会允许供应商以高价投标，只要求供应商给出最低价格或性价比最高的价格，但要求该供应商必须把好处费打到当事人亲戚的银行账户。这种完美文书舞弊是非常难查的，只能等舞弊人在长期舞弊后提防心减弱，不再那么严谨地准备文书时，审计人员才有机会审查出来。当然审计人员也可以通过其他非传统的审计方法审查完美文书舞弊，如通过污点证人、电子痕迹、电子监控、"卧底"员工等方式。

对于完美文书舞弊的风险管理应着重于事前防范，企业要建立完善的制度与流程，让员工不能舞弊；通过搭建举报机制提高威慑效果，让员工不敢舞弊；通过廉正文化教育也可以熏陶员工，让他们不想舞弊。

总的来说，对非完美文书舞弊，审计人员的态度是"一个都不放过"，对完美文书舞弊，审计人员的态度是"总有一天等到你"。

七、本章小结

流程审计和舞弊审计的审计目标基本是一致的，两种审计都是要维护股东的权益和企业的效益。完善的审计工作必须满足十二个审计验证目标，即真实性、授权性、完整性、准确性、及时性、符合制度、信息安全、资产安全、合法合规、真实和及时披露、维护公司形象、维护企业利益。流程审计和舞弊审计的区别体现在信息来源、分析深度、观察范围、询问重点、审计时间五大方面。除此之外，审计人员也要注意针对完美文书舞弊和非完美文书舞弊采取不同的防范措施。

第三章

舞弊防范与舞弊审计原则

居安思危，思则有备，有备无患。

——《左氏春秋》

一、引言

　　企业舞弊风险管理要做到防范威慑与调查审计双项并举。对舞弊风险的防范威慑是事前控制（主动应对），对舞弊事件的调查审计是事后措施（被动应对）。舞弊风险防范要全方位进行，涵盖战略、制度、流程、系统、人员、架构、文化等方面。做好舞弊防范把风险降到最低固然重要，但事后的及时调查和处理沟通也是全面风险管理中不可或缺的环节。俗话说"道高一尺，魔高一丈"，不管设立多严谨的防范措施，舞弊都还是可能会发生的。及时、有效地调查舞弊举报事件将释放出强有力的廉正信号，让员工知道企业不会视若无睹、放任舞弊。舞弊风险管理循环如下图所示。

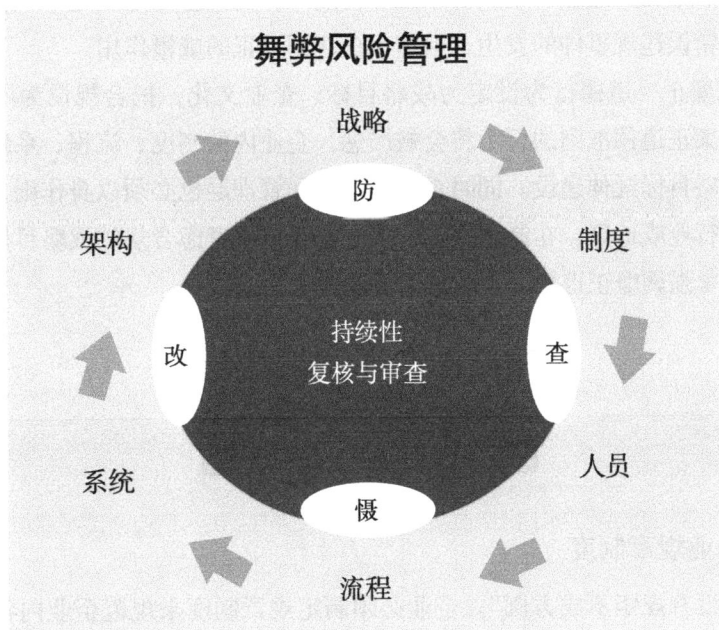

舞弊风险管理

战略　制度　人员　流程　系统　架构

防　查　慑　改

持续性
复核与审查

二、舞弊风险防范措施

防范与威慑是舞弊风险管理的主动式应对措施。由于舞弊有很强的隐蔽性，从舞弊发生到被揭发有一段时间差，舞弊还未被揭发之前企业就已蒙受损失。因此，企业要尽量通过健全的公司文化、战略、规章制度、流程与系统等来有效杜绝员工的舞弊机会，使员工不能舞弊且没法舞弊。前文提到的舞弊三大因素——借口、压力和机会，三者中只有"机会"是企业相对可控的因素，其他两个因素，即借口和压力是相对难控制的。主动应对舞弊风险的防范措施主要包括以下六项。

（1）从战略高度设定廉正文化（Strategy）。

（2）制定企业规章制度（Policy）。

（3）搭建标准工作与管控流程（Process）。

（4）设置完善、安全的信息系统（System）。

（5）做好员工筛选和教育培训（People）。

（6）建立完善的组织架构和物理防控架构（Structure）。

这六项舞弊风险防范措施也可以称为 3P 和 3S 防控机制。

《第 2204 号内审准则》第四条规定，组织管理层对舞弊行为的发生承担责任。建立、健全并有效实施内部控制，预防、发现及纠正舞弊行为是组织管理层的责任。

1. 从战略高度设定廉正文化

舞弊防范必须是从上至下的。廉正文化必须由企业一把手、治理层从战略高度设立才有效果，才能持续长青。如果廉正文化没有从企业最高层设定并往下传达，那么企业内的所有制度、架构、流程、培训都难以取得效果，充其量只是走走形式而已，虽然表面上是防范了错误违规事件的发生，但却无法起到真正的威慑作用。

企业需把廉正、道德行为设定为战略目标、企业文化，把合规设为不可触碰的底线，任何违反廉正道德准则的行为将会被严惩。企业内的制度、流程、系统、培训都应该根据廉正战略目标延伸建设。同时企业治理层和管理层也必须以身作则，在业务上应该避免高风险行业或地区，在制定企业发展方向时也要考虑合规的战略目标。企业内的沟通也应该经常强调廉正道德行为，从而巩固廉正文化。

诚信廉正

2. 制定企业规章制度

俗话说"没有规矩不成方圆"。企业必须制定规章制度来规范企业内各业务部门什么事可以做、什么事不可以做。除此之外，企业也应设立员工的行为准则，让员工知晓企业对他们的道德操守的期望和要求。规章制度应强调企业对舞弊行为的零容忍态度，并且通过员工手册或员工道德行为守则，明确企业的廉正文化理念与相关制度。所有员工都应签署遵守企业道德行为准则的协议并同意在违反的情况下接受纪律处分。另外，企业应要求所有员工每年定期接受廉正教育培训并再次签署准则，从而达到提醒的效果。企业应该设定人事奖惩制度，明确违反规章制度、道德准则所面临的惩罚，让员工知道违反规章制度需要承担后果，接受纪律处分。

此外，企业也应该要求供应商签署类似的商业诚信与道德行为守则，规定不得向企业人员提供贿赂、好处、特殊招待等。同时也应让供应商监督本企业员工，如员工向供应商索贿，应该及时通过举报热线或其他方式通知本企业。在守则内应强调供应商若违反约定的商业诚信与道德行为将导致合同终止，且被拉入黑名单，同时企业也可能会在调查完毕后才结清账款。由于供应商也签署了商业诚信与道德行为守则，所以当本企业员工想向他们索贿时也会有所顾忌，担心被供应商举报，得不偿失。

① 搭建舞弊举报机制

企业应搭建举报机制让内外相关人员通过匿名或实名方式举报违规舞弊事件。举报的渠道包括在企业网站上设立的反馈表格、邮箱、热线电话、手机、微信或其他方式。企业也应大力宣传举报渠道，让员工、供应商、客户都知晓。设立举报机制就像在企业各角落设立监控摄像头，让全体员工相互监督，确保大家都合规合法地执行任务。

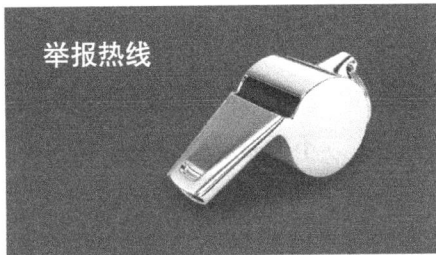

举报热线

② 设立举报人保护机制

在建立举报机制的同时，企业也应设立保护举报人的政策和机制，避免任何形式上的报复、迫害、排挤举报人。如果企业不保护举报人，那么敢于实名举报的人就少了。企业也可考虑设立线索奖励，鼓励员工与供应商提供舞弊线索。同时也可设立戴罪立功的机制，鼓励那些被动被迫参与舞弊和贪污的员工、供应商站出来当污点证人揭发一些较隐蔽的贪污舞弊。有了污点证人提供的线索，审计人员就可以有针对性地挖掘证据。而如果没有戴罪立功的机会，许多人会因为担心自己会被惩罚而不敢提供舞弊线索了。

3. 搭建标准工作与管控流程

标准工作与管控流程规范企业业务如何做、何时做，哪些事必须在授权后才可以做，哪些人可以审批，权限是多少，豁免手续如何等。有了标准工作与管控流程，企业可以确保业务有序、有效地开展。缺乏标准流程员工将以各自的方式开展工作，这不仅无法保证工作质量，而且影响工作效率。业务中的错误也将无法及时被发现，一些应该获得管理层审批的业务可能在未授权的情况下被执行。财务信息的准确性和完整性无法得到保障。

企业中的制度与流程应该涵盖每个业务环节及每个部门。制度与流程必须明确、精准、具体并且符合企业实际情况，不可含糊，要让员工知道哪些事可以做，哪些事不可以做。

不相容职责分离是企业管控流程中的一个重要环节。不相容的职责分离，能确保一个人"不能从头到尾把一件事做完"。如果一个人可以包办一件事，就缺乏了员工之间的相互监督。简单来说不相容职责相分离就是以下工作不可由同一名员工负责。

（1）钱、账、批——负责收发和保管资金、做资金账及审批的职责应分离。

（2）购、收、付——负责采购、收货及付款的职责应分离。

（3）物、销、批——负责保管库存、库存注销及审批注销和货物放行的职责应分离。

（4）申、批、监——负责申请交易、审批该交易及该交易监督的职责应分离。

如果企业无法做到不相容职责完全分离，那么至少其中一项工作的成果要经过他人的事后审阅或审批。一个不完善的制度和未分离不相容职责的流程将导致内控出现漏洞，使有些人有机可乘进行违规舞弊行为。其他不相容职责清单收录于附录1，供参考。

4. 设置完善、安全的信息系统

现代企业大多使用信息系统来管理企业的业务，企业的运营与财务系统就是各部门员工的工作与协调工具。完善的系统设置将保证流程的规范性，确保信息录入与处理的准确性。正确地设定系统中的审批权限、审批路径、权限职责分工将确保只有授权的交易才能执行。设置正确的系统验证与程序逻辑也可以保证只有符合标准的信息才能被输入并接受一致性的逻辑处理。完善的用户权限管理也可以确保未授权的员工和已离职的员工不能登录企业系统执行交易。完善安全的信息系统是防范舞弊风险的重要支柱。

企业也应该制定完善的文件归档制度，保管好原始文件，如合同、发票、会计凭证等。如果企业对业务中的原始文件的签收和存档不重视，且只要见到电子扫描件就认可交易，不管最终原件是否有交接并保管好，将导致在发生舞弊事件的时候没有原始文件可追溯审核。复印件和电子扫描件的真实性不容易确定，因此在仲裁、民事或刑事诉讼中都不具备证明效力。即使复印件被采纳，其证明力也是相对较低的。如果企业没有保管好原始凭证将导致在走司法程序时无文件提交法院举证。

5. 做好员工筛选和教育培训

企业应在招聘时做好员工筛选工作。高级职位和敏感职位都应做好候选人的背景调查。企业也应有组织、有体系地进行廉正教育培训，不能一边做一些培训一边做一些宣传或只培训某个部门而忽略其他部门。企业应确保诚信合规道德教育涵盖从上至下的每一位员工。从管理层到基层，应根据不同层次的员工提供合适的培训教育方式。诚信廉正文化教育须长期熏陶也须从员工踏入企业的第一天开始进行，并定期开展相关的培训来巩固员工的诚信道德理念。

企业可以通过企业内部公告、网站或公众号宣传诚信廉正信息，为了取得威慑效果也可以宣传一些社会上公开的舞弊查处案例及其判刑结果。如果企业有已经查实的舞弊事件与惩戒处理案例，也可以视情况在企业内通报，但在发文之前需让企业律师审核该公告，确保企业没有诽谤员工的法律隐患。

6. 建立完善的组织架构和物理防控架构

企业内的组织架构必须完善且明确，各部门的权限及上下级关系要清晰，避免职责重叠或操作真空，必须保证每件事都有人在执行、审阅、审批。完善的组织架构也是编制审批权限表的基础，通过权限表员工可以清楚地知道超出权限额度的事该由谁来审批。模糊的职责分工与审批权限会给意图舞弊的人执行未审批交易的机会。

① 设立三道"防火墙"

企业应设立三道舞弊防火墙来防范舞弊风险。第一道防火墙是业务部门。企业应该明确地把防范舞弊的责任交给一线工作人员，让他们知道如果出现错误或有舞弊行为发生，他们是责无旁贷的。一线工作人员不能认为查错纠弊的责任属于财务或内审部门。

第二道防火墙是控制部门。企业的控制部门通常是财务部、风控部与内控部，这些部门负责管控的员工在做账或付款时也需用"火眼金睛"查看凭证，确保交易的准确性、完整性、恰当性等。

内审部门是第三道防火墙，执行事后审查。在正常的情况下，经过第一道和第二道防火墙之后，绝大部分的交易与信息都应该是正确且合规的。审计部门的审计具有威慑的作用，能从独立的角度提供审查结果，弥补第一道和第二道防火墙的盲点与疏忽。企业不应该把所有的查错纠弊的责任都划归第三道防火墙，如果错误的交易和记录总是由审计人员找出来，那就表示企业的内部控制系统是不健全、不完善的。

②设立专业的舞弊调查团队

企业要考虑设立专门负责舞弊审计的舞弊审计团队，有些企业把这个团队归于内部审计部门，也有企业设立独立的舞弊审计部门，通常命名为廉正建设部、监察部、法证审计部、合规部、合规风险部、损失防控部等。舞弊审计部门将负责调查企业的舞弊举报与合规问题，他们通过专业的舞弊审计方法、科学的谈话技巧等收集证据来证实或推翻舞弊指控。一个专业的舞弊审计团队在一定程度上可以提高审计的威慑力。

设立舞弊审计团队要赋予其相应的权利。舞弊审计团队应该有权查看企业内所有的信息，包括人事档案和电子痕迹等，同时也有权召唤企业内的任何员工来面谈。企业可以制定舞弊调查团队的工作制度来规范其权利和在获取敏感信息前的审批流程。

企业内所有的实体架构，包括厂房车间、办公室、研发实验室、机房、数控中心、工程场地等的安保措施都是舞弊防御中的物理架构。企业的有形资产（和部分无形资产）都是存放和运行于企业的物理架构中。因此，这些物理架构中的安全、安保、防火措施必须要做好，确保企业的资产和信息安全。

三、舞弊审计中的合法合规、公平公正原则

鉴于舞弊审计的结果对舞弊嫌疑人有着巨大的影响，任何不规范的审计都有可能导致一个无辜的员工丢失工作、惹上麻烦、声誉受损等。基于舞弊审计的重要性和其结果的严重性，审计人员在执行舞弊审计时要遵守以下基本原则。

1. 舞弊审计要合法合规

审计人员在执行舞弊审计过程中，不可做违法违规的事，也不能以违法违规的方式获取审计证据。常见的违规事项包括侵犯他人隐私、私闯办公室或个人住宅、非法获取公民信息、非法获取个人银行信息、行贿、索取好处、收受贿赂等。审计人员也不可在拜访供应商时私自进入对方的厂房车间，在他人的汽车上装 GPS 追踪器等。

审计人员必须遵守企业的规章制度与诚信道德守则。如果企业制度不允许审计人员在被访谈者未同意的情况下录音录像，那么审计人员就不应偷录访谈的过程。审计人员必须为自己的行为负责，不可因为急于"破案"，而去做违法违纪违规的事情。

2. 舞弊审计要公平与公正

舞弊审计人员必须以公平公正的态度对待每一位员工，对所有的被审计方一视同仁，不得偏袒任何人。无论涉嫌舞弊的是基层员工还是经理或总监，审计人员都必须以公平公正的方式调查事件，不可因自己的喜好而对某个嫌疑人多做或不做调查。

如果审计人员与被审计方有亲属或情侣关系，审计人员应事先向领导申报并不参与该调查项目。即便不是亲属或情侣关系，如果审计人员与当事人比较熟悉，如朋友、大学同学、邻居等，审计人员也必须申报。

审计人员在执行舞弊调查时不仅在实质上公平公正，也要让任何一个合理的第三方认为其是公平公正的。审计人员绝对不可捏造虚假证据，不可无中生有，不可篡改或修饰任何证据。舞弊审计中的一些不稳定证据需要进一步固定，如口头供述、数据证据、电子痕迹等。在固定证据的过程中审计人员绝对不可进行篡改或添加，也不可在审计报告中或在给管理层的口头汇报中玩弄文字，故意夸大、忽略或隐瞒证据。

舞弊审计报告是以证据为基础，让管理层对当事人是否实施舞弊做出判断的，审计人员不能以主观偏见来诱导管理层，影响管理层对证据的理解和公正判断。一些不专业的审计人员为了自己的绩效考核，希望多"破案"，因此会添加虚假证据、夸大证据或暗示事情的严重性。也有的审计人员在报告中选择性地规避了对舞弊嫌疑人有利的证据，故意忽略一些可以反驳舞弊指控的信息，只把可以证明部分案情的证据写进报告并且无限放大，利用大量的描述语来引导管理层，让管理层认定对方存在舞弊行为或让管理层觉得当事人是个不诚信的员工。第五章将详细讨论如何撰写舞弊审计报告。

3. 舞弊审计要证明或推翻舞弊指控

很多企业管理层收到舞弊举报信后会让审计团队去审查，一般会这样说："这里有封关于某某的举报信，你去查实下。"在这里，"查实"可以是"证明舞弊指控"也可以是"推翻舞弊指控"，但有些审计人员在听到"查实"的时候会产生误解，本能地认为只有单一的方向，即只要找出证据来证明舞弊举报就行了，而忘了要公正客观地查看是否有证据来推翻舞弊的指控。

一些审计人员错误地认为所有的舞弊举报都"必须"找到证据予以证实。当有了思维上的偏见，审计人员会在思考问题时自我设限，带着"有色眼镜"来解读所发现的信息，把一些中性的线索视为"证实性"证据，完全不考虑线索指向的其他可能性，也会有意或无意地忽略可能推翻舞弊举报的证据。

也有一些审计人员认为找不到证据来证实舞弊会让人觉得自己审计能力差，是一件羞耻的事，因此便不惜一切代价夸大证据、隐瞒证据或利用文字来诱导管理层相信舞弊的发生，最后将当事人开除。审计人员必须要理解舞弊审计不单是"证实举报"一个结果，而是"证实举报""推翻举报""无法证实也无法推翻举报"三个可能结果。审计人员应确保心中没有任何偏见和盲点，不能只想着"证实"举报而忽略推翻举报的证据。

在舞弊审计中，审计人员的职责是挖掘信息还原事件的原始情景，找出证据来证明或推翻舞弊指控。如果审计人员一味地想找出证据来证实舞弊而不是以公正的态度找证据来还原事件，久而久之就会有思维盲点，对当事人有偏见。当有了偏见之后，不管当事人说些什么，审计人员都会认为他在撒谎、隐瞒。

4. 舞弊审计人员是"纯粹"的信息挖掘者

舞弊审计人员必须记得自己的职责是挖掘信息、发现事实，应排除杂念，不应该过多地考虑其他因素。例如，如果证实了当事人舞弊，公司是否会开除他，如果把他开除了，谁将顶替他的位置；某领导很看重当事人，如果查实了他舞弊会对该领导有什么影响，会对审计部门有什么影响；如果当事人不愿意辞职并向公司索赔，公司该如何处理等。这些都应该由管理层或其他部门去考虑。审计人员挖掘出事实证据后，要由管理层考虑各种商业因素后来决定如何处理当事人，任何的管理层处理方案都不该由审计人员来做决定。审计人员不应该参与太多的商业因素讨论，也不应该被这些商业因素影响了审计工作。审计人员只是信息的发掘者，不能又做球员又做裁判。

四、舞弊处理中的挽救与惩戒

舞弊审计的结果会直接影响舞弊当事人的职业发展。虚假或夸大证据导致员工被开除，伤害的除了该员工还包括需要他照顾的家人。因此，审计人员不可因为急于立功，提高审计业绩，证明审计的贡献，就把还未核实的假设写成证据。审计人员也不可因为被举报人在企业的级别低或经验不足，就把所有的舞弊事项都归咎于他，让他做代罪羔羊。

1. 坦白从宽，抗拒从严

企业在处理违规员工时应采取尽量挽救的态度，不应一味地以高姿态对所有事件都用最极端的方式处理。企业要尽力做到坦白从宽、抗拒从严。对于配合调查、提供重大线索的涉嫌舞弊员工，公司应给予他们最大的优惠，让他们将功赎罪，适当减轻对他们的处罚。对于不配合调查的员工，公司要给他们最严厉的惩戒。

对配合调查的员工从宽处理不但可挽救该员工，也可为以后的认错访谈建立案例，证明所谓的坦白从宽是真实的。如果总是以处罚的方式来处理舞弊，把所有大小事件都外移司法，那么当审计员说坦白从宽时就没有人会相信了。如果没有坦白从宽，就没有污点证人提供线索，那些贪污舞弊和"荣辱与共"的舞弊事件就很难突破了。因为这些案件需要有舞弊参与人透露内部信息，让审计人员可以寻找出相关的舞弊证据。

2. 该挽救哪些舞弊涉嫌人

哪些舞弊涉嫌人应该被挽救？在决定挽救舞弊涉嫌人之前要考虑以下三个因素。

第一，要考虑他是主动还是被动参与舞弊，如果他是被动参与舞弊，企业可以考虑挽救他。

第二，他是否从中获利了，如果他没有从舞弊事件中获利或者获利非常微小并且愿意退还舞弊所得，企业应该考虑挽救他。

第三，在舞弊调查过程中积极配合，提供重大关键证据的，企业应该考虑挽救他。

在舞弊嫌疑人能够符合以上三点的情况下，管理层应尽最大力度给予其戴罪立功的机会，适当地减少对他的处罚。

3. 善用"污点证人"

在舞弊审计中审计人员应该向企业争取一到两个可以戴罪立功的名额，让可以被挽救的舞弊涉嫌人有将功赎罪的机会，成为能够提供重大证据和线索的污点证人。通过污点证人提供的信息，审计人员可以更详细地了解舞弊行为、违规操作，从而可以准确地、有针对性地、快速地调查收集和翔实的证据。

善用"污点证人"

在知道舞弊操作后，审计人员可以采取监控措施，等对方再次进行舞弊时收集原生证据或者销毁舞弊证据的时候采集再生证据。污点证人对许多重大舞弊案件的突破起着关键作用，尤其是在一些攻守同盟的舞弊事件中，审计人员更加需要舞弊内部人员提供信息，只有这样才有突破的机会。

4. 舞弊惩戒要一致

对不能挽救的舞弊当事人企业要有决心对他们进行惩戒，惩戒程度要尽量做到一致，不应以不同的惩戒方式对待不同的员工。不管哪位员工犯错或舞弊，该记过就要记过，该扣奖金就要扣奖金，该开除的就要开除，一致的惩罚才会让员工信服、畏惧企业的惩戒政策。对查实的舞弊当事人进行惩戒或外移公安部门走司法程序将释放出强大的信息，对本想舞弊或正在舞弊但还未被发现的员工有着威慑作用。除非在逼不得已的情况下，否则企业尽量不要做特殊处理。如有特殊情况只能以其他方式惩戒，企业必须谨慎处理，要做好信息保密工作，不让员工捕风捉影地猜测讨论。

对那些坚持抵抗的人，管理层要严惩，从而增强企业反舞弊政策的力度和强度，显示企业反舞弊的决心，树立企业的威严，起到杀鸡儆猴的威慑作用，并对接下来的审计谈话有帮助作用。

五、舞弊内查与外移要并举

企业内查和外移公安部门是舞弊事件的两种处理方式。内查就是由企业审计人员或监察人员执行舞弊调查，通过专业审查与谈话找出证据来支持或反驳舞弊举报。企业应尽最大努力做好舞弊内部调查，根据企业人事章程惩戒处理相关舞弊当事人。如果事件严重并牵涉刑法，则在管理层许可下进行事件外移，向公安部门报案走司法程序。向公安部门报案时需要达到立案标准并遵守报案程序，在报案前要把舞弊事情经过详细、明确且有逻辑地描述清楚，要把相关证据整理好并做好标签。

舞弊事件外移司法要符合报案条件并达到立案标准，不经选择地把未达标准的事件拿去走司法程序会导致报案不成功，反而让企业内的人认为即使舞弊企业也无法报警立案，从而产生负面效果。而且外移司法需要花费较长的时间和较多的资源，因此一些可以内部审查处理的舞弊事件应该内部解决。

企业反舞弊要有智慧，要掌握好力度。反舞弊要为企业长远利益考虑，如果处理舞弊事件时没有把握好力度，反而会导致企业犯了合规问题，可能会被舞弊当事人反咬一口。没处理好的舞弊事件如果被扩散到网络上，将影响企业的声誉。

企业必须考虑舞弊当事人是否掌握了企业的商业秘密，要衡量企业保密信息和商业机密被公开的可能和后果。事件没处理好将会让企业声誉受损，以两败俱伤的结局收场，这样反而得不偿失。

六、舞弊审计人员必备的知识

1. 审计人员须掌握审计、内控与会计知识

舞弊审计人员须掌握审计、内控与会计知识。审计与内控是舞弊审计的基础知识，要做好企业内的舞弊调查，审计人员必须对审计和内控知识了如指掌，掌握所有的审计目标。不管舞弊事件发生在哪个业务环节，审计人员都应在不参照审计标准流程的条件下知道该采取哪些步骤来测试和验证业务流程是否符合审计标准。

企业内的所有交易最终几乎都会与财务会计相关联，如果出现截留货款、多记少记以及错误记账的情况都会直接或间接显示在财务报表和会计账本上。舞弊审计人员要经

常审查资金的流转与财务报表的真实性，所以会计与财务知识是舞弊审计人员的必备知识，同时舞弊审计人员必须对会计准则与基础的税法有所掌握。

2. 审计人员需了解和掌握业务运营操作

除了审计知识外，审计人员还须对企业的商业运营环境和流程有所了解，即从销售链和采购链到资金链和人力资源链都要有所认识。审计人员要知道企业是如何赚钱、如何花钱、如何审批、由谁审批、如何入账的。同时，审计人员须熟悉公司的工业生产流程、质量检验程序、库存管理、物流管理、电子商务平台操作、点击流量、促销活动等。只有清晰地了解了企业的运营流程，审计人员才能察觉当事人在流程叙述中的不合理之处，才能在庞大的数据分析中发现不正常交易和违规操作。

舞弊审计是灵活型审计，没有固定的审计流程。舞弊审计工作根据举报事项而定，并根据证据和线索每天在变化，审计人员必须能快速地把线索与证据串联起来。审计人员只有对企业的业务有所了解之后才能有效、灵活地运用审计知识，发现流程疑点，实时实地地调整审计方法。

流程审计有标准审计清单可参照，就像是有秘籍的武功。舞弊审计和流程审计不一样，必须像把武功秘籍学透，做到无书胜有书，无招胜有招。因此，除了要掌握会计、内控与审计知识，审计人员还必须掌握业务运营操作流程（如下图所示）。

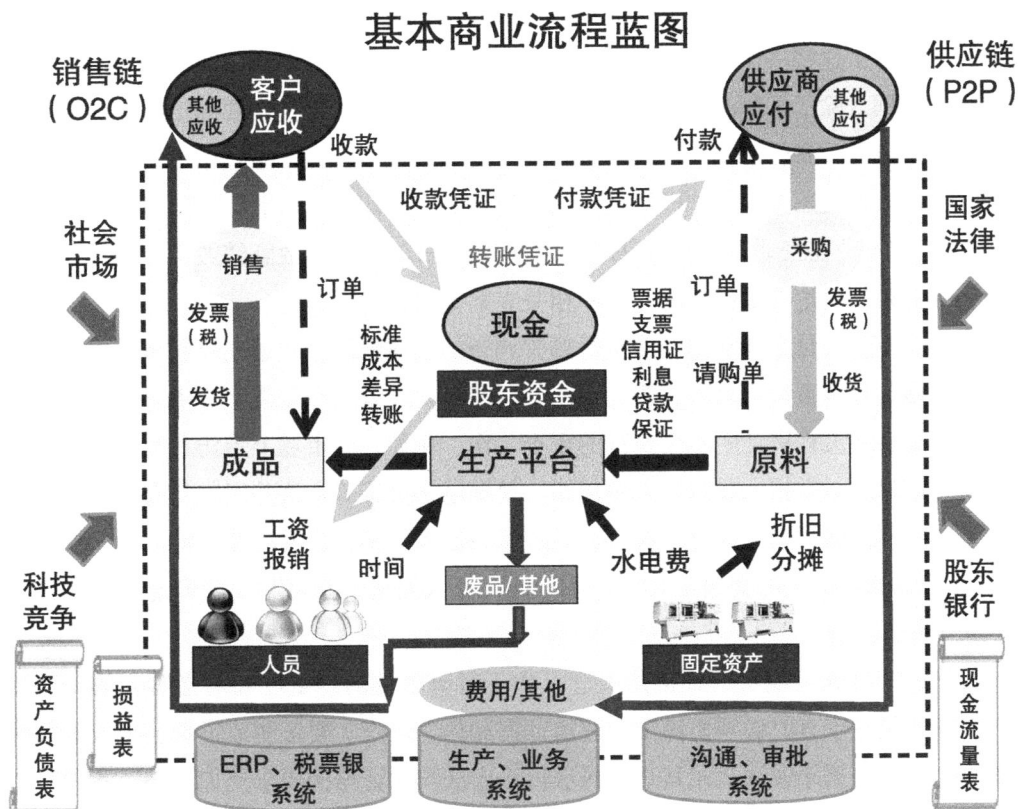

基本商业流程蓝图

3. 审计人员需具有批判性思维和逻辑分析能力

审计人员一般都是财会专业出身，在流程审计中基本还能应付对其他领域基础知识的要求。但是在执行舞弊审计工作时，对审计人员掌握其他领域知识的要求就更高了，如工程基建、化学物理、生产流程、人工智能、大数据、区块链、互联网、云计算等。

在审计过程中遇到不懂的知识时，审计人员须通过批判性思维、逻辑分析和问话技巧从与被访谈者的谈话中提取信息，以举一反三的方式利用对方的专业知识，指出对方话语中的矛盾点。如果审计人员直接和对方针对专业论点争执，一般是说服不了对方的，企业管理层也会因为被审计者的专业背景而倾向于相信他们的话。即使审计人员了解了一些对方的专业知识，也应该尽量让对方说出来，使其以自己的话捆绑自己，取得"以子之矛，攻子之盾"的效果。

4. 审计人员需掌握其他领域的知识

在舞弊审计过程中，审计人员除了掌握审计、内控、会计知识，具有逻辑分析能力和问话技巧之外，还需要掌握其他领域的知识，如法学、心理学、行为学、博弈学、语言学、犯罪学、IT 技术和数据分析能力等。

（1）法学

对法律法规的认识有三个方面。第一，要掌握与舞弊事件相关的法律法规。审计人员要知道该项舞弊触犯了哪条法律法规，是刑法还是行政法、劳动法、合同法、民商法等。只有了解了这些法律信息后，审计人员才能更准确和有针对性地收集证明犯罪构成或违法的证据。除了了解法律规定的犯罪构成之外，审计人员也需要知道立案的标准和报案的基本流程。舞弊事件在满足立案标准后可以报案。例如，企业中的舞弊也可能犯了"非国家人员受贿罪""对非国家工作人员行贿罪""职务侵占罪""挪用资金罪""盗窃罪""侵犯商业秘密罪""串通投标罪""伪造公司印章罪""故意销毁会计凭证罪"等罪行。第五章将讨论涉及舞弊的法律和相关立案标准。

第二，审计人员必须掌握合法执行舞弊调查的法律限制，知道在舞弊审计过程中什么事情可做，什么事情不可做，避免不小心踩踏法律红线。在舞弊调查中审计人员需要进行一些在普通流程审计中不会执行的审查工作，例如，到市场上走访了解供应商和客户，挖掘信息，与举报人或嫌疑人做访谈，挖掘电子痕迹等。这些工作是有一定的规定和要求的，不能随意地无限度地执行，导致侵犯他人隐私，违反法律规定。例如，不可装 GPS 追踪器在员工的交通工具上，不可闯入私人场所，不可利用严刑逼供方式进行访谈，等等。

第三，审计人员应了解证据的概念。由于舞弊事件的严重性和对当事人的深远影响，审计人员在审查时必须要谨慎，注重证据和科学调查。要证明或推翻当事人的舞弊事实都需要靠证据来说话，尤其是在司法诉讼中法律对证据的要求更加严格。不是每一个审计人员发现的事物都能成为证据。

一般当审计人员开始做舞弊审查的时候，无法百分之百确定该事件是否最终要走司法程序。如果审计人员在调查的时候没做好证据的获取、固定、分析、交接和保管工作，可能在走司法程序的时候才发现没有证据可用，或者证据被污染了。

舞弊审计的证据必须符合合法性、真实性的要求。所有的证据必须是合法获取的，是真实的并且与所调查的案件相关。此外，审计人员要了解证据的属性，如相关性、证明性、充分性、连贯性、固定性、唯一性等；明白什么是直接证据、间接证据、可用证据、关键证据、一手证据、二手线索、原生证据、再生证据、潜在证据。掌握了证据概念的审计人员在搜索证据的时候会比较有针对性，能做到事半功倍。证据的概念将在第四章详细介绍。

（2）犯罪心理学

了解犯罪心理学、掌握舞弊三角理论等将有助于审计人员揣摩舞弊当事人的心理状态、可能舞弊的方式、可能隐藏罪证的地方、舞弊的原因等。同时在和舞弊嫌疑人访谈时，也能掌握对方的思维和心理状态——可以更好地和对方建立共情和某种程度上的信任，促使其提供信息，甚至最终认错。

（3）人类行为学

在舞弊审计过程中，舞弊当事人和一些"证人"会因为人的趋利避害的天性而不会直接和审计人员说老实话，他们会对审计人员存有戒备心、隐瞒信息或撒谎。一个人的言行举止与微表情会泄露其真实情绪。被审计方是紧张还是放松、是口是心非还是坦然无惧，审计人员可以从其肢体语言中揣摩出一二。舞弊审计人员要能察言观色，判断被访谈者是否在撒谎或隐瞒信息，然后制定询问策略促使对方把不想说的话说出来。

审计人员也需要控制自己的言行举止、面部表情、说话措辞，逐步地让对方降低戒备和排斥心理，获得对方的信任和尊重；同时也应通过观察对方的言行举止、肢体动作、面部表情，来揣摩对方的真实想法和情绪，从而不被对方的谎言所欺骗，推断出对方想隐瞒的事项，制定出有针对性的询问策略和计谋。在察言观色一章中我们将讨论这些技巧。

（4）心理学

在审计访谈中，审计人员可利用"思维病毒"、心理弱点和短期思维，让被审计方自我联想产生心理压力和创建认知，使他们认为自己的舞弊行为已经被识破了，继续撒谎抵赖反而会带来更严重的后果，坦白才是对自己更有利的唯一出路。要做好舞弊审计中的访谈，审计人员必须掌握心理学和行为学。掌握了被访谈者的心理情绪状态，审计人员就能更有针对性地制定谈话策略和调整谈话顺序，做到对症下药，找准时机给被访谈者施加压力，让对方供述舞弊行为。

（5）人际关系

在舞弊审计中，审计人员需通过与相关人员的访谈获取信息和证据，这些人可能是第一次和审计人员见面，他们一般认为自己没有义务透露太多的信息。因此，审计人员必须掌握人际关系处理技巧，迅速地和被审计方建立工作关系并取得共情，使其没有太大的压力，并乐意提供信息。审计人员应该表现得像一名擅长和他人交流沟通的"外交家"，而不应时常板着脸。审计人员平时也应建立好人际关系，以便在开展舞弊审计时有更多的人提供协助。

（6）谈话技巧

审计人员需要具备较强的沟通能力。在问话过程中，审计人员首先要有条理地把事情表述清楚，把询问的重点讲清楚。被访谈者一般不会直接把对自己不利的信息说出来，所以审计人员要利用技巧掩盖所问问题的真正目的，让对方放心地交谈。

审计人员也要积极和专心地倾听，捕捉被访谈者所说的所有信息。很多时候，对方说漏了一两个关键词，如果审计人员没有听到就无法沿着关键词去寻找其他线索和证据。在舞弊审计的最后阶段，审计人员和舞弊嫌疑人谈话是要让其供述舞弊行为，此时审计人员就更需要合理使用谈话技巧，促使对方供述。

（7）逻辑推断

逻辑推断是舞弊审计中的重要一环。由于舞弊的隐蔽性，舞弊证据一般不会明显地出现在审计人员面前。相关的文件、数据、言辞等都经过了当事人的篡改、修正、调整。舞弊审计中许多线索乍一看／听可能察觉不出与舞弊事件的关系，审计人员需要通过逻辑推理与衔接才能看出线索之间的联系，需要研究事件的因果关系及自然发生的规律才能推断出事情可能的发展过程、对方可能留下的证据，以及事件可能的结果，找出更多的隐蔽信息。

在查看文件和数据时，审计人员必须要能利用演绎逻辑来做推断。假设根据因果关系，如果事件 A 发生就表示事件 B 必定发生过，舞弊当事人的职责就是处理事件 B，却说事件 B 不曾发生，那表示要么他撒谎了，要么审计人员理解错了因果关系。审计人员必须要推断为何对方撒谎，是为了谁或者为了何事而撒谎。此外，审计人员也必须思考该如何通过对方的言辞和事实证据来揭穿对方的谎言。

逻辑推断

（8）博弈思维

博弈思维就是盘算对方将执行的下一步行动，并针对这些预判采取应对措施。由于舞弊事件的严重性，舞弊当事人为了趋利避害一定会采取措施给审计人员设限制、设陷阱，误导审计人员进入审计死胡同，或提出一些无法被推翻的借口来抵赖舞弊行为。舞弊审计人员要有博弈思维，能预测对方可能掌握的信息，曾经执行过的交易，即将采取的行动，以及可能提出的辩解理由等。

在预测对方可能采取的行动后，审计人员应以更超前的方法事先制止对方行使其策略。在对方把话说出来前，就以不经意的方式将其本想说的"借口"的论据找出来，并说出（或让他说出）其论据不可能成立的原因。如果其论据不能成立，对方就无法说出借口，导致后路被堵死。

这种预测越超前越好，最好能事先把对方接下来可能走的一步、两步、三步甚至五步棋都预测出来，并制定应对、防范、抵制措施。博弈思维是决定舞弊审计访谈成败的重要因素。审计人员可巧妙利用信息不对称和舞弊当事人之间的矛盾创造囚徒困境，让参与舞弊的其中一方为自己争取最大宽恕而承认舞弊行为。

在现场观察取证、信息访谈、认错访谈等章节中将详细讨论博弈思维、逻辑思维、谈话技巧、心理学和人际关系等知识。

（9）信息系统知识

现代企业的大量信息都在大型系统中处理和存储，如 ERP 财务系统、采购系统、人事系统、审批系统、互联网业务平台等。舞弊审计人员需对信息系统和信息技术有基础认识，知道能证明舞弊的信息存储在哪个系统或哪个数据库内。同时审计人员需了解系统账号管理、管理员超级账号管理、系统日志与交易日志、交易文档、信息主文档等。

审计人员要与时俱进，掌握最新系统技术的基础概念和特殊名称的含义，如云计算、Hadoop 分布式计算、大数据、区块链、人工智能、机器学习等。假如审计人员无法在短时间内完全掌握这些专业技术知识，则至少要能听懂 IT 技术人员的话，并有能力提出相关的问题，获取有用的信息。如果连提问正确的问题都办不到，或者连对方的回答都听不懂，就更不可能挖掘舞弊证据了。

（10）数据分析能力

由于业务与财务信息都是一环扣一环的，所以这些数据都有一定的属性、规律和勾稽关系。违规或经过人为篡改的舞弊业务可能会出现正常交易不该有的表现，如数据缺字段、数据重复、时间不合理、数据超标、趋势乖离、违背数据定律（如本福特定律）、异常数据集中、数据频率不正常、最大或最小数异常等。

除了显而易见的数据异常，审计人员通常需对数据做进一步分析、加工处理（脱敏、筛选、衔接、交叉、匹配等），才能把有问题的交易数据矛盾点提炼出来。在互联网商务、云计算、大数据时代，企业内外的数据量是非常庞大的，审计人员不可能人工去搜索查看每一条数据，必须运用数据分析工具。审计人员要做好舞弊中的数据分析，需具备数据分析能力，掌握数据分析工具，如 Python 语言、R 语言、SQL、SAS、Power BI、Excel 等。

（11）电子痕迹技术

现代人很难与电子设备和互联网隔绝，人们需要通过计算机、手机、互联网工作和社交。当人们进行一些官方的活动时，会有信息留存在政府的系统上。政府会将部分信息公布在网站上供大众检索查询，如工商信息、法院判文、征信信息等。舞弊当事人在执行违规舞弊交易时也会或多或少地在各种系统中留下电子痕迹，如沟通记录、上网记录、视频音频记录、文档删除痕迹、系统操作日志、定位痕迹、工商信息等。

这些电子痕迹就好像罪犯在犯罪现场留下的 DNA 线索，能客观、科学、直接地证明事实，是一种证明力很强的重要证据。因此，审计人员应掌握从企业各种电子设备和系统收集电子证据的能力。此外，审计人员也须掌握网上搜索开源信息的能力，利用公开的国家或企业信息平台、线上论坛、社交媒体、微博朋友圈等挖掘有用信息，这种搜索可以人工进行也可以依靠网络爬虫软件在全网根据关键词搜索。

在数据分析、信息系统与电子痕迹审查章节中将会讨论相关的数据分析、电子痕迹审查技巧。

（12）战略与兵法

在舞弊审计中审计人员的战略思维是非常重要的。审计人员需要知道自己手中有多少信息证据，并盘算如何利用现有的信息来取得最好的审计访谈效果。

审计人员应采用科学的方法来获取所欠缺的信息，而这些信息一般掌握在没有义务如实提供信息的人手中，有些信息甚至掌握在"不友善"的舞弊当事人手里，他们是绝对不愿意提供该信息的。舞弊当事人也会盘算审计人员到底掌握了多少舞弊线索及自己该如何应对审计问话。因此，审计人员需要知己知彼，利用战略战术与舞弊当事人进行博弈，一步一步往舞弊事件中心迈进，提取证据。

审计人员在舞弊调查过程中如果不进行博弈思考和计谋盘算，将无法推断出当事人的舞弊行为、其隐藏的舞弊证据，也无法通过问话技巧使其套牢在自己的语言矛盾中。因此，博弈、计谋和战略思维是决定舞弊审计成败的重要因素。审计人员应对舞弊调查多做思考，只有这样才能提高成功概率。

七、审计人员应有的审计职业谨慎

审计职业谨慎在审计中是一个非常重要的概念，这在很大程度上决定了一个审计人员是否能发现舞弊。职业谨慎是一种对不合理的事物保持适当的质疑，在未得到充分证据之前不草率下定论的态度。《第 2204 号内审准则》第五条规定，内部审计机构和内部审计人员应当保持应有的职业谨慎，在实施的审计活动中关注可能发生的舞弊行为，并对舞弊行为进行检查和报告。

审计行业中有句老话"审计人员是看门狗，不是嗜血犬"，所以审计人员不应该以过于敏感的态度到处去找茬。舞弊当事人会为了达到目的会不遵守正常流程执行交易，篡改文件凭证，添加删除数据，变更系统设置，忽略审批要求。他们不会按常理出牌，而且为了防止舞弊被揭发也会做出撒谎、抵赖、隐瞒的行为。因此，审计人员必须提高职业谨慎，对不合理的文件、异常的数据和矛盾的言辞保持敏感。舞弊审计人员须以逆向思维来思考问题，不能单纯地考虑"诚实的人将会如何做、如何说"，应该去想"不诚实的人将会如何隐瞒、如何狡辩"。

审计人员只有以舞弊人的思维来思考问题才有可能猜到舞弊人的套路。如果审计人员不提高职业谨慎，默认被审方会如实提供信息，心中期望从被审方处听到正确的解释和看到正确的文件，那将很难发现舞弊线索。当舞弊当事人倾尽全力去欺骗和隐瞒时，审计人员也应该相应地提高专业敏感度才有机会战胜这场博弈。

合理谨慎的质疑态度不表示审计人员整天在疑神疑鬼地辨别每件事的真伪，而是能确保审计人员不会在没取得证据前盲目地相信被审计方的口头解释或提供的报表文件。当发现被审计方的解释或提供的文件中有不合理处时，审计人员能及时地心生警惕并寻求其他的信息来核实。

《第 2204 号内审准则》第六条指出，内部审计人员在检查和报告舞弊行为时，应当从下列方面保持应有的职业谨慎：

（一）具有识别、检查舞弊的基本知识和技能，在实施审计项目时警惕相关方面可能存在的舞弊风险；

（二）根据被审计事项的重要性、复杂性以及审计成本效益，合理关注和检查可能存在的舞弊行为；

（三）运用适当的审计职业判断，确定审计范围和审计程序，以检查、发现和报告舞弊行为；

（四）发现舞弊迹象时，应当及时向适当管理层报告，提出进一步检查的建议。

案例：历年优秀内控的分公司发现巨额舞弊

一家电子业集团 C 市设立的分公司工厂的内部控制体制在历年审计中都被评为甲等优良。最近该分公司工厂突然发现财务总监连同财务工作人员和采购经理多年侵占公司巨额资金的舞弊事件。在处理了舞弊事件后，总部审计部检讨为何这个持续多年的舞弊一直没被发现，反而还将他们评为甲等内控体制？

最后分析的结果是，历年的审计人员的职业谨慎态度不足，过于信任该分公司的财务人员的解释和提供的虚假凭证，对于一些不合理的解释没做深入调查，对一些有篡改痕迹的文件和异常的数据视若无睹。例如，历年来该分公司只是提供季度末和年末的银行对账单原件，其他的都是复印件，当要求提供原件的时候，财务人员用各种理由推脱。当审计人员发现频繁有数据被删除时，只听取了采购人员的解释说是交易被取消了，没有进行深入调查。公司以巨额资金购买储蓄保险但却记账为费用也没被审查出来。同时该分公司也故意不给总部的审计人员分发门禁卡，审计人员不能自由进入分公司的财务部和采购部的办公范围，在进入这些办公范围时需要按门铃让公司内的人给开门才能进入。所有的这些限制和不合理点都没被审计人员认为是不正常之处。

审计人员的职责就是以谨慎的态度审查证据、确认事实。以谨慎的态度执行审计也就意味着审计人员真正了解审计的意义。如果审计人员不审查、不验证，一切都听信被审计方所提供的解释来辨别舞弊事件是否发生，那就不是审计。有职业谨慎的审计人员是以合理质疑的心态来进行审计的，他们知道错误、隐患和舞弊在任何时候都有可能发生。职业谨慎的审计人员通常都有以下特征。

（1）强大的好奇心：始终保持开放和学习的态度，随时准备探索和接受新的信息。

（2）热衷于入微观察：能及时发现文件、数据中的微小差异。在审计访谈中，审计人员能集中注意力倾听对方讲话，捕捉对方的逻辑矛盾点和一闪而过的微表情。

（3）警惕于不合逻辑的事物：常问符合逻辑吗，可能吗，为什么如此。

（4）客观与科学地看待事物：大胆假设但不轻易下结论，重视可靠有效、有权威的证据。

（5）不盲目假定默认：对所有线索都进行验证，包括那些默认为"肯定是对的"信息。

（6）不帮对方做无论据的假设和解释：不替对方自圆其说。

（7）不放过任何细节：对每个细节都进行确认，不做无基础的假设（坚持获得七何要素：何人，何事，何时，何地，何数，如何，为何）。

（8）快速的思考分析能力和逆向思维：审计人员需快速地把线索串联起来，找出"前奏"原因及"后续"结果，并构思出该提问的问题，以不打草惊蛇的方式引导对方提供信息。这些思考只有在极短的时间内完成才能抢占审计先机。同时审计人员要从多种角度思考问题，猜测对方可能采取的反侦查、反审计的手段，从而制定更加超前的审计应对措施。

（9）理解人有趋利避害的天性：知道当事人会撒谎、隐瞒、抵赖。

（10）谦虚有礼但不怕羞：不惧怕询问一些简单、基础的问题。

（11）自信但不自满：不会因为获得了一些证据而不再争取更多的信息、证据。

（12）不畏难：敢于追根究底，得不到合理解释不死心，能迎难而上，有耐心有毅力地寻找证据和线索。

总的来说，审计人员的职业谨慎态度就是"虽然我信任你，但我还需要验证你所说的话"。不管对方的解释有多好，审计人员也要对方提供文书或数据上的证据来佐证。只要审计人员以足够的职业谨慎态度来审计，大部分的舞弊都会被审查出来！

具备胜任能力的审计人员

八、舞弊审计人员的行为准则

鉴于舞弊审计工作的敏感性以及对企业和舞弊嫌疑人的影响重大，舞弊审计人员必须遵守较高的道德标准和行为准则。

1. 遵守法规

舞弊审计人员必须遵守法律法规。舞弊审计人员不可通过违法违规、违反企业规章制度的方式执行舞弊审计，获取审计证据。

2.独立客观

舞弊审计人员是一名信息挖掘者，任务就是尽量把事实还原，为管理层提供充分的信息，促使其做出决定。舞弊审计人员必须保持独立，规避利益冲突。如果被审计方和审计人员有特殊关系，那么审计人员必须调离该审计项目。审计人员不能以自己主观的想法来诱导管理层做出错误的决定。

3.诚实诚信

舞弊审计人员必须坚守诚实诚信守则。任何不诚实、不诚信的行为都可能导致对审计工作可信度的彻底怀疑，这有点类似于对警察诚信度的怀疑将动摇对整个公正执法体系的信任。审计人员不可通过欺骗、违法违规的方式取得证据。

4.严格保密

在舞弊审计中审计人员可能会接触到企业的机密信息和员工个人隐私信息，审计人员必须对这些信息保密，不可在企业未授权的情况下透露出去。审计人员也不可透露任何关于舞弊审计的信息，包括被调查人、举报人、举报的信息、调查过程、调查策略等。

5.胜任能力

舞弊审计人员必须要有足够的胜任能力来执行舞弊审计。缺乏胜任能力的审计人员无法有效地执行舞弊审计，同时他们也可能会以不合规、不合法的方式来获取证据，还可能会泄露审计信息、污染证据证人，从而导致证据失效。

九、审计人员的专业资格考试

为了提升专业水平，审计人员应考虑参与专业资格考试并获取其认证。尤其是一些非财务会计或审计专业背景的审计从业人员，应该考虑考取审计相关的专业证书以完善审计知识体系，提高审计站位。国内乃至国际的审计资格考试很多，以下列举部分供参考。

1.国际注册内部审计师

国际注册内部审计师（Certified Internal Auditor，简称CIA）是国际内部审计师协会（Institute of Internal Auditors，简称IIA）举办的一项全球性内部审计师资格考试。CIA是迄今为止国际内部审计界唯一公认的职业资格，可在国际范围内通用。获得该项资格意味着在内部审计原理和实务方面具备较强的竞争力。CIA考试语言包括英语、汉语、法语、德语、西班牙语、日语等多个语种。CIA考试经国家审计署批准，于1998年引入中国。CIA考试一共有三个科目，即内部审计基础、内部审计实务及内部审计知识要素。内控、内审、风险管理相关工作的从业人员都应该考虑考取 CIA 证书。中国内部审计协会是 CIA 考试的主要合作单位，有兴趣参加该考试的内审人员可向中国内部审计协会咨询。

2. 国际注册舞弊审查师

国际注册舞弊审查师（Certified Fraud Examiner，简称 CFE）是国际注册舞弊审查师协会（Association of Certified Fraud Examiners，简称 ACFE）所举办的一项全球性舞弊审查师资格考试。ACFE 是全球会员最多的反舞弊调查师协会。CFE 资格在国际舞弊防范和调查领域中的认可度很高，获得这一证书标志着持证人在舞弊预防、调查和威慑等方面拥有扎实的专业知识。考试语言为英语。CFE 考试一共有四个科目，即财务交易与舞弊类型、法律、舞弊调查，以及舞弊防范与威慑。国际注册舞弊审查师协会中国分会是 CFE 考试的合作单位，有兴趣的内审人员可向该分会咨询。

3. 国际注册反舞弊师

国际注册反舞弊师（Certified Anti-fraud Professional，简称 CAP）是国际反舞弊协会（International Institute of Anti-fraud，简称 IIAF）和反舞弊标准研究院联合举办的一项全球性职业能力认证考试，考试语言包括英语、汉语等。考试共分为"反舞弊理论"和"反舞弊实务"两部分。CAP 资格申请者于规定时间内在"理论导师 + 实务导师"双职业导师的指导下通过全部考试科目，经过认证符合标准，即可获得由 IIAF 授予的"国际注册反舞弊师"称号及其颁发的 CAP 中英文证书。IIAF 是致力于全球反舞弊体系标准、知识、技能和人才教育的组织，专注反舞弊、内部审计与稽核、监察、调查、风险管理与内部控制、法务、廉正 / 廉政、合规、道德建设等职能。企业反舞弊联盟（广东省企业内部控制协会）是 CAP 考试的主要发起单位，有兴趣的内审人员可向该联盟咨询。

4. 国际注册信息系统审计师

国际注册信息系统审计师（Certified Information System Auditor，简称 CISA）是国际信息系统审计协会（Information Systems Audit and Control Association，简称 ISACA）举办的一项全球性考试。国际信息系统审计协会是全球公认的信息科技管治、监控、保安，以及标准合规的领先组织，CISA 考试资格专为信息技术 / 信息系统审计师及控制、鉴证和信息安全专业人士设计。考试语言包括英语、汉语、德语等。考试分五个领域，即信息系统审计流程、IT 治理与管理、信息系统购置 / 开发与实施、信息系统的运营和业务恢复能力，以及信息资产的保护。国际信息系统审计协会和中国内部审计协会是 CISA 考试的主要合作单位，有兴趣的内审人员可向其咨询。

5. 其他专业资格考试

内控、内审、舞弊调查相关的其他资格考试还包括以下几个：

- 国际注册风险管理审计师（Certification in Risk Management Assurance，简称 CRMA）；
- 风险及信息系统控制认证（Certified in Risk and Information Systems Control，简称 CRISC）；
- 注册信息安全经理（Certified Information Security Manager，简称 CISM）；
- 企业 IT 治理认证（Certified in Governance of Enterprise IT，简称 CGEIT）；
- 国际注册鉴证讯问师（Certified Forensic Interviewer，简称 CFI）。

CRMA 是国际内部审计师协会（IIA）提供的一项风险管理的专业资格考试。CRISC、CISM 和 CGEIT 是国际信息系统审计协会（ISACA）提供的信息系统风险管理和治理的专业资格考试。CFI 是国际鉴证讯问师协会（International Association of Interviewers，简称 IAI）所提供的审计问话和鉴证讯问的专业资格考试。

十、本章小结

企业要做好舞弊风险防范要从主动应对和被动应对两方面下手。企业应制定严密的舞弊风险防范措施来主动防范舞弊风险。另外，企业应该制定完善的舞弊审计准则来规范舞弊审计工作，舞弊审计人员必须遵守舞弊审计准则和道德守则。一个有胜任能力的舞弊审计人员具有特定的性格特征，且知识面宽广。

第四章

舞弊审计中的证据要求

举证之所在，败诉之所在。

——古罗马法谚

一、引言

指控员工违规舞弊是件严肃的事情，关系到员工的事业、声誉甚至人身自由。审计人员必须以谨慎的态度调查，以严谨充分的证据来佐证，绝对不可马虎了事，掉以轻心。审计人员须以"案子可能会走司法程序"的心态对待舞弊调查，确保取证过程的合法合规性。

证据就是证明舞弊最重要的事物。如果审计人员对证据的法定要求不了解，对证据的敏感度不高，可能会在调查过程中污染了证据，或收集的证据不够齐全，打草惊蛇让舞弊当事人有机会销毁证据，编造借口解释舞弊行为，最终导致无法证明舞弊。因此，要做好舞弊审计，审计人员必须提高对证据的认识。

二、舞弊行为和舞弊意图

从舞弊的定义中我们了解到舞弊与疏忽的区别为当事人是否故意地实施该行为。在流程审计中只要证明有内控漏洞、违规行为就足够了。在舞弊审计中不仅要证明舞弊行为，还要证明舞弊意图，以确定当事人在做违规行为的时候是故意的。

要证明违规行为对审计人员来说是一件容易的事，任何不符合制度的文件与数据就能证明。但要证明当事人在执行该交易时是故意违规违纪的，是希望从中得到好处的，审计人员就要证明当事人当时的思想状况了。首先，思想状况无法简单地从文件和数据中呈现出来；其次，这件事已经过去了，要证明当事人当时的思想状况是件不容易的事；最后，任何故意违规的人都一定会设法掩盖其当时的真实意图。

管理层或律师认为审计证据不足的其中一大原因是审计人员无法证明当事人舞弊的意图。从管理层和律师的角度来说，他们考虑的是把当事人开除或移送司法机关处理必须有法律依据，不仅要证明对方有违法违规行为，还要证明其行为是故意的、有过错的。

那么如何证明当事人的舞弊意图呢？我们需要直接证据和间接证据。

三、直接证据和间接证据

证据可以笼统地分为直接证据和间接证据两大类。直接证据也称为证实性证据，间接证据也称为指示性证据。在舞弊审计中审计人员有时会取得直接证据，但大多数的审计证据都是佐证当事人意图的间接证据。

1. 直接证据

直接证据就是能直接证明一件事的证据，无须依靠其他证据的辅助或解释就能证明一件事。例如，甲方与乙方法人代表签订了合法供货协议，合同上约定了交付的物品、数量与价格。要证明甲方和乙方是有协议的，合同就是直接证据。但如果要证明甲方采购经理拿了回扣，明知道乙方资质不达标，供货质量有问题，还故意和乙方签订协议，那这个协议只能算是间接证据辅助证明案例事实而已。因为这个协议只是证明了该签协议的行为，但无法直接证明当事人的思想状况。有些证据比较直观，直接就能证明违规行为，也能证明当事人的思想状况，具体如下。

（1）充分有力的人证。例如，某会计看到了供应商在餐厅内把现金或银行卡交给了采购经理。

（2）电子痕迹。例如，视频、音频、照片、邮件或微信记录显示采购经理把标底文件交给了供应商。

（3）当事人认错供述。例如，采购经理承认拿了供应商的回扣或供应商承认给了采购经理回扣。

不难想象要获取直接证据来证明舞弊是相当不容易的。首先，有人看到或听到隐蔽的舞弊行为的概率是很低的；其次，有视频音频或照片记录了舞弊行为并显示了当事人的意图也是可遇不可求的事，一般需要有参与舞弊的人提供内部信息才行；最后，要让当事人承认舞弊也需要非常多的审计方法和问话技巧，且不能保证每次的谈话都能成功让当事人供述认错。

2. 间接证据

间接证据就是那些可以间接证明一件事的证据。单纯一个间接证据可能无法完全说明一件事，但只要有足够多的间接证据并且都指向同样一个合理的自然结论，那这些间接证据就达到了证明该结论的作用。间接证据的主要概念是基于合理逻辑推断出一个事物发生的必然结论。由于这是一种逻辑推论的结果，所以间接证据的数量必须充分才有足够的说服力。很多人错误地认为直接证据比间接证据"好"，其实证据不分哪个比较好，充分的间接证据的证明力不比直接证据弱。由于直接证据的不存在或很难获取，很多舞弊或刑事案件都是依靠大量充分的间接证据来佐证的。

3. 证明下雨了：直接证据与间接证据

下面用如何证明下雨了来解释直接证据（证实性证据）与间接证据（指示性证据）。假设你走在路上突然感觉到有水滴在你的头上，你抬头看到了雨水开始滴在你身上，滴滴答答落在屋檐上，你打开伞来遮雨，也伸出手把身上的雨水擦干。如果这时有人问你："请问下雨了吗？"你肯定说："下了！我都看到下雨了，听到了雨声，也摸到了雨水！"你所说的是你亲身接触到的信息，这些都是直接证据。直接证据是有人看到了下雨或有视频 / 音频显示下雨了，这就像当事人承认拿回扣了或有视频 / 音频录到了拿回扣的场景。

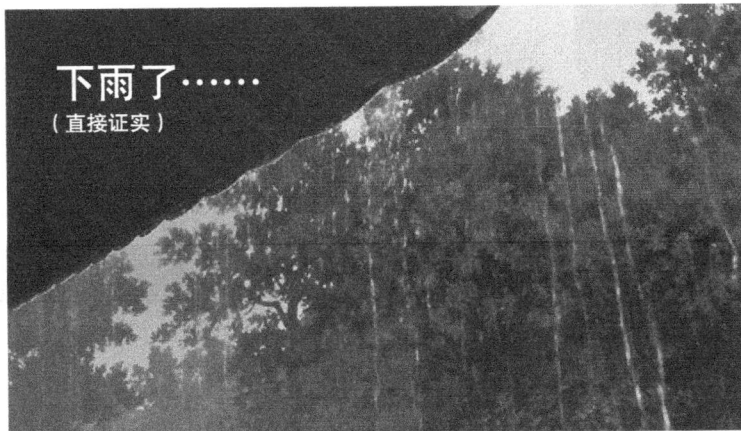

下雨了……
（直接证实）

假设没下雨前你就进入了公司大楼。在进入大楼前，你抬头看到天上乌云密布，也看到了闪电听到了雷声，但没看到下雨。你在办公室待了 30 分钟后走出大楼看到路上全是湿的，你抬头看办公大楼的玻璃窗也是湿的，你也看到路上有行人拿着湿透的雨伞。如果这时有人问你下雨了吗，你会如何回答呢？相信大部分人都会肯定地回答："下了！"但是回想一下，其实你没亲眼看到下雨，为何你会那么肯定下雨了呢？

你可能会说因为所有的证据都一致地指向了一个合理必然的结论：下过雨了！天黑、闪电、打雷、湿的道路、湿的玻璃窗、行人拿着湿的伞，每一个现象都是间接证据。因为每一件事（证据）都指向了同一个方向，只有"下过雨"才能合理解释这些现象的同时出现。这就是基于合理逻辑推断出的某一事件必然发生的结论。

如果将间接证据拆分，只有个别一两个间接证据，那就不能很肯定地证明已经下过雨了。单纯只看到了天黑、打雷、闪电不能百分之百保证一定会下雨，风可能会把乌云吹走下不了雨，打雷、闪电不一定表示肯定会下雨。湿的道路可能是因为刚刚清洗过街道。湿的玻璃窗可能是因为在洗刷大楼。行人那把湿的雨伞可能是从别处拿过来的，别处下雨了但这里没下雨。

同样的道理，如果审计人员只是取得了个别的文书、数据、电子或口头间接证据，却希望管理层信服舞弊的发生，那是很困难的。舞弊审计中一般获得的证据都是间接证据，所以必须要有足够的间接证据才能证明舞弊行为和舞弊意图。当然有一些证据的证明力比较强，有一些证据的证明力比较弱，如"地上是湿的"这个证据比"看到天黑"有更强的证明力来证明刚才下雨了。

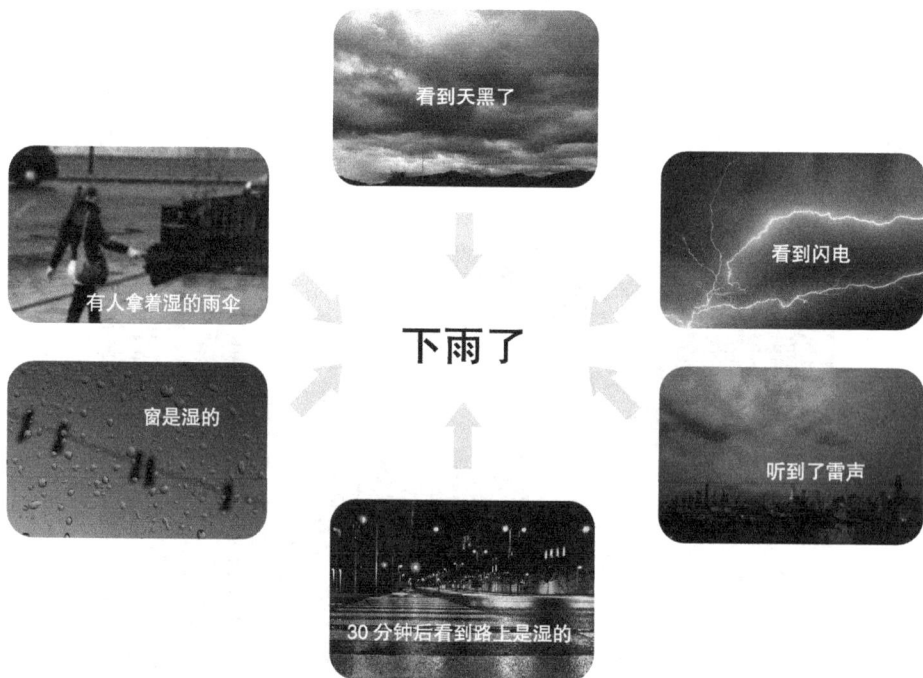

看到天黑了

有人拿着湿的雨伞

看到闪电

窗是湿的

下雨了

听到了雷声

30 分钟后看到路上是湿的

四、证明舞弊行为和意图

要想证明舞弊行为和意图，如果有直接证据当然是最好的，如目击证人看到了舞弊事件、视听电子痕迹记录了当事人的舞弊行为及当事人的直接供述等。但在没有直接证据时，只能靠间接证据，这些间接证据必须足够充分才能让人合理推断出舞弊的事实与意图。要证明舞弊行为和舞弊意图单靠一个文件证据可能不够（如单靠乌云这个证据并不能证明下雨了）。在舞弊审计中，我们要寻找多个指向同一方向的间接证据来证明舞弊。以下列举几个能协助证明舞弊的间接证据和相关思路。

1. 当事人是知晓该项交易和相关规章的

由于意图是看不到的，只能靠间接证据做合理推断。审计人员要找到证据来证明当事人是知晓该交易的，可以通过当事人在系统中的操作日志、签字或口述来证明。同时也要有证据证明他是知道企业的相关规章制度的，这可以通过规章制度的发送签收、培训记录、过往的类似交易、当事人或其他相关人员的口述等来证明。总的来说，关键就要证明当事人知晓其进行的交易是违规的还明知故犯。

2. 当事人是有计划重复执行违法违规交易的

审计人员需找到证据来证明当事人是有计划地在执行该舞弊行为的，如该交易频繁在不正常的上班时间出现。审计人员可从数据中证明舞弊交易呈现了一种规律，如都以同一个金额或整数输入，总是低于审批权限额度。通过文件审核与数据分析，审计人员可证明嫌疑人的舞弊交易不是某一次的错误，而是重复性地出现并且长期地执行。如果只找到一个或两个有问题的交易，对方可能辩解为无心的错误。如果找到的证据是一系列有问题的交易，那对方就很难说他是无心的错误了。一般在进行数据分析时，要寻找趋势、规律、频率来推断这是一个故意的行为。

3. 当事人的交易文件或数据中有虚假成分

审计人员要找到证据来证明当事人处理的文件或交易凭证有造假、篡改、冒签等迹象，尤其当这种造假迹象多次重复出现时。如果有相关电子痕迹显示当事人的用户账号曾经登入了系统修改或删除了数据，或者在事后删除了交易日志或其他的舞弊痕迹，也可以表示当事人是故意去操作这件事的。

4. 当事人在该事件上是有利益冲突的

如果有证据显示当事人在相关的交易中有未申报的利益冲突，也是证明舞弊意图的有力证据。例如，从工商局的企业信息系统中发现当事人所处理的采购交易的供应商是他本人或其爱人的公司，这样一来当事人是很难合理解释他不知道他本人或他爱人的公司在和他所属的单位做交易。

5. 当事人对该事件的解释中有撒谎的成分

在审计访谈中如果能证实当事人对一些相关的交易或流程撒谎，这也是能证明舞弊意图的方式，尤其是当事人在一些没必要撒谎的事项上撒谎和隐瞒。撒谎和隐瞒是一项有意识的动作，是当事人经过考虑后才做出的行为。当事人对舞弊相关的行为撒谎或隐瞒也是一种间接的证据来证明当事人的意图。

6. 当事人在该事件中获得了不法利益

如果有证据显示当事人或与其有关系的人在交易中获利了，那这也是证明当事人舞弊意图的一个有力证据。能证明舞弊行为和意图的证据如下图所示。

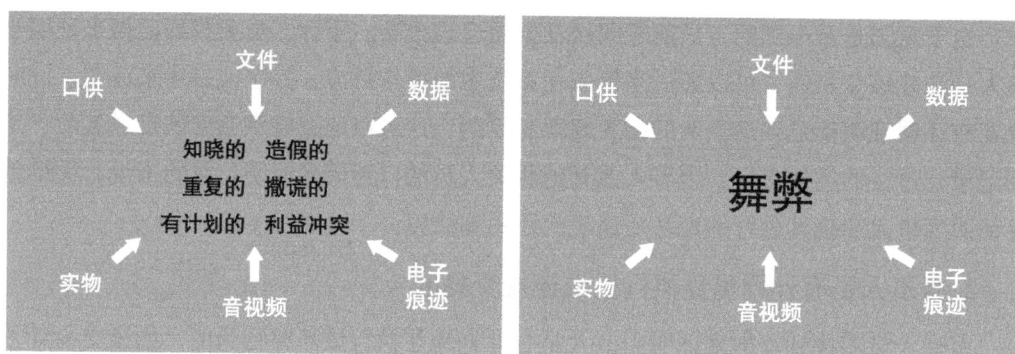

五、审计中的证据

《第 2103 号内部审计具体准则——审计证据》第四条规定，内部审计人员应当依据不同的审计事项及其审计目标，获取不同种类的审计证据。其中审计证据主要包括文书证据、实物证据、视听证据、电子证据、口头证据和环境证据。

审计中所取得的证据可能是直接或间接证据。如果某一证据可以证实某件想说明的事，那它就是直接证据。如果这些证据只能证明事件的某一部分而不能单独证实一件事情的全部，那就是间接证据。

在舞弊审计中，审计人员需从多方面审查，不可只集中于某一种类型证据。有些审计人员喜欢通过问话访谈获得当事人的口供却忽略了文书与电子证据，有些审计人员关注文书凭证却不喜欢向相关人员询问，这样只注重某方面的审计证据是不够全面的。企业中的审计人员没有公权力，因此须多管齐下，通过文书审核、数据分析、现场观察、电子痕迹、询问审讯等多种方法执行审计，查实舞弊举报。

六、证据的六大属性

不是每一件在审计过程中获取的文件或数据都能成为审计证据，一个能证明舞弊事实的证据除了须满足合法性、真实性要求，也应具备以下属性。

1. 证据的相关性

审计中所获取的证据必须是与要证明或推翻的指控有关联的，无关的信息不能成为调查的证据。比如说，行政部李经理被举报在维修汽车方面虚增费用，审计人员需要找的证据必须能证明或推翻李经理在维修汽车方面虚增费用的行为和意图。与这个舞弊事件相关的证据包括维修费用发票、维修的日志、维修的频率是否合理、维修工厂的所有者是否与李经理有关系、第三方询价比价情况、维修费用的申请和审批情况等。如果在审计过程中，审计人员发现李经理常常迟到早退、缺勤、不打卡，却拿着全勤的工资，这表明他的考勤存在违规问题。由于这些也是违规的事，在关于虚增费用的审计报告中可以考虑把当事人的其他违规事项一并写上去，但严格来说这些事和证明虚增费用是不相关的。

2. 证据的充分性

证据是依靠逻辑、事物发生的规律和因果关系来证明事情。直接证据的逻辑、规律、关系比较明显和直接，不需要其他的事物来辅助。间接证据需要依靠其他证据的辅助才能推断出事情的发生和经过。为了让间接证据能说明一件事情，证据必须要足够多，就好像没看到下雨，但要看到天黑、打雷、闪电、潮湿的路和拿着湿雨伞的行人，才能表示下雨了。

由充分的证据推断出来的结论经得起推敲，如果证据量不充分，那其推断出来的结果就不稳妥，容易被推翻。间接证据越多，越能证明舞弊事件。假设公司要证明张会计故意注销库存后让物流公司把货物拉走。审计人员如果有证据证明张会计每个月都在没获得审批的情况下重复做类似的库存注销，又能从会计凭证上查出张会计假冒主管审批的迹象。ERP 系统日志显示张会计都是在周末才录入该会计分录的，张会计却说他不曾在周末登入系统，但是他的用户 ID 最近一次做的会计分录是上周六在办公室电脑上输入的，监控摄像头也拍摄到张会计上周六来过办公室。当这些间接证据都指向同一个方向时，就能合理推断出张会计的违规行为和意图了。

所以审计人员要多找证据，尤其是当只有间接证据的时候。即使有了直接证据，也不应该排斥其他证据，以防某些证据突然无效、被污染或出错。证据量越大，证明能力就越强，越能说明事实。

3. 证据的证明性

不是每一项证据都有同样的说服力，有些证据能有力地说明一些事，有些证据的说服力则比较弱。一般来讲，文书证据比口头证据说服力更强；原始文件会比复印文件更有证明力；视频加音频证据会比音频证据证明力更强；由其他部门处理保管的文件会比由当事人保管的文件更能令人信服。审计人员应该争取获得最有证明力的"最佳证据"，不得已的情况下再使用次等证据。如果能以原始文件来证明交易的，那就不用复印件或证人口述来描述该交易。

除此之外，证据链不连贯、保管不妥当及被污染的证据的证明力都比较弱。例如，被访谈者掌握了审计人员的调查策略、审计证据和其他人的口供之后所透露的信息的证明力比较弱。

4. 证据的固定性

证据必须能固定不变地证明一件事。如果证据有不定性、易变的特征，那么审计人员就需要采取措施来固定相关证据。一般电子痕迹证据、口头证据比较不稳定，存储在电脑硬盘内的电子文档可能马上就会被删除、格式化，证人或当事人可能会反悔改口，否认说过的话。公开在网站上的证据也有着较大的变动性，今天在当事人朋友圈看到的照片可能明天就会被删掉。除了以会挥发的墨水打印的文件以外，文书证据相对比较固定，不会轻易地随着时间而改变。

为确保不稳定的证据能持续地说明事件，审计人员需要固定这些证据。固定证据有很多方法，如通过笔录让当事人签字证明他所说过的话，也可通过录音录像来固定口头供述，还可以通过数据镜像备份电子证据，通过截屏或录制视频把网上信息固定，另外还可到公证局给证据做公证记录。

5. 证据的唯一性

证据所证明的事情必须是唯一的。唯一性是指由于因果关系，当某事发生后会引发另一特定事件，而不会引发其他事件（或引发其他事件的概率非常低）。换句话说，如果这一特定事件发生了，那必定是由前面的事件引起的，不会有其他的原因导致该特定事件的发生（或其他原因导致该特定事件发生的概率非常低）。例如，发生事件 A，就一定会发生事件 B，不会出现事件 C 或事件 D。从另一个角度说，因为发现了事件 B 的证据，所以事件 A 必定发生过，审计人员必须寻找事件 A 的证据。

如果一个证据的出现只能由一个因果关系来解释，那么该证据所证明的事情就是唯一的，其证明力会被认可。舞弊当事人无法用其他理由来解释该证据。例如，审计人员发现张会计的用户账号（Z001）被用来做了 100 万元的库存注销，该账号只有张会计在用，他也承认没有与其他人共享该账号密码并在账号初始单上签字证明他是该账号的使用者。系统日志显示的 Z001 账号所做的会计分录证明张会计的录入就是唯一的。

如果一个证据的出现可用两个或两个以上的因果关系来解释，那该证据所证明的事情就不是唯一的。该证据的证明力也会大大降低，因为当事人可以以其他理由来解释该证据出现的原因。假设 Z001 账号是一个共享的账号，除了张会计也有其他员工使用该账号，那就不能单靠这个系统日志来说明张会计是录入该分录的人，此证据的说服力就大大减弱，需要依靠其他证据的辅助才具有证明力。其他常见的证据唯一性受质疑的例子包括电子文件的修改，如果很多人可以同时修改某 Excel 文档，那么当事人就可以辩解说文件的篡改不是他做的。

6. 证据的连贯性

证据所证明的事情必须是一环扣一环的，这些环环相扣的证据就组成了证据链，能够还原事件经过。如果证据链中有不连贯的或缺失的环节，那么将导致推断出来的结论不稳定，容易被推翻。当然，部分缺失的环节可以通过逻辑推断来补充，但是过多的不连贯或证据缺失将不能保证逻辑推断的准确性和完整性，导致证据的唯一性受到质疑、证明力下降。

除此之外，证据的保管也应该是连贯的。审计人员应妥善保管证据，确保在交接证据时留存记录。不可出现不知道谁获得的证据、证据在某段时间不知道在谁的手中、证据不见或者无法追踪的"真空"情况。

审计人员应确保在获取、分析、交接证据的时候进行清晰的记录。明确是谁在什么时候什么地点获得了该证据，是谁做了什么样的分析、验证和检测。审计部、法务部和人事部等部门之间的交接也应该有规范的签收文件和跟踪记录。所有的证据如原始凭证、电子文件、实物证据等都应该归档存储，防止丢失、损坏。

案例：汽车维修费

以一件简单的汽车维修费案件来说明证据的属性。某公司的审计通过数据分析发现其中一家分公司的汽车维修费超过正常额度，一年竟花费了 330 万元。然而该分公司只有 6 辆轿车，审计怀疑负责维护公司汽车的行政经理与维修厂勾结，虚增维费从中获取回扣。在审计过程中，审计人员有以下发现。

- 向附近两家修车厂询价发现公司所支付的维修费比这两家的报价贵 20%；
- 报价的修车工人说不同的维修方式和替换的零部件品牌都会影响价格；
- 向这两家修车厂询价的过程是口头的，没有报价单，没有音频或视频记录；
- 给予报价的是修车工人；
- 审计人员发现该名负责维修的行政经理经常利用公司的汽车接送孩子。

分析：只向两家维修厂询价得到的证据并不充分，应该多向几家维修厂询价。由于询问的维修方式和零部件品牌不具体，无法保证询问的价格与公司采用的维修服务相符，证据唯一性无法保证。报价以口头方式，没有录音或报价单来固定证据。给出报价的人是修车工人而不是修车厂的主管经理，给出的价格可能不准确，可借鉴性不高，证据的证明力不强。行政经理使用公司汽车接送孩子确实违反了公司规矩应该受惩罚，但该问题和调查汽车维修费过高没有直接关联。

七、关键证据、一手证据、可用证据

要做好舞弊审计，审计人员应了解关键证据、一手证据和可用证据的概念。

1. 关键证据和非关键证据

有些证据的证明力度比较强，能很直观地证明舞弊，一般也称之为关键证据。在舞弊访谈中审计人员可以用关键证据当作"撒手锏"来突破被访谈者的心理防线，促使对方认错。有人把关键证据称为"银子弹"，因为传说中只有白银制造的子弹才可以把"不死的僵尸"消灭，而舞弊就像一头不死僵尸，需要靠"关键证据"才能有效地将其消灭。审计人员掌握了关键证据，在舞弊访谈时可以考虑以比较直接的方式进行，如采用证据对质的访谈策略。在还没掌握充分的关键证据时做舞弊访谈，审计人员就应该以委婉的方式进行。

2. 一手证据和二手证据

证人把自己从别人处听到的他人的经历再转述给审计人员的是二手证据，只有证人把自己亲身接触、看到或听到的信息描述给审计人员的才算是一手证据。例如，证人亲眼看到的事情、亲耳听到的声音、亲手处理的文件等。证人道听途说的传闻都是二手证据，二手证据不能成为证明舞弊的证据。审计人员可以把传闻当作可用的线索，利用它们顺藤摸瓜寻找确凿的文书、数据、电子证据或其他证人的一手证据。审计人员在询问相关人员时，必须非常专注地倾听对方所提供的信息，明确信息的来源，千万别把对方"听说"的事当成事实来使用。

3. 可用的证据和可用的线索

可用的证据就是可以用来证明舞弊事实的证据，是可以写在审计报告中的证据。以合法合规方式获取的证据是可用的证据。一手证据是可用的证据的一种。不可用的证据不能用来证明舞弊事实，不能写在审计报告中。非法违规获得的证据是不可用的证据。二手证据也是一种不可用的证据。在舞弊审计过程中审计人员将发现各种各样的证据，有些证据由于证明力较弱或者不具有唯一性，审计人员可选择不采纳该证据，只把它们当线索。

有些"证据"是道听途说的二手证据，不能被用来证明舞弊，但是审计人员可以利用这些二手证据做线索和逻辑分析的基础，尝试推断并寻找其他的潜在证据。由于各种原因导致有瑕疵的、不可用的证据，可能还存在提供线索的价值。审计人员应以开放式的思维来看待这些"不可用的证据"，尝试把它们当作"可用的线索"。

线索可指引审计人员一步一步深入调查，最终找出具体的直接证据。当有了有证明力的最佳证据后，这些先前的指引证据在舞弊审计报告中可以省略不提，当然这些"二线"的证据和线索还是要归档保存的。

为了保护举报人和污点证人，审计人员在与舞弊嫌疑人谈话时不能透露是谁提供了舞弊线索，所以举报人和污点证人的个人信息和其提供的舞弊信息只能当可用线索而不能当可用证据。审计人员需根据这些线索去查找其他更确凿的文书、数据和电子证据来证明舞弊，避免将举报人和污点证人所提供的口头信息作为佐证舞弊的主要证据。

法律上对证据有非常严格的要求，尤其是刑事诉讼上的证据的规定更加严格谨慎。因此，当舞弊案件要走刑事司法程序的时候，证据的侦查、获取和保存程序都必须由国家机关或国家认可具备资质的机构来完成，如公安局、经侦大队、公证处、司法鉴定机构等。虽然一些线索可能无法达到刑事诉讼上的法定证明力的要求，但是可以给舞弊调查人员和司法人员提供重要的指引。

八、再生证据、潜在证据

审计人员要了解再生证据和潜在证据的概念，以及如何在舞弊审计中运用这些证据。

1. 原生证据和再生证据

原生证据就是舞弊事件发生过程中留下的证据，审计人员要寻找原生证据来证明舞弊。再生证据是指舞弊人员在躲避舞弊审计的过程中因为要掩盖舞弊痕迹而生成的证据。例如，对方销毁证据的时候留下的监控视频证据、对方在删除邮件时留下的电子痕迹或者对方在审计监控过程中再次作案留下的证据等。

2. 潜在证据和实际证据

潜在证据是理论上应该会存在的证据，但审计人员尚未获得该证据。例如，如果报表造假真的发生了，ERP 系统里应该有虚假交易的日志；有人到仓库偷取货品，理论上视频监控会留下记录；有人向供应商索贿，理论上可能会有供应商向公司投诉。审计人员通过联想预测出这些理论上应该会存在的"潜在证据"，并通过暗示的方法巧妙利用潜在证据给舞弊嫌疑人施加心理压力。

潜在证据和再生证据的应用将在认错访谈和信息系统与电子痕迹审查章节中讨论。

九、证据重建事实

舞弊审计就是寻找证据、串联证据来还原事实的过程。舞弊审计有点像小说中的福尔摩斯探长进行案件调查，寻找证据和线索来证明谁才是凶杀案中真正的凶手。舞弊审计寻找证据的过程就像在拼图，审计人员把一片一片的小版块找出来，放在最合适的地方拼出全图。拼图中的小版块就是审计中的证据，这些版块必须是相关的，不可把其他拼图的版块拿过来拼（证据的相关性）。版块放得越多就越能凸显拼图的全貌（证据的充分性），审计人员要尽量寻找充分的证据来证明舞弊，证据不充分会导致管理层不认可舞弊事实。

有些颜色较明显或在图中央的版块比较能显示图的原貌，一些在边缘的或同样颜色的版块较难显示拼图的原貌（证据的证明性）。版块放好后必须固定，不能轻易地移动，如果版块一直在变那就无法显示出拼图的原貌（证据的固定性）。拼图的每一个版块也必须是唯一的，如果同一个版块可以放在几个不同的位置上，那该版块可能是不正确的（证据的唯一性）。将拼图版块连贯地放在一起能显示出图片的全貌（证据的连贯性）。

审计人员找到充分的证据还原事实给管理层看，管理层看了证据后会合理推断出当事人是否构成了舞弊。审计人员的任务是寻找拼图的版块（证据），不能提供个人意见。这个图拼出来是什么样子的，不应由审计人员来决定，其也不应影响或引导看图的人（管理层）的思维，而是需要由看图的人自行决定这张图到底是什么人的画像。

举个例子：下面有一幅未完成的拼图，大家可以看出画像中的人是谁吗？如果你说这幅画像中的人是"蒙娜丽莎"，那就表示拼图中的版块是充分的，有足够的证明力能让你看出来这是蒙娜丽莎的画像。记住，审计人员的任务只是单纯地寻找版块（证据），说出是什么画像的是看拼图的人（看审计报告的管理层）。

十、本章小结

证明舞弊需要证据。在舞弊审计报告中，只有能证明的事情才是事实。审计人员需要明确舞弊行为和舞弊意图，了解直接证据和间接证据的概念。用来证明舞弊的证据必须是相关的、充分的、有证明力的、固定的、唯一的以及连贯的。在舞弊审计中，审计人员应区分证据的属性，了解关键证据、一手证据、可用证据、再生证据和潜在证据的特征，用证据重建事实，让舞弊审计报告的读者通过证据得出结论。

第五章

舞弊审计的流程

故事半古之人，功必倍之，惟此时为然。

—— 《孟子·公孙丑上》

一、引言

舞弊审计工作是全方位的。为了获得充分的证据来支持或推翻舞弊指控，审计人员须多管齐下，执行文件审查、数据分析、电子痕迹挖掘、走访观察、询问谈话等审计工作。舞弊审计工作一般是发散的和多变的，无法像流程审计一样有条理地按部就班地执行。舞弊审计需要挖掘出来的信息量是非常庞大的。舞弊审计人员必须在短时间内消化、分析这些信息并发现异常点。

审计情况会根据案情与证据而灵活变化，舞弊审计人员需以开放和跳跃的思维串联各项证据，获得启发。这种发散多变的工作氛围可能导致重要信息丢失、工作无头绪、审计人员追逐过多的线索等。也有舞弊审计人员过于关注举报信中的某项指控，过度执着于某些舞弊推测而对一些无用线索穷追不舍，而忽略了其他该调查的事项或者在舞弊审计过程中陷入思维盲区。

一个规范的流程将有助于舞弊审计工作的开展，避免调查工作混乱、信息丢失和审计人员过于分散地追逐无关线索等。企业内的舞弊审计工作流程如下图所示。

事件管理　　"立案"　　调查策划　　执行调查　　文档与证据　　"结案"报告

二、事件管理

舞弊审计工作是被动式的风险管理，一般是因为某些因素被动启动而不是事先规划的。引发启动舞弊审计工作的主要因素有以下几类。

（1）管理层收到举报信。

（2）管理举报机制的部门收到举报信。

（3）管理层在审核业务时发现不合理的事件或现象。

（4）常规审计中发现了违规舞弊迹象。

（5）内控自我评估中显示出不合理或违规迹象。

（6）发生严重突发事件，如生产意外、产品问题、不规范行为曝光。

当发生上述情形时，管理层一般会通知审计部门要求其进行调查。

1. 事件记录与汇报

当收到了启动舞弊审计工作的通知时，审计团队需把该舞弊举报或管理层的通知详细记录在案。有的舞弊调查很复杂，工作期可能需要好几个月，期间可能会有信息流失和审计人员变动情况，最后导致审计工作忽略了当初被举报的事项，偏离了最初的调查目标，该调查的没调查，反而在无须审计的事项上浪费了资源。详细记录以下启动舞弊审计工作的原始信息，对确保将来的审计工作质量是有帮助的。

（1）实名或匿名举报信。

（2）举报人姓名、单位、职务（实名举报信）。

（3）被举报人姓名、单位、职务。

（4）所指控的事件。

（5）举报日期。

（6）如果是管理层授意的调查——授意方姓名、单位、职务。

（7）授意方所发现的不合理或违规现象及如何发现的。

审计人员可以使用一些专门记录舞弊调查工作的软件系统或通用的 Excel 表格来记录舞弊案件清单。舞弊案件清单必须保密，因为里面记录了许多舞弊事件、举报人的信息、掌握的证据、调查结果等，只有被授权的人员才可登录该软件查看这些记录。如果使用 Excel 表格，需要对文件加密防止信息泄露。在收到了启动舞弊审计工作的通知后，审计部门需根据内部汇报与审批流程向上级领导汇报所收到的举报信或舞弊审计的授意。

2. 阐明举报事项

在舞弊调查工作软件或 Excel 表中记录了舞弊举报信息后，审计人员需再次审阅举报信并详细阐明其所指控的事项。除了举报违规事项，举报人通常会把其不满情绪也在举报信中表达出来，也有些举报人文字表达能力不强，没有把想举报的事物明确地描述出来，这时审计人员就需要把举报人真正想指控的事梳理提炼出来，明确需要审查的事项，避免盲目开展审计行动。

以第一章中提到的举报信为例，举报人在信中写了很多文字举报金某，但真正想指控的事情有以下几点。

（1）金某与煤炭供应商串通牟利。

（2）123 号产品的材料购入价偏高，金某有违反采购流程的嫌疑。

（3）SKU237 采购价比市场价高 30%，金某可能从中获取了好处。

（4）材料质量差，设备故障频繁，导致客户抱怨。

（5）饲料的蛋白质含量低，可能是假冒山寨货。

（6）金某涉嫌伪造库存报表。

（7）产品退货记账为促销费。

（8）截留货款设立小金库。

（9）价值两千万元的工程给了金某的侄儿，存在利益冲突。

3. 进行初查

在阐明了举报人的指控后，审计人员还不可马上开展深入的审计工作。审计人员要先对指控做初步的审查。因为并非所有的舞弊举报都是合理、真实的，有些举报是恶意的、没有基础的，是员工被领导批评后心有不甘的报复行为。因此，审计人员要评估指控的可信度，检验指控信息的合理性，与现实的流程、制度、人员信息匹配，排除恶意和无基础的举报。

有人把初查描述为寻找"冒烟的枪"。为何称为"冒烟的枪"呢？这是一个刑事案件中的比喻。假设你看到你的邻居夫妻在家门口很激烈地争执，你听到邻居老公说"这次我要你解释清楚和那个人的关系，如果你再不说今天我就把你处理掉！"他们俩拉拉扯扯进了家门把门关了起来。两分钟后你突然听到"砰"的一声枪声从那邻居家里传了过来，然后你看到邻居老公手上拿着一杆冒着烟的枪从家里跑了出来，而他的老婆则躺在地上的一摊血中，看似中了枪伤。如果这时有人问你："是谁开枪打了邻居太太？"你会如何回答？估计大部分人都会说："邻家先生！我看到了他手中拿着冒烟的枪！"这杆"冒烟的枪"就有点类似于表面证据，审计人员进行初查就是寻找这杆"冒烟的枪"即表面证据。

4. 与举报人联系

审计人员应该在最短时间内与举报人取得联系，一般建议在收到举报后的 48 小时内就尝试与举报人联系。为何是 48 小时内呢？因为举报人通常是在情绪激动的情况下临时匿名注册了一个邮箱来发举报信的，发了举报信后他们可能会一直等着回复。但是举报人的情绪和对公司回复的期待会随着时间而冲淡，过几天后他可能连那个临时注册的邮箱的密码都忘了，延迟回信可能就无法和举报人取得联系了。

如果技术性上允许可在邮箱系统中设置自动回复，在给举报人的回复中要注意措辞，不可许下"必定会调查举报"的诺言，也不要答应给举报人反馈调查结果。要感谢举报人的反馈，让举报人知道唯有详细的举报资料才会对调查有所帮助，鼓励举报人提供尽量详细、具体的信息和资料（如相关的数据、文件、录音或录像等）。要让对方明白缺乏具体资料的举报是很难推进的。

审计人员与举报人通话时要让对方多说，要注意措辞，而且不应给对方提供信息。如果和举报人见面，要约在公共场合，如咖啡馆或酒店大堂，在公众场合见面对审计人员的人身安全有保障。审计人员和举报人不要在私密地点如酒店房间见面，因为这会对审计人员的声誉有负面影响。与举报人沟通时要谨慎用语，不可许下难以兑现的承诺，不可表明自己对某些人和事的看法，要注意举报人可能会把审计人员的话录下来并要挟审计人员。与举报人见面的其他注意事项在现场观察取证章节有详细讨论。

如果举报人担心被迫害排挤，要尽量向其阐述公司的举报人保护制度和举报保密制度，让举报人知道他提供的信息是根据公司制度保密的。不可给举报人许下绝对保密的承诺，在还未获得上级领导和公司相关领导授权之前不可许诺举报人可以戴罪立功。

5. 了解被举报人背景信息

在初查阶段要明确谁是被举报人，了解其身份、职位、履历、教育背景等，掌握被举报人在组织架构中的角色以及其上级领导、下属团队和平级同事的信息。对被举报人了解得越多，对接下来的舞弊审计工作开展越有帮助。

6. 远程收集资料

在初查阶段尽量不去现场取证，能够在总部或其他外围单位询问的，就不要在被举报的公司内询问。如果要调取人事档案，不要单独调取被举报人一个人的档案。同样，要获取相关交易凭证和文件，也要调阅其他的交易文件来混淆视线。能够远程审计的，就不要到现场开展审计工作，尽量从系统中不动声色地调取数据来分析审查。

三、案件立项

当初查结果显示举报是有一定基础的，该审计项目就可延续到下一阶段：正式设立审计调查项目。通过初查结果审计人员可以评估需要多少审计资源。如果初查结果显示举报是恶意的并且是没有证据支撑的，那么这个举报信就会被归档以供日后参考，所有初查工作停止。

公司可使用舞弊调查工作软件或通用的 Excel 表格把舞弊审计项目建立起来，并设立项目名称与代码，同时所有的举报人、被举报人的名称必须脱敏，一般的做法是以字母、符号或化名代替相关人员的真实名称。例如，TQB 项目、米老鼠项目、机器人、蝙蝠人等代码。利用代码来脱敏是为了防止审计人员讨论时或公司内部沟通案件时不小心把当事人或举报人的敏感信息泄露出去。

1. 项目分类、风险分级

为了更好地管理舞弊审计项目和日后进行汇报，审计人员可以将舞弊项目进行分类，可根据舞弊审计项目所涉及的业务环节分类，如采购、工程、销售、资金、库存等，也可根据舞弊类别来分类，如贪污腐败、利益冲突、报表造假、资产侵占、人事骚扰等，还可根据涉嫌舞弊的人员级别来分类，如高层管理人员、中层人员、基层人员、集团总部人员、二级公司人员等。

除了根据舞弊类别分类，也可以根据事先设定好的风险等级给舞弊审计项目分级。风险级别的评估有以下三大参考因素。

（1）涉及的舞弊金额。

（2）被举报人的职务级别。

（3）被举报事件的性质。

例如，金额低于 100 万元为低风险，100 万元至 1 000 万元为中风险，1 000 万元以上为高风险。或者被举报人是总监级别以上为甲级事件，经理级别为乙级事件，基层员工为丙级事件。涉嫌行贿贪污的、影响集团运营的或影响集团声誉的为高风险等。当然，对于舞弊风险的因素和等级的划分，每家企业有不同的界定。

2. 调动审计资源

审计项目管理者可以根据风险级别评估项目的轻重缓急，合理分配资源。在没有高风险级别的案件和特殊情况下，舞弊项目可以根据举报的时间顺序安排。如果有高风险级别的舞弊问题，审计团队应该合理调度审计资源，优先处理高风险级别的案件。

参与舞弊审计项目的人员应该是审计能力较高的。无经验或没受过舞弊审计培训的审计人员必须在有舞弊审计经验的审计人员的指导下开展审计工作，避免因为疏忽污染证据或惹上审计安全与法律风险。

舞弊审计团队应该由具有不同强项的、性格互补的审计人员组成，例如，外向的审计人员与内向的审计人员，擅长询问的审计人员与擅长数据分析的审计人员。同时，也要根据项目分类选择有相关专业背景的审计人员来参与审计工作，例如，与信息系统相关的违规事件让信息系统审计人员参与，与工程相关的舞弊事件让有工程技术背景的审计人员加入。

无经验审计人员绝不可单独上阵！

3. 企业内部沟通

举报信息应该是保密的，只有被授权的负责举报热线的人员、调查舞弊的审计人员和少数的管理层可以知晓，需要知情的人只有在被授权后才可接触相关举报信息。举报信息是非常敏感的，知道的人越少越好，这样才能降低泄露信息的概率。

被举报人肯定不能知道举报人等相关举报信息。被举报人的上级是否可以知道举报信息？一般的建议是对被举报人的上级保密。因为上级领导知道自己的下属被举报后，很大可能会告知被举报人让他有所准备，通常领导都不希望看到自己的下属被调查。而且审计人员并不知道被举报人的上级领导是否也参与了舞弊。

如果被举报人的上级是级别非常高的领导，如公司的分管副总裁、分公司总经理、部门总监等，在其上级领导不知情的情况下调查其部门可能会得不到配合，有些领导甚至会直接过来质问审计人员是否正在调查其下属。这种情况会令审计人员非常为难，说了会有泄露审计机密的风险，不说会得罪领导。那该如何做呢？我的建议是能不说就尽量不说，如果为满足组织关系上的要求被迫要说，尽可能模糊地、不着边际地、简单地说。如果领导来追问举报信息，那么几乎可以肯定他会告诉被举报者。

最好的做法是设立舞弊调查的管理制度政策，明文规定公司哪些人可以知道舞弊举报信息，哪些人不可以知晓举报事件，包括被举报人的上级。有了明确的舞弊调查管理制度，审计人员在面对级别高的领导询问的时候，就可以依据政策推脱，委婉拒绝，也可以向更高的上级公司汇报或向董事局汇报。通过事先设立的政策来决定该向谁汇报舞弊举报，将省去许多不必要的"组织内的人际关系"的考虑因素。

四、舞弊审计策划

案件立项后就可以开始策划审计工作，制定调查框架。舞弊审计是无章可循的，不像流程审计可以参照标准审计步骤，如果不制定调查框架，审计人员在审计中可能失去方向，不知道该如何进行审计。审计人员应先把举报信中的指控列出来，并预测证明或推翻这些指控所需的文证、物证、数据、电子痕迹和人证等。列出所需的证据后，审计人员需要预测该从哪里获得这些证据、如何获取、将面对的阻碍等。同时审计人员也要安排其他部门进行协助，如财务部、信息部、人事部、法务部等。

这个调查框架可让审计人员比较系统地、有规划地开展工作。当然这个调查框架只是一个预测框架，审计人员不能忽略实际审计中发现的其他线索。如果证据或线索指出了其他的信息，那么审计人员就必须继续深挖，追根究底。这个调查框架是协助审计人员做策划的一个工具，审计人员应该用它来指引思维，预测调查中要获取的证据及将面对的挑战和难题。

下图是用"鱼骨图"的方式建立调查框架。审计人员首先将举报信中所阐述的需要证明的要点（或反驳点）列在鱼骨的骨干中，然后根据每个点预测所需要的文证、数据、物证，以及人证，并把文书、数据、物证列在鱼骨的左侧，把人证列在鱼骨的右侧，最后审计人员就根据这个鱼骨图去寻找相关的证据来佐证中间的"证明点"。

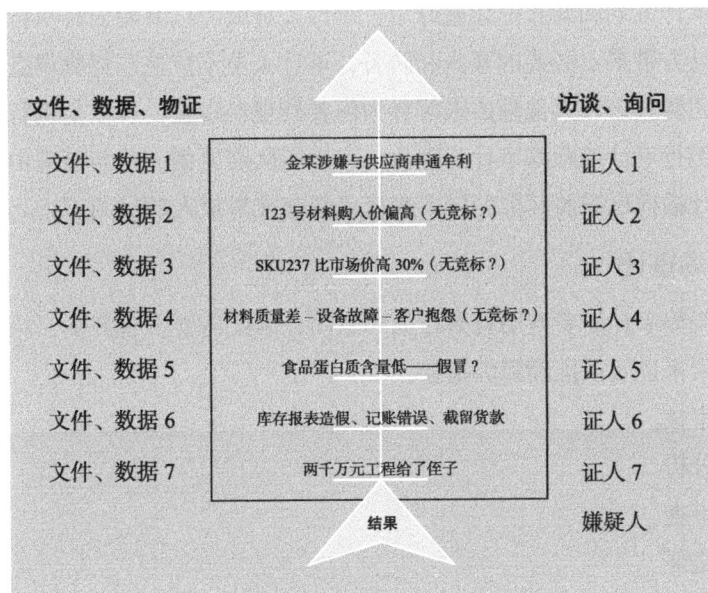

以第一章中的举报信为例，举报信中其中一项指控是金某以高于市场价 30% 的价格买入 SKU237 原材料。下表是证明或反驳该项指控所需的证据。

证明或反驳指控所需的证据

所需的文件、数据证据	所需的人证口供
SKU237 以往的采购价格信息（ERP 系统内获取）	财务人员（了解付款情况）
SKU237 以往的采购数量信息（ERP 系统内获取）	仓库人员、保安人员
SKU237 采购合同	质量检验人员
SKU237 采购审批文件	生产车间人员
SKU237 采购报价、比价、议价记录	SKU237 的其他供应商
SKU237 的供应商准入文件、审批文件	SKU237 投标但没中标的供应商
	采购人员
	采购经理

以此类推，审计人员需把证明或推翻举报信中的每一项指控所需的证据都明确地列出来，以便更好地安排审计资源和审计工作。此外，舞弊审计策划还包括了解被举报人的背景、关系网络。在执行调查之前，要把这些都了解清楚，知道对方是"谁"，他可能找"谁"来为自己解围或"说好话"。

五、执行舞弊审计

1. 安排到场理由

当所有的审计策划和调查框架做好后，审计人员就可以开始安排执行现场审计。为了避免给被审计方带来不必要的紧张和防备，审计人员不应该以舞弊调查作为现场审计的理由。审计团队应该以其他理由来解释为何要到现场审查，可以是例行审计、跟踪审计等。因为以例行审计或跟踪审计为理由，审计团队需要做一些与该理由相关的审计工作，如果有审计抽样也需要其他的样本来掩盖调查被举报人的目的。

2. 执行现场审计

由于证明舞弊审计需要查明舞弊行为和意图，因此需要多管齐下，从以下八个方面获取证据与线索来证明或推翻舞弊指控。

（1）文件审核。

（2）数据分析。

（3）系统审查。

（4）电子法证。

（5）报表审阅。

（6）观察走访。

（7）信息访谈。

（8）认错访谈。

审计人员应该先执行一些敏感度、冲突点较低的审计步骤，如文件审核、数据分析等。如果要进行审计询问，应先从友善的被审计方开始询问，尽量把与舞弊相关的人员的访谈放到后面执行，对被举报人的访谈一般是放到最后进行。当然如果有一些不敏感的事情需要向被举报人询问，在不得已的情况下也可以执行，但是必须以非常谨慎的方式进行，不可打草惊蛇，不要谈一些敏感的话题。

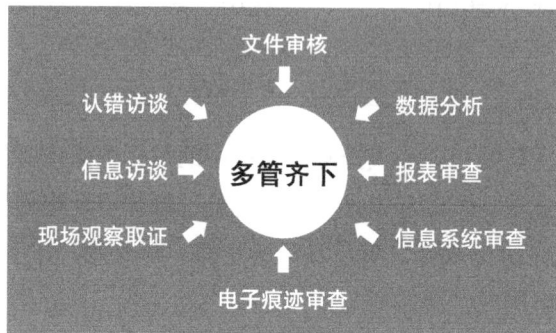

在舞弊审计中，审计人员应依据审计的 12 个目标（如真实性、完整性、准确性、

及时性等）和 8 大舞弊审计技巧（文件审核、数据分析、系统审查、电子法证、报表审阅、观察走访、信息访谈、认错访谈）来寻找相关的证据支持或推翻舞弊举报。

审计人员应争取在不参考标准审计步骤的情况下编制合适的审计测试和审计访谈方案来获取审计证据。当审计人员对审计的 12 个目标和 8 大审计技巧完全融会贯通后，就能举一反三地执行任何业务环节的审计，即使在之前没有接触过该业务，也能顺利执行审计。常见审计环节中的部分重点收录于附录 5，仅供参考。

3. 同步优化审计步骤

审计工作开始后，审计人员会发现之前所策划的调查框架和现实不符，许多客观因素，如人员流动、凭证档案调取、数据完整性或为了确保调查的隐蔽性等会使得一些审计步骤无法进行。这时审计人员不可被调查框架限制了思维，因为在策划调查框架时只是预测及想象，而真实的舞弊审计是一场与舞弊当事人的博弈对垒，审计人员应该根据现实情况来调整、优化审计步骤。

4. 不放过任何微小的线索

审计人员应有入微的观察力，不放过任何微小的线索。很多时候最不起眼的信息，往往暗含着重大的线索。审计人员应明察秋毫，不放过任何的蛛丝马迹。审计人员要留意自己的思维盲点，确保把"每一块石头都翻过来看看"。

有些审计人员看不上微小的线索，误以为舞弊审计都是依靠重大证据的。其实很多时候重大证据都是由微小线索延伸出来的。由于重大证据的证明力强，舞弊当事人肯定会做好所有准备把重大证据隐蔽起来，但他们可能会忽略一些微小的证据。审计人员就是要捕捉这些微小的线索，只有这样才能把重大证据挖掘出来。要注意，没有线索就挖掘不出证据，审计人员不可因为线索小而不去挖掘。

案例：垃圾桶中的小票

通常没有审计人员会去看办公室垃圾桶内的废纸，然而有些时候在垃圾桶里的微不足道的废纸也可协助审计人员挖掘线索。在 M 市 A 公司的采购经理收取回扣案例中，审计人员发现采购经理办公室的垃圾桶内常有废纸、小票，于是就去把垃圾桶内的废纸倒出来，查看是否有可用的线索，从中还真发现了一家酒吧的小票，以此可推测当事人可能常去那里喝酒。

下班后审计人员也到那里去碰碰运气，看是否能遇到当事人。去了几次后，碰巧有一次看到了当事人和供应商的负责人也在那里喝酒，就远程拍了照。在过后的审讯中，审计人员利用该照片促使当事人承认了与供应商的不寻常关系并从他那里拿了好处。

垃圾桶中的小票

5. 在审计过程中保持沟通

在舞弊审计过程中，审计人员应和上级领导保持沟通，及时汇报工作进展，听从上级指示，同时也应该适当地与公司管理层、律师及其他专家保持必要的沟通。在遇到了难题或困惑时，可以向他们提问和获取建议。当然，在和他们沟通时，审计人员要权衡审计信息的保密要求。

6. 合法合纪合规地执行审计工作

审计人员在执行审计工作时必须切记遵守法律法规和公司的规章制度及行为准则，不可侵犯被举报人及其证人或者任何单位的合法权益。

《第 2204 号内审准则》第十五条规定，内部审计人员进行舞弊检查时，应当根据下列要求进行：

（一）评估舞弊涉及的范围及复杂程度，避免向可能涉及舞弊的人员提供信息或者被其所提供的信息误导；

（二）设计适当的舞弊检查程序，以确定舞弊者、舞弊程度、舞弊手段及舞弊原因；

（三）在舞弊检查过程中，与组织适当管理层、专业舞弊调查人员、法律顾问及其他专家保持必要的沟通；

（四）保持应有的职业谨慎，以避免损害相关组织或者人员的合法权益。

六、证据采集、梳理与保管

1. 梳理好证据并做好标记

舞弊审计结果要向多方汇报（管理层、律师、公安局等），因此对于发现的证据，审计人员要做好标记，以方便查找。在管理层询问的时候，审计人员可以马上拿出来佐证，以提高舞弊调查的可信度。一个归纳整齐并贴好标签的证据档案，有助于执法人员尽快了解案情，也能提高立案的概率。

一些审计人员没有梳理并保管好证据，在和管理层沟通被询问相关信息时需花好几分钟才能拿出证据，有时甚至无法拿出证据来佐证审计报告中的主张。这会让管理层认为审计人员不够专业，审计结论的可信性有待考证。

2. 防止证据污染

在舞弊审计中发现的相关原始凭证与文件要尽可能保持原状，不可在上面涂改或做其他的装订。由于电子证据具有很强的不稳定性且容易被修改，所以要注意防止电子证据被污染。如果没掌握好正确的取证方法，审计人员所获得的电子证据在提取的那一刻可能就被污染了。电子文件的时间属性、文件属性、文件修改日期、修改人等都可能在审计人员拷贝的时候不小心被修改，这些被污染的电子证据的唯一性、证明性和连贯性都将受到质疑。审计人员在获取电子痕迹的时候，要确保是以电子镜像方式来备份的，而不是简单拷贝的。如果要获取对方的电脑，最好全程录制视频。

3. 保管好证据

证据的文件版和电子版都要保管好。视频或音频证据都要原封不动地保存在原始的录音录像设备中。如果该视频或音频是被二次备份到别的硬盘或记忆卡中的，那就不是一手证据了。

如果当事人的电脑中保存着重要的电子证据，如其偷窃的保密信息、与围标人的沟通记录、转账记录等，那么该电脑也必须原封不动地保存下来。有些公司等到上法庭的时候才发现当事人的电脑已经被分派给其他新来的员工了，且已经被格式化了好几次，这很可能会没有证据佐证，导致诉讼失败。

在舞弊审计中，如果需要将证据交给其他部门审核，如法务部、人事部、信息技术部，审计人员必须确保所有证据交接都明确记录在案。关于电子取证、保存和相关法律问题在信息系统与电子痕迹审查章节有详细的介绍。

七、如何撰写舞弊审计报告

1. 及时汇报管理层

在舞弊审计过程中如果有重大的、与法务相关的审计发现，审计人员应及时根据公司流程向上级领导和管理层汇报。尤其当发现一些可能导致公司违法违规的事情时，更要第一时间通知管理层。例如，在舞弊审计中，审计人员发现某员工因为收了废料处理商的红包，把废料直接倒进了水沟里，这种行为不仅是贪污违规的问题，也直接使公司违反了环境保护的法律法规。如果有员工挪用公款向国家工作人员行贿以便取得相关的项目发展的批文，该员工除了违反了公司的道德守则外，也触犯了禁止给国家工作人员行贿的法律规定，这时审计人员应及时将情况汇报给管理层以获取进一步的指示。

《第 2204 号内审准则》第十七条规定，在舞弊检查过程中，出现下列情况时，内部审计人员应当及时向组织适当管理层报告：

（一）可以合理确信舞弊已经发生，并需要深入调查；

（二）舞弊行为已经导致对外披露的财务报表严重失实；

（三）发现犯罪线索，并获得了应当移送司法机关处理的证据。

2. 审计开始就起草报告

有些审计人员在审计完全结束后才开始准备审计报告，其实这种做法不是太好，因为很多信息细节可能已经忘了。而且太多的信息储存在审计人员的头脑里，要一次"下载"下来也不容易，会感觉没有头绪无从下手。最好的做法是一开始就根据明确的调查清单、调查框架、所需要的证据等起草审计报告大纲，在审计过程中，一边做审计工作一边修改报告，当审计工作做完后，报告也完成了。

3. 舞弊审计报告的特点

（1）流程审计报告避免明确列出负责人的姓名

虽然舞弊审计报告与流程审计报告都是向管理层汇报审计发现，但是却有着本质上的区别。流程审计报告的主要目的是描述内控缺失，汇报内控漏洞。除非内控漏洞或人为疏忽造成了重大损失，否则流程审计通常只对事不对人，一般不在审计发现的描述中指出流程负责人的姓名。因为流程审计就是为了要改善流程内控，到底是谁做了哪些事情其实并不特别重要（故意犯错和屡次犯错的除外），关键是问题的根本原因、改善方案以及谁来执行整改。

为了降低流程报告的针对性，提高相关人员对审计报告的接受程度，建议在流程审计的审计发现中不要明确列出流程负责人的姓名，但可以在整改负责人处写上相关人员的名字。当然个别企业有不同的报告惯例和管理层要求，在流程审计报告中既描述问题又要提及人名。

（2）舞弊审计报告可以明确列出相关人员的姓名

舞弊审计报告主要汇报员工有意图地违规舞弊，故意造成企业损失的情况，所以舞弊审计报告要详细地描述当事人的身份和他的所作所为，把所找到的证据梳理清楚并描述出来，让管理层直观地了解证据，自行推断得出是否存在舞弊的结论。在舞弊审计报告中审计人员只能表述事实和证据，不写无证据的事，不发表个人意见，也绝对不可玩弄文字来给报告添加"色彩"。

（3）舞弊审计报告必须公平公正

审计人员不可在舞弊审计报告中"添油加醋"，诱导或暗示管理层。审计人员必须对舞弊审计报告中的每一个字负责，应对每一个字仔细斟酌，确保其表达的意思和所处的语境是恰当的，真正符合审计人员想要描述的事实，不会蕴含其他不必要的语义，任何可能产生误解的或一字多意的词语都要避免。

舞弊审计报告中的措辞必须是客观的中性词，不可故意夸大或缩小任何证据的意义。审计人员必须避免使用带有褒义、贬义或负面含义的词语，因为这将潜移默化地影响读报告的人的情绪和对当事人的看法。例如，"他解释说"和"他辩解说"是具有不同的含义的。"他解释说"是中性的，"他辩解说"则带有对方不承认并且进行辩驳的含义。审计人员必须公平公正地撰写舞弊审计报告，不可把自己的想法强加入报告内，也应避免使用形容词来描述事情，应该只表述事实本身。例如，避免说"当时他在厂区内以很快的速度开车"，可以改为"他承认当时在厂区内他以每小时 50 千米左右的速度开车"。

（4）舞弊审计报告的格式

舞弊审计报告的格式可以是 PPT 或 Word 文档。一般公司管理层需要舞弊审计团队汇报其审计的结果，为了方便开会讨论，审计人员可考虑以 PPT 的方式呈现报告中的关键点，最终的详细报告以 Word 文档方式体现。当然每家公司都有其报告格式的惯例要求。

对于一些涉及公司核心利益或可能有法律风险的敏感的审计发现，审计人员应该考虑以口头方式向管理层汇报，经讨论确定之后，再考虑把相关的审计发现适当地通过文档记录。这些审计发现需要经过详细的审查和验证，在未经验证和管理层讨论前就直接把这些可能不是事实的事情写在报告或邮件中，反而会引起不必要的误会。而且如果这些事被确认为不是事实，在多年后这些报告或邮件可能被有心人拿出来诬赖公司。

《第 2204 号内审准则》第十六条规定，舞弊审计报告是指内部审计人员以书面或者口头形式向组织适当管理层或者董事会报告舞弊检查情况及结果。

（5）舞弊审计报告的组成

舞弊审计报告比流程审计报告详细。一般舞弊审计报告有五个组成部分。

① 事件背景和起因。

② 审计发现的事实（调查过程、证据）。

③ 损失和挽回金额。

④ 舞弊原因和整改方案。

⑤ 结论和处理结果。

《第 2204 号内审准则》第十八条规定，内部审计人员完成必要的舞弊检查程序后，应当从舞弊行为的性质和金额两方面考虑其严重程度，并出具相应的审计报告。审计报告的内容主要包括舞弊行为的性质、涉及人员、舞弊手段及原因、检查结论、处理意见、提出的建议及纠正措施。

① 事件背景和起因

在报告的开端需要介绍该舞弊事件的背景，是通过什么渠道发现的。例如，通过匿名举报、实名举报、管理层提示与怀疑、流程审计的跟踪发现、舞弊风险评估的发现等。同时也要把该举报事件或舞弊怀疑阐述清楚，一般建议以重点列表的方式显示在报告的开端，让读报告的管理层可以一目了然地掌握事情的重点是什么。

如果是实名举报，在公司政策允许下尽量不要把举报人的名字写在报告上。审计人员是无法控制该审计报告最终会被管理层转发给哪些人。如果把举报人的名字写在报告中就泄露了他的身份，该审计报告可能最终会转发给舞弊当事人或其他还未被发现的舞弊人员，这样可能导致该举报人被报复。如果是实名举报，就只在报告上注明是实名举报，无须把举报人的名字写出来。证明舞弊的是审计证据而不是举报人的说辞，所以到底是谁举报的其实没有太大的关系。

审计人员必须记得，保护举报人是一件非常重要的事。当然，如果管理层基于合理原因（如举报奖励）实在需要知道举报人的身份，可以在经过审批后通过口头或其他方式告知管理层该举报人的身份。

② 审计发现的事实（调查过程、证据）

这是审计报告中最重要的部分。审计人员要把审计中所发现的事实证据和审计方法都翔实地表述出来，根据报告开端的"事件背景"中所列的指控顺序来陈述审计发现。

a. 最佳证据先行

在表述所发现的事实的时候，首先列示最佳证据和最关键证据，如文书证据、数据证据、视频证据等。其次列示次等证据和非关键证据，如证人或嫌疑人的口头陈述。最佳证据就是那些证明力最强的证据，关键证据就是能证明事件重点的证据，即前文提到的"撒手锏"或"银子弹"证据。将最佳证据放在表述的开始可以让读者更加信服报告中的证据，因为这些证据都是比较确凿的。与口头证据相比，读者一般比较信赖文件证据、系统证据、电子痕迹证据等。口供证据会面临"公说公有理，婆说婆有理"的困境，会让读者纠结到底是相信证人说的还是相信舞弊嫌疑人说的。如果在报告的开头就表述证人的口述和嫌疑人的口述，会让管理层或报告的读者"不放心"审计工作的深度和专业度，从而带着怀疑的态度来读审计报告。

b. 斟酌用词

在描述事情和证据的时候，审计人员必须斟酌用词，用中性词表述，避免使用褒义词及贬义词，不添加色彩，不故意夸大或缩小证据的意义。审计人员也不可在报告中发表个人意见，不可写一些没有证据的事情。如果审计人员必须根据所找到的证据来做逻辑推断或给出合理推测，则必须表述清楚，让读报告的人知道这是逻辑推断和合理推测的结果。

在舞弊审计报告中审计人员不可给出个人意见来说当事人是否有舞弊。"有错"还是"无错"是根据证据来决定的，而有权力给出结论的人是管理层，审计人员只是单纯的证据搜集者和事实重建者。就像在司法程序中只有法院可以裁决当事人是否有罪，公安局只负责调查和搜集证据，检察院根据证据决定是否起诉。

因此，审计人员应该避免在报告上写当事人是否"有错""有舞弊"等字眼。如果证据确凿并且表述清晰，任何一位读报告的人都会得出同样的结论，就像前文中提到的让看拼图的人自己看出图中的画像是蒙娜丽莎，而非刻意引导的结果。

c. 逻辑为先，时间为后

舞弊审计报告应该是以时间顺序表述还是以逻辑顺序表述呢？这是审计人员常面对的难题。许多审计人员习惯以时间顺序来写舞弊审计报告，如什么事情先发生的、什么事情先审查的就先写，后发生的、后审查的就后写。但是根据时间顺序来写报告会出现一个逻辑跳跃的问题，因为一些审计工作虽然后开展但其所发现的证据是事件的根本因素，如果放到报告的后面会导致读者无法全面理解事件的起因。

也有一些间接证据虽然是在审计开始的时候发现的，但是如果没有其他的证据一起佐证，该间接证据就很难显示出其证明的意义，过早地把这些间接证据写在报告中反而会让读者混淆。尤其是一些舞弊嫌疑人的口述和谎言，即使是在调查的前期获得的，也应该在所有的最佳证据（文书、电子、数据）都表述之后再写，这样才能让读者在完全掌握了较确凿的证据后看出嫌疑人的漏洞。

总的来说，舞弊报告的撰写应该先根据逻辑排序，并把相关的主题组合来写，在逻辑组合之后再根据时间排序。简单来说就是先逻辑后时间。

d. 相关的事件整合到一起写

相关的审计发现应该尽量整合在一起，放在报告中的同一个部分来表述，避免"东一榔头，西一棒槌"。尽量将性质相同的事件和相关的流程放在报告的同一段落，也可以考虑把相关的事情写在"靠近"的段落。这样能让读者的思维跟随报告的逻辑有序地流转。

把相关的事情分开来写会让报告的读者质疑报告的专业性，会认为报告撰写人忘了某些事情而只能在报告的后半部分对前面的事项进行补充。例如，在报告的开始部分介绍完了工程采购舞弊事件，中间部分介绍了销售问题，突然在报告后半部分再提及工程问题，这会迷惑读者。

e. 以证据提出主张

舞弊审计报告中的每一个主张或每一句断言都要有相关的证据来佐证。证据就是读者对审计专业度的信心来源，所以在每一个主张或每一句断言之前应该以证据来开场表述，同时也要在该主张或断言之后把相关证据的索引代码写上去，从而让读者知道，审计人员说的话是有根有据的。例如，"根据公司系统中的 A 报告，张某在 2020 年 12 月 20 日录入了 200 万元的工程费用分录并附'证据 A02'"，应避免在报告中出现"张某在 2020 年 12 月 20 日录入了 200 万元的工程费用分录"。虽然这么写没有错，但读者心里会想"你到底是如何知道张某在哪一天录入了 200 万元费用的"？因此，在报告中必须让读者知道该陈述不是审计人员说的而是证据证明的。

证据 ➡ 主张

f. 以衔接词带领读者看报告

在舞弊事实表述过程中，审计人员应灵活运用衔接词来贯穿证据所表示的意义和主张。如果两个证据所表示的意义是相反的，那么审计人员应该以转折词连接两个句子或两段话，如运用"但是""不过""却""反而"等词语。如果两个证据所表示的意义是一致的，那么审计人员应该用有并列含义的衔接词连接两个句子或两段话，如运用"同时""同样的""除此以外""也""和"等词语。如果是有因果关系的，应该以因果词衔接，如"因为""基于这个原因""所以""由于"等。如果有时间先后之分，应以时间顺序词衔接，如"然后""接下来""之前""之后"等。

审计人员应该想象自己牵着读者的手来看舞弊审计报告，应在每一个文字段落都使用衔接词引导读者审阅审计报告，避免以跳跃的文字描述审计发现。

g. 避免行业术语

看报告的高级管理层有可能是第一次接触到该类型的舞弊事件、业务和流程，他们对流程细节的了解可能还没有审计人员多，所以在报告中应该以较简单的方式来描述事件。在报告中避免使用行业术语，如果使用应添加解释。同时，所用的术语和名词应全文统一。

h. 舞弊报告内容要涵盖全部重点

舞弊审计报告要把所有相关的事件都全部涵盖，不要有遗漏。任何根据逻辑推断发现的问题都应依其重要性写在报告中。不要故意隐瞒一些事情，带着侥幸心理认为"估计读者不会问这件事"。其实每一位读者在读报告时都会推断审计应该查什么事，如果逻辑上应该有的审查在报告中没显示出来，读者一定会有所察觉。舞弊审计报告应该把所有能证明或反驳指控的证据都展示出来，审计人员不可选择性地只挑对证明舞弊有利的证据来写，故意忽略那些可能推翻指控的证据。

i. 舞弊报告内容不要重复

在舞弊审计报告中不要把同样的事情和证据重复地说，除非同样的证据能证明两件不同的事。当然，审计人员也不应重复计算同样的数据。

j.举报人、信息提供者、污点证人名字应保密

举报人、信息提供者和污点证人的身份应该得到保密，以确保他们不会受到报复。因此，在舞弊审计报告中应避免写上他们的名字。

③损失和挽回金额

在舞弊审计过程中发现的经济损失和所挽回的金额应在这个部分披露。损失和挽回的金额可以考虑通过图表或表格来列示。审计人员应考虑该舞弊造成的财务影响，其具体影响了哪个会计科目，哪一个会计总账将会因为舞弊而出现错误并需要修正。

审计人员应考虑企业财务报表是否需要做会计调整，是在当年调整还是调整以往年度的利润，并在舞弊审计报告中予以列示。

④舞弊原因和整改方案

舞弊的发生表示公司的制度、流程、系统、培训或文化方面有需改善的地方，审计人员应在这个部分把发生舞弊的根本原因写出来，同时把管理层应执行的整改方案一并列出来。整改方案应尽量详细明确，注明谁将执行哪些工作以及预期完成时间。整改工作必须既能治标也能治本，防止舞弊再次发生。

⑤结论和处理结果

一些舞弊事件在报告还未公布之前就有处理方案了，那么审计人员只要把相关的处理方案列出来就行。如果最终的处理还没定案，那么可以按照实际情况撰写。审计人员切记不可提供个人的意见或结论，不可表态当事人是"有罪"还是"无罪"。

不同的企业对舞弊审计报告中的结论有着不同的要求。一些企业要求审计人员必须"告诉"管理层到底舞弊当事人是否"有罪"的结论。为了维持审计人员的公平性、公正性，审计人员应向管理层解释审计的任务是"纯粹的信息挖掘"，因此审计人员应避免提出个人意见，否则将影响审计人员在当前及以后案件中的独立性、公平性和公正性。如果实在要给出结论，应尽量以口头讨论方式进行，并且必须以证据为基础，只提出逻辑推断得出的结论。审计人员必须对所提出的结论负责。

八、舞弊事件内部处理与外移司法机关

1.舞弊事件内部处理

对于不能挽救的舞弊当事人，企业要有决心予以惩戒。处理舞弊当事人应该由管理层和人事部门决定，审计人员不应该参与。审计人员的职责是寻找证据、还原事实，审计人员不应该参与人事惩戒的讨论与决定。当管理层决定了惩戒方式之后，应该由人事部门（或加上当事人的领导）通知当事人。这个惩戒可能是记过、劝退、解除劳动合同等。

惩戒程度也要尽量做到一致，应避免以不同的惩戒方式对待不同的员工。一致的惩

罚才会让员工信服、畏惧企业的惩戒政策。除非在迫不得已的情况下，企业尽量不做特殊处理。对查实的舞弊当事人进行惩戒或外移司法机构将释放出强大的信息，对本想做舞弊或正在舞弊的人有着威慑作用。对那些坚持抵抗的人进行惩戒将显示出企业反舞弊的决心，树立企业的威严，取得杀鸡儆猴的威慑作用，并对接下来的审计访谈有帮助。

2. 舞弊事件外移司法机关

在管理层全方面权衡后认为初步证据齐全、事态严重并且符合立案标准的，可以寻求司法机关介入。在寻求立案之前，审计人员必须确保所有的证据都是根据司法程序的要求获得的。报案材料必须齐全，案件事实必须厘清并逻辑清晰地描述在文稿中，证据索引编排必须清楚，所有的书证、物证、口述笔录、电子证据等材料需要归档、分类、整齐排序。报案人员也要带好本人有效身份证件，企业的授权书，盖有企业公章和法人章的报案公函。

报案文件的法理分析要到位，证据须围绕着犯罪构成的要求和立案标准，以促成立案。在外移走司法程序时要注意办案单位的管辖权（经侦、刑侦、治安、派出所），同时要做好民警配合，如有必要须配合执法机构共同厘清证据，相互支持、互补。负责舞弊审计的团队要搞好警民关系并和当地资源协调，平时可以邀请相关部门来做教育宣传工作，以便有问题的时候方便咨询走动。

3. 企业处理舞弊有别于国家提控罪犯

在企业内证明舞弊和国家依法提控罪犯是不同的两件事。提控犯罪嫌疑人需要符合一系列严格的法律和程序的要求，公安机关和检察院必须依法获取充分的证据向法院证明犯罪嫌疑人的行为在法律上构成了犯罪。法院也将审阅检察院所提供的证据，确保其充分有力地证明了犯罪，并且该证据的获取过程是合法合规的。

一般对证明犯罪的证据的要求是必须"超越任何合理怀疑"。公检法部门虽然可以获取许多信息，但也有很多法律约束来确保他们的调查是合法合规的。让企业管理层认可舞弊的证据要求不像法院对证明犯罪那么高，一般来说管理层只要求"足够的证据证明舞弊"就可以了。

企业可以根据案情的严重性、涉及金额的大小、所获取证据的充分程度来决定对舞弊当事人的处理方式。在企业中惩戒与处理当事人的方式有很多，如报警走司法程序、记入行业或企业的失信名单、开除、劝退、记大过、不发奖金、不予加薪、降职降薪、调岗等。根据《中华人民共和国劳动合同法》，可以视情况灵活地处理舞弊事件。

在企业内调查舞弊事件虽然不同于公检法的侦查，但审计人员同样应该以最严谨的调查方法和职业道德来进行，同时也必须依照司法程序的标准来搜集证据。审计人员在企业内做调查时，无法事前预测该舞弊事件最终是内部处理还是外移司法。如果最终决定外移舞弊事件向公安局报案，走司法程序，审计人员所提供的证据应能满足法律上的要求，必须明确违反了《刑法》的哪一条，该案件是否符合立案标准且构成了犯罪。在立案后，公安局会在所提供的证据的基础上继续侦查，以获取更多的证据。

九、涉及企业舞弊的法律条款与立案标准

许多舞弊的人以为自己干的事只违反了民法或行政法条款，不涉及刑法，其实这是错误的侥幸心理，企业中的许多经济舞弊问题都会受到相关的刑法惩罚。审计人员只有对相应的法律条款有所了解，才能在舞弊调查中有针对性地寻找证明构成犯罪的证据，也能利用相关法律条款在认错访谈中给予对方教育或暗示。以下列举部分《中华人民共和国刑法》[2020年12月26日（十一）修正，以下简称《刑法》]中涉及企业舞弊的相关条款罪名。涉及企业职务犯罪、舞弊的主要处罚的清单收录于附录4，仅供参考。

1.《刑法》相关条款罪名

（1）非国家工作人员受贿罪（《刑法》第163条）。

（2）对非国家工作人员行贿罪（《刑法》第164条）。

（3）行贿罪（《刑法》第389条）。

（4）对有影响力的人行贿罪（《刑法》第390条之一）。

（5）对单位行贿罪（《刑法》第391条）。

（6）单位行贿罪（《刑法》第393条）。

（7）侵占罪（《刑法》第270条）。

（8）职务侵占罪（《刑法》第271条）。

（9）挪用资金罪（《刑法》第272条）。

（10）故意毁坏财物罪（《刑法》第275条）。

（11）盗窃罪（《刑法》第264条）。

（12）诈骗罪（《刑法》第266条）。

（13）侵犯商业秘密罪（《刑法》第219条）。

（14）串通投标罪（《刑法》第223条）。

（15）伪造企业、事业单位、人民团体印章罪（《刑法》第280条）。

（16）徇私舞弊低价出售国有资产罪（《刑法》第169条）。

（17）背信损害上市公司利益罪（《刑法》第169条之一）。

（18）违规披露、不披露重要信息罪（《刑法》第161条）。

（19）隐匿、故意销毁会计凭证、会计账簿、财务会计报告罪（《刑法》第162条之一）。

（20）逃税罪（《刑法》第201条）。

（21）抗税罪（《刑法》第202条）。

（22）逃避追缴欠税罪（《刑法》第203条）。

（23）骗取出口退税罪（《刑法》第204条）。

（24）虚开增值税专用发票、骗取出口退税、抵扣税款其他发票罪（《刑法》第205条）。

（25）虚开其他发票罪（《刑法》第205条之一）。

（26）伪造、出售伪造的增值税专用发票罪（《刑法》第206条）。

（27）非法出售增值税专用发票罪（《刑法》第207条）。

（28）非法购买增值税专用发票、购买伪造的增值税专用发票罪（《刑法》第208条）。

（29）非法制造、出售非法制造的用于骗取出口退税、抵扣税款的发票罪（《刑法》第209条）。

（30）盗窃增值税专用发票罪（《刑法》第210条）。

（31）持有伪造的发票罪（《刑法》第210条之一）。

2.《会计法》相关条款

除了《刑法》之外，涉及企业舞弊的行为也可能违反《中华人民共和国会计法》（2017年11月4日第二次修正，以下简称《会计法》），这里列举《会计法》中涉及企业舞弊的相关条款。

（1）不得伪造、变造会计凭证、账簿、会计资料（《会计法》第5条，第13条）。

（2）不得私设会计账簿（《会计法》第16条）。

（3）会计处理方法不得随意变更（《会计法》第18条）。

（4）不得以虚假的经济业务事项或者资料进行会计核算（《会计法》第9条）。

（5）单位不得随意改变会计要素的确认标准或者计量方法，不得虚列、不列、多列、少列以及推迟或者提前确认会计要素（《会计法》第26条）。

3. 立案标准

外移司法机构报案要符合立案标准。根据相关条例，立案标准会随着国家社会情况的改变而做出相应的修正。根据2016年3月28日由最高人民法院审判委员会第1680次会议、2016 年 3 月 25 日由最高人民检察院第十二届检察委员会第 50 次会议通过，自 2016 年 4 月 18 日起施行的《最高人民法院 最高人民检察院关于办理贪污贿赂刑事案件适用法律若干问题的解释》（以下简称为《解释》）有以下一些规定。基于法律和相关解释的修正，各项标准应以最新修正为准。

（1）非国家工作人员受贿罪

《解释》第十一条规定，公司、企业或者其他单位的工作人员利用职务上的便利，索取他人财物或者非法收受他人财物，为他人谋取利益，或者在经济往来中，利用职务上的便利，违反国家规定，收受各种名义的回扣、手续费，归个人所有，数额在六万元以上的，应予立案追诉。

（2）对非国家工作人员行贿罪

《解释》第十一条规定，为谋取不正当利益，给予公司、企业或者其他单位的工作人员、外国公职人员或者国际公共组织官员以财物，数额在六万元以上的，应予立案追诉。

（3）行贿罪

《解释》第七条规定，为谋取不正当利益，给予国家工作人员以财物，或者在经济往来中，违反国家规定，给予国家工作人员以财物，或者给予国家工作人员以各种名义的回扣、手续费行贿的，数额在三万元以上的，应予立案追诉。

行贿数额在一万元以上不满三万元，且具有下列情形之一的，应当依照《刑法》第三百九十条的规定以行贿罪追究刑事责任。

① 向三人以上行贿的。

② 将违法所得用于行贿的。

③ 通过行贿谋取职务提拔、调整的。

④ 向负有食品、药品、安全生产、环境保护等监督管理职责的国家工作人员行贿，实施非法活动的。

⑤ 向司法工作人员行贿，影响司法公正的。

⑥ 造成经济损失数额在五十万元以上不满一百万元的。

（4）职务侵占罪

《解释》第一条及第十一条规定，公司、企业或者其他单位的人员，利用职务上的便利，将本单位财物非法占为己有，数额在六万元以上的，应予立案追诉。

（5）挪用资金罪

《解释》第六条及第十一条规定，公司、企业或者其他单位的工作人员，利用职务上的便利，挪用本单位资金归个人使用或者借贷给他人，数额在十万元以上的，应予立案追诉。

（6）串通投标罪

2010 年 5 月 7 日发布的《最高人民检察院、公安部关于公安机关管辖的刑事案件立案追诉标准的规定（二）》[以下简称《规定（二）》] 第七十六条规定，投标人相互串通投标报价，或者投标人与招标人串通投标，涉嫌下列情形之一的，应予立案追诉。

① 损害招标人、投标人或者国家、集体、公民的合法利益，造成直接经济损失数额在五十万元以上的。

② 违法所得数额在十万元以上的。

③ 中标项目金额在二百万元以上的。

④ 采取威胁、欺骗或者贿赂等非法手段的。

⑤ 虽未达到上述数额标准，但两年内因串通投标，受过行政处罚两次以上，又串通投标的。

⑥ 其他情节严重的情形。

（7）合同诈骗罪

《规定（二）》第七十七条规定，以非法占有为目的，在签订、履行合同过程中，骗取对方当事人财物，数额在两万元以上的，应予立案追诉。

4. 舞弊事件未达立案标准

如果舞弊事件未达到刑事立案标准怎么办？一般有以下几种做法。

（1）不外移舞弊事件，通过内部处理。

（2）继续深挖舞弊事实，扩大调查与监控范围。

（3）追究其他的法律责任和行政责任。

（4）按民事诉讼方式挽回损失。

许多时候很多的舞弊调查出来的结果是舞弊当事人所侵占的金额不到 6 万元，未达立案标准。这时，公司可以选择不外移舞弊事件，通过内部纪律方式处理，包括开除、劝退、记过、调岗等。如果相关的舞弊事件不是特别紧急，企业可以继续调查，扩大审计范围搜集更多的舞弊证据，当获取了足够证据证明舞弊金额达到了立案标准就可以报案。

在舞弊过程中，当事人的行为可能不仅触犯了刑法，也可能同时触犯了其他法律。例如，在贿赂事件中，除了刑法有相关的法律条款，在《反不正当竞争法》第七条和第十九条中对贿赂也有相关规定和惩罚。

因此，在未达到刑事立案标准的情况下，公司可以咨询专业法律意见，查看该舞弊事件或其衍生的行为是否同时触犯了其他的法律，如《反不正当竞争法》《治安管理处罚法》《网络安全法》《会计法》《公司法》《著作权法》等，然后根据相关法律依法追究对方的法律责任。这些法律责任包括返还相关的财物、行政处罚、行政拘留、罚款等。这些将对舞弊当事人起到惩罚的效果，并对企业内其他人员起到威慑作用。

虽然行政处罚没有刑法的处罚重，但是行政拘留等措施对当事人的心理会有影响。一般的人都不希望被人知道自己违法了并被处罚中，而且违法记录也将对一些需要开具无违法犯罪记录的当事人有着长远的影响。行政机关在对违法行为进行调查的过程中，可能会发现其他的刑事犯罪证据或线索。通过对行政法律的了解和恰当运用，审计人员在调查后期与舞弊嫌疑人或供应商访谈的时候，就多了一些谈判的筹码。通过与行贿方的谈判沟通，也可以推进内部调查工作。

如果以上司法程序都行不通，企业还可以提出侵权和损害赔偿等民事诉讼。当然在民事诉讼过程中，企业要提供相关的证据。

外移舞弊事件走司法程序需要根据法律程序行事。企业应咨询专业法律意见，确保各方面考虑周详才能促进立案和提高民事案件的胜诉概率。企业有内部法务律师的应先做好内部讨论和咨询，经管理层批准后再把事件外移。如果需要，可根据具体情形寻求外部法务协助。市场上提供专业反舞弊相关咨询的律师事务所和法律中心有很多，例如，星瀚企业内控和反舞弊法律中心。

十、本章小结

舞弊审计工作繁重，审计人员应根据一个规范的流程来组织舞弊审计工作，避免调查工作混乱、信息丢失，防止无头绪地追逐不相关的线索。一个规范的舞弊审计流程包括事件管理、案件立项、调查策划、执行调查、证据梳理、报告总结、案件处理。每个环节都至关重要，只有在每个环节都锱铢必较，才能客观、严谨地完成舞弊审计工作。

第六章

舞弊审计技巧——文件审核

见一叶落，而知岁之将暮；睹瓶中之冰，而知天下之寒。

——《淮南子·说山训》

一、引言

在舞弊审计中文件审核是最基础的一项工作。文件记载着企业间的各种商业交易。俗话说口说无凭，只有白纸黑字记下来才可作为凭据，由此可见文书在商业界的重要性。虽然今天许多交易已经以电子化方式进行记录，但是仍然有很多重要的商业交易以文书的方式记载，所以不难想象一个想骗取企业资产的员工会从文书上下手篡改造假。

文件审核

企业内的文件各种各样，如各类合同、招投标文件、报价单、会计凭证、发票、收货单、发货单、质检单据、公司资质证照、许可证件、财务报表、员工学历证书等，每一种文件都有可能被篡改、修饰、伪造。在审计中文件审核的目的是验证交易的真实性、准确性、完整性、审批性、合法性、恰当性以及是否符合流程制度。文件审查可以归纳为以下几类。

（1）招标审查。

（2）证照审查。

（3）合同审查。

（4）发票审查。

（5）印章审查。

（6）签字审查。

（7）凭证审查。

二、审阅招投标文件

审计中常见的文书审核是对招标投标文件的审阅。许多工程招标上的问题都可能在招标、投标和评标文件中体现，招标是合同和工程的源头，企业应从源头规范操作，才能降低舞弊发生的风险。有些招标文件编制不严密，出现矛盾或有歧义的条款，限制性用语不准确导致"开口价"或暂定内容过多，对合同的签订没有约束力，使招标工作流于形式。

在工程项目招标的审计中，审计人员要审阅招标文件、招标答疑、标底、投标保函、投标人资质、投标书、投标澄清文件、开标记录、评标记录、定标文件、中标通知书、未中标通知书、合同等文件。

通过对招标、投标与评标文件的审阅，审计人员可深入审查以下流程。

- 招标准备工作，确认项目审批、标底编制情况。
- 招标方式、程序，确认招标流程的合规性、程序的完整性，按照公平、公正的原则进行。
- 招标文件，确认招标内容的合规性、完整性及条款的合理性、真实性。
- 工程技术标，确认图纸清楚，工程量清单完整、明确。
- 投标资格，确认投标人资质的合格性、真实性、是否有利益冲突等。
- 开标情况，确认开标方式、开标程序、开标监督、开标记录。
- 评标流程，确认评标标准与招标的一致性、评标合理严谨度、评标人具备资格、评标程序记录清晰。
- 定标情况，确认公示流程、合同签订、合同与招标文件评标结果的一致性。

招投标文件审核中可能发现的工程招标舞弊问题如下。

- 肢解工程，项目拆分。
- 独标、单一供应商。
- 排斥投标人。
- 不合格供应商，入围单位非库内合格供应商。
- 围标串标。
- 在招标过程中给予特定投标人特殊待遇。

- 招投标过程中的其他问题。
- 评标过程与评标标准不合理。
- 招标人泄露信息。

1. 肢解工程，项目拆分

《中华人民共和国招标投标法》（2017年12月27日修正，以下简称《招标投标法》）第四条规定，任何单位和个人不得将依法必须进行招标的项目化整为零或者以其他任何方式规避招标。《中华人民共和国招标投标法实施条例》（2019年3月2日修订，以下简称《招标投标法实施条例》）第二十四条也明确注明，招标人员应遵守《招标投标法》有关规定对招标项目划分标段，不得利用划分标段限制或排斥潜在投标人，不得利用划分标段规避招标。审计人员在审阅招标文件时要注意是否有故意把项目拆分肢解来规避招标或回避上级领导和总公司审批的情况。一些公司把项目肢解到规定限额以下后直接发包，也有公司将按规定必须招标的项目拆分成无须招标的零星项目，以逃避招标的监督管理，或者将项目的后期工程、附属配套工程进行直接委托。

工程拆分一般是以项目专业性强、场地小、工期紧等为借口。审计人员在审阅招标文件的时候要留意项目拆分的合理性，特别要注意刚好在招标和审批规定限额以下的项目。拆分订单的文件审查重点如下。

（1）项目标段划分的合理性。

（2）同一项目、同一物资在同时间段采购。

（3）接近审批权限的采购。

（4）直接委托项目的合理性。

（5）不招标的附属工程、零星工程是否满足不招标条件。

案例：拆分订单，采购超标

G市A公司在2017年签订了7份物资采购合同，涉及金额7 600万元。经过对这些文件审计，发现如下问题。

- 其中3份合同是同一个需求单位在同一时间设立的项目，而且合同内的采办事项是一样的，涉及预算金额合计5 000万元。该项目启动申请分为3个立项，按照权限由该公司的主管部门直接审批，无须上报总部。
- 另外4份合同涉及金额达2 600万元，为年度计划内的采办事项，采购的是同类产品、相同的单位使用，拥有相同的供应商，合同签订日期均为同年11月11日至24日期间。如果合同没拆分，依据A公司总部采办规定，应上报集团总部审批报备。

案例：拆分订单

以下采购单中有部分是拆分的订单，你能看出哪几笔订单可能是被拆分的订单吗？（提示：同样的"请购审批单号"却有不同的"采购单号"。）

采购单号	请购审批单号	收货单号	发票金额（元）	数量 × 单价 （ERP 系统过渡账户）
A23009	14000201	1800001432	120 000.00	120 000.00
A23010	14000202	1800001433	79 912.99	78 912.99
A23011	14000203	1800001434	34 799.99	34 799.99
A23012	14000204	1800001435	98 900.00	98 900.00
A23013	14000204	1800001435	99 800.00	99 800.00
A23014	14000205	1800001436	108 500.00	98 500.00
A23015	14000204	1800001435	86 383.34	85 127.34
A23017	14000206	1800001437	2 300.45	2 300.45
A23018	14000207	1800001438	15 920.98	15 920.98
A23019	14000205	1800001436	119 800.00	99 800.00
A23020	14000208	1800001439	9 111.11	9 111.11
A23021	14000205	1800001436	89 999.99	99 999.99
A23022	14000209	1800001440	4 520.10	4 529.10

分析：采购单号 A23012、A23013 和 A23015 这三笔订单的请购单号都是 14000204，表示这三个采购单都来自同一需求，而且是同一批收货单号 1800001435。从发票金额中我们发现两笔采购单分别为 98 900 和 99 800，接近 10 万元的限额。另外三张采购单号 A23014、A23019 和 A23021 也存在拆分订单的嫌疑。这三笔订单的请购审批单号都是 14000205，都是同一个收货单号 1800001436，采购金额也都接近 10 万元的限额。

审计人员应关注依法须招标但未招标情况下签订的合同，这类合同是无效的。

案例：依法须招标但未招标，合同无效

J 省某建设单位与 A 施工企业在未招标情况下签署《工程施工协议书》约定：3 栋办公楼的附属工程承包给 A 公司。A 公司须支付保证金 500 万元。根据约定，若建设单位无法提供项目工程给 A 公司则视为违约，须返还保证金并支付履约保证金 10% 的罚金。根据相关规定，该工程属于依法应招标项目。

最终该建设单位未能开发该项目，只退还了 500 万元保证金，未支付 10% 的罚金。A 公司要求其支付 10% 的罚金。请问 A 公司能拿到罚金吗？

分析：依法须招标但未招标的合同视为无效，A 公司最终不能成功索赔 10% 的罚金。

2. 独标、单一供应商采购

审计人员审阅招投标文件时要关注弃标的投标单位，并向对方确认弃标原因。在审阅物资采购时，审计人员应关注那些普通物资的"非竞争性采购"订单，检测向单一供应商采购的合理性。审计人员应确认"竞争性采购"变成"非竞争性采购"的原因并关注频繁的独标、"紧急"采购等情况。对直接确定或走招标形式确定的施工、安装单位，审计人员应谨慎审查是否有逃避招标的情形。

案例：形成"唯一"供应商，独标采办

H 公司于某年 10 月第一次为新能源动力源项目招标，邀请 A、B、C 三家公司投标，A 公司无理由弃标。按公司规定，一家弃标后应暂停开标，同时报备评标中心，经批准后才可继续开标、延期招标、重新招标或选择其他方式采办。但项目组未履行审批程序继续评标（B 公司与 C 公司的标）。C 公司标书中的商务部分不合规但未作废标处理，继续参与评标。B 公司因"××技术"不合格未通过技术评议。最后形成独标，C 公司中标。

第二次采办时间为第二年 1 月，邀请 B、C、D 公司报价。B 公司在上一年第一次投标中技术不合格但仍被邀请投标，这次还是被动弃标。在评标过程中，评标组更改了技术评标要求，把"国产电机"改为"进口电机"。由于"加工周期"改变的原因，C 公司补充报价，但是未见 D 公司提供澄清或补充报价。最终 C 公司中标。

第三次采购时间为同年 8 月，公司立项采购 10 台动力源设备，直接与 C 公司议标。

3. 排斥投标人

《招标投标法》第十八条规定，招标人不得以不合理的条件限制或者排斥潜在投标人，不得对潜在投标人实行歧视待遇。第二十条规定，招标文件不得要求或者标明特定的生产供应者以及含有倾向或者排斥潜在投标人的其他内容。

审计人员在审核招标文件时要关注公司是否在招标公告中提出苛刻、不符合通用标准的条件；在资格预审过程中是否因为一些"莫名其妙"的理由排斥符合条件的潜在投标单位；在制定评标方法上，是否设定特殊评定标准或添设加分项，对想照顾的投标单位量体裁衣确保其占有明显优势。

在审核招标文件和相关澄清沟通文件时，审计人员要关注以下限制潜在投标单位的情况。

（1）同一项目向各个潜在投标人提供不同的、有差别的信息。

（2）设定的资格、技术、商务条件和实际项目需求无关。

（3）以特定的行政区域、特定行业业绩或奖项作为加分条件或中标条件。

（4）对不同投标人采取不同的资格审查或评标标准。

（5）限定或指定特定的专利、商标、品牌、原产地或供应商。

（6）设定特殊的投标单位的所有制形式或组织形式。

（7）招标人故意设置较高的投标保证金，从而排斥无法在短时间凑齐保证金的投标人。

此外，审计人员应关注报价特别低的施工方是否在施工过程中提出不合理的补充协议、设计变更和现场签证。有些施工企业以"低标价、高结算"策略，先把其他投标人排挤出去，然后通过大量的设计变更和现场签证提高工程价款。

4. 不合格供应商，入围单位非库内合格供应商

审计人员在审查供应商和投标单位的资质文件时要注意对方是否具备该工程所需的经验和资质要求，尤其是对一些规模小、实力比较弱、公司地址在外地的中标公司要特别留意。还有一种情况是中标的是有资质的企业，实际来现场施工的却是没有资质的分包单位。

案例：中标单位不具备相关资质

B市某大型酒店的一项装修项目招标，预算金额为2 300万元。主合同包括消防工程和酒店装修改造部分，邀请A、B、C三家公司竞标。

- A公司以最高报价中标，却没有消防设施工程专业承包资质。
- B公司合计价格最低，是三家公司中唯一具备消防设施工程专业承包一级资质的企业，却未中标。
- 通过审阅资质文件和电话咨询发现C公司主要是做民宅装修的，不曾做过酒店装修，也不曾报过价。（怀疑有人以C公司的名义陪标）

---

5. 围标串标

《招标投标法》第三十二条规定，投标人不得相互串通投标报价，不得排挤其他投

标人的公平竞争，损害招标人或者其他投标人的合法权益。投标人不得与招标人串通投标，损害国家利益、社会公共利益或者他人的合法权益。禁止投标人以向招标人或者评标委员会成员行贿的手段谋取中标。

根据《招标投标法实施条例》第三十九条规定，有下列情形的都属于投标人相互串通投标：

（一）投标人之间协商投标报价等投标文件的实质性内容；

（二）投标人之间约定中标人；

（三）投标人之间约定部分投标人放弃投标或者中标；

（四）属于同一集团、协会、商会等组织成员的投标人按照该组织要求协同投标；

（五）投标人之间为谋取中标或者排斥特定投标人而采取的其他联合行动。

（1）三种常见的串标方式

① 投标人商议一个投标高价并推荐其中一家以该价格投标，其他人以更高价陪标。

② 在上述方式上加一个护标单位，以最低价投标，该护标单位在中标后以各种借口不签合同，迫使招标人把合同转给次低的投标人。

③ 投标人以各种方式拦截其他投标人，通过贿赂或其他手段要求其他投标人放弃投标，或以高价投标。

围标串标

案例：嫌疑围标

N 省某国企公司 2010 年 XX 大厦装修改造及 YY 大厦幕墙装修项目，未经总公司集团采办部批准，直接委托非库内供应商进行代理招标，并且在招评标过程中存在串标现象。

投标的四家公司的"资格预审文件"领取人身份证及递交人身份证显示他们均是同一家公司的职员。

（2）在文件中找围标的蛛丝马迹

为了降低串标风险，企业应尽早发布招标信息，扩大潜在投标人范围，并选择恰当的招标方式（包括标底的设定），同时应严格审核投标人名单，只要有一家不陪标、不护标，串标就很难进行。

审计人员在审核投标文件、报价单、往来信函时应关注以下重点：

① 不同公司提交的文件存在相同的错误，如拼写错误、错别字；

② 不同公司的文件有相似的手写字体、同样的特殊打印字体或使用相同表格、信笺、纸张、印墨迹；

③ 不同公司的文件包含相同的运算错误；

④ 不同公司的文件对某些项目的成本的估算有很多相似地方；

⑤ 不同公司的文件包装有类似的邮戳、快递记录；

⑥ 不同公司的电子邮件的"邮件头"显示其邮件经由同一个服务器发出，关于"邮件头"的审核请参考信息系统与电子痕迹审查章节内容；

⑦ 不同公司的文件有许多相同的改动，如使用涂改液；

⑧ 不同公司提交相同的价格或以固定比例增加或减少出价；

⑨ 一家公司的文件中提到竞争对手的出价或使用其他投标人的联系方式；

⑩ 一家公司的文件中有不一样的印章；

⑪ 提交的支撑文件远远少于招标文件的要求；

⑫ 不同公司的投标保证金缴纳（和退还）由同一单位、个人或关联企业账户转出（转入）；

⑬ 多年未中标但是每次都来投标的"屡败屡战"投标单位，尤其是资质明显过低或过高的公司。

（3）看投标电子文件属性

在审查投标电子文件时也可查看该文件的属性（亦称"元数据"），如果发现不同的投标人提交的文件有下列情况之一的，那就表示这些文件很可能是由同一个人准备的，存在围标的嫌疑。

① 相同的文件创造人。

② 相同的文件最后一次保存人。

③ 相同的文件保存时间（或间隔几秒的保存时间）。

④ 一模一样的照片、图像、表格。

根据《招标投标法实施条例》第四十条规定，有下列情形的都视为投标人相互串通投标：

（一）不同投标人的投标文件由同一单位或者个人编制；

（二）不同投标人委托同一单位或者个人办理投标事宜；

（三）不同投标人的投标文件载明的项目管理成员为同一人；

（四）不同投标人的投标文件异常一致或者投标报价呈规律性差异；

（五）不同投标人的投标文件相互混装；

（六）不同投标人的投标保证金从同一单位或者个人的账户转出。

案例：投标书、报价单文件最后一次保存者为同一人

在 A 公司组织的"NC 控制系统"设备招标中，邀请的五家投标单位中有四家单位的标书电子版的"最后一次保存者"为同一人，存在串标、围标行为。

---

6. 在招标过程中给予特定投标人特殊待遇

在审查招标文件时，审计人员应注意是否存在招标人在招标过程中给予特定投标人特殊待遇的情形，例如：

（1）接受逾期提交的投标文件；

（2）接受内容不齐全的投标文件；

（3）无审批、无理由地延后投标截止日期；

（4）出现倾向式的二次报价的单位就是最低报价人；

（5）修改规格和范围要求的信息没有通知所有的竞标者。

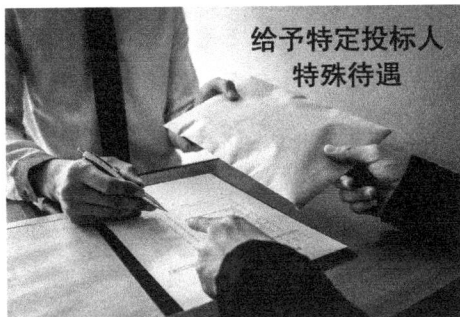

7. 招投标过程中的其他问题

审计人员应关注招标文件中其他不合理之处。

（1）给予报价或投标的时间不合理。

（2）未开标前没保管好投标书。

（3）投标书有被开启过的痕迹。

（4）出现无招标公示的"招标"项目。

根据《招标投标法实施条例》第三十六条规定，未通过资格预审的申请人提交的投标文件，以及逾期送达或者不按照招标文件要求密封的投标文件，招标人应拒收，同时招标人应如实记载投标文件的送达时间和密封情况，并存档备查。该条例第十五条也规定，公开招标的项目应依照《招标投标法》和《招标投标法实施条例》的要求发布招标公告、编制招标文件。

8. 评标过程与评标标准不合理

现代企业投标书之间的工期、质量与价格的差距，随着技术的不断提高而逐渐缩小。评标委员会的评分因此成为决定招投标结果的重要因素。不规范的评标将导致评标委员随意评标，容易出现"仁者见仁、智者见智"的情形。一些投标方通过贿赂评标委员使其在评标过程中为特定投标单位"保驾护航"，确保其中标。

审计人员应关注评标过程与评标标准的公平公正性、合理合规性，确认评标委员严格按照招标文件进行评标、择优，并且以记名表决方式进行。评标标准不应在开标后被修改或根据开标结果调整以满足评标委员想让特定投标单位中标的要求。

（1）修改评标方案

常见的违规操作包括开标后修改评标方案，从综合评标法改为最低价评标法或从最低价评标法改为综合评标法。最低价评标法只考虑价格，综合评标法不只考虑价格，也考虑工程设计、质量、工期等其他因素。评标人员应遵守保密原则，不让投标人知道评审内容、细节。

案例：改变评标标准，投标价偏离标底

H公司某项目工程预算总价为3 920万元（标底）。A公司原报价为3 374万元，随后降价11.08%至3 000万元。A公司降价后偏离标底23.47%，且未提供降价明细构成。项目评标过程中，评标组改变评标原则，由"综合评标"改为"最低价中标"，最终A公司中标。

在工程过程中发生了大量签证，在工程结算时A公司提出追加费用，最终核定造价为3 892万元，接近标底。项目审计人员最终发现A公司串通评标人员，以"低报价"方式中标、"高变更"牟利。

案例：评标打分取值不合理

K公司某大数据服务项目涉及金额500万元，通过招评标形式采购，以综合评标方案评标。评标比重为商务标20%、技术标50%、价格标30%。在评标打分时，评标组将商务标、技术标、价格标的满分分别设为10分、10分和5分。评标结果以评分乘以比重计算得分。

按照这种算法，价格部分的评分权重将被冲淡。即使价格标满分，根据比重最多也只有1.5（30%×5）分。这个方式就将有价格优势的投标公司排挤了出去。如果把价格标的满分也设为10分，那么该项目的中标公司不是目前的最高得分者。

（2）投标书存在重大偏差

审计人员应关注评标委员会对以下投标单位的处理方式。

- 没有提供充分投标文件的。
- 投标书未能实质上响应招标要求的。
- 投标书存在重大偏差且拒不修改的。

根据国家计委、国家经贸委、建设部、铁道部、交通部、信息产业部、水利部等七部委发布的《评标委员会和评标方法暂行规定》2013 年 23 号令修正相关规定，评标委员会应确保每一份投标文件对招标文件提出的所有实质性要求和条件做出响应。对于未能实质响应的投标书应予以否决。投标书有重大偏差未能响应招标文件的，也应做否决处理，除非招标文件中对重大偏差另有规定。

标书出现下列七种情况属于重大偏差：

- 没有按照招标文件要求提供投标担保或者所提供的投标担保有瑕疵；
- 投标文件没有投标人授权代表签字和加盖公章；
- 投标文件载明的招标项目完成期限超过招标文件规定的期限；
- 明显不符合技术规格、技术标准的要求；
- 投标文件载明的货物包装方式、检验标准和方法等不符合招标文件的要求；
- 投标文件附有招标人不能接受的条件；
- 不符合招标文件中规定的其他实质性要求。

根据《评标委员会和评标方法暂行规定》，评标委员会应书面要求有细微偏差的投标单位在评标结束前对其投标予以补正。如果拒不补正，评标委员可根据招标文件规定对其做不利的量化评标。细微偏差是指投标文件在实质上响应了招标文件，但存有漏项或不完整的技术信息和数据，并且补正这些遗漏与不完整不会对其他投标人不公。

案例：价格评标不严谨，重大差异未调整

S 市的某电缆管道工程中存在招标工程量和投标工程量不一致的情形。

根据招标文件：N 工程量 =20 830 米，H 工程量 =1 030 吨。

甲公司报价（中标）：N 工程量 =17 183 米，H 工程量 =970 吨。

设计院发出澄清文件后 N 工程量为 21 500 米，H 工程量为 1 200 吨。但甲公司未按要求修改，评标委员会也未对其做废标处理，对甲公司工程量重大差异没有调整的情形直接忽略。最终甲公司以比乙公司报价低 65 万元而中标。结算时，甲公司实际工程量为：N=21 555 米，H=1 204 吨。

在工程结算时，项目组根据甲公司的投标书中的工程量和实际工程量差异给

甲公司做 150 万元的补偿：$[(21\,555-17\,183) \times 价格]+[(1\,204-970) \times 价格] =$ 补偿金。加上这 150 万元补偿，甲公司其实是以最高价中标，比乙公司的报价还要高。

9. 招标人泄露信息

标底是保密信息，在一定程度上影响招标结果。不少投标单位千方百计想获得标底，一些标底编审人员被供应商贿赂，泄露标底信息、其他投标人清单及其报价等保密信息。根据《招标投标法》第二十二条规定，招标人不得向他人透露潜在投标人的名称、数量以及可能影响公平竞争的有关招标投标的其他情况。招标人设有标底的，标底必须保密。

审计人员应结合电子监控与电子痕迹取证方式，审查泄露信息的痕迹，并关注以下情形：

（1）单价与标底的高度相同性或存在标底倍数的报价；

（2）倾向式二次报价的公司；

（3）屡次以微差价格中标的公司。

根据《招标投标法实施条例》第四十一条规定，下列情形属于招标人与投标人串通投标：

（一）招标人在开标前开启投标文件并将有关信息泄露给其他投标人；

（二）招标人直接或者间接向投标人泄露标底、评标委员会成员等信息；

（三）招标人明示或者暗示投标人压低或者抬高投标报价；

（四）招标人授意投标人撤换、修改投标文件；

（五）招标人明示或者暗示投标人为特定投标人中标提供方便；

（六）招标人与投标人为谋求特定投标人中标而采取的其他串通行为。

招标人泄露信息

案例：开标后变更评标标准

M市某化工厂年度维修工程中包括蒸汽设备保养，其在工程招标时只注明蒸汽设备保养材料，对材料样品、质量、品牌、出产地、进口报告均没有要求。但在开标后，评标人员突然要求所有投标商提交样品、出产地质检报告及进口报关单，无法在规定时间提供文件的予以减分。最终两家公司无法满足要求，一家延迟提交，导致最高报价公司中标。

案例：倾向式二次报价

T市某建筑公司在一批钢材采购中，其中一家供应商E公司在第一次报价时有两个单项报价比当地大型钢材经销商G公司高。第二天，E公司突然进行第二次报价，将此两个单项报价刚好降到了G公司以下。

最后E公司以总价（270万元）低于G公司0.3万元的微弱优势中标。经过深入电话查询、电子邮件痕迹和报价文件审核，审计人员发现采购人员私下要求E公司进行第二次报价，但未要求其他G、H、K、M四家公司进行第二次报价。

三、审阅资质证照

一些工程上的招投标和采购交易常出现投标人以虚假或挂靠资质参标的问题。《招标投标法》第三十三条规定，投标人不得以低于成本的报价竞标，也不得以他人名义投标或者以其他方式弄虚作假，骗取中标。

为了减少挂靠问题，许多公司都通过资格预审方式留有充分时间审查投标单位的背景，一般会要求投标人单位提交所有的证明材料，原件作为备查。同时也会延长招标公示期，并规定投标保证金必须从基本户缴交，审计人员因此可以审查缴交保证金的公司名称。在合同上也可规定承包商承诺派往现场的主要管理人员必须每天向监理工程师报到签名。

投标单位资格预审中常见的文件如下。

- 投标单位资质文件。
- 投标单位组织架构。
- 近三年完成工程情况。
- 重大质量和安全事故记录。
- 目前正在履行的合同情况。

- 过去三年经审计的财务报表、资金平衡表、负债表。
- 拟用本招标工程的施工机械者情况。
- 拟派往本招标工程的项目负责人与主要技术人员情况。

1. 审阅证照要注意颁发机构，咨询官方信息

一些企业为了满足资质文件中的要求，可能会通过"P 图"伪造证照。在审核资质文件时，对文件有怀疑的应向发出该文件的机关咨询并确认真伪。审计人员不应假设供应商提供的所有资质文件都是真实的，不要怕麻烦而不向发证单位确认。

审计人员应关注证照和资质文件中不合理的信息。例如，曾经有投标企业提交的营业执照上的成立日期晚于年检日期，即其还没成立便已通过年检。还有一些企业在"P 图"时不谨慎，其企业名称和颁发执照的机关不符。例如，某企业名称以 ABC 市冠名，但其营业执照颁发的行政机关的盖章却为"DEF 市"行政管理局，这显然不符合逻辑。也有一些企业的注册号码与其注册地址的地区编号不匹配。审计人员应谨慎关注这个方面。关于企业营业执照注册号的地区代码可以参考国标《中华人民共和国行政区划代码》（GB/T 2260—2007）。

2. 审阅证照文件时向供应商、客户验证

除了向发证的官方单位确认资质文件外，审计人员还可向供应商或客户确认其所发出的文件，如报价单、发货单、发票等，以验证文件中的重要信息（价格、银行账号、发票号、数量等）。一般对方的财务部都愿意配合此类信息的确认。如果基于某些原因不能得到确认，审计人员可以考虑联系对方的审计部或通过对方的举报热线取得联系。

（1）打电话咨询验证

审计人员向供应商的咨询可以通过电话完成。以下是一些审计人员可能咨询的问题。

① 询问对方所提供的产品和服务。

② 询问对方最近一次的报价、投标（查看是否有人挂靠对方）。

③ 找报价单上的联系人（查看是否有人挂靠对方）。

④ 找其他公司的联系人（查看是否有围标情况）。

⑤ 以报价文件弄丢了为由，向对方再次索取报价单（查看是否有人修改价格）。

案例：售卖公司闲置设备的围标

深圳某家公司在售卖公司闲置设备中发生舞弊。审计人员发现 A、B、C 三家公司投标购买该闲置设备，A 公司中标，但是转账凭证上显示的不是 A 公司付款，而是陈某付款。

> 审计人员打电话给A公司报价单上的联系人，他说不在A公司上班；打电话给B公司报价单上的联系人，他说不曾提交过报价；打电话给C公司报价单上的联系人，他说他在A公司上班，而他的老板就是陈某。显然这是一起围标事件，A公司的陈老板为了确保中标以低价购买该设备，就和内部人员勾结，假造了B公司和C公司的报价。

（2）资质证照审查关注点

在审查资质证照时，审计人员要注意如下要点。

① 资质资料明显不足、文件过于简单的投标人。

② 证照文件签发单位名称、印章、公司标志（Logo）、文件眉头。

③ 文件中的修改、遮盖、P图的痕迹。

④ 文件中的错字、别字、漏字问题。

⑤ 文件格式、文件段落、文件中该留有的空白处。

⑥ 文件中的线条是否笔直、角度是否正确、像素是否完好。

⑦ 文件中的线条、黑点和其他类似打印复印造成的痕迹。

《招标投标法实施条例》第四十二条规定，任何使用通过受让或者租借等方式获取的资格、资质证书投标的，属于以他人名义投标。投标单位有下列情形的都属于招标投标弄虚作假的行为：

（一）使用伪造、编造的许可证件；

（二）提供虚假的财务状况或者业绩；

（三）提供虚假的项目负责人或者主要技术人员简历、劳动关系证明；

（四）提供虚假的信用状况；

（五）其他弄虚作假的行为。

四、审阅合同文件

合同是商业交易中的基础性文件。许多舞弊都是通过合同上的操纵或造假完成的。企业应有完善的制度和专属部门来管理企业所签订的各种合同，确保企业利益得到保证。除了销售、采购、外包服务、劳动合同之外，企业在工程上也签订一系列的合同，例如，工程承包、勘察设计、施工、项目管理、招标代理、造价咨询、监理、物资采购等合同。审计人员应该对合同签订、合同履行、合同变更与合同结束四个方面进行审查。

审阅
合同文件

1. 合同签订阶段的审计

（1）合同签订主要风险点

在审查合同签订时，审计人员应关注以下风险点。

① 合同的必要性。确认合同符合企业利益，不存在签订不必要合同，挪用企业资金的情形。审计人员应关注那些无具体成果、不实施作业、无验收的合同，例如，无实质工作内容的咨询、管理、保证、额外保修等合同。

② 合同的交易量。确认合同中的交易量、采购量是否符合企业的需求，不存在超额采购的情况。审计人员应审查呆滞、过期材料是否于库存量较高时下单，同时关注频繁采购的备品配件、无人签收的物料，以及采购后被闲置的设备。

③ 合同约定内容合法、合规。确认合同符合国家政策，获得国家、省、市、县（区）各级机关相关审批文件，例如，可行性研究报告审批、规划选址意见书、用地预审意见、环评意见、出资意见等。

④ 合同遵守审批流程。审计人员应关注合同审批、签订及施工日期，确保不存在后补审核程序、补签合同的情况。曾经有家企业的大型平台建造项目，投资预算1.7亿元，以固定总包合同独标外包出去。在总包合同议标报告批准前六个月，承包商就开始了设计工作，出现先施工后签订合同现象。

⑤ 合同签订人获得授权，合同上公章应用规范，符合流程。审计人员也应确认合同乙方签订人的职务级别，以及其是否具备签订合同的权力。

⑥ 合同乙方资质合法合规。确认合同乙方的营业执照、资质证书、资质等级、年检情形，确认无挂靠和越级承包的情形。审计人员应关注乙方股东、法人、管理层是否存在与企业相关人员有利益冲突的情形。

⑦ 合同中的条款用词规范准确，确保不存在对企业不公的条款。在合同条款上应斟酌推敲措辞，尽量详细周到，不出现歧义，不留合同条款"解释活口"。尤其对工程价款的调整、材料人工的调整办法、工程变更部分更应注意。

⑧ 合同备案、归档完整。审计人员应留意合同执行情况是否与其协议条款一致，是否存在阴阳合同、阴阳图纸的情形。

（2）工程合同额外关注点

除了上述风险点之外，审计人员在审查工程项目合同时也要关注下列重点。

① 工程合同文件的完备性，例如，技术文件、工程量清单、图纸等。

② 工程中各方的职责、工作范围完整明确，包括甲方、乙方、监理、分包商等。分包的审批、责任、限制额度等条款应明确。

③ 工程期限条款明确，例如，完工定义、延误违约金、赶工奖励、工期延长条件和审批流程等。

④ 工程质量条款清晰，例如，施工方责任、质量标准、保质期限、保修条款等。

⑤ 工程材料、机械和设备供应条款明确，例如，材料、机械台班和设备具体内容，包括品种品牌、质量规格、数量、单价、验收检测标准、交货时间与地点等。

⑥ 工程支付条款明确，例如，保函、预付款、预付款起扣时点、进度付款、付款依据、支付时间、垫资额度、利息等。

⑦ 合同风险约定清楚，例如，违约责任、罚款计算方法、不可抗力条款、适用法律、纠纷解决方式、合同终止条款等。

（3）合同条款与招标文件是否一致

审计人员应关注合同条款是否与招标文件一致。一些人在招投标时没做舞弊或做不成舞弊，就会在签订合同时重谈条件、添加条款，签订背离招投标文件实质内容的合同。导致招标工作流于形式。例如，提高综合费率、重新定价、重新解释招标文件中某些约定、添加未纳入招标范围的工程项目甚至改变结算方式（把包干合同变单价可调合同）等。

《招标投标法》第四十六条规定，招标人和中标人应从中标通知书发出之日起三十日内，按照招标文件和中标人的投标文件订立合同。招标人和中标人不得订立背离合同实质性内容的其他协议。《招标投标法实施条例》第五十七条明确注明，招标人和中标人应依照招标投标法和该条例规定签订书面合同，合同的标的、价款、质量、履行期限等主要条款应与招标文件和中标人投标文件的内容一致。招标人和中标人不得再行订立背离合同实质性内容的其他协议。

因此，当合同出现背离招投标文件实质内容时，应以招标和投标文件内容为准。招标投标文件有的内容，而施工合同没有的，应参照招投标文件。招标文件没有的内容而施工合同有，就取决于该内容性质：如果没有违背招标文件的主旨，则该合同内容有效。但如果合同内容严重违背了招标文件的主旨，则该内容无效。

审计人员应了解工程合同重要内容，如价款、质量、履行期限等，确保其与招投标文件一致。工程合同基本可分为总价合同、单价合同、酬金合同。总价合同是指根据工程施工内容和条件，工程款是以图纸和相关规定为基础的一个预定金额。只要工程内容和条件不发生变化，工程款总额就不会发生变化。

总价合同可细分为固定总价和可调值总价合同，前者是发包方和承包方协商一个固定的总价，后者是双方约定按照时价进行计算，当用人、材料和机械成本因通货膨胀等原因增加时，可按照合同约定对总价进行相应调整。合同工期短、建设规模小、技术难度低，而且施工图设计已审查完备确定的工程可采用总价合同。

单价合同是指根据完工的工程量和单价结算工程款的合同。合同单价可设定为固定不变，也可规定随工资与材料价格指数的变化进行调整。合同价款最终以实际工程量乘以合同单价（固定或可调）来确定。一般实行工程量清单计价的工程采用综合单价合同。承包方根据所提供的工程量清单做的报价一般不能改变（除非是可调单价）。结算造价时就只存在实际工程量与工程量清单的量差，以及工程变更签证引起的造价增减。

酬金合同是指工程总价由实际成本、总管理费和利润构成。酬金合同可以约定利润和施工质量、工期和成本相挂钩，达到节省支出的目的。紧急抢险、救灾以及施工技术特别复杂的建设工程可采用成本加酬金合同。

案例：合同单价与投标文件不一致

H 市某集电高压线路项目在投标时施工图设计尚未定稿，因此投标方将线路长度暂按 24.35 千米计算。中标公司报价 1 105 万元，线路长度为 24.35 千米，单价为 45.38 万元每千米。在签订合同时，设计定稿线路工程量已经确定为 21.90 千米。

双方签订合同总价为 1 105 万元，线路长度为 21.90 千米，单价调高到 50.46 万元每千米。完工时实际工程量长度为 22 千米。请问该按 45.38 万元每千米单价结算，还是 50.46 万元每千米单价结算？

分析：按照单价形式报价，合同签订时单价不应提高，应以 45.38 万元每千米单价结算。

案例：合同与招标文件不一致

B 市某高速公路工程招标文件规定，需按工程量清单计价方式签订固定单价合同。但签订的合同却改成可调单价合同。在结算时承包商据此主张对中标单价进行价差调整以牟取超额利润。

分析：合同与招标文件不一致，应按照招标文件履行。

案例：合同与招标文件不一致

S 市某甲级医院的行政大楼招标文件中有奖罚办法规定，如果施工方延误工期10 天以内，建设单位可以按每延期一天罚款 1 000 元计算，10 天以上延期一天罚款 2 000 元，延期达一个月以上扣罚全额工期履约保证金。该工程已延期三个月还未交付，但相关人员发现合同专用条款内未写明奖罚办法。请问可否扣罚全额履约保证金？

分析：合同违背了招标文件，应按照招标文件履行，扣罚全额履约保证金。

（4）投标文件与招标文件是否一致

审计人员应关注投标文件和招标文件不一致的情形。根据国标 GB 50500—2013《建设工程工程量清单计价规范》第 7.1.1 条，实行招标的工程合同价款应在中标通知书发出之日起 30 日内，由发承包双方依据招标文件和中标人的投标文件在书面合同中约定。合同约定不得违背招、投标文件中关于工期、造价、质量等方面的实质性内容。出现招标文件与中标人投标文件不一致的地方，应以投标文件为准。

2. 履行合同阶段的审计

在合同的履行过程中也可能出现舞弊问题。审查合同履行情况须结合其他的审计方法，如现场走访了解、数据分析等。

审计人员须对合同内容有基础认识，了解与合同相关的名词。如果是数据中心设备安装调试工程，审计人员必须对相关的系统硬件、软件、设备参数等有了解。如果是装修、建设工程，审计人员应熟悉施工图纸，掌握基础工程名词。如果审计人员对挖土方、砌墙、立模板、绑钢筋、浇混凝土、粉刷等不明白，就很难审好工程项目，也不用谈发现舞弊了。

审计人员审查合同履行情况时应注意以下重点。

（1）合同履行单位是合同签订方的，应确认不存在他人代履行，私自分包情形。

（2）合同履行方式、时间、地点、数量、质量应按合同规定执行。确保对方没有以"鱼目混珠"方式蒙骗材料、设备、货品的数量和质量，不存在以次充好的情形。

（3）合同执行中发生的问题应及时查明原因，并进行纠正。

（4）合同违规责任按法律和合同规定进行协商处理、索赔。

（5）合同约定的承担义务应被执行，例如，保密原则。

3. 合同变更阶段的审计

（1）合同变更

审计人员应注意企业是否签署了补充协议进行了合同变更。许多工程项目除了中标合同外，发包方和承包方经常另行签订一些补充协议。补充协议大多是对原中标合同未明确事项进行补充说明，也可能是相关人员利用补充协议、合同变更给对方提供赚取更多工程款的机会，并从中获得好处。合同变更、补充协议如果管理不妥当，往往是造成工程造价增高、存在相矛盾的结算依据的因素，容易发生舞弊。

在合同履行过程中实际情况可能发生变化，出现需修改合同的情形，不修改将导致双方利益严重失衡，缺失公平。《中华人民共和国民法典》第五百四十三条规定，允许合同双方在履约过程中经协商一致变更合同。然而这些"变更"也有可能是投标人和招标人事先串通好，先以低价（或以高工程要求）中标，然后通过合同变更修改并提高合同价款（或降低工程要求），完成弄虚作假行为，导致招标流于形式。

因此，基于招标采购的特殊性，经招标而签订的合同受到《招标投标法》约束，不可随便变更合同内容。根据《招标投标法》第四十六条规定，招标人和中标人应按照招标文件和投标文件订立书面合同。招标人和中标人不得再行订立背离合同实质性内容的其他协议。

招标而定的工程合同内非实质性内容可协商变更，但对于工程价款、质量、期限等实质性内容，通常不得变更修改。根据国标 GB 50500—2013《建设工程工程量清单计价规范》第 9.1.1 条，如果出现法律法规变化、工程变更、项目特征描述不符、工程量清单缺项、工程量偏差、物价变化、暂估价、计日工、现场签证、不可抗力、提前竣工（赶工补偿）、误期赔偿、施工索赔、暂列金额、发包方和承包方约定的其他调整事项，双方可按照合同约定调整合同价款。

审计人员在审查合同变更时应关注以下重点。

① 合同变更是否违背招投标原则、合同原先的意愿。严重违背初始合同与招标文件的实质性要求的变更应确定为无效。

② 合同变更原因是否合理合规，是否存在舞弊、胁迫和不公平情况。企业利益是否得到了合理的争取和保护。

③ 合同变更是否经过了双方协商，以合法合规、符合合同约定的方式签订，双方签订人和用章是否获得相关授权。

④ 合同变更项是否经过本企业内部讨论和审批。

⑤ 合同变更条款是否合理、真实和完整。

（2）工程设计变更

在工程合同中最常见的变更源于设计变更或暂估工程量发生变化。工程项目涉及范围广，履行期间长，与施工现场息息相关，难免在过程中因突发事件需要执行设计变更。设计变更应由原设计单位出具设计变更通知和修改图纸，经设计校审人员签字、盖章。经建设单位、监理工程师审查签字同意的设计变更才算有效变更，重大的设计变更应该经原审批部门审批，否则不应列入结算。

承包方不可擅自变更设计，擅自变更所产生的费用和延误工期都由承包方承担。因此，审计人员应关注变更单的主体、变更原因、审批情况及其对造价的影响。

设计变更不一定导致合同单价和总计价方式改变，除非该变更改变了人、材、机的应用情形，例如，更换了材料、施工方式等。审计人员应关注不引起造价增加的设计变更，施工方是否乘机提高工程量和价格。也有些变更单是引起造价减少的项目，但施工方很少主动提出减免，拿了好处的建设方管理人员也选择性地忽略，审计人员应注意。

案例：签订违背招投标原则的补充协议

Y市一项学校工程采用固定单价合同，材料价格约定不能调整。在结算时发现一张签证单是关于部分材料价格调高，签证单上的原因是"当地材料短缺"，双方签字认可。既然各方都签字了，是否视为对原合同的变更？在结算时这部分材料价格应调高还是应按合同约定，以原合同价格结算？

分析：如果只是因为"当地材料短缺"，就不应调高材料价格。作为有经验的承包商，在签订固定单价合同前完全应该预见"当地材料短缺"的情景，并将该风险考虑在综合固定单价内。此案例应根据合同结算，不予调整。

（3）现场签证

工程现场变更签证是根据合同约定对施工程序、工程数量、工程质量及标准等做出变更的记录。现场签证单和施工记录是反映实际施工情况和影响工程造价的重要资料。

工程量签证单必须明确签证的原因、位置、尺寸、数量、材料、人工、机械台班、价格和签证时间。只有签证单内容清楚、程序规范、责权明确才能避免在结算时出现争议。

现场签证

审计人员应关注一些施工单位以低价中标然后通过签证来提高造价的情形，这往往导致最终结算价比合同价高很多。审计人员应注意的工程签证问题有很多，这里列举部分供参考。

① 签证内容虚假。一些施工单位利用签证弄虚作假，篡改签证，抬高工程造价。

② 签证不规范。签证没有建设单位或监理的签字或盖章。如果建设单位负责人只签名，对工程量变更及材料价格不填写处理意见，有推脱责任嫌疑。

③ 签证很随意。签证单内容含糊不清，未能完整地描述事件内容、相关工程量及

材料价格。签证单相互重叠，无法确定哪张是正确的。

④ 签证工作量超出实际施工量或施工常规。有的签证表示了"情况属实"的意见，并签了字，但是该签证与实际情形、合同或其他规定相矛盾。

⑤ 签证不完善。签证中只计增加工程量项，对于工程量减少的签证施工单位不提出，一些建设单位负责人基于各种理由，选择性"忘记"提出减量签证单。

⑥ 签证日期不正确。有些施工单位乘特定材料、机器台班费、人工费上涨的趋势，把完成工作的时间往后推，使其材料价差、机器和人工费的调整增大。一些相关人员（收了好处）故意在签字时不签署签证日期，难以确认工程变更项目施工的先后顺序及其真实性。

⑦ 缺少过程资料，无法确认签证或延期的原因（不可抗力、天气、现场情况无记录）。

⑧ 签证不及时。项目结束后才补签证，已经时过境迁很难核实。一些工程甚至在施工期间没有签证，在竣工结算时建设单位相关部门才一并补签，给施工方提供方便，谋求利益。根据国标 GB 50500—2013《建设工程工程量清单计价规范》第 9.10.5 条，现场签证工作完成后 7 天内施工方应提交签证（用工数量和单价、机械台班数量和单价、材料和金额等）。

⑨ 签证不负责。一些建设单位的现场管理人只对质量、进度和安全负责，不在乎施工成本（或拿了好处），大量签署签证。也有现场管理人对工程相关规定了解不多，允许对包干项目或不应签证的项目进行签证，对施工单位填写的签证不认真核实就签字。一些签字人甚至实际上不在现场或对现场情况根本不了解。

案例：签证单签署人员不在现场

C 市某税务行政大楼外绿化工程中出现了一张签证单，显示草皮护坡 7 400 平方米，金额 30 万元。审计人员检查发现，该签证没有任何依据，而且签证单的审批、验收人员都不是该工程实际负责人，最终查证其为虚假签证。

案例：签证情况和辅助资料不符

Z 省 N 市某码头工程中因地基出现不稳定情形需潜水作业巩固。审计人员审查签证单发现：

- 重装潜水作业合计 20 台班，单价 500 元；
- 轻装潜水作业合计 40 台班，单价 300 元。

但是，根据施工记录、监理日记显示，所有的潜水工作难度、方式和时间都属于轻装潜水，到场的潜水员中只有一位有重装潜水作业资质。结合现场照片和其他资料，最终确认所有台班都是轻装潜水作业。

审计人员审查现场签证时应参考合同、图纸、设计变更、洽商会议记录、工程进度、施工记录、材料价格确认单、质量证明文件、材料物资收发存记录、施工方案、人员出勤、机械设备进出场记录、过程资料、现场照片视频、会议记录等资料。

审计人员应对现场签证进行程序性与实质性审核。程序性审核就是从签证程序的合法性、合规性、符合协议等角度来检验签证的真实性。实质性审核包括核实工程量与材料价格。以下列举部分审核重点供参考。

① 签证事宜真实、起因合理、过程描述清晰、各方责任划分清楚（关注内容不清楚的签证单、承包方在投标时原本让利的项目突然变成现场签证的情形）。

② 签证满足合同约定的认定原则和有效性规定（签证事项确实需甲方承担）。

③ 签证有建设方代表、施工方和监理完整签字盖章与明确的处理意见（确认签名真实，印章非伪造，复印件与原件一致，不存在"P图"冒签等情形）。

④ 签证资料完整、准确、真实。内容相矛盾的签证，重复签证应不予认可。

⑤ 签证签字人具备相关权限、掌握基础专业知识、了解现场情况。

⑥ 签证单在规定期限内提交。超过有效时间的签证应不予认可。

⑦ 签证工程量真实、完整执行，没有造成工程量重算多算。

⑧ 签证项目单价合理、真实、有依据。

企业应重视施工图设计审计，减少因图纸的错、漏、缺等原因造成频繁变更签证的情形。对于一些零星维修项目，项目繁杂、内容多、工程量小、施工点处于隐蔽部位、部分工作需要拆除重做、没有施工图等情形，企业应考虑以包干方式签订合同，减少签证。

企业应制定完善的签证管理制度，规范签证申请程序、审批权限、提交期限、附件证明要求等。对于一定额度以上的签证应先进行谈判，不应该"先上车后补票"，应该先算好账再做签证。

案例：签证事宜不符合逻辑

H市的排水系统扩建工程中临时出现额外工作，需把水池中的废水抽出，并以水罐车载走。现场签证单显示抽水量1 670 500立方米。由于无法事后验证实际抽水量，只能根据抽水泵的额定参数计算。

根据计算，抽水量只有900 800立方米。通过施工和监理记录提取水罐车的数量，并乘以其装载量也只算出大约 840 000 立方米的载水量。签证事宜和实际情况严重不符，但却手续完备，甲方现场负责人、监理工程师和施工单位均有签字盖章。审计人员最终审减金额 75 万元。

案例：工程签证不及时、缺失过程资料

K 市某工厂项目交付延期了 144 天，扣除合同约定的正当延误天数 60 天及不可抗力 10 天外，对其余 74 天计算延期交付罚款时双方存在争议。由于在签证不及时、缺少过程资料和支持依据的情况下双方僵持不下，最后只能签订付款协议按"费用各自承担一半"的方式结算。

案例：签证单变更单虚假

S 省某电子厂的厂房建设工程增加管线安装 1 300 米签证，但是施工方没提供相关施工说明，管线运输方式、安装方式、防腐方法、检测标准等也都没有说明。签证签署人和签收人也不是现场负责人。经审计人员查证，最终确认其为虚假签证。

---

4. 合同结束（终止）阶段的审计

在合同结束（终止）阶段的审查应关注以下几点。

- 合同终止是否符合合同规定。
- 合同终止的报收和验收情况。损失赔偿是否准确、合理和完整。
- 因不可抗力合同终止的，确认该不可抗力事件的真实性。
- 合同是否达到了企业预期的绩效、效益。
- 合同的结算（工程量核对，工程造价计算）是否准确无误。

工程造价包括分部分项工程费、措施项目费、其他项目费、规费和税金等。在审查工程结算时，审计人员应结合现场情形，审核以下文件：

- 工程结算书、工程量计算书；
- 施工合同、补充协议；
- 施工图、竣工图、竣工资料、图纸会审记录；
- 设计变更、现场签证；

- 工程洽商记录、施工指令、会议纪要；
- 地基验槽记录、工程隐蔽记录、施工日志；
- 监理工程师通知、监理日记；
- 甲方提供设备清单、材料定价确认单；
- 招标文件、投标文件、招标答疑、补充文件、中标通知书等。

在审阅上述文件时，审计人员不仅要注意细节，确保各项运算结果正确、子目套用正确，也要以工程全局观来检查项目文件，综合分析各单项设计、施工、竣工结算，查证是否存在多算重算的科目和项目。

在工程结算时，审计人员应关注合同价款类别，其是固定单价合同还是可调单价合同，对于不予调整的合同，在结算时不应调整。合同约定按施工期间价格调整的，应根据施工记录确定具体施工期，各材料的具体入场、使用期间，并结合现场签证确定材料价格。

对于不予调整的总价包干的合同，审计人员要清楚包干的内容具体有哪些，在结算时不应调整。审计人员应审查施工方是否按合同约定全部完成施工。

（1）工程量核对

工程量是工程造价计算的基础，任何错误都将直接影响工程核算结果。施工单位可能会通过虚增工程量来增加造价。建设单位的负责人也可能因为拿了好处，对虚增工程量不过问。工程量核对是工程合同结束中的重要工作环节。工程量计算规则多、工作量大，是最容易出现多算、重算或漏算的环节。

审计人员须根据竣工图纸、设计变更、施工图、施工记录、现场签证单、过程资料、现场照片视频、人员出勤、材料物资收发存记录、机械设备进出场记录、会议记录、合同、洽商会议记录对工程量的准确性进行审查。图纸不明确的，审计人员应尽量进行现场实地测量与统计。

审计人员在工程量审核中应注意以下重点。

① 工程项目划分正确、合理。

- 与清单项目或定额项目一致，无多设项目。在清单计价模式下，部分工程内容以项目特征形式体现在清单中，不可拆分项目（肢解子目）另计工程量，套用多个计价单价。例如，土方项目中已含了挖、运、探等工作，不得再单独列项。工程合同价已按规定进行综合取费，但结算又列项计算临时设施、二次搬运等已包含在费率内的包干性费用，这会形成重复结算（依据定额计价模式，子目项目都是以单独列项计算）。
- 按规定应合并计算的工程量，未出现分开计算。结构相似的工程项应统一计价，不应出现分别定价，专选高价套不选低价计价的情形。

- 不同规格的分项工程混合计算，造成高套单价。例如，挖泥土说成挖石方，机械开挖混合人工开挖。

② 工程量的计量单位与套用的清单或定额一致。审计人员应确认没有混淆各分项工程计量单位的情况，要区分米、平方米、立方米，否则可能存在工程量成倍加大的情况。另外，还要注意某些计量单位在清单计价与定额计价中的不同，例如，门窗工程的计量单位在清单计价模式下为"樘"，而在定额计价模式下的计量单位为"平方米"。设备及安装工程预算定额中的计量单位有些用"台"，有些用"组"；管道安装工程中有些工程细目用"10 米"，有些工程细目用"100 米"。

③ 工程量计算中的数字准确性及确认小数点位置。例如，"13.45 米"被偷换成了"134.5 米"的情形。审计人员还应谨慎关注偷换数字的情形。例如，"12 380 米"变成了"12 830 米"。有时还存在工程量不按照规定转换，提高人工、材料损耗系数和机械台班计算方式、基数提取错误等情况。审计人员应细心审查，不应有"确认的偏见"思维盲点，心中只想核实正确的事物，导致对错误视若无睹。关于"确认的偏见"思维盲点的详细讨论请参考数据分析章节。

④ 复杂组成或由不同单位分别实施项目工程量计算正确。审计人员应确认工程交接部位或跨工种部位不出现重复结算。有多家施工单位参建的群体工程项目应核实各单位的实际施工区域。

⑤ 工程预算中已计算但实际未施工的工程量在结算时应扣除。

⑥ 合同约定由甲方提供材料的应在结算中扣除，确认扣除正确。

基于隐蔽工程的隐蔽性和求证难的特点，一些施工单位大量利用隐蔽工程来高估工程量，从而抬高工程造价。一些装饰工程也因缺乏图纸经常被利用来抬高工程量。

对隐蔽工程应查阅隐蔽工程验收记录来确定其真实情况。如果有工程过程审计对隐蔽工程进行现场审查，能获得第一手资料肯定最好。由于工程量庞大、工期长，不太可能每项隐蔽工程都有现场过程审计，因此审计人员应结合其他资料，例如，施工方案、施工图、过程资料、监理记录、材料和机械入场记录等，核算隐蔽工程量，确保结算隐蔽工程量处于合理范围。

对于工程现场签证，参考上文对现场签证进行"程序性"审查方法确认其真实性，确保签证管理制度被有效严格执行，防止施工方利用签证来虚增工程量。审计人员应根据实际情况核实现场签证：

① 结合现场测量计算，对照施工图逐笔核实，做相应增减；

② 确认拆除部分是否回收利用；

③ 减量的工程变更、取消项目的工程量应扣减；

④ 关注各分项工程量之间的相互关系，一些项目的工程量增加将降低其他项目的工程量。

案例：工程未按实际结算

G省某机关办公楼修建停车场工程属于附属工程，设计和施工方法简单。建设单位以邀请招标形式确定了一家施工公司承建该工程，招标工程量为混凝土地面10万平方米。经监理、设计单位确认后，按照招标数量（未经过现场勘测）对该工程进行结算。

审计人员质疑如此简单的工程为何不基于实际勘测量结算。最终经过现场实际勘察后发现，该停车场实际面积明显不足，仅是招标工程量的40%，虚增工程款250万元。如此明显的问题，为何该建设单位、监理没发现？经查实，相关人员存在套取、私分建设工程款情形。

案例：肢解合同子目

J市某道路休息站工程中的招标清单中关于土方挖运、回填、平整及复铺等工程的子目只有"平整土地"一个，单位是立方米。这表示"平整土地"子目已包括了所有上述工作，投标人只能以这个子目作为完成全部土方工作内容所需费用的报价。因此，不管是按挖方区域计量还是按填方区域计量，挖填工程量只能算一次。

审计人员发现在结算时，施工方以建设单位清单漏项的理由新增了"挖土、推土、运土、填土、平整、耕作层复铺"等子目，实际上这些都是原有的"平整土地"综合子目被肢解后多算的计价。此外，在"水塘开挖加深"子目计取综合土方工程量的同时，又按不同用途在挖塘、做路、筑坝埂中多次结算；楼地面和墙面装修在土建项内结算的同时，又在装修项内结算；休息站内道路的隔离带土方回填在路面项目结算中计价的同时，又在绿化项目结算中计价。通过以上方式使工程款虚增了500多万元。

案例：隐蔽工程多算土方

H市某道路工程审计中一项设计变更显示"基于地质原因，工地出现大水坑，导致重新勘测和设计"，并获批。该变更主要为隐蔽工程（在水坑填石方），施工结束后已不能实地测量抛填的石方总量，只能将建设单位和监理的现场签证记录作为计算依据。

审计人员发现设计变更单中的工程量和实际结算的量非常接近，为了确认工程量，审计人员从施工日记和监理日记中提取每天运输石方的车辆数并乘以车辆装载能力来估算实际抛填的工程量。最终发现结算工程量比审计运算结果多了近50%。在核对施工单位运输和片石采购凭证后，确认工程造价被虚增 500 万元。

（2）价格审核

工程单价是工程造价的重要组成部分，直接影响工程造价。审计人员应详细审核人工、材料、机械台班单价。结算单价在合同中有规定的，应按照合同规定执行，如果结算单价在合同中未做规定，则参照定额和市场合理价进行确定。

审计人员应审核结算所列各分项工程单价是否符合合同约定的单价，包括合同单价或定额单价，其项目编码、名称、特征、规格、计量单位和所包含的工程内容是否与合同或单价估价表一致。

在结算时，审计人员应关注合同价款类别，合同中规定由施工单位包干的部分，不得因市场价的起伏变化予以调整。对于合同约定可调价的部分，应确定施工与材料具体使用期间，并结合市场实际情况，确定合理材料价格。审计人员应注意没有依据或者超出合同约定的最高限价的材料价格。

在对设备或材料进行审计时应注意合同价格的合理性，审计人员应关注施工方是否在材料质量上做"文章"，导致实际材料规格、品牌、质量与合同约定不一致。审计人员应关注以次充好的情形，审查材料检验流程，并进行现场检查，防止出现高价购买了低质量产品的情形。例如，有施工方以低价花岗石充当高级花岗石，两者价格相差巨大。审计人员也应注意，一些施工方以材料规格与合同不同为由任意提高计价单价的情形。

对工程所需的设备，审计人员要查看采购合同清单，如果属于建设单位直接采购的设备，要注意合同内容是否包括安装费、调试费及附件、配件费用等，确保设备采购的运杂费、保管费、安装费等不出现重复计算情形。

要准确地确定某些材料的价格是不容易的。虽然各地区对主要材料有指导价，但区

域、品种、质量、产地等因素导致了价格的千差万别，尤其是装饰材料，更是种类繁多，无明确指导价。审计人员应走访市场，并寻求有工程相关经验的专家协助，尽量获取最接近实际情况的价格。

案例：材料以次充好

Y 市某桥梁工程中设计图纸规定用砂石人工级配回填基坑、管道、桥台等部位，但施工方在实际施工时却采用塘渣、砂卵石等廉价的材料回填，在结算时依旧以原来的价格计算。

案例：变更材料提高价格

在 N 县某学校的办公楼装修和绿化工程施工过程中，施工方以材料短缺，新材料质量好、绿化效果好，旧材料不符合当地土质等各种理由要求进行工程变更，并将常规的装修材料更换为各种新型材料。

一些材料名称特殊，在当地比较少见，无法核实价格，也不容易甄别档次，最终出现了实际使用普通材料但是以高价结算的现象。而且由于验收没做好，该施工方在绿化工程中将各种天然石材换成了人造石材，以小树代替大树，出现了树木胸径缩小，树冠萎缩，低种花木替换名贵花木的情况。

（3）定额

一般分部分项目工程和措施项目清单采用综合单价计价，定额计价是过往比较盛行的计价方式。如果企业有以定额计价的工程合同，审计人员要关注套定额的准确性和合理性。定额错误将直接影响工程价款结算。一些施工单位通过高套定额、重复套用定额、调整定额子目、补充定额子目来提高工程造价。

定额是国家或地方编制的具有全国适用的或根据地方材料价格而制定的材料价格标准，根据不同的施工方法、施工工艺，定额有明细区分。在计算出工程量后，根据施工方法和工艺的区别，可以在定额中找到相应子目，得到对应定额单价，再乘以已经计算出的工程量，最终得出总价。这一过程就是"套定额"。定额单价确定了定额子项工程的单位价值。

套定额分为直接套用与换算套用。对于直接套用定额单价，审计人员应注意采用的项目名称、施工内容与设计图纸的要求是否一致，确认结算中套用的定额价格与定额规定的价格相符，着重对主要材料、主要机械、人工等价格的检查，是否存在套高定额、重复套定额的问题。对于转换的定额单价，审计人员应注意换算内容是否按规定允许换算，允许换算的内容是定额中的人工、材料或机械中的全部还是部分，换算的方法是否正确，采用的系数是否正确，是否存在任意提高材料消耗量的情形。

套定额中的其他常见问题包括：

- 同一类或类似分项工程，高套定额；
- 不同规格的分项工程、工程量混合计算，造成高套定额；
- 定额中包括的工作内容、工程量分开计算，套用两个定额单价；
- 自行提高定额单价，强调材料规格与定额不同；
- 混淆各分项工程计量单位，不区分米、平方米、立方米；
- 按规定应合并计算的工程量却分开来计算；
- 不按照规定转换人工、材料消耗量和机械费用、计算方式、基数提取。

（4）取费核对

取费额在工程造价中占有一定比例，一些造价计算违规舞弊问题以取费错误形式出现。取费费率应根据工程类别、企业资质等级、取费类别应按照省市规定的费率执行。审计人员应熟悉施工合同、协议，参照适用的取费文件，明确费用计取条件、适用范围与计算系数等费用组成部分，并关注以下几点。

- 取费文件的时效性。
- 取费标准是否符合建筑工程类别、工程性质、规定指标。
- 费率计算是否正确，应确认无任意扩大费率情形。
- 取费基数是否正确，应确认无任意扩大取费基数情形。
- 费用项目计算是否正确，应确认无重复计算、高套取费情形。
- 对适用不同费用政策的同一工程，是否按工程量划分分别计算相应费用。

安全文明施工费、规费（如工程排污、社会保险费、住房公积金、工伤保险等）和税金（如增值税、城市维护建设税、教育费附加、地方教育附加等）应按照国家或省级、行业建设主管部门的规定计价，不作竞争性费用。

五、审阅文件的重点维度

在审阅合同与其他文件时要注意合同或文件中是否存在下述两种情况。

（1）不该存在的东西出现了（存在异常）。

（2）应该出现的东西没出现（缺失正常）。

审计人员在审核任何一种文件时都要注意查看文件中正常该有的文字或符号是否有缺失、文件中是否出现了不该有的异常文字或符号。审计人员特别要注意查看文件是否有以下情形。

- 不符合公司惯例（如公司一般不在周末发货，但是发货单日期是周末）。
- 不符合公司制度（公司制度要求高于 100 万元的采购合同必须采取公开招标，但未招标）。
- 不符合已知的事实（张经理两个月前已经离职，但上个月的工程签证单还显示是由张经理审批的）。
- 不符合逻辑（采购单的打印日期比收货单日期还晚）。
- 不符合格式（文件格式不符合公司惯例、行业规矩）。

文件出现以上的情况就像发现了"黑天鹅"，只要发现了一只黑天鹅就能说明世界上的天鹅不都是白色的。

当文件中出现了一个异常现象或缺少了一个该有的现象，就表示可能是有文件舞弊的迹象。审计人员可从以下维度进行文件审核，尝试寻找"黑天鹅"：

- 格式	- 空白	- 印章
- 日期	- 线条黑点	- 联系人名称
- 简繁体	- 修改痕迹	- 联系方式
- 语法	- 遮盖痕迹	- 联系号码
- 数字金额	- 签名	- 银行名称
- 错别字	- 漏字	- 颁发机构

1. 注意格式惯例

审计人员审核文件时应注意文件的格式是否符合当地惯例以及公司的习惯。由于每个国家和地区的文字格式、语法都有差异，一些舞弊的人在文件造假时若没考虑格式与语法的区域差异，当他们造假其他地区的文件时，会因电脑默认的文书格式是当地的，而伪造的文件是国外或其他地区的，从而出现格式差异。

2. 注意日期的格式

中国的日期书写格式为年月日，其他国家和地区的日期格式为日月年或月日年。审计人员在审查文件时要留心看日期格式是否符合当地习惯和公司惯例。有些看似国外的文件其实是用国内电脑伪造的，因此出现了"外国文件"的"年月日"日期格式。同样，在国外伪造的要冒充国内文件的可能会印着"日月年"的日期格式。

当然并非所有不恰当日期格式的文件都一定是伪造的，有些公司为了迎合外国客户的习惯，可能会以"日月年"的格式来打印日期，一些源于国外的公司由于 ERP 系统设置的关系，在文件中还继续使用"日月年"的格式。不一致的日期格式只是可能造假的线索，审计人员需进行核实验证。

3. 注意简体字和繁体字

中文分为简体中文和繁体中文。审计人员查看文件时须留意文件的中文字体是否符合该公司所在地的惯例。如果造假的人忘了电脑默认的字体格式和其想造假文件的使用地区有差异，就会出现"应该使用简体中文的文件中出现了繁体字"的情况。

4. 注意语法：美式英语、英式英语和"中式英语"

英语分为美式英语和英式英语。某些词在美式英语和英式英语中的用法是不一样（如"电梯"在英式英语中为 Lift，在美式英语中为 Elevator）的。某些词的拼写也不一样（如"组织"在英式英语中为 organisation，在美式英语中为 organization）。如果有人直接移花接木地把英式英语词语搬运到美式英语的合同中，就会出现差异，审计人员稍微留意就可以发现。

也有一些造假文件是通过机器或软件将中文文件翻译成英文的，然后把这份翻译文件当作是从国外发过来的，进行欺骗舞弊。由于该文件是通过软件或不准确的人工翻译而成的，文件中会出现较明显的错误和语法问题。

5. 注意数字的格式

数字在不同的地区有不同的格式。一般在中国小数点分割号为点（比如 100.00），千位数的分割号为逗号或空格（比如 1,000 或 1 000）。但是一些欧洲国家所沿用的小数点分割号是逗号（比如 100,00），千位数的分割符号为点（比如 1.000）。在印度和巴基斯坦的文件中还有另一种数字格式，千位以上的分割号并非以一千为单位（比如 1,50,000 或者 30,00,000）。如果舞弊当事人不注意这些细节，就会假造出有异常的文件，审计人员只要稍微留意就能发现。

6. 注意查看空白处

企业之间往来的公函与合同都有一定的格式，文件页边距空白的大小、句子行间距的大小、段落与段落之间的段间距等一般都是全文统一的。审计人员在审查文件（如报价单、投标书、合同、凭证单据等）时应查看文件中的这些格式要点是否全文一致，如果发现有页边空白处、句子行间和段落之间的空隙突然变小了或出现整体感异常，审计人员应多加留意文件是否被篡改。

7. 注意公司的名称、银行信息

有些公司的名称是非常相似的，审计人员要留意公司名称，注意同名或类似名称的公司，一些舞弊当事人会设立同名或类似名称的公司来鱼目混珠。首先审计人员不可想当然地认为所有文件都是正确的，如果审计人员掉以轻心就很难察觉出类似名称的公司。

审计人员要注意公司名称中的空白处，这些空白处可能就是两家公司名称的不同点。例如，两张转账授权书中的收款公司名称不一样，一家是 Star Shipping A/S，名称中的 Star 和 Shipping 之间有个空格，但是另一家是 StarShipping A/S，名称中的 Star 和 Shipping 之间没有空格。而且两份文件中的银行账号也是不一样的。

一些想要把企业的资金转到自己控制的银行账户的人会在国外开设与集团的分公司或与供应商的名称相似的公司。由于公司可以在任何国家开设，它们甚至可以使用一模一样的公司名称。而且很多的这类虚假公司是在境外避税区域开设的，如安道尔（Andorra）、巴哈马（Bahamas）、百慕大群岛（Bermuda）、英属维京群岛（British Virgin Islands）、开曼群岛（Cayman Islands）、库克群岛（Cook Islands）、泽西岛（The Islands of Jersey）、马恩岛（The Isle of Man）、毛里求斯（Mauritius）、李奇登斯坦（Lichtenstein）、摩纳哥（Monaco）和巴拿马（Panama）。外国企业信息搜索资源收录于附录 6，仅供参考。

案例：一马发展有限公司（1MDB）

马来西亚的一马发展有限公司的贪污案件中也出现了错误付款给同名公司的情况。当时一马发展有限公司在 2012 年要付款给一家名为 Aabar Investment PJS 的中东合作公司，但是真正付款时却付款给了一家在维尔京群岛的名为 Aabar Investments PJS Limited 的公司。这家在维尔京群岛的公司是于 2012 年 3 月 14 日开设，2015 年 6 月 23 日关闭的。

资料来源：*The Wall Street Journal*，2015 年 12 月 17 日。

---

8. 注意错别字和漏字

审计人员在审查文件时要留意文件中的错别字和漏字。一些利用电脑假造文件或证照的人可能在 P 图的过程中打错或打漏了字，如果整个假造文件的过程是仓促的，那么当事人会做不好文件的"质量控制"从而察觉不到该错误。在舞弊审计中，许多虚假文件都是因为错别字和漏字被发现的，在互联网上也常看到有些人因为 P 图中的错别字和漏字而被揭发造假文件。曾经有一名学生为了取悦家人朋友而伪造了著名大学的录取通知书，但他的虚假录取通知书中犯了几个错误，他把"高等学历"写成了"高度学历"，"报到时间"写成了"报道时间"，"录取通知书"打漏了字而写成了"录通知书"。

在舞弊审计中尤其要注意不同渠道或来源的文件是否有同样的错别字或漏字。如果两份报价单或投标书在同样的地方有着同样的错别字或漏字，那就表示这些文件可能是由同一个模板复制出来的。

9. 注意金额或数字

在审查有金额和数量的文件（如报价单和招标文件）时要特别留意数字、数量和金额。如果不同来源的文件（报价单、投标书）中出现大量的相同的或者非常接近的数字和金额，审计人员应特别留意是否出现了围标的情况。有些围标人可能会直接拿其中一份标书中的价格乘以一个稍微大于或小于 1 的数（如 0.94，1.07，1.12 等）来制造另一份标书或报价单中的报价。审计人员应对比标书上的价格和标底基础价的价格，如果发现有直接以标底价的倍数计算出来的标书，就表示可能有公司员工泄露标底信息给投标商了。同时，审计人员应该对整数金额多加留意，核对其是否合理。

10. 注意线条和黑点

出现在正式文件上的线条一般都是工整笔直的，长度也应该一致。如果发现文件中有不工整的、倾斜的和长短不一致的线条，审计人员应提高警惕，检查该线条是否是后来添加的。

审计人员要留意所审查的文件中出现的黑点或其他因复印或打印而造成的痕迹。如果不同来源的文件中（如不同供应商的报价单、标书等）的同一个地方出现一样的黑点或打印复印的痕迹，那就表示这些文件都是同一个复印机或同一个打印机所打印出来的。

11. 注意联系人信息

审计人员应关注文件中的联系人信息，包括名称、联系邮件地址和电话号码等，要注意是否在不同来源的文件中出现同样名称的联系人或同样的联系邮箱地址和电话号码。在舞弊调查中可以调阅往年的各家公司的报价单，有些围标的公司会重复利用一些员工的名称和联系方式。例如，甲员工在今年的报价单中是甲公司的联系人，但是甲员工的电话号码在去年为丙公司的联系号码，到了明年甲员工可能变成了乙公司的联系人了。

12. 审阅文件要做对比

审计人员在审核文件时要做文件对比，并重点关注以下两种文件。

（1）同一来源的文件。

（2）不同来源的文件。

审计人员应把同一来源的文件拿出来做对比，如同一个供应商的不同月份的报价单、发货单、发票。如果是国外供应商，更要注意发票，因为国外发票的格式是不统一的。原则上同一来源的文件都应有一样的格式、统一的用语方式、一致的基础信息（如地址、联系电话、银行账号等）、一样的纸质和发送邮箱。如果发现同一来源的文件上有不同的格式、信息、用语、纸质，那就有迹象显示该文件可能是伪造的或被篡改的。

审计人员要把同类但不同来源的文件拿来做对比，如同一个采购比价或招投标中不同供应商的报价单、技术材料、投标书、资质文件等。为何要看不同供应商的文件呢？原则上不同来源的文件都应该有不一样的格式、不一样的语言表达方式以及不同的基础信息（如地址、联系电话、银行账号等）。不同来源的文件不应该在文件的同一个地方有同样的错字、错算金额、污点。如果在不同来源的文件上看到了同样的格式、信息、用语错误，那就有迹象显示该文件可能是伪造的或被篡改的。

案例：对折的凭证

一些公司在邮寄原始凭证或文件时会先把文件对折后才放进信封里，这将在文件上留下对折的痕迹，而这个对折痕迹的存在或缺失也是审计的线索。

一家公司的国外供应商每个月都给公司邮寄原始发票，公司根据发票付款，一年下来公司一共收到了 12 张类似的发票，每一张发票都有对折的痕迹。但审计人员发现在会计档案内有 15 张该供应商的发票，而且多出的发票都没有对折痕迹。这反映了什么信息呢？首先一个月供应商只发一张发票，为何有 15 张呢？为何多的三张发票没有对折的痕迹呢？这是否意味着这三张发票不是邮寄过来的，而是供应商亲自提交过来的或者是公司员工造假该国外发票？

六、审阅文件时要注意查看修改痕迹

如今的商务往来大多是通过电子文件、电子扫描件或复印件来传阅信息的，只有重要的事件才要求提供原始文件，如投标文件、报价单、合同、重要公函、发票等。许多公司对文件的审批都是基于电子文件进行的，原始文件可能在归档的时候才出现。电子文件、扫描件和复印件的使用在提高商务效率的同时也给有些人提供了篡改文件的机会。审计人员在审核文件时要特别留心文件的造假篡改，以前的篡改文件是手工修改的，但现在大多都是靠电脑软件制作的（俗称 P 图）。

审计人员既要注意文件中被修饰、涂改、冒签、删除的痕迹，又要注意文件中的线条是否平行、笔直及长短是否一致，同时还要注意看文字、图案、线条是否清晰工整。

因为用复印或电脑抠图的方式将别的文字图案粘贴到伪造的文件中会有像素不清晰、不工整的痕迹，审计人员可以使用放大镜或通过电脑放大图像来审查，特别要关注文件中的重要信息，如金额、银行信息、公司名称、联系人信息等。

当然，如果 P 图的人造假能力高，审计人员就很难发现破绽。长期舞弊的人会逐渐掉以轻心，在 P 图上不再那么谨慎，导致破绽明显。审计人员必须有能力发现舞弊当事人的 P 图痕迹。

七、审阅文件要注意查看签名

1. 注意签名是否是冒签的

在审核文件前，审计人员应先看下相关人员和领导的签字样本，熟悉并铭记在心。签字样本量要尽可能多一些，只有这样审计人员才能在脑海中建立足够深刻的印象。观察签名的时候要注意该签名的一些特殊点，尤其是笔迹用力点、签名拐弯点、签名的下手点、签名收笔点以及签名的笔迹颜色。当审计人员在脑海中有了该签名的印象后，接下来的"翻凭证"审阅文件合同才有意义，才有可能发现签名的异常。很多时候审计人员在审查文件的审批签字前连领导的真实签字样本都没见过，所以根本无法确认在凭证上的签字是否是冒签的。有些审计人员只要看到有签名就认为文件审批了，却没考虑该签字是否有异常、是否是由相应的人员签的。

2. 注意签名是否被复制

一些舞弊当事人利用电脑软件把真实的签名从原有的文件中复制过出来，然后粘贴（P 图）到其他文件中，所以这个签名是和真的签名一模一样的。然而一个人要签两个一模一样的签名的概率非常低，几乎为零。

审计人员要仔细查看签名的细节，关注那些极其相似的签名，以确认是否是复制的签名。当看到极其相似的签名时，审计人员必须要拿其他的签名做对比，也可以把两份文件放在灯光下照射看两个签名是否完全重叠。有些比较"谨慎"的造假人会故意在粘贴签名的时候调整该签名的大小和角度，使其看起来不完全一样，审计人员稍加留意是可以发现两个签名是一样的。

八、审阅文件要注意查看印章

1. 注意复制（P 图）的印章

和复制签名一样，也有一些舞弊当事人通过电脑软件把真的印章复制并粘贴到其他文件中。审计人员要对所审查的公司印章有足够的印象，对那些极其相似的印章，尤其是那些大小、像素、颜色和角度一样的印章保持敏感。审计人员可以观察印章所覆盖的文字（如日期、签名等）是否是一样的，也可以将两张印有印章的文件放在灯光下照射看印章是否能完全重叠。审计人员也可以把要验证的印章扫描成电子版，然后通过电脑来放大或缩小进行对比。

注意印章标准

2. 注意查看印章是否符合标准

除了审查印章是否是复制的，还要注意看印章是否是假造的（俗称"豆腐章"），以下七点值得审计人员关注。

（1）字体

一般公章上的字是宋体字，如果看到非宋体字的公章，审计人员就要提高警惕，并查看是否是假章。

（2）颜色均匀度

一般重要、正规和有法律效力的文件上的印章都是手工盖上去的，而非电子版印章。由于是手工盖章，所以印章的颜色不可能做到完美均匀。当审计人员看到颜色完美均匀的印章时就要提高谨慎，并查看该印章是否是电子版的或经过电子修饰的章。

（3）清晰度

由于盖章人在按印泥时的力度不均、印泥不足、印章的磨损等原因，以手工方式盖的印章不一定会非常清晰完美。当审计人员看到清晰度非常完美的印章时，就要谨慎查看是否是用电脑软件制作的电子章。

（4）印章的呈现角度

以手工方式盖的章通常不能保证都以 180 度水平线的角度呈现在文件上。如果看到以 180 度水平线的角度呈现的印章，审计人员就要提高警惕，并查看是否是电子版的印章。

（5）文字渗透

印章一般会盖在文件中有字的地方，在签合同时也有人会在印章上签名或写上日期。这样的做法能保证这个印章是独一无二的，易于识别，防止印章被冒用拷贝。如果看到印章盖在文件空白处，那么审计人员就要提高警惕了，这可能是个电子版或 P 图的印章，当事人为了不让印章中间的白色地方掩盖了文件中的字，只能把印章移到文件空白处。

（6）五角星的双角

企业公章中五角星两个朝下的角通常是对准了企业名称的首位和末位文字的，印章中的企业名称大小会根据名称的长短来调整，以便让朝下的两个角对着企业名称的首位和末位文字。如果看到印章中五角星两个朝下的角没有对准企业名称的首位和末位文字，那么审计人员就要提高警惕了，这可能是个P图的印章。

（7）章压字

企业通常都是先打印文件再盖章，其效果是印章压着文字。如果有人先偷用盖章然后再印文字，就会出现字压章的情况。对于这种情况，审计人员应提高警惕，审核该文件的真实性及合规性。

九、审查发票

审查国内发票最普遍的方法就是向税务局确认发票真伪。审计人员可以登录税务局网站输入发票号码、发票代码、开票日期、开具金额等信息查验发票。另外，现在的发票左上角都有个二维码，审计人员可以通过扫描二维码快速查询发票的基础信息，如金额、发票代码、发票号码、开票日和发票校对码等。

1. 发票的目测要点

在税务局官网查询发票需要时间，如果每张发票都做咨询会降低审计效率，一些企业会利用软件扫描识别发票信息，然后在税务局网站手工验证。审计人员也可以先目测发票是否有造假迹象，目测发票时要注意以下几点。

（1）发票基础信息（销售方和购买方信息是否正确）。

（2）发票号码的字体（增值税专用发票与普通发票的号码是一种特殊的字体）。

（3）发票金额（金额是否正确，金额大写与阿拉伯数字是否一致）。

（4）注意大写金额前方的"⊗"符号（这个符号应紧靠大写金额，中间没有空隙）。

一些伪造的发票会不经意把这个"⊗"符号放在离大写金额较远的地方，中间出现空隙，审计人员看到这种情况应到税务局官网上验证发票。有些伪造的发票是以真的发票作为模板，然后修改金额、购买方或销售方的信息（名称、纳税人识别号、地址电话、开户行以及账号等），审计人员可以事先熟悉这些基础信息，以便在目测发票时可以快速确认造假迹象。

（1）增值税专用发票的目测点

① 增值税专用发票各联次左上方的发票代码使用防伪油墨印制，油墨印记在外力摩擦作用下会发生颜色变化，产生红色擦痕。鉴别方法：使用白纸摩擦票面的发票代码

区域，在白纸表面以及代码的摩擦区域均会产生红色擦痕。

发票代码图案原色　　　原色摩擦可产生红色擦痕
6100191160　　　**6100191160**

② 增值税专用发票各联次右上方的发票号码为专用异型号码，字体为专用异型变化字体，发票号码颜色为深蓝色。鉴别方法：采用与真实发票对比的方法，仔细观察进行比对。

9876543210

③ 增值税专用发票一共有三联，每一联的用处和颜色都不一样。鉴别方法：直接目测观察。

a. 第一联：记账联，黑色。

b. 第二联：抵扣联，绿色。

c. 第三联：发票联，褐红色。

（2）增值税普通发票的目测点

① 和专票一样，增值税普通发票各联次左上方的发票代码及右上方的字符（No）使用防伪油墨印制，油墨印记在外力摩擦作用下会发生颜色变化，产生红色擦痕。鉴别方法：使用白纸摩擦票面的发票代码和字符（No）区域，在白纸表面以及发票代码和字符（No）的摩擦区域均会产生红色擦痕。

2300164350　　　黑龙江增值税普通发票　　　No 12345726

开票日期

② 增值税普通发票各联次右上方的发票号码为专用异型号码，字体为专业定制异形字体，发票号码颜色为深蓝色，规格为 8 位数字，长约 22.0mm，高约 5.0mm。鉴别方法：采用与真实发票对比的方法，仔细观察进行比对。

（3）增值税普通发票（卷票）的目测点

增值税普通发票（卷票）是我们常见的发票，这种发票也带有防伪标识。卷票是使用光变油墨印制的，直视发票上的税徽时其颜色为金属金色，但是斜视税徽时其颜色则为金属绿色，颜色差异明显清晰。要鉴别这类发票其实很简单，只要把增值税普通发票（卷票）拿起来在 90 度和 30 度处进行观察，看税徽是否呈现不同的颜色。

2. 审查国外发票

对一些有国外业务或有海外分公司的集团中的审计人员来说，审查国外发票是常有的事。国外发票没有固定的格式，不同公司有不同的格式，但发票的主要信息是大同小异的，都包括销售方、购买方、商品或服务明细、数量、单价和金额、税金、信用期限和收款银行信息等。发票上的这些信息都可能会被篡改或造假。如果发现国外供应商的发票或报价单的号码是连号的，审计人员就要提高警惕了，因为连号的供应商发票表示本公司是对方唯一的客户，这是个舞弊红线预警。

此外，审计人员在审查国外发票时，应该关注以下重点。

- 发票上显示该企业的注册号码是否正确，是否符合当地商业注册号的格式标准。审计人员应通过搜索引擎和企业检索资源对该企业的注册号进行确认。

- 该企业的发票号码是否合理。审计人员应对连号的发票或者号码很小的发票保持警惕，例如，发票号码为INV0004，审计人员应核查其是否表示这家供应商只开过四张发票。

- 发票上的金额是否合理，是否出现整数金额，以及一些罕见的金额，例如，888 888 或 9 999 999 等。

- 发票的税率是否合理，是否符合当地条例。

- 发票上显示的供应商银行信息是否正确，例如，账号、银行地址是否正确。除此之外，审计人员应审查是否存在银行地址和供应商地址在不同国家的情况，尤其要对银行在海外"避税天堂"地区的发票保持敏感。

- 发票上显示的供应商地址是否就是经确认的办公地点。

- 如果发票上出现手写痕迹，审计人员应确认是谁的笔迹，写了些什么，内容是否合理。

- 发票的付款日期是否合理，审计人员应确认是否存在在授信期限之前提前付款的现象。

十、凭证审查

如今企业的财务记账都是通过电子记账系统完成的。会计记账凭证一般也在记账手续结束后，从 ERP 系统打印出来。一般的做法是把原始的单据，如发票、合同、计算表等，附在会计记账凭证后，进行装订归档。除了会计记账凭证，从企业信息系统打印出来的凭证还包括请购单、采购单、收货单、转库单、付款单等。企业业务不同，其凭证种类也不同。

从纸质凭证上审查会计记账和交易信息相对来说更直观。一些审计人员比较习惯从文书上发现问题，也有一些审计人员比较习惯看数据表。当然，翻凭证审查肯定比批量处理的数据分析慢得多，也只能覆盖总体交易的一小部分。

既然所有记载在会计记账凭证上的信息都可以在系统上查到，那在舞弊审计（或流程审计）过程中是否还有必要查看会计记账凭证？从追溯原始单据的角度来说，直接翻查会计记账凭证是唯一的办法。而且，对于交易和会计记账的一些事后审批及处理意见，一般是手工书写或签署在会计记账凭证上的。因此，审计人员还是有必要进行"翻凭证"审查的。

想要发现会计记账凭证中存在的问题，审计人员需要对业务和交易有了解，知道该业务在会计账簿上的处理方式（应该借哪一个科目，贷哪一个科目），这是最基本的审计胜任能力。审计人员应该具备扎实的会计专业理论知识，不然在翻查了一堆凭证后还是会看不出头绪，使翻凭证变成了"走过场"。

审查会计记账凭证时，审计人员应注意以下几点。

- 会计记账凭证上的各种要素是否齐全，比如日期、填制人、计量单位、数量与金额等。设置完善的现代 ERP 系统一般不允许重要信息留白，如果看到关键信息空白，审计人员应谨慎，核实该凭证是否未最终在系统中输入，打印出来的可能只是未审批、未录入的凭证"草稿"。如果该有空白信息的凭证是正式凭证，审计人员就应检查系统的设置了。

- 会计记账凭证上的会计分录的正确性。审计人员应关注所记录的科目和借贷方是否正确；应关注一些反方向的会计凭证，例如，在费用科目记为贷方的交易；对频繁使用的金额或整数的金额保持敏感，应查验其合理性；应从会计科目和会计分录上审查是否存在财务报表操作迹象，是否有弄虚作假的会计记录。详细的财务报表审查思路将在下一章介绍。

- 对于后附的原始单据，审计人员应检查是否与该会计记账凭证记录的交易相关，是否存在"牛头不对马嘴"的情形。审计人员也应以上文提到的文书审核各个维度，检查原始单据的真实性，确保没有伪造原始凭证、篡改会计凭证的现象。审计人员必须特别关注那些原始单据不齐全的会计交易，提防虚假交易。对于转账凭证，必须关注其会计原理是否符合会计准则（例如，费用资本化、递延销售、提前确认销售等）。对于费用计提的会计凭证，必须审查其预估基础合理性，计算正确性及相关支撑文件。

- 会计记账凭证的审批流程是否完整。系统中执行的审批一般能显示在凭证上。一些企业的管控流程包括了"手工""事后"的审批，例如，财务总监、总经理需要知晓某些大额交易并在凭证上签字（盖章）或填写处理意见。审计人员应熟悉企业的审批权限，知道哪些交易需要附加审批才算完整。

翻查凭证是一项非常基础的审计工作，是文书审核的开端。审计人员应关注细节，只有这样才能从会计凭证和原始单据中发现问题。很多时候并不是审计人员没找到有问题的凭证和单据，而是审计人员对异常点没予关注，直接在思维上忽略了凭证和单据不合理的地方。审计人员应养成明察秋毫的习惯。

十一、如何明察秋毫

审计人员在核实交易和验证文件时，可为何有些审计人员的洞察力比较好，能发现文件中的造假和篡改事项，而有些审计人员却看不出虚假文件的猫腻呢？这就需要审计人员具有较强的洞察力和职业谨慎性。

1. 看表面，也看实质

在舞弊审计中，审查文件时，审计人员是要表面合规还是看实质合理？一些审计人员对流程审计做得很好，但做舞弊审计时却始终找不到证据，这并非该审计人员的审计能力不足，而是他只看到了他想看到的东西，只关注了文件的表面合规，没思考该文件所呈现的结果是否合理。

一般审计人员把审阅文件称为"翻凭证"，基本上只要翻到凭证册内有一张想看到的文件（如发票），核对金额和账上的相匹配就算完成工作了，有时甚至连发票抬头和开票人信息都不看，这就是只关注了文件的表面合规。

2. 如何看表面也看实质

假设审计人员要审查一笔 500 万元的市场费。一般审计人员会先查看 ERP 系统内是否记录了这笔 500 万元的费用，会计分录是否正确。接下来审阅该费用的原始凭证与票据，查看发票金额是否正确，费用的产生是否得到审批，合同是否有领导签字，付款凭证是否得到审批等。

如果审计人员只看表面，一般只要会计分录正确、金额记录无误、凭证与票据匹配、有人审批签字，审计人员就会认定这笔交易是合格的。如果既看表面又看实质的话，审计人员就要考虑为何会有这笔 500 万元的市场费出现，该费用是否在预算内，费用产生的时间和金额是否合理，审批人是否合适，有没有利益冲突，凭证票据是否有造假迹象，签名与印章是否是冒签、假造的等。

3. 你只看到你想看的（注意力盲点）

人的注意力是有限的，通常我们只会留意我们认为重要的事物。虽然我们的感官（视觉、听觉等）能感应到外界的信息，但是我们会自动地把不重要的事物排除在外，这就出现了视若无睹、听若无闻的情形。

我们明明看到了某些事物，但是当别人问起来时，我们却压根想不起来，仿佛完全没看过似的，这或许就是我们常说的"视觉麻木""注意力盲点"。这正是有些审计人员在翻阅凭证时总看不到造假的蛛丝马迹的原因，虽然在视觉上审计人员看到了差异但是却没加以留意，只看到了自己想看到的事。

如果一个人在思维上只期待看到符合规定的事物，那他就只会留意这些符合规定的事物，其他不符合规定的事物即使出现在他的眼前，他也可能视若无睹。

在现场培训时，我会让学员看一段舞蹈视频并数一下表演者一共踩进激光灯圈范围内多少次。因此，学员们都会集中注意力地去数，当视频结束后，学员们会给出25次、27次、28次、30次等各种答案，但他们却不知道在视频中有一个装扮成企鹅的人从舞台上走过。当我问学员们是否看到企鹅时，90%以上的学员都会很诧异地说："哪有企鹅？"再次观看该视频时，所有的学员都会"突然"看到"企鹅"大摇大摆地从舞台上走过。为何第一次没看到"企鹅"呢？学员们会说第一次只关注表演者的脚是否踩进激光圈，根本没有关注舞台其他地方，所以没看到"企鹅"！这也就是他们只看到了自己想看到的。

这就是"注意力盲点"。在文书审核过程中，审计人员可能心中只想着文件中某些特定的元素（如金额、会计科目、签字等），导致无法注意到文件中异常点的存在和正常点的缺失。

在本章的第二个案例"拆分订单"中，我请大家在列表中寻找有同样请购审批单号的采购订单（拆分嫌疑）。除了拆分订单问题，大家是否发现该列表还有其他问题？其实该表中有一个采购单号缺失了。如果刚才在审阅该案例时没发现有缺失的采购单号（A23016），现在可返回前文查看。为何在第一次审阅列表时没有发现该缺失的采购单号呢？因为当时大家心中只想寻找拆分订单的情况，在思维中就没去注意其他的事情（就像看视频时没有看到企鹅）。也有可能是看到了不连号的采购单号（A23015、A23017）却未加关注。另外，该列表中还有四组订单的发票金额大于系统的过渡账户金额，两组订单的发票金额小于系统过渡账户金额。请问你发现了吗？这就是注意力盲点。

十二、本章小结

文件审核是舞弊审计中基础性的工作。舞弊审计中要审查的文件要素一般包括招投标文件、资质证照、合同文件、发票、签名、印章等。审计人员必须细心观察，把文书中缺失的正常要素和存在的异常点找出来。另外，要做好文件审核，审计人员必须有明察秋毫的能力，要能既看表面也看实质。审计人员也应避免掉进"注意力盲点"中，只关注自己心中想看的事物，忽略其他出现在眼前的证据。

第七章

舞弊审计技巧——数据分析

立天之道，曰阴与阳；立地之道，曰柔与刚；立人之道，曰仁与义。

——《周易·说卦传》

一、引言

由于企业的所有交易都记录在系统内，任何审计都需从系统获取交易证据或从数据库中检查该交易是否记录在案，不管是流程审计还是舞弊审计都离不开数据分析。在舞弊审计中，从数据分析中找出的异常点是审计访谈中可用的谈话材料，也是促使被谈话者产生供述动机的一大因素。

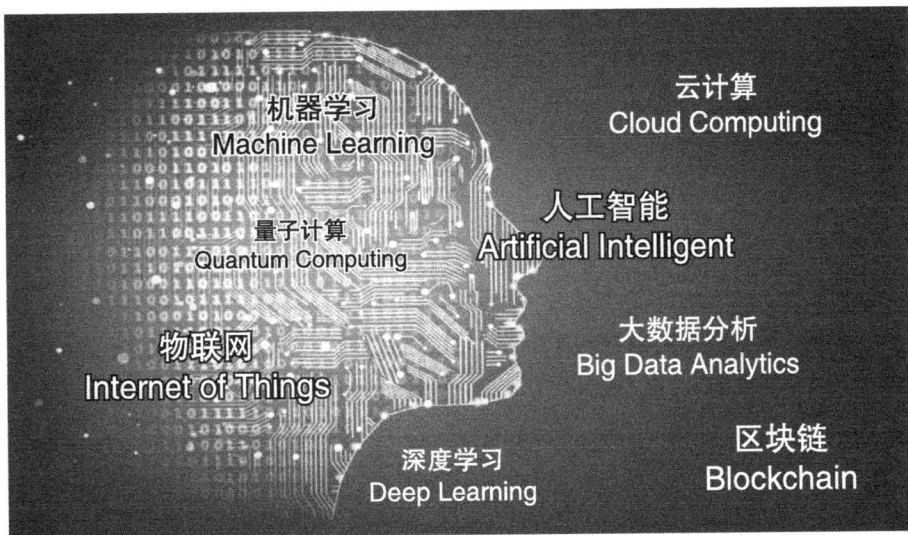

在大数据云计算时代，许多企业和机构都掌握与应用着海量数据，尤其是一些互联网企业、电子商务企业、金融保险企业、电信通信公司和国家政府机关等。每一秒都有大量的各种结构型、半结构型和非结构型数据通过各种信息来源生成，包括各种线上由用户生成内容的音视频与文字社交媒体，电子商务与网络共享服务，网络金融、电子支

付和区块链数字产品，人工智能与机械学习设备，监控设备，各种物联网终端（自动汽车、工业医疗设备、地理气候传感器）等。这些数据数量非常庞大，种类繁杂众多，生成运转迅速。虽然从总体上看大数据给人工智能设备的机械学习和深度学习软件提供了全新的趋势与模式学习大蓝图，但单个数据的个别价值密度是非常低的。

二、数据分析概述

企业中的数据分析可以粗略地分成两种，即前瞻型分析（预测未来）和回顾型分析（研究过去）。

不管是前瞻型分析还是回顾型分析，数据分析最终都可通过绘图可视化。前瞻型分析通过大数据来预测未来趋势，可协助企业积极主动地预测客户需求、提供个性化服务、主动提供相关产品和服务、开拓新市场和新品类。企业可通过客户以前的交易和浏览所留下的电子痕迹，生成用户画像来优化客户体验，提高企业运行效率，降低成本。通过结构型和非结构型数据分析网上舆论、市场供需变化、竞争对手策略，企业可在危机还未出现之前获得预警，从而主动采取应对措施。常见的大数据分析场景如下。

（1）分析所有产品，以利润最大化为目标来定价，促销或清理库存。

（2）根据客户购买习惯、加入购物车的物品和浏览情况等推测并推送其可能感兴趣的产品和信息。

（3）通过大量的线上支付、网购、评论、定位、浏览等信息调整授信，降低信贷风险。

（4）从大量客户中快速识别出高价值客户并重点关注，以继续提高其消费能力。

（5）根据实时交通流量情况为物流与交通服务公司规划路线，躲避拥堵。

（6）通过点击率、流量、网上舆论等挖掘各种市场信息，预测用户喜好的转变。

（7）利用大数据及时解析设备故障，发现问题和缺陷的根源，为企业节省维修费用。

（8）以大数据分析医学病理找出疾病早期症状。

（9）通过手机大数据信息遏制流行疾病散播，向密切接触人群提供及时预警。

（10）通过人脸识别大数据分析与监控维持治安，让歹徒、恐怖分子无所遁形。

（11）使用点击流分析和数据挖掘来规避、发现和防范欺诈行为。

（12）利用大数据分析进行气象预测。

前瞻型数据分析和机器学习的算法有很多，例如，监督学习的分类和回归算法，包括线性回归、逻辑回归、最近邻分类（KNN）、决策树、随机分类、朴素贝叶斯分类、支持向量机（SVM）、集成算法、套袋算法（Bagging）等；无监督学习的聚类与关联分析，包括聚类分析（K-Means）、层次聚类、频繁模式、聚类评估、关联分析等；强化学习的深度学习算法，包括深度神经网络算法（DNN）、自组织映射图（SOM）、卷积神经网络（CNN）、BP神经网络、玻尔兹曼机（Boltzmann）、递归神经网络（RNN）。

　　本章以回顾型分析发现舞弊证据和线索为重点进行讨论，前瞻型数据预测和机器学习算法不在本书的讨论范围。

用户画像

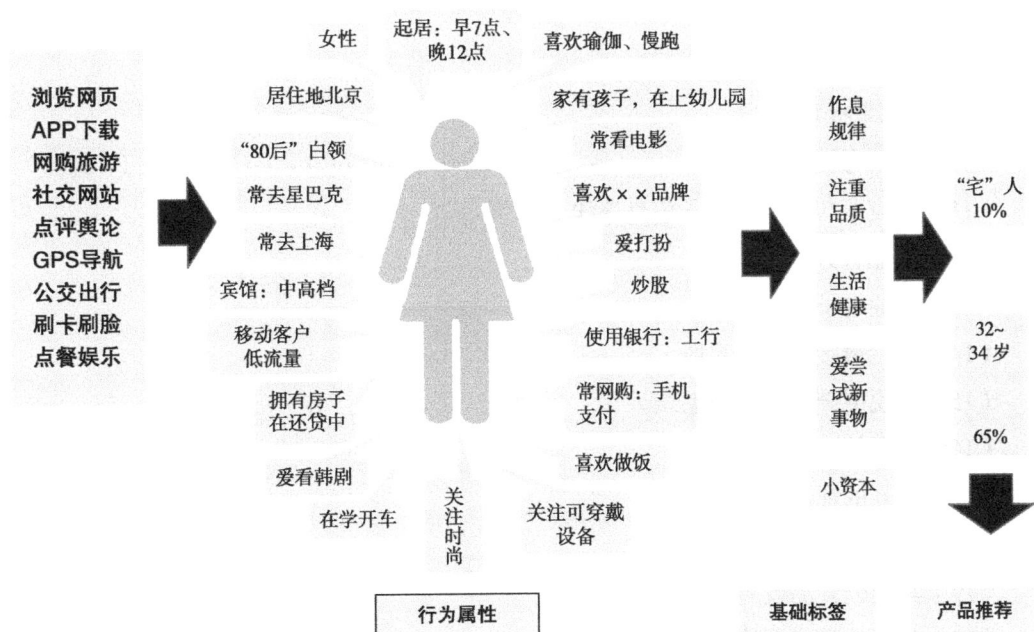

　　回顾型分析通过数据来研究过去，去挖掘发现曾经发生过什么事，事情的分布和趋势情况以及事情发生的原因等。由于舞弊调查的重点是挖掘并发现证据来判断舞弊是否已经发生，所以企业审计中的数据分析一般都侧重于回顾型分析。当然，如果是做舞弊风险管理的评估和设定舞弊欺诈的预警库，那就要通过前瞻型分析来进行预测了。

　　数据分析需要有数据源，数据源可分为内部数据和外部数据。内部数据是指企业内系统生成的数据，绝大部分都是结果数据，如财务结果、生产结果、沟通结果等。外部数据就是互联网上的数据，大部分都是行为数据，如用户行为、市场需求、市场舆论等。除了一些互联网服务企业、电子商务企业、金融保险企业、电信通信公司和国家政府机关之外，大部分企业所能获取的外部数据都是互联网上用户公开的信息和国家统一开放的信息。一些敏感信息、隐私信息、公民信息、财务信息是保密的，管理这些信息的国家机关和互联网公司是不会向任何想做数据分析的审计人员公开的。因此，企业的审计数据分析一般都集中于内部信息分析，结合部分网上公开的信息分析，并且侧重于结构化数据的分析。

　　企业中审计数据分析的信息来源如下。

（1）企业财务系统（ERP）。

（2）人事管理系统（HRM）。

（3）供应链管理系统（SCM）。

（4）招投标管理系统。

（5）客户管理系统（CRM）。

（6）销售与促销管理系统。

（7）客服管理数据。

（8）沟通邮件系统。

（9）内部审批系统。

（10）员工考勤系统。

（11）供应商与客户的电子信息连线。

（12）企业官方网站信息。

（13）企业电子交易数据。

（14）银行链接的网银系统。

（15）国税网链接的金税系统。

（16）公开的工商数据。

（17）公开的征信数据。

（18）公开的法院判文数据。

（19）其他公开的政府机关信息。

（20）公开的互联网信息和舆论。

……

回顾型的统计分析有很多种，但是和审计相关的分析仍侧重于分析数据间的关系、数据的一致性、数据的合理性等。不管是大数据还是小数据，在舞弊审计中审计人员都应从各个维度来分析数据，从数据海洋中获取有用的证据、疑点和线索来证明舞弊。审计人员可以从数据分类、数据排序、数据比率、数据完整性、数据趋势、数据画像等方面进行分析。

审计人员掌握了数据分析的维度和逻辑，就可以通过数据分析四大步骤套用在任何一种审计场景、任何一个业务环节的审计中。

三、数据分析的主要步骤

数据分析的步骤将根据分析的复杂度和维度有所变化。在企业中，审计数据分析一般包括设定目标、准备数据、分析数据及跟踪异常四个主要步骤。

1. 设定目标

许多企业在开展审计数据分析工作的初期就购置了许多的分析软件。其实审计中的数据分析成功关键点并不是分析软件，真正决定审计分析工作能否成功的首先是审计人员的逻辑梳理能力，其次是审计人员对企业流程与数据库的了解掌握程度，最后才是分析软件的功能与应用。审计人员只要确定分析目标和分析逻辑，并获得分析所需的数据，进行分析工作就将是水到渠成的事。

在设定分析目标的时候，审计人员必须有以下两种思维。

（1）像老板那样思考，即假设公司是你的，你会担心什么事呢？你是否会担心销售收入没被记账，担心有费用被虚增了，担心签订的合同是违规操作的。这些也正是上文所提到的审计的 12 个目标。审计人员只要结合这些审计目标来分析业务数据就可以了。

（2）像老千那样思考，即假想如果你是坏人想通过舞弊侵占公司的资产，你将会如何做呢？又将会如何隐藏该舞弊呢？估计你会想出各种方法，这些方法就是审计中要分析的关键风险点。审计人员只要结合这些审计风险点来分析业务数据就可以了。

在思考数据分析的目标时，审计人员应明确以下几个要点。

- 明确你的问题点（你担心的是什么）。
- 明确你想证明什么（何谓正确，何谓错误；何谓正常，何谓异常）。
- 哪些数据的"逻辑点"和"矛盾点"能显示出"错误"或"异常"。
- 不同的数据组的"匹配点"与"交叉点"在哪里。
- 明确分析所需要的信息与数据。

数据分析其实就是分析数据与其他事物和交易之间的勾稽关系。审计人员通过分析来验证事物和交易在发生以后或在没发生的情况下，数据是否呈现出了应该呈现的现象与趋势，这是通过事件与数据之间的自然关系或历史关系得出的数据影射来查找异常或波动。这和在文件审核中查找"黑天鹅"是类似的，审计人员需对逻辑推理和逻辑批判思维有基本的掌握。以下是数据分析的基础审查内容。

（1）期望中的波动是否未出现。

（2）不期望的波动是否出现了。

（3）期望中的数据一致是否未出现。

（4）不期望的数据一致是否出现了。

舞弊审计中的数据分析更多的其实就是对比两个数据表，分析它们之间的异同。数据分析的情景有很多种，审计人员应掌握的最基础的分析情景有以下四个，如下图所示。

（1）大数据集中有小数据集（A 数据表涵盖了所有 B 数据，如果数据在 B 表内出现了就必定会出现在 A 表内）。

（2）两个数据集有部分重叠（A 数据表和 B 数据表中应有部分相同点）。

（3）两个数据集不该有重叠（A 数据表和 B 数据表中不该有相同点，有相同点就是错误的）。

（4）两个数据集以外的数据（A 数据表和 B 数据表中都不该存在这些要查找的目标数据）。

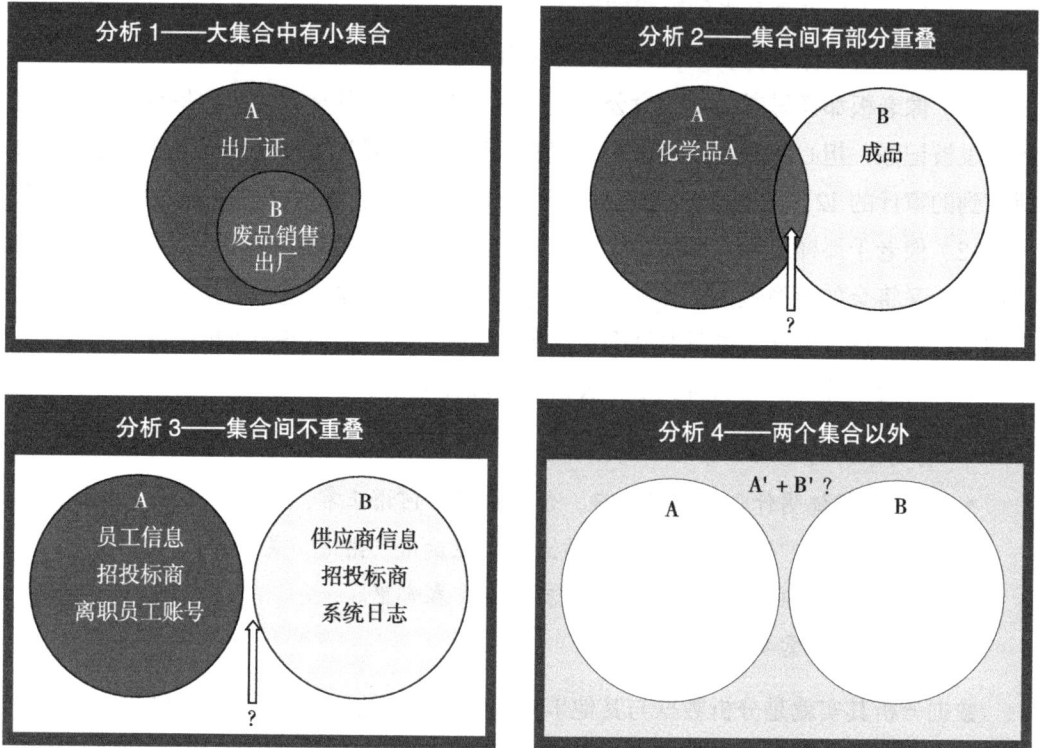

根据这四个数据场景目标，审计人员可以结合审计 12 大目标和各种分析维度进行实际分析。当然，这四个分析目标可以交叉重叠使用，衍生出其他更复杂的分析。

审计中常见的数据分析维度如下（详细讨论见下文）。

• 完整	• 相似	• 分布
• 空隙	• 时间	• 高危
• 孤儿	• 日期	• 浓度
• 重复	• 匹配	• 规律

2. 准备数据

设定了分析目标后，审计人员接下来的工作就是准备数据。这个阶段通常被称为 ETL［Extract（提取）、Transform（转换）、Load（加载）］。根据企业的系统资源和复杂程度，审计人员可以通过实时连线、批量连线、个别生成的方式采集数据。实时连线采集数据可能会占用系统在繁忙时段的资源，也可能造成业务系统宕机崩溃。因此，如果要采集的数据很庞大，不建议实时连线采集。

庞大数据采集可以通过批量操作，由系统管理员在系统资源较闲暇的时段下载。如果要采集的数据不大，审计人员可以通过自有的权限从系统中直接采集。如果审计人员经常需要处理与分析比较庞大的数据，建议审计部门搭建审计数据仓库（数据集市），让系统定时地向数据集市输送下载数据，以备审计人员需要时可以离线采集。

采集后的数据需要经过处理才能有效地用于分析。首先，数据的文档必须转换成审计分析软件或 Excel 能识别的格式，如 CSV 格式。其次，审计人员必须对数据表中的无关字段信息、空白数据字段、错误的单元信息格式等进行清理。

对于信息空白的数据，审计人员要决定是否直接忽略整条交易数据，还是以平均值、中间值、常见值或零来填充。数据的计算单位出现不匹配的也需转换一致才能执行有意义的分析，例如，一个数据表的计数单位是万，另一个却是十万，就不能直接做对比分析。如果有敏感数据的，如敏感第三方名字、薪资信息、企业机密等，还要做好数据脱敏后才可让审计人员分析。同时要考虑给这些信息加密，以防个别审计人员有意或无意地泄露了大批量的数据。

审计人员需复核数据文档的生成日期，确保该数据是应审计要求最新生成的。同时要查看文件属性，确认该数据文档的创建者和最后修改者是存储或处理该数据的系统。由于数据必须是从系统直接导出来的原始数据文件，所以该数据文件的创建者必须是该系统的系统 ID，而不是个人 ID。如果数据文件的创建者或最后修改者是系统管理员的 ID，审计人员应该询问其在数据中做了哪些修改，确保该数据文档没有被人为地添加或删减。审计人员可通过随机抽查或总数检测来验证数据的完整性。

（1）数据所覆盖的期间（是否覆盖了正确的审计期间）。

（2）数据所覆盖的维度（是否涵盖了所有分公司，各种交易类数据）。

（3）数据所覆盖的字段（是否勾选了所有需要的信息栏和选项）。

审计人员应该深入了解数据库的基础架构，例如，传统的关系型数据库（MySQL、Oracle、DB2 等）和非关系型数据库（MongoDB、ApacheCasandra、Hadoop 的 Hbase 等），以便更好地与数据库管理员沟通。审计人员应该熟悉企业内的主要系统，了解对应的数据库以及数据库内主要字段、数据的主要层级（如公司级、成本中心级、科目级、子科目、产品服务级、平台级等）、数据交易码、数据科目、数据表等，以便准确地向数据库管理员提出数据要求。

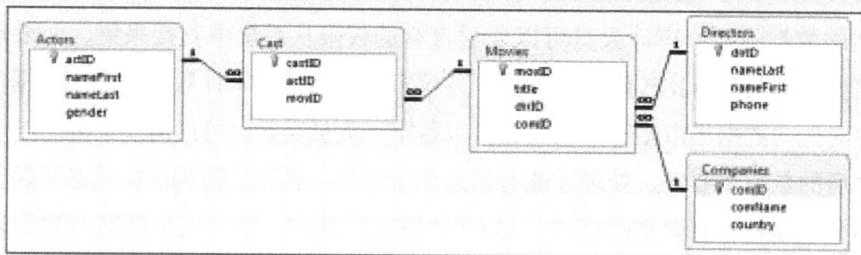

3. 分析数据

数据准备好后，审计人员就可以根据分析目标，通过操作分析软件来进行数据分析了。

（1）数据分析工具

"工欲善其事，必先利其器。"要做好数据分析，审计人员需要有合适的分析软件。如果要分析庞大的数据，审计人员需要用一些可以处理庞大数据的软件，如 Python、R 语言、SQL、Orange、RapidMiner 等分析工具。如果要分析的是较小的数据，那么可以用普通的 Excel、Open Office、Power BI 等分析工具。

市场上有许多付费和免费的数据分析软件，这里提供部分给大家参考，有兴趣的读者可以到网上去搜索下载。

- R 语言（例如，R Studio）
- Python（例如，PyCharm、Anaconda 等）
- SQL
- Orange
- Open Refine（数据准备和转换工具）
- Qlik View（个人版）
- Tableau Public

- Rattle GUI
- Weka
- KNIME
- Data Preparator（*数据准备和转换工具*）
- DISPLAYR Public

企业可以根据数据分析的需求购置合适的数据分析软件。

（2）分析软件运算函数

使用分析软件，需先了解该软件的操作步骤、编程代码和函数。不管是 R 语言、SQL 还是 Python，都有着各自的编程代码和函数。审计人员如果要利用大数据做前瞻性分析和机器学习，通过各种深度学习算法建立人工智能模型，就必须掌握这些编程代码和函数。市场上有许多关于这些分析软件的图书和网课，审计人员可以根据需求选择学习。

当然，要完全掌握 R 语言和 Python 需要深入的学习。由于本书并非 Python 或 R 语言的工具书，所以这里只列举部分 R 语言和 Python 的常用库和一些函数供参考。

下表列举了部分 R 语言常用包和分析函数。

主要操作	R 语言常用包和分析函数
数据操作	• 缺失值：na.omit • 变量标准化：scale • 变量转置：t • 抽样：sample • 堆栈：stack, unstack • 其他：aggregate, merge, reshape
聚类	• 基于划分的方法：kmeans, pam, pamk, clara • 基于层次的方法：hclust, pvclust, agnes, diana • 基于模型的方法：mclust • 基于密度的方法：dbscan • 基于画图的方法：plotcluster, plot.hclust • 基于验证的方法：cluster.stats
分类	• 决策树：rpart, ctree • 随机森林：cforest, RandomForest • 回归, Logistic 回归, Poisson 回归：glm, predict, residuals • 生存分析：survfit, survdiff, coxph
时间序列	• 常用的包：timsac • 时间序列构建函数：ts • 成分分解：decomp, decompose, stl, tsr

（续表）

主要操作	R 语言常用包和分析函数
统计	• 常用的包：Base R，nlme • 方差分析：aov，anova • 密度分析：density • 假设检验：t.test，prop.test，anova，aov • 线性混合模型：lme • 主成分分析和因子分析：princomp

下表列举了部分 Python 常用库。

常用库	Python 常用库功能介绍
Numpy	Python 的一个扩展程序库，支持大量的维度数组与矩阵运算，此外也针对数组运算提供大量的数学函数库
Scipy	Python 的一个开源算法库和数学工具包。包含的模块有最优化、线性代数、积分、插值、特殊函数、快速傅里叶变换、信号处理和图像处理、常微分方程求解和其他科学与工程中常用的计算
Pandas	用于管理数据集，强大、灵活的数据分析和探索工具，其带有丰富的数据处理函数，支持序列分析功能，支持灵活处理缺失数据等
Matplotlib	强大的数据可视化工具及作图库，其主要用于二维绘图，也可以进行简单的三维绘图
Seaborn	一种基于 matplotlib 的 Python 绘图工具库。它提供了一种高度交互式界面，便于用户做出各种有吸引力的，信息量大的统计图表
Sklearn	包含大量机器学习算法的实现，其提供了完善的机器学习工具箱，支持预处理、回归、分类、聚类、降维、预测和模型分析等强大的机器学习库

由于审计人员很多时候还是采用 Excel 进行数据分析，所以审计人员应对常用的 Excel 数据分析函数有所掌握。这里列举部分常用的函数供参考，具体如下表所示。

Excel 函数	用途
IF	逻辑判断函数，根据指定的条件来判断单元格"真"（TRUE）或"假"（FALSE），根据逻辑计算的真假值，从而返回相应的内容
SUMIF	对指定区域中符合指定条件的单元格求和
COUNTIF	对指定区域中符合指定条件的单元格计数
AVERAGEIF	对指定区域中符合指定条件的单元格求平均值
VLOOKUP	从某一数据区域中，根据第一列指定的条件，查找满足该条件的、右侧某列的对应值
MATCH	从一组数据（一列、行、维数组）中，把指定数据的位置找出来
INDEX	从一个数据区域中，把指定行和指定列交叉单元格数据取出来
PIVOT	数据透视表
COUNT	统计单元格区域或数组中数值的个数
COUNTA	计算单元格区域中的非空单元格个数

（续表）

Excel 函数	用途
COUNTBLANK	计算单元格区域中的空白单元格的个数
LARGE	返回一列数值中，按从大到小的顺序取第几个值
SMALL	返回一列数值中，按从小到大的顺序取第几个值
AND	当所有参数的计算结果为 TRUE 时，返回 TRUE；只要有一个参数的计算结果为 FALSE，即返回 FALSE
OR	当任何一个参数的计算结果为 TRUE，即返回 TRUE；当所有参数的计算结果为 FALSE，才返回 FALSE

（3）开展智能分析模式

在数据分析的成熟阶段，企业应考虑把所有分析模式的脚本编程化并建立风险预警库，然后把建立的风险预警库和数据分析软件嵌入系统服务器中，做到实时检测数据并通报可疑交易。也可以把前瞻性数据分析加入数据分析软件中进行实时监控，在舞弊还没发生之前或发生的初期提出警报，从而取得防范舞弊的效果。这类实时的审计数据分析和警报软件有很多，包括 SAP GRC、Galvanize（ACL）、IDEA、Tableau 等。

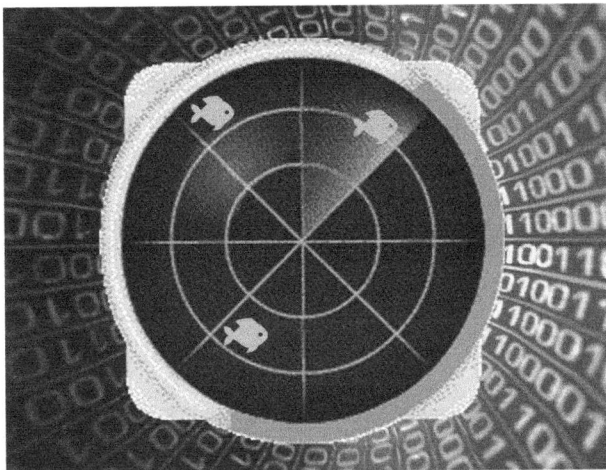

4. 跟踪异常

通过数据分析得出分析结果后，审计人员应以谨慎的态度看待分析结果，而不应该看到有分析异常就认定是舞弊事件或内控问题。审计人员此时应采取其他的审计步骤，如文件审核、询问确认、现场观察等，来确认分析的结果是否确实有异常。

在审计的数据分析中常会出现两类错误。第一类错误是交易数据是没问题，但由于分析的条件设置不准确，导致没问题的数据被选中，这就是所谓的"抓错人了"。第二类错误是交易数据有问题，但由于分析的条件设置不准确，导致有问题的数据没被选中，这就是所谓的"放错人了"。

审计人员应尽量降低分析错误，争取做到既不抓错，也不放过。数据分析错误出现的主要原因是分析的时候没有根据正确的业务流程设定分析逻辑。因此，审计人员应多了解企业流程和商业知识，多寻找异常现象的其他解释，尽量减少逻辑盲点，避免逻辑谬论。

四、分析数据库字段完整性

舞弊事件一般涉及数据造假，造假交易需要有一套完整的数据来支撑，如果思维不够缜密，舞弊当事人可能会顾此失彼遗漏交易中的一些信息。也有一些舞弊当事人在刚开始舞弊时十分谨慎，但时间久了就放松了，所以在造假交易时只伪造关键信息，忽略了其他稍微次要的信息，导致信息数据不完整。此时，审计人员只要关注数据库的完整性就可以查出舞弊迹象。审计人员应该关注的数据库包括供应商主文档、客户主文档、库存数据库、员工信息主文档等，同时还要关注以下内容。

（1）没有地址、电话、企业统一代码的供应商。

（2）没有地址、电话、信用额度的客户。

（3）没有材料名称的物料号码。

（4）没有姓名、身份证号、地址等的员工。

数据库完整性分析是比较简单的，审计人员只要从数据库中导出相关的主文档，然后根据数据库的字段审查出空白字段，如供应商名称、地址、联系号码、企业代码、信用额度等，如下图所示。当发现数据字段有缺失时，审计人员必须深入检验，因为这有可能是舞弊的线索。即使该主文档字段的欠缺并非舞弊违规所造成的，至少表明在主文档输入时有人为疏忽，输入人员没把完整信息录入系统。

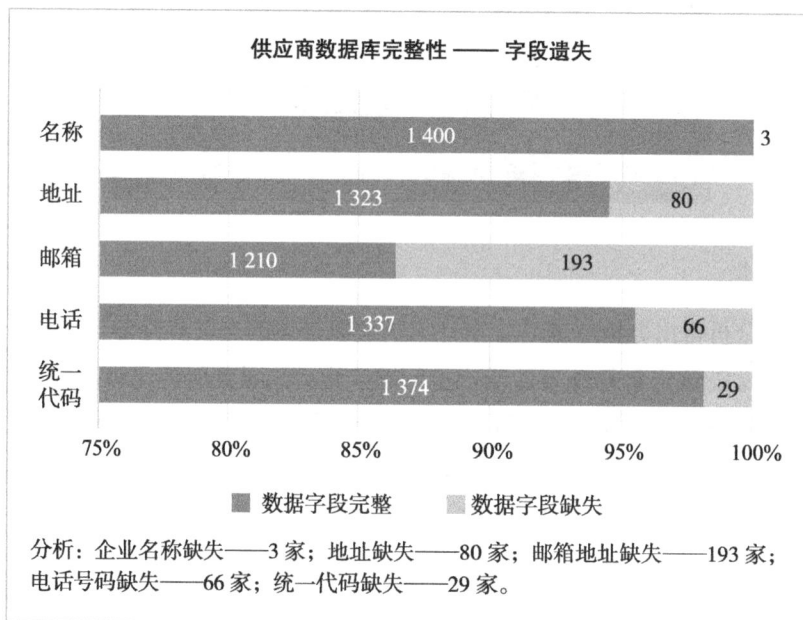

供应商数据库完整性 —— 字段遗失

字段	数据字段完整	数据字段缺失
名称	1 400	3
地址	1 323	80
邮箱	1 210	193
电话	1 337	66
统一代码	1 374	29

■ 数据字段完整　　■ 数据字段缺失

分析：企业名称缺失——3家；地址缺失——80家；邮箱地址缺失——193家；电话号码缺失——66家；统一代码缺失——29家。

R 市某大型工业集团长期大量采购化学原料。在一项采购审计中审计人员执行了供应商主文档完整性分析，发现有一家化学原料供应商有不齐全的联系号码和一个看似民宅的公司地址。在审计询问时采购经理刘某以文件不齐全为借口推脱。通过现场走访，审计人员确认该地址为郊区的一所民宅。最终发现该供应商是采购经理利用其亲戚的身份注册的，通过这家虚假供应商公司刘经理在化学原料采购中获利。

员工信息数据的缺失是一种常见的不完整信息情况。舞弊当事人为了多付工资会虚增人数，虚增人数需要添加虚假的人员信息。在刚开始造假时舞弊人员会把假信息完整地伪造出来，但是时间久了舞弊人员可能会遗漏一些信息，尤其是一些对付款没太大影响的信息。在审计人事与工资时，审计人员应该审查以下信息的完整性。

- 身份证号（或社保号码）空白、重复、不正确、过短、过长。
- 重复的银行账号。
- 重复地址，错误地址（工业区、商业店铺、外省）。
- 没有社保/养老金/所得税（五险一金）。
- 从不休假（虚假职员从不生病，永远不会休假）。
- 非应届毕业生但没有之前工作的单位信息。
- 没有办公座位、电话分机、系统 ID、电脑 IP 和 Mac 地址的员工。

五、分析数据格式和绝对值

除了审查主文档的数据完整性，审计人员还应该分析交易文档中的数据格式和绝对值的合理性。要审查数据绝对值的合理性是很简单的，只要把获得的数据从小到大或从大到小排序，然后分析排序后的前端或后端的最大和最小的数据组，关注是否有以下情况。

（1）空白的交易数据字段：空白的单价金额、交易数量、客户信用额度。

（2）不合理或超常规的数字、金额，如"999999"的交易金额、"8888888"的信用额度。

（3）负数的数据，如负数的库存量、负数的产品单价和交易金额。

（4）未来的交易日期（期货交易除外）、非常老的日期，如 2029 年或 1929 年的文件。

（5）不合理或奇怪的文字、乱码出现在供应商名称、产品描述、交易备注中。

当然并非所有以上情况都是违规舞弊的交易，它只是代表可能有违规舞弊的迹象，但也可能只是输入错误或系统的设置与数据库方面的错误。

六、注意数据编号空隙（跳号）

1. 编号空隙

财务 ERP 系统会自动按顺序编号来确保交易的完整性和可追溯性，每笔交易都有独立的编码。一些舞弊当事人会通过删除系统中的交易记录来掩盖其违规行为，如果当事人有登录数据库的超级用户密码，他们甚至可以跳过 ERP 系统直接在数据库后台删除交易信息。当这些曾经出现过的交易被删除后就会导致交易编号出现跳号。一般在系统中生成后再注销的交易（不是删除）仍会保持其流水号来保证追踪，不会出现跳号的情况。

分析数据编码的顺序也是一项简单的工作，只要把一定期间的相关交易数据从系统中导出并审查其编号的顺序就可以了。如果发现交易的编码出现跳号，审计人员就要注意了，必须深入调查确保没有交易被人在后台刻意删除。当然，并非出现跳号就是有人违规删除交易，也可能是系统程序错误所导致的。不论是违规删除还是系统错误，企业都需要知悉并做出整改。审计中应该执行数据编码空隙分析的交易包括采购订单、收货单、入库单、转库单、质检单、发票和收据、转账凭证、付款凭证、收款凭证。

2. "数据孤儿"

"数据孤儿"也是不完整数据的一种，这些交易数据是有"下文"（"孩子"）却没有"上文"（"父母"）的。在企业系统中生成的交易数据都是一环扣一环的，有了"下文"就一定存在"上文"，比如说，有物料收货单就一定会有采购订单，有销售产品的发票就一定有工厂的发货单。如果审计人员看到了"下文"却找不到"上文"，就表示该数据是有问题的。不同的企业有不同的业务数据和凭证，例如，互联网企业、银行、地产和传统制造业的系统中都有着不一样的数据。审计人员应根据企业内部的业务来寻找数据的勾稽关系，审查数据空隙和"数据孤儿"。以下列举审计中应该执行数据编码空隙、"数据孤儿"分析的交易。

（1）有收货单，没有采购订单。

（2）有供应商发票，没有采购订单、请购单和收货单。

（3）有发货单，没有销售发票。

（4）有付款凭证，没有发票和订单。

（5）有固定资产采购单，没有固定资产审批单。

```
案例：C市电子加工厂的采购跳号

    C市一家电子加工厂的审计人员在数据分析时发现采购订单号码有跳号，这些
跳号不是因为交易注销了，而是在数据库中根本找不到这些号码。审计人员向采
购人员询问，采购人员说这是注销采购订单。当审计人员说注销的订单也有同一
系列的编码时，采购人员则说是系统设置问题。在审计人员咨询IT人员时，他们
说是系统有程序错误，需要系统供应商来检查。

    经过两个月的多方面审查后，IT人员最终承认该跳号的采购订单曾经是出现
过的，但被他从数据库后台给删除了。该采购订单对方是虚假的国外供应商，向
虚假供应商付款，该供应商的应付账款就持平了。这时该IT人员利用管理账号登
录数据库后台把该采购订单删除了。
```

七、注意数据的重复与模糊相同

企业系统中的交易编号不仅要完整，还必须确保不出现交易重复记录的情况。一些会计错误和舞弊交易以相同的或极其相似的文件作为支撑凭证，如重复付款、重复工程签证等。审计人员应检查交易中是否有简单相同的数据或模糊类似的数据。

1. 简单相同

分析简单相同的数据是为了查找数据库中是否有一模一样的信息。一般情况下交易文件中的信息和号码是不重复的，如供应商名称、工人姓名、发票号码等，而且系统对每一项个别交易的编码也不会重复。如果在数据分析中发现了数据的重复，审计人员就要提高警惕，深入求证是否有交易造假或录入错误的情况。

简单相同的数据可能是重复付款的预警。如果发现付款信息中有三个"相同"，即同样的供应商、同样的付款金额、同样的发票，审计人员就要深入审查是否发生了重复付款。此外，简单相同的采购数据也可能是拆分订单的预警。如果发现采购信息有三个"相同"，即同样的供应商、同样的采购材料、同样的采购时间段（同一天的采购或间隔几天的采购），审计人员就需深入审查是否是拆分订单。

一些审计人员认为现在的ERP系统不但不会生成重复编码，而且系统还设置了检测功能以防止相同号码的录入，因此审查时就忽略了是否存在重复数据。其实检查数据是否有简单相同并不是一项复杂的工作，几分钟就能完成。如果系统设置是正确的，那么这几分钟的工作就能证明该审计目标。如果审计人员忽略了这项审查工作，而重复数据真的存在，那么就会出现基础性的错误。审计人员不应该假设重复数据不会出现，因为系统的错误、跨会计期间的输入、在不同账号录入同样的文件号码等都有可能造成重

复数据的出现。下面是一些审计人员应该着重检查是否存在重复数据的项目。

- 入库单
- 转库单
- 质检单
- 发票、收据
- 转账凭证
- 付款凭证
- 收款凭证

- 供应商名称、供应商编码
- 客户名称、客户编号
- 员工名称、身份证号、门禁卡号
- 合同编号
- 交易的 IP 地址
- 采购订单
- 收货单

2. 模糊相同

有些数据可能不是完全相同，而是部分相同，我们称之为模糊相同。这些模糊相同的数据可能是在输入的时候不小心录入错误，也有可能是故意输错的，如地址、电话号码、文件号、名称等。例如，地址——东方北路，东方北道，东方路北，方北路；电话号码——(010)12345678，010 12345678，12345678；单据号码——12345，12435，12354，12345a，12345-1。

一些员工往系统内输入相同的文件号码（如 12345）时可能会被系统拒绝，因此为了跳过这个系统控制他们就会在该号码后面加个后缀使得该号码变得不一样（如 12345-1 或 12345a）。因此，有模糊相同的付款数据也可能是重复付款的预警。如果付款信息有两个"相同"（同样的供应商、同样的金额），一个模糊相同（发票号码），审计人员应深入审查是否是重复付款。审查数据中的模糊相同可以通过各种数据分析软件来完成，也可以在微软官网上下载用于搜索模糊相同的 Excel 添加包，从而在 Excel 中完成模糊相同数据的查找。

案例：几乎相同的报价信息

在 T 市 A 建筑公司的一项招投标流程审计中，审计人员执行数据简单相同和模糊相同的分析。结果发现中标公司的报价是标底的 0.93 倍，部分未中标公司的报价是标底的 1.12 倍。通过后续的电子痕迹审查，审计人员最终发现一位标底制作员把标底泄露给了该中标公司，任其进行围标。

八、分析数据日期与时间

1. 不合常理的录入时间点

除了24小时运作的企业，一般的企业员工上班时间是比较固定的，大概从早上9点到下午5点，且一般周一到周五上班。系统中正常的交易输入时间也应该在这个时间段。审计人员应该分析数据的录入时间和日期，审查是否都在合理的上班时间内，并对下班后（晚上或凌晨）、双休日、节假日录入的交易多加留意。当然，并非所有上班时间以外录入的交易都是有问题的，因为员工偶尔会加班工作，如月底财务部员工要赶在期限前结账。如果看到很多的交易都是凌晨输入的，那么审计人员就要提高警惕了，尤其是那些同一个员工集中录入的交易，如下图所示。当然，以上的分析只适用于非24小时运作，非经常加班的企业。审计人员应根据企业具体情形区分正常上班时间和异常上班时间。

不合常理的交易录入时间

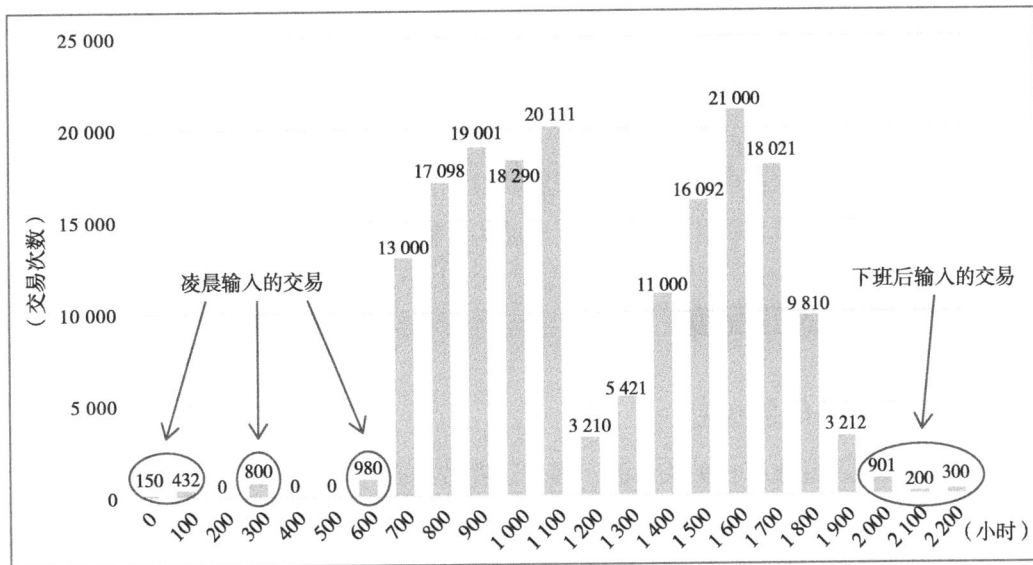

2. 数据时间和日期过早、过晚、过快

正常发生的交易的日期与时间都有一套合理的顺序，某些交易必须先发生，才会有后续的交易。比方说，应该先有采购的审批才有采购订单，先有发货才有销售发票。审计人员应该根据企业中正常的业务发生时间做数据时间的分析，查看是否有一些交易发生的时间是不合理的。下面是一些常见的交易时间不合理的情况。

（1）收货日早于订单日（先收货后补单）。

（2）订单日早于请购单审批日（先下单后审批）。

（3）销售发票日早于货物发货日（先开票后发货）。

（4）收货日与记账月份不一致（先收货，会计期后才入账；先记账，会计期后才收货）。

（5）发货日与记账月份不一致（先发货，会计期后才入账；先记账，会计期后才发货）。

（6）付款信用期前就付款给供应商（过早付款）。

（7）供应商发票日期在合同签订日之前。

（8）员工出生日期不合理（过了法定退休年龄、还未到合法工作年龄）。

（9）员工简历上的工作年份、学历年份不合理。

审计人员应关注数据的时间、日期是否间隔过小，一般交易的审批是需要一定时间的，比方说采购申请的审批、投资方案的审批、银行传统贷款申请的审批（非网上人工智能自动审批的小额贷款）等。这些交易从提出申请、提交、文件处理和审阅，一层层审批都是需要时间的，审计人员应该审查分析交易从申请到审批所耗时长的合理性。一些舞弊当事人为了降低被人察觉的概率，会快速地处理其所制造的违规交易。下面是一些不合理的交易完成速度情况。

（1）采购从申请到审批，从仓库收货到执行付款以不合理速度完成（如一天内完成）。

（2）银行客户贷款从申请到审批再到放款以不合理速度完成。

（3）网上订餐点击率不合理，同一个地址从订餐到送达到再订餐的时间不合理。

九、分析数据的匹配度

1. 不该匹配的信息出现了

有些数据是不应该有相关关系的，因为这些数据是"不兼容的"。比如说员工在离职后不该再享有操作公司系统的权限，也不应该再有登录系统的记录。如果看到这些不该匹配的信息达到了匹配，那就不合理了。不应出现的匹配信息如下。

（1）员工与客户、供应商有一样的信息（地址、联系号码、邮箱、家属名称、银行账号）。

（2）投标商、供应商之间有一样的信息。

（3）客户的网银操作IP地址是银行内部的IP地址（有人利用银行内部的电脑操作了客户的网银业务）。

（4）两家参与团购订餐的饭馆的信息是一样的（电话、联系人、代码、银行账号）。

（5）两家供应商相互订货。

（6）评论、点击率的IP地址是一样的。

员工与供应商有一样的信息

审计人员可以把员工的数据和供应商的信息匹配，查看是否有同样的信息。A 公司在国内外的审计都执行了员工与供应商信息匹配的数据分析，有以下审计发现。

（1）员工的姓名和供应商的公司名称极其相似。

（2）员工的联系电话号码和供应商的一样。

（3）员工亲属的电话号码和供应商的一样。

（4）不同的供应商有同样的联系号码。

（5）国外分公司的员工和供应商有着同样的银行账号。

案例：报价公司的联系人电话号码

A 公司在做采购审计时加入了审查"不该匹配数据"的分析。审计人员把不同年份不同采购合同的所有供应商的名称和联系电话导入 Excel 清单。通过匹配发现不同公司的联系人曾经在不同的时间用过同样的联系号码，同时也发现同样的联系人名称出现于不同公司的报价单上。

问题在哪

年份	投标公司	中标	联系人	联系电话
2019	A 镇公司	—	周四	13xxx277723
	E 区公司	是	陈明	158xx962621
	X 省公司	—	张三	182xxx65347
	G 市公司	—	孙六	13988xx3999
2020	L 市公司	是	张三	182xxx65347
	G 市公司	—	陈明	13xxx277723
	X 省公司	—	赵先生	13988xx3999
2021	L 市公司	是	张三	182xxx65347
	G 市公司	—	陈明	13xxx277723
	L 区公司			

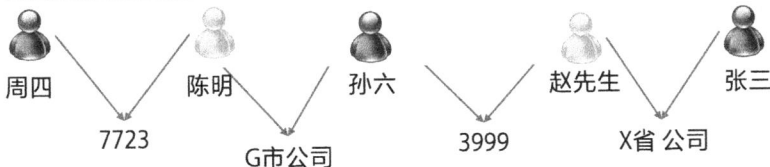

周四　陈明　　　　孙六　　　赵先生　张三

7723　　G市公司　　　3999　　X省公司

2. 该有的数据匹配缺失了

数据的匹配性分析还有一种反方向的测试，那就是验证应该匹配的数据是否匹配上了。数据与数据之间是有一定的勾稽关系的，审计人员应从不同的数据库中导出有勾稽关系的信息，并尝试做对比和匹配。如果发现应该匹配的信息匹配不上，那么审计人员就应深入了解不匹配的原因。下面是几种该匹配的数据但不匹配的情况。

（1）银行卡刷卡的地址和网银转账所在地的 IP 地址不一致（刷卡在本地，网银操作在外地）。

（2）销售人员的 GPS 定位和其输入的所在地址不一致。

（3）工资系统中的员工信息和银行转账系统中的信息不一致。

案例：离职人员仍然获得五险一金

这是一起发生在波兰的审计案例。当地一家公司的员工离职后继续收到公司替他们缴纳的保险和退休金，他们觉得公司对他们很慈善，就向公司的职工会长反映了这件事。公司的人事经理觉得这件事很奇怪，就请审计来调查。

审计人员通过匹配工资系统中的员工信息和银行转账系统中的员工信息发现公司确实还继续给这些离职员工付工资、保险和退休金，但是所有的离职员工的银行信息在转账系统中都被换成了同一个账号。经过核实，该账号为处理工资的一名员工所有，而该名员工也在审计人员到场的第一天就辞职了。

（4）人事系统中的离职员工信息和 ERP 系统中的信息不一致。

案例：离职员工的账号

审计人员也可以分析离职员工的离职日期和其账号的最后使用日期是否匹配。A 公司的审计人员在一项常规审计中做了这个分析，发现有部分离职员工的系统账号在离职后还继续被使用，有些甚至在该员工离职后一年还在用。

审计人员发现该公司对账号密码管控不足，员工对账号保密没有概念，很多要离职的员工都会把密码告诉其他员工以便他们可以继续进行他的工作。这种情形让有心舞弊的员工有机可乘，利用离职经理的账号审批采购订单。

十、分析数据频率与平均值

1. 数据频率

审计人员应关注数据发生的频率，一般来说一些特殊的交易发生的频率不高并且交易的频率应在合理的范围内。如果发现某种交易发生得过于频繁，尤其是敏感交易，审计人员就可以把数据汇总排序，以数据透视的方法查看数据发生的频率。下面是一些审计人员应关注的数据频率的场景。

（1）频繁的大金额、同金额、整数的转账，以及付款或下单订货。

（2）频繁的客户订单修改、订单取消、退货。

（3）频繁的注销会计分录。

（4）频繁的设备维修。

（5）频繁的销售价格修改。

（6）频繁的主文档信息修改（供应商账号、地址等）。

审计人员可根据各种维度来分析最频繁出现的数据，如根据员工、分店、日期（哪一天、星期几）和时间段。

（1）退货次数最多的日期（是否是在月初）。

（2）发货次数最多的日期（是否是在月底）。

（3）投诉次数最多的分店。

（4）退货次数最多的分店。

（5）交易取消次数最多的分店。

（6）招待费报销次数最多的员工。

（7）错误、注销交易次数最多的出纳员。

（8）取消交易次数最多的会计人员。

（9）最常见的付款金额。

（10）最常见的整数付款。

（11）修改次数最多的供应商主文档。

（12）修改后台数据次数最多的员工。

（13）最常用的账号、供应商。

当然，并非所有最频繁、次数最多的交易就肯定有问题，其只是一种预警，让审计人员提高警惕，予以关注。

案例：频繁的研发设备的维修

一家公司在常规审计中分析设备的维修频率，通过数据分析发现，某个区域的研发设备的损坏率和替换率比其他区域高很多。经过审计询问和现场观察，审计人员最终发现原来该研发中心的一名工程师同时拥有维修和替换零部件的申请、审批和收货的权限。这名工程师经常把还没坏的零部件拿下来申请替换，然后由自己来审批和收货。但其所收的"货"就是他之前从设备上取下来的零部件，和他勾结的供应商根本没给公司发新的零部件，直接就给他好处费。

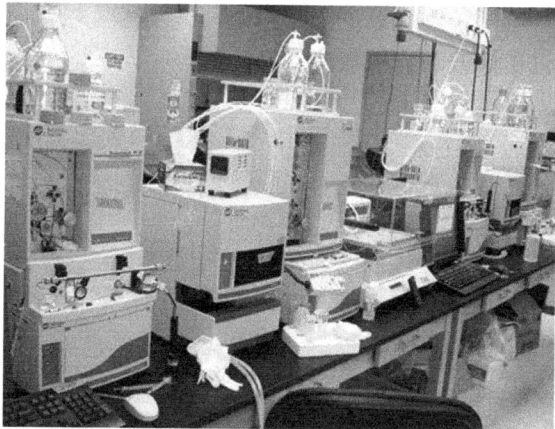

设备损坏特快

2. 数据平均值

除了频率之外，审计人员可通过平均值来分析交易数据的合理性。平均值可以根据员工、分店、产品、日期等维度来计算。

（1）销售员每人每季度平均销售值、销售量。

（2）采购员每人每季度平均采购值、采购量。

（3）采购员每人每季度平均单一供应商的采购量、采购值。

（4）出纳每人每天处理或注销的交易量、交易值。

（5）工程人员每人每月所签发的工程现场签证单数量、价值。

（6）车间工人每人每月平均加班时间。

（7）销售员每人每天平均拜访客户的数量。

案例：分店退货过高

某连锁便利店收到举报信，指出其所在 S 市某路分店的员工以虚假客户退货骗取公司货币资金。审计数据发现该分店在每周二下午有非常多的客户退货，其他分店的平均退货率为 1%，但是该分店的退货率是 13%，尤其在周二下午的退货率更是高达 17%。

审计人员决定对该分店进行暗中走访和实地审计，最终发现每个周二的下午该分店的主管都会到医院做复诊，在离开分店前她会把退货授权卡交给出纳员，让出纳员在她不在店里时一个人处理退货的申请和审批。最后该出纳员承认他会在每个周二下午执行很多的虚假退货，从而盗取公司的货款。

十一、注意高危数据

1. 整数数据

审计人员要注意高风险的整数数据。例如，2 000 万元、100 万元、80 万元、9 万元等的交易金额。企业中的业务交易一般出现整数的概率是不高的，除了一些投资、咨询费或合同预付款会出现整数支付之外，一般的业务金额如采购订单、销售收入、公司费用、员工报销等不会常出现整数。因此，审计人员在做数据分析的时候应对整数数据保持敏感，查看出现整数的原因是否合理。此外，审计人员也应该对那些两个金额相加后的值为整数的交易保持敏感，因为其可能是舞弊人员拆分订单的结果。

整数示例

转进日期	转出日期		金额（元）
2019 年 12 月 23 日	2019 年 12 月 31 日	整数！	1 000 000.00
	2020 年 1 月 4 日	整数！	9 500 000.00
2020 年 1 月 8 日	2020 年 3 月 31 日	整数！	5 000 000.00
2020 年 5 月 15 日	2020 年 5 月 29 日	整数！	6 000 000.00
2020 年 9 月 29 日	2020 年 9 月 30 日	整数！	10 000 000.00
2020 年 10 月 1 日	2020 年 10 月 7 日	加起来是整数！	5 152 395.95
2020 年 10 月 6 日	2020 年 10 月 15 日		4 847 604.05
总计			41 500 000.00

2. 接近审批权限的数据

许多公司的员工为了规避审批会肢解项目，拆分采购订单。高危数据的分析包括把数据根据金额分布列出来，那些出现在审批权限以下，但非常接近审批权限的金额很可能是拆分采购订单的结果。审计人员应关注那些经常有采购订单金额刚好在审批权限以下的员工，这可能是他们拆分订单的线索。

案例：审批权限是多少

审计人员把某企业采购订单的金额列示在图表中。根据以下图表，我们可以猜测该企业的审批限额是 10 万元。

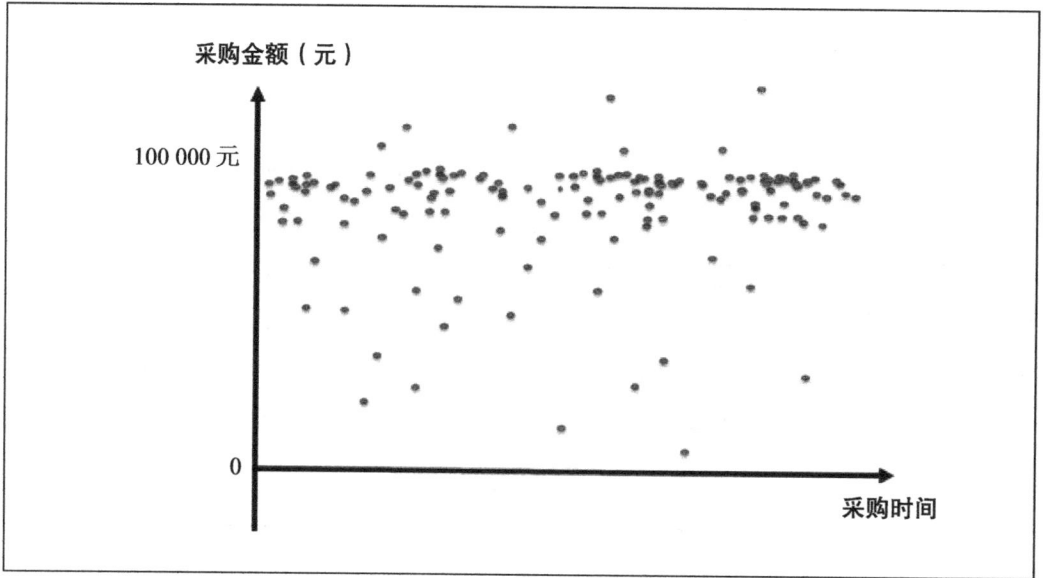

3. 罕见的数字

除了整数和濒临审批权限的数据，其他的高风险数据还包括比较罕见的数字，例如，77 777，888 888，9 999 等。

十二、分析数据的关系

1. 数据趋势

数据的趋势分析也称线性回归分析。数据与数据之间有很多直接或间接的勾稽关系，某些数据升高了其他的数据也会跟着升高，当某些数据降低时其他的数据也会跟着降低。例如，互联网流量费用对销售应产生正向的影响，流量费用越高，点击率和销量就会越高。如果销量没有提高，那可能是促销没做好，也可能是所支付的是虚假流量。其他的数据趋势的例子包括以下这些情况。

（1）员工的出差费用和他出差的天数是成正比的，出差天数越长费用就会越高。

（2）工厂的产量与能源消耗是成正比的，工厂的产量越高能源消耗就越高。

（3）一家酒店的水电费用是和入住率成正比的，入住率越高水电费就越高。

（4）公司的物流费用是和销售金额成正比的，销售金额越高物流费用就越高。

如果发现有数据脱离了这个正比趋势的合理范围（称为离群值），那就应该检查该数据是否有问题。每家企业的业务和数据都是不一样的，因此审计人员应深入了解企业的运作和各业务之间的数据勾稽关系，以预测数据的趋势。

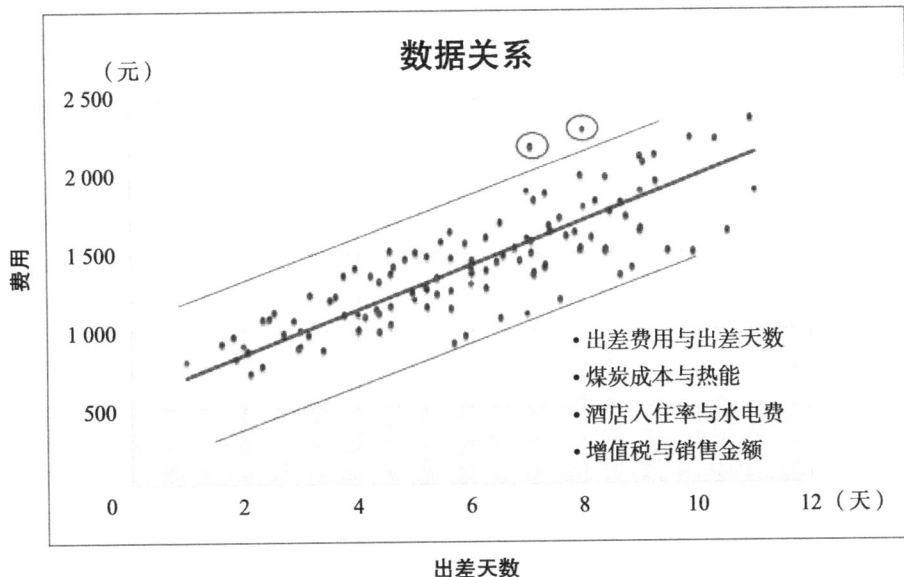

数据关系

- 出差费用与出差天数
- 煤炭成本与热能
- 酒店入住率与水电费
- 增值税与销售金额

2. 数据比率

审计人员可以通过分析数据的比率来查看数据的合理性。例如，以下三类比率。

（1）最大值和最小值对比（最大值除以最小值）

这个比率分析适用于数据值应该相对平稳的数据信息，如产品的销售单价。由于期望中的最大值和最小值应该是比较平稳的，不会出现太大的差异，所以分析出来的比率应该比较接近1。如果分析出来的比率大幅度大于或小于1，那就表示这项数据的最大值和最小值出现不正常的巨大差异。如果最高和最低的销售单价反差很大，是否表示有员工给个别的客户巨大的折扣返利？例如，最高的销售单价为2 000元，最低的却是103元，两者的比率是19.42，远远大于1。

（2）最大值和第二大值对比（最大值除以第二大值）

这个比率分析适用于数据值相对平稳的数据信息，如同一供应商的发票值。由于期望中的最大值和第二大值应该是比较平稳的，不会出现太大的差异，所以分析出来的比率应该比较接近1。如果分析出来的比率大幅度大于或小于1，那就表示这项数据的最大值和第二大值出现了不正常的巨大差异。

如果同一供应商开出的发票最大金额和第二大金额的反差巨大，是否表示企业突然向该供应商下了一笔大于正常金额的订单或者有员工在将发票输入系统时多输入了"0"呢？例如，在同一个供应商的180张发票中最大金额是210.1万元，但是第二大金额只有2.03万元，这就表示179张发票都是2万元以下，只有一张发票是高于200万元的，最大值和第二大值的比率是103.50，远远大于1。

（3）当期值和上期值对比（当期值除以上期值）

这个比率分析适用于当期数据值和上期值相对平稳的数据，如当期费用计提和上期费用计提。由于期望中的当期值和上期值是相对比较平稳的，不会出现太大的差异，所以分析出来的比率应该比较接近1。如果分析出来的比率大幅度大于或小于1，那就表示这项数据中的当期值和上期值出现了不正常的差异。例如，当期的费用计提是200万元，但上期的费用计提却高达2 750万元，两者的比率是0.07，远远小于1。

十三、本福特定律

本福特定律是由西蒙·纽科姆（Simon Newcomb）于1881年首次发现的一种数据规律。这一规律在1938年被通用电气的工程师弗兰克·本福特再次发布于科研报告，从此被称为本福特定律（Benford's Law）。

简单来说，本福特定律认为在一组自然出现的数据组中，数据的第一位数出现的概率并不是平等的，而是根据一定的规律出现的："1"出现在数据第一位的概率为30.1%，"2"出现在数据第一位的概率为17.6%，"3"出现在第一位的概率为12.5%，以此类推，具体如下表所示。

数据出现的概率

第一位数字	概率
1	30.1%
2	17.6%
3	12.5%
4	9.7%
5	7.9%
6	6.7%
7	5.8%
8	5.1%
9	4.6%

根据上表，我们可以画出本福特定律中的"第一位数字的概率"期望图，如下图所示。

本福特定律

第一位数字的概率

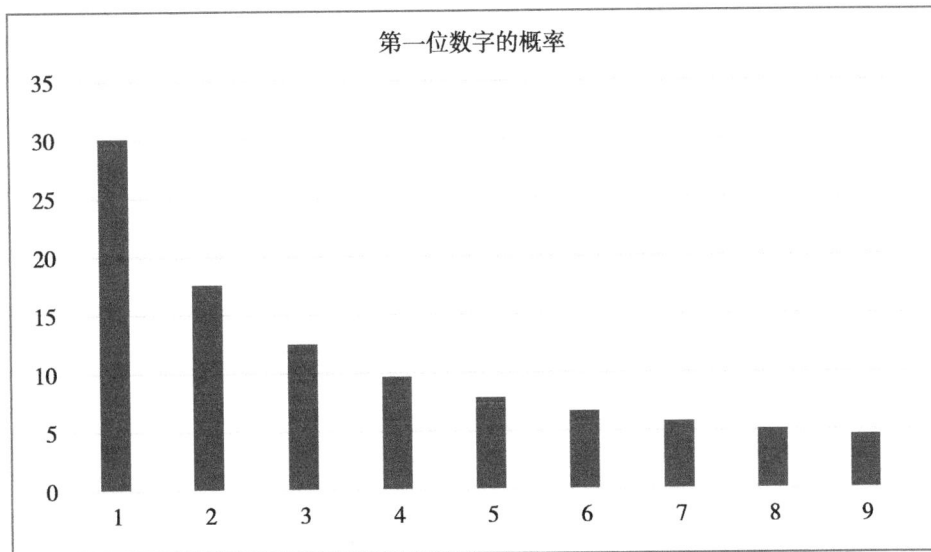

如果有人长期在数据库中人为地添加虚假数据，那么这些数据不会按照本福特定律出现，从而会产生背离本福特定律期望值的数据。由于虚假或舞弊的交易和业务中的数字都是人为生成的，而每个人可能因为想骗取更多的资产或对某些数字有个人偏好，所以所假造的数据就不会根据本福特定律出现。当发现了不符合本福特定律的数据时，审计人员应该对该数据进行集中抽样或详细审查相关文件。

本福特定律

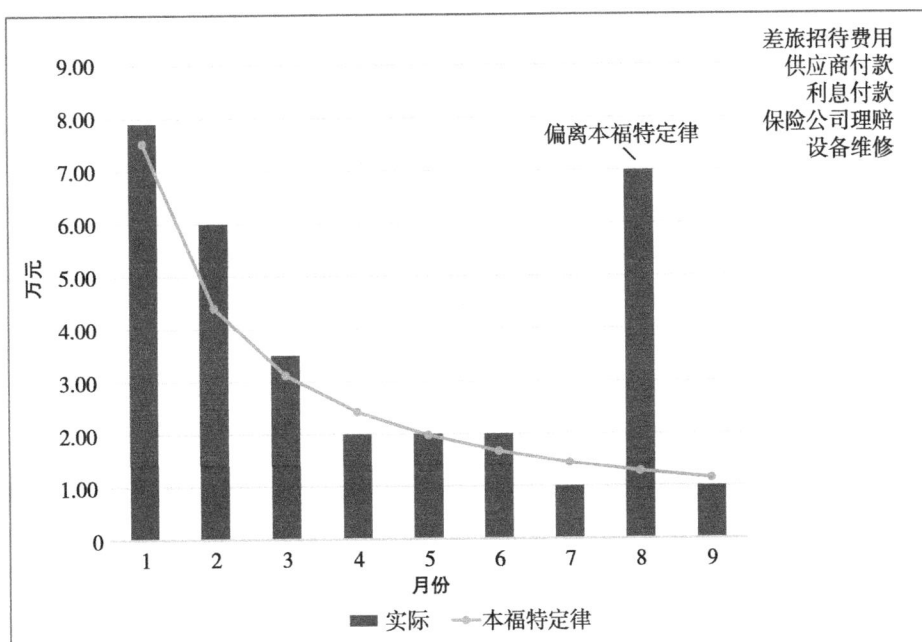

差旅招待费用
供应商付款
利息付款
保险公司理赔
设备维修

偏离本福特定律

万元

月份

■ 实际　　—●— 本福特定律

在某些情况下的数据是不适用于本福特定律的分析的。当数据的号码是按顺序设置的，如支票号、发票号、订单号等，当数据中存在人为设定或限制最低和最高数时，如产品价格故意定为999.99元（不归1），或者该数据库是专门记录10万元以下的采购交易时，数据是有可能不符合本福特定律的。其他可利用本福特定律来测试数据的合理性或其"舞弊倾向"的项目包括差旅费、招待费、线上销售金额、供应商付款金额、利息付款金额、保险公司理赔金额、设备维修费，等等。

除了第一位数字之外，审计人员也可以利用本福特定律来预测数字第一位和第二位的出现概率。例如，11，12，13，21，22，23，24等出现的概率。如果具体数字偏离了本福特定律的预测，审计人员就应该关注这些偏离的交易。

十四、其他数据分析场景

通过以上所提到的各种数据分析维度，审计人员可以根据企业的业务流程、舞弊风险维度，以及数据的完整性设计出各种审计分析场景。审计人员必须要区分舞弊审计中的数据分析和舞弊风险防范中的数据分析。

在舞弊审计中，审计人员必须找到具体的数据证据来证实（或推翻）舞弊。执行数据分析可以帮助审计人员有针对性、快速地找到证据和线索。这些数据将成为证据的一部分，让管理层决定对当事人的处理，包括把事件外移司法机关。因此，这些证据必须是具体的、确凿的。审计人员不能将预测的、推断的、假设的数据异常作为舞弊审计的证据。审计人员也不能以还未发生的事来断定某人"将"会违规舞弊。防范可以，但是要让当事人对还未发生的事负责，是不合理的。

机器学习算法预测出来的舞弊可能发生点、离群点、趋势预测点、聚点等都是一种推断。一般这些预测对企业发展业务有巨大的帮助，企业可以推断客户的喜好、市场的趋势、成本的控制方式等。企业可以用这些信息来制定舞弊的防范措施，建立智能风险防范和自动检测机制。但企业不能以这些推断出的异常点向当事人说："机器学习算法预测出了你的舞弊的聚类（趋势、离群点等），所以企业要对你实施惩罚。"当然，企业可根据这些异常点进一步调查是否发生了舞弊，那就回到了上面提到的"舞弊审计中的数据分析"，审计人员需要找出确凿的证据来证明舞弊。

因此，当审计人员要在审计中运用大数据分析、机器学习、深度学习时，应该思考是运用在具体舞弊审计上，还是运用在寻找舞弊迹象和防范舞弊的机制上。

下表列举了结合前瞻性分析思路、网络爬虫和机器学习算法的部分审计分析场景，供参考。业务环节中其他常见的数据分析收录于附录2，仅供参考。

审计范围	审计场景
采购价格	编写 Python 代码建立网络爬虫获取网络上的材料价格信息，与公司采购价格进行对比，找出差异较大的物料
供应商、客户信息	利用网络爬虫获取网上供应商和客户公司信息（法人、股东、联系信息等），进行交叉对比： ● 找出高风险供应商、客户（合规问题、反洗钱等） ● 找出供应商之间潜在的关联关系 ● 找出客户之间的潜在关系 ● 找出供应商与客户之间的潜在关系 ● 找到重名联络人、重合的联络方式 ● 与内部员工花名册比对，找出潜在的关联关系
寻找离群值	利用 K-Means 聚类、线性回归、逻辑回归等分析交易，寻找离群值（异常），包括 ● 不合理信用卡消费或舞弊警报 ● 不合理贷款审批警报 ● 不合理销售折扣警报
运输费用	获取各类运输工具 GPS 位置和地图数据： ● 计算最优路段和距离 ● 对比油耗和运输价格 ● 找出差异较大的运输交易
费用报销审计	通过大数据透视分析或词云可视化方式，分析费用中的特殊或敏感字眼。例如，烟、酒、购物、高尔夫、会议、旅行、保险、中介、咨询等
提取图片文字信息	编写代码批量提取扫描文件中所需的信息，将提取出的文字信息自动写入文档中或提交爬虫执行网上搜索
店铺选址	利用爬虫获取租赁网站和点评网站信息，测试租赁费用合理性
销售量分析	利用爬虫和自然语言处理来获取网上流量、点击、购物车、分析评论和社交媒体情况，确认分析产品竞争情况，包括 ● 产品销售量合理性 ● 流量、点击率合理性 ● 促销活动合理性、针对性、效益性 ● 促销费用合理性
销售价格分析	通过销售价格透视和可视化分析，探究价格变化与成本价、标准零售价之间的关系，寻找最优价格区间
医保基金审计	通过大数据对比分析，寻找是否有药品购买总金额低于药品医保报销总金额的情况，住院费用低于医保费用报销的情况，药品出库总量大于入库总量的情况
扶贫项目审计	通过国家各类数据对比分析，确认扶贫资金是否有违规使用情形。例如，结合扶贫数据、公安户籍数据、民政低保数据、房屋产权登记、工商登记、车辆登记等信息做各维度分析（如跨地区、跨年度），寻找是否存在有车有房有公司的人骗取资金补贴的情形

（续表）

审计范围	审计场景
关系浓度分析	利用大数据分析交易的频率，寻找潜在的员工与客户之间或员工与供应商之间的关系，包括 ● 银行经理所审批的非关联贷款客户之间有频繁的资金往来 ● 银行柜台员工频繁地处理特定客户的银行账业务 ● 销售人员频繁地处理特定客户的销售及优惠返利 ● 采购员频繁地处理特定供应商的采购业务
涉及虚拟货币的银行账户审计	利用文本分析，寻找提到"比特币、泰达币、以太坊、莱特币、狗狗币"等词语的银行交易描述，审查虚拟货币交易
相似图文分析审计	结合爬虫技术、哈希值、图像识别算法对"不应该相同的照片、电子文件"如不同供应商、投标公司提供的图片进行分析。寻找同样哈希值的照片、文件，寻找高概率类似的照片等
电信客户话费余额审计	利用大数据分析对比电信系统中客户余额和财务系统中的收款信息，寻找两者间的差异：余额增加但是没有收款信息
客户流失分析和流失预防审计	利用聚类算法、回归算法预测高流失概率的客户群，并以流失预防促销活动的对象客户群对比，寻找两者间的差异。核查是否向低流失概率的客户提供了促销和打折优惠，是否遗漏了向高流失概率的客户进行流失预防的促销的活动
互联网平台中卖家的评分等级分析	利用各种聚类算法、回归算法、大数据分析来核实平台上卖家的评分等级（钻石、铂金卖家等）或出现在首页的合理性、符合平台的销售要求、算法要求等，确保没有个别系统管理员违规给卖家加分提升等级
保险索赔欺诈审计	利用本福特分析，审查保险索赔数的合理性，结合其他分析，如频率、平均数等，寻找索赔舞弊情况，以及高频率处理这类不合理索赔的员工

十五、数据分析中的逆向思维和逻辑思维

简单来说，要做好审计中的数据分析，审计人员必须掌握审计目标、业务流程、逆向思维、逻辑思维。审计目标就是前文提到的 12 个审计目标和各种数据维度，如趋势、重复、时间等。业务流程就是指企业中的销售（O2C）、采购（P2P）、生产、物流、资金、人力资源等环节中的各种流程。

接下来我们讨论"逆向思维"和"逻辑思维"。

1. 逆向思维

审计人员在分析数据时要确保没有思维盲点。人们通常有一种叫作"确认的偏见"的思维盲点，即只想确认自己已知的事实，而不去探测未知的问题。下面以一个游戏来说明什么是"确认的偏见"。

假设这里有一副特殊的扑克牌，牌的一面显示随机的数字（0~9），牌的另一面显示随机的英文字母（A~Z）。数字和英文字母的出现都是随机的，没有任何规则，唯

一的规定是字母 D 的另一面必须是数字 3。如果我在桌面上掀开了四张牌，分别显示
"D""F""3""7"，此时需要你确认这四张牌是否违反了"字母 D 的另一面必须是数字
3"这一规定，你会掀开哪一张牌来看它的背面呢？

逻辑批判

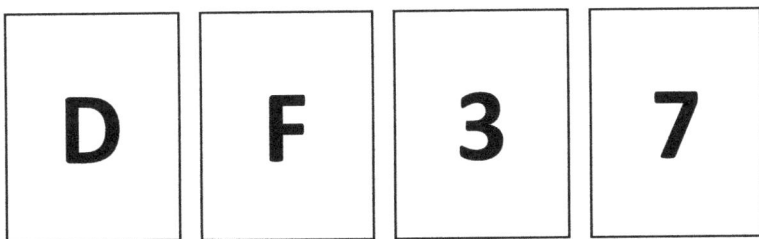

D 的背后必须是 3 号

　　许多人会说掀开 D 牌，掀开 D 牌是为了看它的背面是否是 3，如果是 3，那就没违
规，如果不是 3 那就违规了。你肯定不会掀开 F 牌，因为不管 F 牌背面是什么数字都
不会违规（F 牌和规定无任何关联）。还有许多人会掀开 3 号牌，看它的背面是否是 D。
那你会掀开 7 号牌吗？相信很多人都不会掀开 7 号牌，因为我们认为 7 号牌和违规没
关系。

　　如果你选择掀开 D 不掀开 F，那你的答案正确；但如果你也选择掀开 3，那就错了。
其实我们是不需要掀开 3 号牌的，因为假设 3 号牌的背面不是 D，如 3 号牌的背面是字
母 H，请问它是否违规呢？其实是没有违规的。因为规则是 D 牌的背面必须是 3，却没
说 3 号牌的背面必须是 D，所以其实不管 3 号牌的背面是什么字母都不能证明违规。如
果背面正好是 D，那最多只是证明这张牌合规了。

　　其实真正应该掀开的牌是 7 号牌，因为如果 7 号牌的背面是字母 D 那就违规了。
因为 D 的背面必须是 3，而非其他号码，所以当我们看到非 3 的数字牌时要掀开来看背
面是不是 D，我们担心掀开后看到 D，如果是 D 那就违规了。而当我们看到 3 号牌时，
其实是不需要掀开它的，因为它已经满足了要求，不管背面是不是 D，都不会违规。如
果正好是 D，只是证明了其合规而已；如果是其他字母，也不违规。

　　这就是"确认的偏见"，人们只想去证实已知道的事实，而忽略了需要确认的重点。
所以正确的答案是要掀开 D 和 7 号牌，而无须掀开 F 和 3 号牌。

　　"确认的偏见"这个思维盲点也可以用另一个例子来解释。假设现在国内规定必须
到 21 岁以上才可喝酒，你是一名审查未成年人喝酒的官员，走进一间酒吧看到四个人
手中拿着杯在喝饮品。

　　第一位手中拿着啤酒在喝，但是你看不出他的实际年龄，有点像 21 岁以下，也有
点像 21 岁以上。请问你会检查他的身份证吗？肯定会！因为他在喝啤酒就是 D 牌。你
要确认他是否满 21 岁（背面是不是 3）。

第二位手中拿着透明的茶杯，一看就是在喝绿茶，但是你看不出他的实际年龄，有点像 21 岁以下，也有点像 21 岁以上。请问你会检查他的身份证吗？肯定不会！因为他喝绿茶就是 F 牌，不需要查！因为 F 牌和需审核的事（D 背面必须是 3）无关，就好像喝绿茶与 21 岁以上才能喝酒无关。

第三位你一看就知道他是一位 60~70 岁的老人，他手中拿着饮料，但是你看不出是啤酒还是绿茶。请问你会检查他的身份证吗？肯定不会！因为他就是 3 号牌，他已经满足喝酒的条件，不需要查！

第四位你一看就知道他是一位 15 岁左右的小孩，他手中拿着饮料，但是你看不出是啤酒还是绿茶。请问你会检查他的身份证和饮料吗？肯定会！因为他就是 7 号牌，如果背面是 D 就违规了。他还没满足喝酒的条件，如果他喝酒了就是违规，必须查！

审计就是要查不合规的事，审计人员必须要警惕，不能让自己掉入"确认的偏见"的思维盲点中，只确认正确的事。审计人员要反方向思考，思考如果有人舞弊他将会如何不遵守规矩，而不是想诚实的人将会如何遵守规矩。要记得，审计人员要找到证据来抓"小人"，而非找证据来证明"君子"是"君子"。

逻辑批判

21 岁以上才能喝酒

2. 逻辑思维

要做好数据分析，审计人员不仅要具备逆向思维，还必须具备逻辑思维。不管分析的数据是几十个 MB 的小数据还是几个 PB 的大数据，分析的基础都是逻辑。审计人员只要能理清楚数据的勾稽关系和逻辑，就能构思出舞弊审计的数据分析目标和程序。这里以一个古希腊数学家阿基米德的故事来介绍审计中的思维逻辑。

案例：如何证明黄金被偷

古希腊有个国王把一块一斤重的金条交给了金匠让他制作皇冠。皇冠制作好后，国王怀疑金匠不老实，在制作过程中混入了白银拿走了部分黄金（进行舞弊）。

那么该如何调查核实呢？有人说，因为白银的密度比黄金小，所以混入白银

的皇冠会比纯黄金的轻，只要称一下皇冠就知道了。但这种测试方法只能验证出金匠是诚实的，无法测试其是否"舞弊"。诚实的金匠制造的皇冠是一斤重的，而舞弊的金匠做出来的皇冠也可能是一斤重的，因为舞弊的金匠偷了黄金后，为了掩盖罪行，一定会多混入一些白银以确保皇冠的重量也是一斤重的。所以称重这个测试，只能验证某些人心中想要证实的事而已，那就是金匠是诚实的（确认的偏见）。但我们要查证的却是反方向的（金匠是否不诚实），所以我们需要逆向思考，运用逻辑思维。

如果金匠在制作皇冠时多添加了白银以确保皇冠的重量符合最初的黄金的重量（1斤），就会造成皇冠的体积增大，大于原来的金条的体积。但是皇冠和金条有不同的形状，该如何测试两者之间的体积差异呢？国王让阿基米德来解决这个难题。这其实和数据分析的程序是类似的。

第一，阿基米德需要明确分析目标："寻找皇冠和金条之间的体积差异。"（审计人员要分析的目标：数据是否匹配、数据是否重复、时间等。）

第二，需要搜集和准备信息。阿基米德必须知道白银和黄金的密度差异（审计人员必须了解业务），并把此信息转换成可分析的数据，那就是在相同重量下，白银和黄金的理论体积差异是多少（转换和清洗数据）。

第三，执行分析。阿基米德是如何分析的呢？他的分析工具是什么呢？阿基米德在洗澡的时候发现，当他的身体放进满的洗澡池时，一部分水被他的身体给挤了出来。阿基米德推算出，挤出来的水就是他身体的体积！因此阿基米德把皇冠放进一满锅水里，把挤出来的水盛起来测量皇冠的体积。然后用同样的方式把金条的体积也测量出来。两者比较就能发现皇冠的体积比同样重量的金条大！（其实根据这一发现，阿基米德也可分析出金匠到底拿走了多少黄金。）

有了这个发现，阿基米德就开始执行数据分析的第四步即跟踪异常。通过审问，金匠交代了他确实是在皇冠中混入了白银。在金匠的家里也发现了剩余的黄金，以及其混合白银的器具。这个公元前200多年的故事说明了数据分析始于逻辑思维。

黄金被偷

当审计人员掌握了审计目标、业务流程、逆向思维、逻辑思维四个因素后，便能在面对任何舞弊情况时构思出有效的数据分析程序。

当然，除了以上四个因素，审计人员还需掌握分析软件的操作能力（例如，Python语言、R语言）和理解其分析原理（例如，各种统计学原理、机器学习算法、深度学习算法等）。如果审计人员实在不懂如何操作分析软件，可以请数据分析专家协助。

如果审计人员能深入学习并掌握分析软件的操作能力和各种分析原理肯定是最好、最高效的。掌握这些能力将能开拓审计人员的思维，以更复杂的算法来协助企业发现异常离群值、在数据开始偏离时提出警示以防范舞弊的发生，甚至预测舞弊可能发生的场景和时段。

十六、本章小结

企业内的交易数据都有一定的规律和勾稽关系，审计人员在执行舞弊审计时，必须对数据的逻辑关系保持敏感，并从各个逻辑维度来检测数据。审计人员要将常见的大数据分析场景和信息来源了然于胸，了解常见的数据异常点和数据分析的主要步骤，掌握数据分析技巧和分析方法。当发现不合理的数据时，审计人员应深入挖掘原因。

第八章

舞弊审计技巧——报表审查

物之反常者为妖。

——纪晓岚

一、引言

这一章我们来谈谈财务报表舞弊的识别和主要的内部审查方法。财务报表弄虚作假基本上有三大类：第一类是故意错误地使用会计原则操纵会计金额、会计分类、会计确认时间等来影响报表；第二类是故意错误地记录或漏记会计事项、交易或其他重要信息；第三类是直接对会计记录或支持性文件进行弄虚作假或篡改。

财务报表粉饰又称为盈余管理，是管理者在会计准则的框架之内过于主观地运用或刻意迎合准则，以达到操纵利润的目的。财务舞弊是管理层有组织的，以虚构利润为目的的，违反会计准则框架的报表造假。财务报表舞弊和财务报表粉饰其实在本质上非常接近，财务报表粉饰一不小心就变成了财务报表舞弊操纵。财务报表舞弊操纵大致上可以分为以下两大类，即利润操纵和现金流操纵。

本章讨论的财务报表审查并非注册会计师所执行的财务报表审计，而是以企业内部审计作为主要出发点调查和发现企业内部或下级单位中常见的财务报表粉饰舞弊情况。

报表操纵

二、识别利润最大化操纵

利润操纵可以分为利润最大化、利润最小化和利润均衡化三种。利润最大化就是通过会计操纵使得报表中的利润虚增。以下是利润最大化常见的场景。

（1）上市的前几年为了达到 IPO 上市要求。

（2）上市的当年为了显示企业利润。

（3）为了满足增发股票、配股、发行债券的要求。

（4）为了避免企业被退市或被 ST 保壳造假。

（5）为了企业融资、获取信贷资金和商业信用、骗取银行贷款。

（6）管理者为了自身利益，应对企业内部考核（如高额的业绩报酬、职位升迁、个人信誉）。

（7）管理者为了推卸企业生意失败中个人的责任。

（8）为了在企业投资并购中抬高收购价格。

（9）为了操纵企业股价，大股东、高管、战略投资者减持获得收益。

利润最大化的典型做法如下。

1. 提前确认收入

审计人员要注意企业在未完成合同中的主要任务前就确认收入的情况，要留意合同条款上的要求。企业可能在买方最终验收产品前提前确认收入，因此审计人员要注意产品验收的条款，确保企业在月底确认的收入都符合客户最终验收的要求。

还有一种情况是在承诺客户无须付款或让其可以退货的情况下确认收入。企业先让客户把货品拉走并确认收入，但是私下答应客户无须付款或可以退货。如果客户无法消化所有的货品，将会在下个会计期间出现大量的退货。审计人员应注意审查会计期末有大量的销售确认，但是在下期期初出现大量的销售下滑或产品退货的情况。这种大涨大跌的销售情况在季末季初和年末年初尤为常见。

这种塞满销售渠道的做法将可能导致过多的库存量和坏账。审计人员应该关注账龄较长的应收账款以及年初出现的大量销售红字回冲。当然，也有一些企业为了不让销售退货"红字"出现，会把退货违规记账为促销费用或其他费用。

以超出合同规定的工作量来确认收入也是提前确认收入的一种操作手法。审计人员必须要审查工作量清单，确保所确认的收入是在年底已经完成并得到客户认可的。公司提前确认工作量包括把客户所支付的定金、订金、预付款等全部计入销售收入，但是货品权责却没转移到客户手中。

提前确认收入的其他预警包括预收账款无理由地大幅降低（因为所有的预付款都确认为收入了），应收账款无理由地大幅上涨（因为大量允许客户无须付款就可把货拉走）。

填塞渠道虚增收入的通常做法

（1）向客户、分销商运送更多的货物，数量比客户实际消化的多，从而得以提高当期销售收入。

（2）承诺以极高的奖励、返利、回扣、折扣以及特长账期说服客户购买多于其真实所需的商品。

（3）答应客户享有退回未售出货物的权利，导致了企业的销售收入发生了根本问题。

---

2. 变更收入确认会计政策

管理层有时会利用会计制度的灵活性，根据财务报表需要随意调整收入确认方式，提前或延后确认收入，从而调整利润。现行会计准则允许三种收入确认方式：（1）销售行为完成，无论货款是否收到都可视为收入实现；（2）采用完工百分比法，按生产进度确认收入；（3）按合同约定确认，主要指分期付款销售方式。同时会计准则规定，在确认营业收入时应扣除折扣、折让、销售退回等。审计人员更要关注把给客户的奖励或折扣当营业费用而不是作为收入的减项的行为。

审计人员要对收入确认的会计政策的变更保持敏感，如从完工交付确认方式变更到"完工百分比"确认，因为根据原来的确认方式，可能要到下一会计期间才可确认收入，但是变更后当期就可根据完工百分比确认收入。审计人员要关注那些提前确认收入的会计政策，如在发货时确认收入而不是在交货时确认，在客户签收大型设备时确认收入而不是等调试验收成功后确认。

当新的收入的确认方式总是在会计期间将要结束时发生，审计人员应谨慎地审查企业是否面临收入问题，修改会计政策是否为了提早确认收入。审计人员应该对买方和卖方之间的交易与资金流通的合规合法性保持合理怀疑，确保不是通过关联方交易相互虚增收入。审计人员也应注意企业随意修改会计结账日期与天数的情况。

会计结账日期

- A 公司——每个月的会计期间一共有 35 天。
- R 公司——把季度末的 3 月 31 日改成 4 月 1 日，这样就可以另外确认 500 万元的业务销售；也把在 4 月 1 日收购的企业的 1 500 万元的收入纳入合并报表。

---

3. 隐藏费用或损失

企业可能会通过隐藏当期费用或损失来达到虚增利润的目的，常见的操纵方法包括故意以错误的金额来记录交易所产生的费用或故意不记月末收到的费用发票，忽略权责的发生。还有一些企业会让供应商先把下个会计期间的采购折扣款项发给企业并记为当年费用的减项。也有企业通过转回前期的备用金和费用计提，以削减当期的费用。隐藏费用往往通过滥用会计估计的伸缩性的方式，把许多费用延迟到未来期间记录。

（1）提高固定资产的残值来降低折旧。

（2）延长成本费用摊销期限（从摊销 24 个月变成摊销 48 个月）。

（3）把经营费用资本化，转为固定资产或待摊费用，从而降低当年费用。

（4）不计或少计必要的费用计提。

（5）贬值资产不提减值准备。

- 不计或少计应收账款减值准备。
- 不计或少计存货跌价准备。
- 不计或少计固定资产减值准备。
- 不计或少计投资减值准备。

4. 通过一次性和非持续活动推高利润

企业有时会通过一次性和非持续活动推高利润。例如，企业把出售某个业务或工厂所获得的利得记为一般费用的"减项"（贷方），这种方式就是把售卖业务或工厂这种一次性、非持续性的收益记账为正常经营的收益（隐藏于一般费用的减项内）。

企业把正常经营的费用记为一次性非经营活动费用，例如，企业把工厂运营费用记账为关闭工厂费用、员工解散费、契约的违约金等。

企业利用管理决策来操纵资产负债表的科目分类，一般是把正在亏损的分公司规划为"打算出售"的业务，从而把该要出售的业务的费用移到非持续性活动的费用中。例如，企业有 A、B、C 三个事业部门，A 和 B 分别盈利 1 000 万元和 2 500 万元，C 亏损 2 000 万元。管理层就把 C 定为"要出售"的业务，然后把 C 的费用和亏损都移到"一次性费用"中。这种会计粉饰方法在管理报表中尤为常见。

5. 通过资产重组、变卖资产虚增营业利润

一些企业可能通过对资产的虚假重组或变卖资产来虚增营业利润，因此审计人员要注意常常"重组"或变卖资产的企业。以下列举三种通过重组或变卖资产虚增营业利润的方法。

（1）低价变卖工厂，以低于市场价买进该工厂生产的货物

A 公司以低价把工厂卖给 B 公司，在报表中显示为营业外亏损。在签订变卖工厂合同时，A 公司要求 B 公司向自己以低于市场价的价格长期销售该工厂所生产的货物。该货物是 A 公司生产过程中所需的一种原材料。这种以低于市场价采购 B 公司货物的

行为，给 A 公司创造出更大的未来营业利润空间。

（2）低价变卖工厂，以高于市场价销售货物给该工厂

A 公司以低价把工厂卖给 B 公司，在报表中显示为营业外亏损。同时 B 公司答应以高于市场价长期从 A 公司买进 A 公司的其他货物。这种以高于市场价销售产品给 B 公司的行为，给 A 公司创造出更大的营业利润空间。

（3）变卖工厂，把部分的售价设为递延销售，让买方分期付款

A 公司同意把工厂以 1 000 万元的价格卖给 B 公司，要求 B 公司支付 600 万元现金，剩余的 400 万元，要求 B 公司向 A 公司购买为期 3 年的其他服务（维修服务、管理服务等），总价值 400 万元。A 公司以两份合同实现上述 600 万元和 400 万元的交易，把工厂售价记账为 600 万元，递延销售额为 400 万元，分 3 年转入。

以上这三种操纵的逻辑是利用固定资产的价值去"预付"部分未来的成本或"创造"未来的虚假销售，从而把资产"转换"成未来的利润。

6. 少计费用或延迟当期费用到以后期间确认

有些企业忽略当期已经发生的费用或权责已经转让的货物，把本应在当期计入的应付账款延后记账；有些企业把收到的费用发票藏起来，不做任何会计处理，从而减少当期费用，提高利润。因此，审计人员应着重审查在会计期末未入账的发票。

7. 利用关联交易抬高利润

通过关联交易调节利润的方式有以下几种。

（1）与关联企业互相倒买倒卖，创造出虚拟的交易量和利润。

（2）以非公允价格进行购销活动、资产置换和股权置换。

（3）以委托经营或受托经营的方式抬高经营业绩。

（4）以委托管理或其他业务做利益输送，调节经营业绩。

（5）以低息或高息发生资金往来，调节财务费用。

审计人员应关注关联交易的合理性与公平性、关联交易的会计记录和披露的完整性与准确性，并要注意与关联方之间的各类买卖商品、转移价格、转让其他资产、提供劳务、代理、租赁、提供资金、转移项目、签署各种协议与合约等情况。当发现客户是同行或客户同时也是供应商时，审计人员要注意对方是否是关联方。

8. 利用造假的经济业务抬高业绩

有些企业会虚构经济业务，会计记录不真实的交易、确认不具有实质经济效应的收入。这种弄虚作假方式是通过造假原始凭证、成立空壳公司、利用关联公司制造虚假的销售收入、利用真实的客户和供应商造假购销合同或利用海外客户和供应商进行不真实的商业交易等，从而创建出虚构的经济业务，虚增应收款项、存货、固定资产等长期资产。

一些企业为了让业务与资金流相匹配，甚至还造假银行存款凭证虚构资金流。审计人员要关注客户的基础信息，如营业执照、设立日期、联系电话、地址等，可以通过电话或邮件确认销售收入和应收账款的真实性，也可在网上对相关客户做开源信息的搜索。审计人员要谨慎审查那些没人签收、单据不齐全或过于简单的销售或采购合同。

对于国外的发票，审计人员应谨慎审查其真实性、合理性，具体注意事项参照文件审核章节内容。

三、识别利润最小化操纵

企业为何要使利润最小化呢？一般有三个原因：第一，为了做可以逃税漏税的财务报表；第二，为了不让连续亏损的上市公司面临被摘牌的风险，把当年亏损夸大并在下年把夸大的费用部分转回来，从而提高下年利润；第三，当企业更换管理层、法定代表人、新总经理、CEO 的时候，新的接班人为了明确责任，往往会把当年会计报表利润最小化，这样做也是为下个会计期间隐藏了利润。利润最小化的典型做法可以分为以下四大类。

1. 虚增成本和费用

（1）虚增人工成本，利用临时工、劳务工、现金发放工资，以逃避社保、个人所得税。

（2）虚构材料成本和费用，通过买发票抵扣（这种情况下缺少送货单和收货单的物流凭证）。

2. 将未来费用在当期确认

（1）把未来的费用在当期确认（如下一年度的租金、成本、工资等）。

（2）在当期违规核销资产，避免未来形成费用。

3. 将当期利润推迟到后期确认

（1）把当期的销售超标的部分记账为递延收入。

（2）把当期特殊或意外的销售收入记账为递延收入。

（3）实现了收入却不记账，挂在往来账上。

4. 滥用会计估计的伸缩性

在当期计提过多的准备金，以备后期转回形成后期利润。会计计提涉及会计预估，而这些预估的基础来自业务经验、专业评估、主观预测，所以灵活度很高，很难被外行人推翻。而且，当要把虚增的计提费用"释放"出来提高利润时，财务人员只需说该会计预估不准确或受到当前市场变化的影响就行了。因此，利用会计预估的伸缩性来操纵财务报表很受企业"欢迎"。

审计人员应审查计提的计算基础凭证，留意这些计算基础的准确性和合理性，检查是否有人为地调节预估的痕迹，对每个季度末和季度初的频繁调整保持敏感。

（1）多计资产减值准备。

（2）多计费用预计提。

（3）多计退货预计提。

（4）多计库存折损预计提。

（5）多计产品保修费用预计提。

（6）多计裁员费用预计提。

（7）多计工厂关闭费用预计提。

（8）随意变更固定资产折旧政策，增加当期折旧费用。

案例：多计退货预计提

通过多计退货预计提降低当期利润，为下个会计期间创造更多利润。

年末

借：退货/销售	100万元
贷：退货计提	100万元

下年（实际退货）

借：退货计提	40万元
贷：应收/现金	40万元

下年（回冲计提）

借：退货计提	60万元
贷：销售	60万元

案例：多计库存折损预计提

通过多计库存折损预计提降低当期利润，为下个会计期间创造更多利润。

年末

库存原值	1 000万元
预估库存可变现净值	600万元
应当预计提折损	400万元
借：折损费用	400万元
贷：库存预提	400万元

下年初

库存原值	1 000 万元
预估库存可变现净值	1 300 万元
折损回冲	400 万元
借：库存预提	400 万元
贷：折损费用	400 万元

案例：多计产品保修费用预计提

年末保修预估

保修期内已售产品数	1 000 万件（A）
预计保修百分比	10%（B）
预计平均单笔保修费用	5 元（C）
保修预提费用 = A×B×C = 500 万元	
借：保修费用	500 万元
贷：保修预提	500 万元

下年初

实际保修费用发生	80 万元
保修费预计提回冲	420 万元
借：保修预提	420 万元
贷：保修费用	420 万元

另外，一些企业为了塑造成绩优良、稳定成长的企业形象，或为了获得较高的信用评定等级，会进行利润均衡化操作，结合以上利润最大化和最小化中的方法来调节利润，精心策划利润稳步增长的趋势，不让利润有大幅度的增长或下滑。典型做法是利用其他应收应付款、待摊费用、递延资产、预提费用等科目调节利润。

四、识别现金流操纵

虚增经营现金流的目的往往是为了虚增收入，从而显示主营业务做得好，确实有大量的资金进出。一般的现金流操作方法如下。

1. 将融资所获得的现金流入记为经营活动现金流入

有些企业将银行贷款、关联方贷款、其他贷款等确认为经营现金流，从而夸大企业经营中的现金创造能力。审计人员应该关注企业是否把非经营性的资金往来计入经营性现金流，如把固定资产变卖，把预付款、其他应收应付中的资金往来等记为经营活动的现金流。

2. 将经营中的现金流出记为投资活动现金流出

有些企业将经营活动的成本费用支出记为资本性的现金流出。例如，有些企业把材料采购记为投资活动现金流出。

3. 借助特殊安排来夸大经营活动的现金流

有些企业通过故意延迟支付供应商货款来增加企业的现金流量，通过各种折扣和未来的返利促使客户提前还款，以增加经营活动中的现金流或者人为地减少采购量来短暂地增加经营活动的现金净流量。

有时企业会与关联方通过相互的销售（即"回旋镖交易"，如 A 公司卖给 B 关联公司，B 再卖给 C 关联公司，最终 C 公司再卖回给 A 公司）虚增经营活动中的现金流量。还有一些企业在客户回款期之前转让应收款来增加经营活动现金流或以贴现、抵押等方式提前让现金回流，提前"创造"了经营中的现金。

4. 直接把不属于现金的资产当成现金来核算

有时企业直接把不是现金的资产记为现金。这种舞弊方式可能涉及伪造银行对账单及资金进出凭证来虚增银行存款。审计人员应关注银行（尤其是国外银行）的存款单据凭证的真伪，对大额存款应通过网银或函证与银行直接进行确认。

现金流操纵

五、审阅财务报表时的关注点

在审查企业的财务报表时，审计人员应关注以下几点。

1. 关注利润的来源与时间构成

企业的利润主要来源应该是主营业务收入，其他的收入来源如投资收益、营业外收入和补贴收入等占比通常非常小甚至可以忽略不计，或者完全没有。如果一家企业的利润主要来源于投资收益、营业外收入和补贴收入，那可能是企业的主营业务出现了问题，为了粉饰报告添加了许多其他收入。

审计人员应关注增加或降低利润的非经常性损益的性质、金额、发生频率，也应关注企业在发生重大变更前后的非经常性损益的情况，如被收购前后。此外，对于一些特殊的会计记录和交易，例如，不等价交换资产获得收益，通过评估使资产增值，审计人员应保持职业谨慎，审查其合理性和准确性。

审计人员尤其要注意利润出现的时段是否分布正常。假如企业的业绩利润是第四季度或者 12 月份才突然暴涨，而前面的会计期间却盈利较少甚至是亏损的，那这就意味着企业的主营业务出现了较大变化或报表已经被操纵了。在分析评价企业利润的稳定性时应将其他业务利润、投资收益、补贴收入、营业外收入等从企业的利润总额中剔除，一些企业利用资产重组来调节利润时所产生的收入都是在这些科目中体现的。

2. 关注现金流量

企业的运营需要靠现金，健康发展的企业应该有足够的现金流量维持经营上的费用。审计人员应关注会计利润与经营活动产生的现金净流量之间的对比，分析主营业务利润和主要经营活动产生的现金净流量、投资活动和营业外收入产生的现金净流量的对比，判断主营业务利润的质量。一般而言，没有产生或者产生低的、长期延误的现金流量时的利润是低质量的利润。

如果利润和现金流的数额反差强烈或者反差持续时间过长，这预示企业可能操纵利润。如果企业的现金净流量长期低于净利润，那么表示已经确认为利润的资产不产生现金，而是产生不能转化为现金流量的"虚拟"资产，如长期挂账的应收账款、其他应收款、待摊费用等。

3. 关注期末与期初的会计调整

财务报表的操纵大多数是在整体财务状况比较明朗之后才执行的。在会计期末的时候企业才能确定业绩还差多少才能满足企业内外相关群体的期望，因此粉饰业绩的会计调整和会计政策变更大多会在会计期末的时候出现。企业在期末推高了业绩后，会在下个会计期间的期初执行一组反方向的会计分录，把该虚拟造假的交易手工调整回来。当企业的业绩实在不理想时，在下个会计期间还不能承受冲销的调整，那这些虚假的会计分录就会长期挂账。

一些企业利用虚开销售发票的方式增加收入和利润，这些虚构的收入通常以应收账款呈现，导致应收账款余额升高，应收账款周转率下降。企业为了在财务分析时不让应收账款周转率产生巨大变化，就会把应收账款记入"其他应收款"或"预付账款"。常见的做法是先把资金转给合作的客户并记账为其他应收账款或预付账款，然后再让客户把钱当货款转回来，并确认销售收入。

审计人员应关注同时出现在应收账款、其他应收款、应付账款和其他应付账款中的单位，也应关注各种应收账款和应付账款之间的频繁往来转账。审计人员应注意其他应收款和预付账款余额过高的情况，确认是否是创造虚假销售时遗留下来的根本无法收回的账款。在正常情况下，其他应收款和其他应付款的期末余额不应过大，许多企业利用这两个科目进行利润操纵，导致其期末余额巨大，往往与应收账款、应付账款的余额不相上下，甚至超过这些科目。除此之外，审计人员应关注企业与客户或供应商频繁的双向资金往来情况。

期末升高、期初冲销

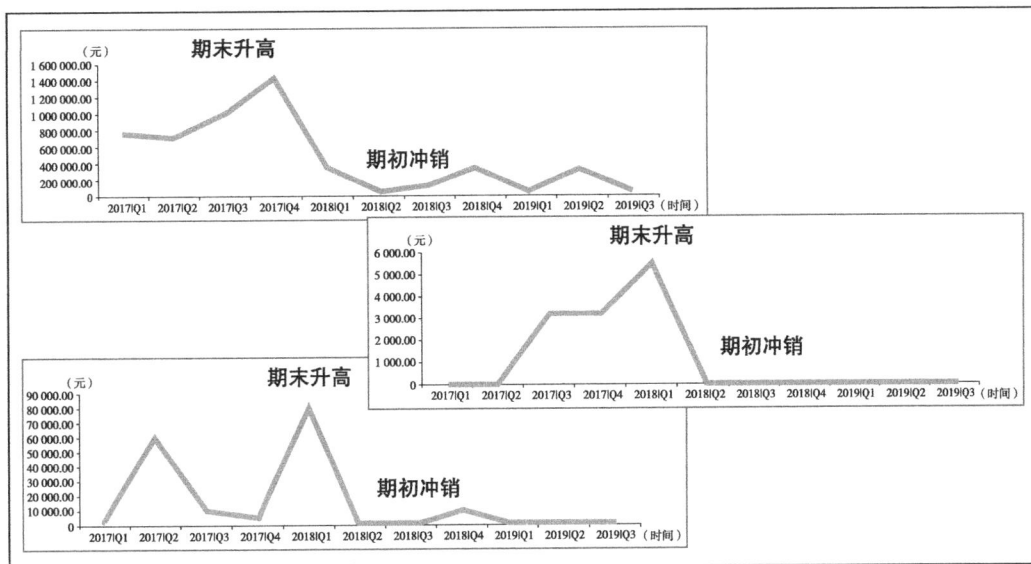

如果企业在下个会计期间把虚假销售冲回，将增高存货余额，导致库存周转率下跌。为了提高库存周转率，一些企业会故意推迟办理库存的入库手续，把已经收到货的库存，记为预付供应商的账款。为了使账上的库存量和实际的库存量相符，企业会少结转生产成本，最终促使库存账实相符。在这样的会计操纵之后，虚假的利润最后就隐藏在预付给供应商的账款中。审计人员应同时进行账面审查和实地盘点，并关注长期挂在应付账款中的预付款，确保这些预付款是供应商所认可的。

4. 关注费用资本化情况

财务报表中的任何一个科目都有可能被弄虚造假，但有一些科目相对比较高危，例如，待摊费用、在建工程、企业开办费等。为了增加利润，企业可能会把当期费用资本化，把一些本该计入当期损益的费用转为待摊费用或在建工程，列入资产方。这一方法不但增加资产也能调高利润，很受企业"欢迎"。

5. 关注过渡账户、差异账户、对冲账户等高危账户

其他的财务报表操纵包括把费用记在过渡账户、差异账户、对冲账户、往来账户等，从而把费用隐藏于资产负债表中。由于这类账户常年都有系统自动生成的交易余额，许多人会默认这些余额是正确的，无须查看，因此很多的财务舞弊都是靠这些无人问津的过渡账户、差异账户、对冲账户、往来账户隐藏起来的。当年著名的英国巴林银行因一名外汇交易员的违规外汇衍生产品买卖所造成的倒闭事件，就是因为该外汇交易员把所有的交易损失都隐藏于一个账号为"88888"的过渡账户内。

6. 关注价值虚高的资产

一些资产的市场价值已经下跌，低于在会计账簿上记录的原始价值，但企业依然通过人为操纵价值评估或者该计提损失不计提等方式来维持虚高的资产价值。例如，固定资产已经损坏需要计提减值准备，但企业不做任何的减值准备计提；对外投资的企业已经破产清算了，但是企业账面还是挂着原始投资额。

其他价值可能虚高的资产包括存货和应收账款，一些长期的应收账款带来了收款的不确定性，积压的库存必须以低于成本价才能变卖。这些资产都需要做坏账准备和存货跌价准备，但企业仍以原始价值挂账，不做任何的跌价准备计提。

有些虚构资产的手段比较简单，如直接变造、伪造资产权属证明、往来账欠款协议或者随便报个数挂在资产账上，这种无效资产一般会记入"其他应收款""其他资产""其他应付款""在建工程"等科目。还有一种虚构资产的做法是收到客户的货款后不冲销应收账款，而是存放在"预付账款"科目内，导致相关的应收账款变成虚构的。

为了避免被审计人员现场核实，许多虚构交易与资产都设计在国外，例如，国外工程、国外合作方、国外投资等，然后通过函证、照片、文件、合同等来"佐证"虚拟资产。审计人员应结合文件审核、数据分析、电子痕迹审查等技巧来审查这些国外文件的真伪。对于金额巨大或有怀疑的资产文件，审计人员应设法进行现场核实、通过独立第三方核实、直接函证。如果实在没有办法，也可以在交易对方官网上寻找联系方式进行核实或通过视频通话进行核实。

当要分析一家企业的资产状况时，应先剔除高危的虚拟资产，如长期待摊费用、企业开办费、商誉和其他由费用转换的无形资产等。同时也要考虑剔除一些可能发生潜在亏损的资产科目，如长期的应收账款、积压的库存、投资损失、搁置的或需要做减值准备的固定资产等。

如果这种高危的虚拟资产总额在企业的净资产总额中占比高，就说明企业的持续经营能力可能有问题，也可能表明财务报表中出现了"资产泡沫"，而"资产泡沫"可能

是过去几年因人为夸大利润所形成的。审计人员应该将当期的高危资产的增加额和增加幅度与当期的利润总额的增加额和增长幅度比较。如果高危资产的增加额及增加幅度超过利润总额的增加额及增加幅度，说明企业当期的利润可能有虚增的情况。

7. 关注手工调整会计分录

虽然不是所有的会计舞弊都是通过手工调整的，但是很多手工会计分录都是为了粉饰财务报表而执行的。在审查财务会计账时要特别注意手工调整的会计分录，必须要求对方提供该调整的支撑文件和凭证，严格验证文件的真伪和调整的合理性。

审计人员必须对相关的会计准则有深入的了解，尤其是收入确认准则、财务衍生工具的会计处理准则、费用与负债相关的会计准则等。审计人员特别要注意会计期末出现在高危会计账户中的整数金额的手工调整会计分录，如1 500万元的往来账调整分录、2 000万元的退货预计提、3 000万元的销售收入等。

8. 关注费用预计提

在利润最小化的会计操纵中，企业为了虚增费用常常会多记费用预计提，利用费用计提的灵活性随意地调节利润。在利润过高的会计期间，企业会多记费用预计提，从而增加费用降低利润。在利润过低的会计期间，企业会少计费用预计提或"释放"前期虚增的预计提，以达到减少费用、提高利润的效果。一些企业为了替将来的会计期间创造利润，会在当期增加大额的费用预计提，降低当年的利润或增加当年的亏损额度。审计人员必须谨慎看待费用预计提，因为这是粉饰报表、调节利润最常用的方法之一。

9. 关注财务报表与管理报表之间的差异

有时报表操纵是为了欺骗总部管理层或上级单位领导，因为管理层看到的都是管理报表，所以这种操纵可能只出现在管理报表中。审计人员应细心地审查管理报表与财务报表的差异。如今国内的会计准则同国外的会计准则基本上是一致的，在会计处理方面不会有太大的差异，所以管理报表和财务报表因为会计准则而造成的差异调整应该是不多的。主要的差异通常是由于管理层对财务信息的体现要求不同和做出管理决定的需求不同而需要做出调整。审计人员应谨慎地审查财务报表和管理报表中调整的合理性。

10. 关注关联交易

一些财务报表操纵是通过关联方之间的虚假交易促成的。审计人员应该确认企业是否做出了相关关联交易的披露和冲销。在分析企业的利润和业绩时要把来自关联企业的营业收入与利润总额予以剔除，进而对企业的利润来源组合进行分析，判断企业的盈利能力是否扎实、利润来源是否稳定，有多大程度依赖于关联企业。当关联企业的应收或应付账款余额出现急剧变动时，审计人员应该多加留意并审查其发生的原因，以及其变化是否是关联方造成的。

审计人员要谨慎判断关联方交易的合理性、必需性与合规性，并关注是否存在以不等价交换的方式进行交易，从而粉饰会计报表的情形。常见的关联方交易问题有转移价格不合理，涉嫌把利润外移；关联方收取过多不合理的管理费用；关联方以高于市场价相互买卖，虚增双方的销售收入和现金流量等。

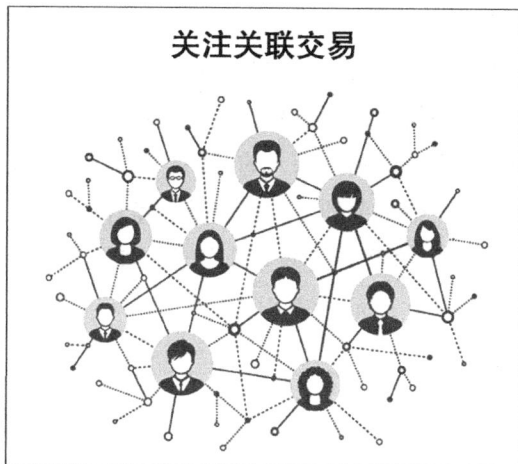

审计人员应谨慎看待频繁的、整数的、长期未付款的并且通常在会计期末出现的交易第三方，可通过现场走访、网上开源信息搜查、电话咨询等方式判断该交易的真实性、是否是关联方交易。

总的来说，审计人员应关注以下重点。

- 关联交易在同类业务中的占比情况。
- 关联交易量是否合理。
- 关联交易的定价原则是否合理。
- 关联交易的结算是否合理。
- 关联交易产生的资产、负债情况。
- 关联交易对利润的影响。
- 是否存在向关联方出售或购买不良资产的情况。
- 是否存在关联交易非关联化的情况。
- 是否存在关联方占用企业资金的情况。

11. 关注未记账的交易（延后计负债、少计负债）

延后计负债主要是忽略权责的发生，对于已入库但未收到发票的存货本应在当期计入应付账款的，但企业拖延到下一个会计期间记录，从而达到少计负债的目的。其他的做法是直接把收到的费用发票藏起来，不做任何会计处理，从而减少当期费用、提高利润。一些企业会隐藏企业债务担保、民间借款、商业票据背书转让和贴现的事实。其他的延后记录负债的操作包括不及时记录或披露仲裁或诉讼中预计败诉的负债。

六、财务报表比率分析指标

审计人员应了解并掌握主要会计科目之间的逻辑关系和三大财务报表之间的勾稽关系。由于财务报表的基础是复式记账，所以很多的科目余额和变动都会对其他科目有影响，这些勾稽关系促使了财务比率和财务指标的出现。财务报表分析分为与同期的数字比较的静态分析、与往年的数字比较的趋势分析，以及与同行的数字比较的同业分析。

企业为了掩盖恶化的财务状况、收入与盈利削减、现金流短缺、资产流动性问题，会进行财务报表操纵。由于这些操纵都是虚假的，只是为了满足报表中某一方面的要求，将使得财务数据关系无法正常显示，导致各种财务分析指标的扭曲，例如，以下情况：

- 销售收入增加，但经营现金流没有增加；
- 经营业绩逐年提升，但应收账款或存货周转率持续下降；
- 销售收入规模持续增长，但营业费用或管理费用却持续下降；
- 销售、盈利和纳税情况不一致，如销售额与盈利额高但纳税额低；
- 财务记录与营运部门的数据存在偏差，会计记录高于销售原始记录；
- 存货跌价准备与实际积压率存在不一致；
- 盈利能力与行业趋势不一致（企业的盈利或创造现金的能力特别高）。

审计人员应了解这些财务比率和指标的正常浮动范围，关注超出合理范围的财务分析指标。要做好财务报表分析，审计人员必须了解企业是如何赚钱的（运营模式），并熟悉会计准则，掌握行业情况、市场变动、供应商与客户间的结算流程等。审计人员应通过参考历史同期数据、业务运营信息、行业平均信息，结合逻辑思维推断财务数据的因果关系、主要指标的合理性。主要的财务分析指标有获利能力指标、营运能力指标、偿债能力指标和成长能力指标四大类。

（1）获利能力指标

获利能力指标是指企业资金增值的能力，通常表现在企业利润数额的大小及其水平的高低。常见的获利能力指标包括如下几个。

- 销售利润率
- 成本利润率
- 流动资产利润率
- 固定资产利润率
- 总、净资产报酬率
- 权益利润率

企业获利能力指标

这几个指标是指企业利用这些销售额、成本、资产（固定资产、总资产、净资产）能够获得多少利润。一般来说，获利能力指标比率越大，企业的盈利能力越强。

其他的获利能力指标如下所示。

- 销售收现比率
- 盈利现金比率
- 总资产现金回收率

这几个指标显示企业从销售额、利润、总资产中创造了多少现金。比率数值越大表示企业的销售收现能力、利润收现能力、资产收现能力越强，销售和资产质量越好。审计人员要关注企业是否出现获利能力和其资产对比不合理的情形（各种资产利润率下跌或暴涨），获利能力和销售、成本对比不合理的情形（销售利润率、成本利润率下跌或暴涨）或销售收现大幅度降低，出现大量销售但没创造现金流的情形（收现比率下跌）。

（2）营运能力指标

营运能力是指企业的经营运行能力，通常表现为企业运用各项资产的营运效率。企业营运能力分析指标包括以下几个。

- 应收账款周转率（或应收账款周转天数）
- 存货周转率（或存货周转天数）
- 流动资产周转率（或流动资产周转天数）
- 净经营性资产周转率（或净经营性资产周转天数）
- 固定资产周转率（或固定资产周转天数）
- 总资产周转率（或总资产周转天数）

这些比率显示企业的资金运营周转情况，反映企业对其经济资源的管理和运用的效率高低。一般来说，企业资产周转越快，资产流动性就越强。企业资产周转越快，其资产获取利润的速度就越快。当企业操纵财务报表，创造了很多虚假应收账款、库存、固定资产时，此类营运能力指标将下降，除非企业利用其他方式将这些资产余额调整至合适的水平（例如，利用非营业类业务、现金来修饰营业类的财务数字）。

（3）偿债能力指标

偿债能力指标是企业财务管理的重要管理指标，是指企业偿还到期债务的能力。偿债能力指标包括短期偿债能力和长期偿债能力。短期偿债能力的指标主要有三项。

- 流动资产和流动负债的比率（流动比率）
- 速动资产和流动负债的比率（速动比率）
- 营运资金和流动负债的比率（现金比率）

这些比率越高，表示企业有越多的流动资产、速动资产、资金来偿还流动负债。此外，偿债能力指标也可从企业的利润和现金流量对比债务计算偿付的保障程度。例如：

- 利润对利息的保障倍数
- 现金流量对利息的保障倍数

这些保障倍数指企业利润、现金流量是利息费用的多少倍。保障倍数越大，利息支付越有保障。偿还能力也可以通过总资产和总债务做对比，衡量企业的长期偿债能力。

- 总负债率：总负债和总资产的对比，数值等于总负债除以总资产。

总负债率越低，表示总资产越足于偿还所有债务，企业偿还债务的能力越有保证，给企业提供的贷款就越安全。

- 产权比率：总负债和股东权益的对比，数值等于总负债除以股东权益。

产权比率越低，股东权益越足于偿还所有债务，给企业提供的贷款就越安全。

（4）成长能力指标

企业的成长能力是指企业未来发展、扩大规模、利润和所有者权益增加的能力。这个指标是对比企业当期和上期的主要数据，如销售、营业利润、净利润等，主要包括以下几个指标。

- 销售增长率
- 营业利润增长率
- 净利润增长率

这些指标越大，表明企业的销售、营业利润、净利润的增长速度越快，市场前景越好。企业成长能力指标也可以衡量企业的资产成长率，包括：

- 固定资产增长率
- 总资产增加率

这些指标越大，表明企业的资产增长速度越快，企业扩展经营能力和通过收益增加获取资产的能力越好。

大部分的企业财务操纵舞弊都会以各种形式出现在财务报表和其指标中。审计人员应该熟悉会计准则，掌握财务报表之间的勾稽关系，仔细审查会计凭证，结合文件审核和数据分析将财务报表中的弄虚作假"揪"出来。部分财务比率分析指标公式与解读收录于附录 3，供参考。

（5）M 指数

一个可以预测财务报表操纵的指标是 M 指数。M 指数（M-score）是于 1999 由 Messod D. Beneish 教授所设计的一种测试财务报表操纵的数据模型。M 指数是用于显示企业是否发生财务造假的数值指标之一，其核心概念是利用八项能显示企业财务状况的财务比率，进行模型回归算法估计出企业进行财务操纵的概率。

$$\text{M 指数} = -4.84 + (0.92 \times DSRI) + (0.528 \times GMI) + (0.404 \times AQI) + (0.892 \times SGI) + (0.115 \times DEPI) + (-0.172 \times SGAI) + (-0.327 \times LVGI) + (4.679 \times TATA)$$

根据 M 指数模型，M 指数越高，财务操纵的可能性越大。M 指数值小于 -2.22 表示财务报表的操纵概率低，M 指数值大于 -2.22 就表示财务报表有可能被操纵了，如果 M 指数值大于 -1.78，那该财务报表被操纵的概率就非常高了。根据 M 指数设计者 Messod D. Beneish 教授的实际检验，其模型有 76% 的预测准确率及 17.5% 的第一类错误的可能性（就是报表没操纵但被 M 指数冤枉了）。M 指数的解读如下页表所示。

和所有的指标一样，M 指数只是一个财务造假的概率指标，不能百分之百地说明企业确实进行了财务造假。因为商业模式的创新，一些财务指标的规律表现得与传统企业的不一样，许多在传统企业不正常的财务指标在互联网企业可能就是正常的了。例如，在今天"不惜亏钱迅速扩张"的互联网商业模式中，M 指数中的毛利率指数（GMI）可能是负的。一些轻型资产模式的企业，其非流动资产占比可能极小，因此其资产质量指数（AQI）时序波动会很大。

销售快速增长也是初创企业的首要目标，但在 M 指数中销售增长指数（SGI）是一个重要的操纵指标。M 指数只是一个预警指标，帮助审计人员预测财务报表被操纵的概率。要核实财务报表操纵舞弊还需审计人员深入地调查取证，获取确凿的证据，例如，虚假财务凭证、有系统性的会计政策使用错误、重复的重大会计记录错误等。

七、财务报表造假常见预警

当财务报表被弄虚作假时一般会出现一些预警，审计人员应提高职业谨慎，关注这些信号。

财务指标	函数	指标公式	具体计算公式	解读
应收账款周转天数指数（Days Sales in Receivable Index, DSRI）	0.92	当期应收账款占销售收入比例／上期应收账款占销售收入比例	（当期应收账款／当期销售收入）／（上期应收账款／上期销售收入）	正常的企业的应收账款周转天数通常比较稳定，当这个指数出现恶化，就表示该企业的经营环境可能出现恶化，可能以赊账来促进销售，也可能出现提前确认收入的行为。这个指标越高，意味着财务操纵的可能性越大
毛利率指数（Gross Margin Index, GMI）	0.528	上期毛利率／当期毛利率	[（上期销售收入－上期销售成本）／上期销售收入]／[（当期销售收入－当期销售成本）／当期销售收入]	当此指标大于1时表示企业盈利的能力出现了下滑。企业有更高的倾向进行财务操纵
资产质量指数（Asset Quality Index, AQI）	0.404	当期非实物资产比例／上期非实物资产比例	{1－[（当期流动资产＋固定资产＋证券投资）／当期总资产]}／{1－[（上期流动资产＋固定资产＋证券投资）／上期总资产]}	当此指数大于1表示企业的资产质量出现了下降。企业可能执行了费用资本化以达到财务费用递延、虚增利润。这个指标越高，盈余操纵可能性越大
销售增长指数（Sales Growth Index, SGI）	0.892	当期销售收入／上期销售收入	当期销售收入／上期销售收入	当此指标大于1时显示企业的销售规模发生了扩大。M指数的假设是当企业出现了增长，就表示企业可能已操纵了报表或报表有操纵或更有操纵报表的动机
折旧指数（Depreciation Index, DEPI）	0.115	上期折旧率／当期折旧率	（上期折旧／上期固定资产）／（当期折旧／当期固定资产）	当此指标大于1时表示企业折旧率下降了。企业可能通过修改资产可用年限、残值或者其他方法来降低折旧费用，促使利润增长
销售、总务及管理费用指数（Sales, General Admin Expense Index, SGAI）	−0.172	当期销售管理运行费用占销售收入比例／上期销售管理运行费用占销售收入比例	（当期销售管理行政费用／当期销售收入）／（上期销售管理行政费用／上期销售收入）	当此指标大于1时表示企业销管费用增加了，这表明企业更有可能遇到成本控制的问题。为了防止财务困境恶化，企业可能更有动机去进行利润操纵
杠杆指数（Leverage Index, LVGI）	−0.327	当期资产负债率／上期资产负债率	（当期总负债／总资产）／（上期总负债／总资产）	当此指标大于1时意味着企业杠杆率升高，企业财务风险增加，因此企业更倾向于进行财务报表操纵
总计提与总资产之比（Total Accruals to Total Assets, TATA）	4.679	总计提／总资产	总计提／总资产 或 （营运收入－营运现金流）／总资产	此指标计算计提在总资产中的占比。计提占比大的企业可能存在财务报表操纵

财务报表造假预警

（1）高额利润但缺乏现金流量，如营业利润为5 000万元而经营现金流量净额仅为1 000万元。

（2）无特殊理由同时出现高负债与高货币资金余额。

（3）货币资金余额不合理，与业务规模不匹配，高营业收入但货币资金余额低。

（4）经营现金流量净额多年持续大额为正，但是投资现金流量多年持续大额为负，要注意企业是否把现金通过投资或重组转出去，然后以虚假的"经营"赚回来。

（5）企业多年利润表现不错，却多年不进行现金分红，同时企业无实际再投资或扩张，而且货币资金余额不高。

（6）营业利润和非持续性收益呈现互补性。当营业利润不佳时，非持续性收益出现较好情况，当营业利润改善之后，非持续性收益又变得不好。

（7）收入规模持续扩大或增长，但营业费用或管理费用却持续下降。

（8）经营业绩逐年提升，但应收账款或存货周转率持续下降。

（9）财务记录的销量与营运部门的数据存在偏差。

（10）财务记录的存货跌价准备与营运部门记录的积压库存不一致。

（11）临近会计期末出现异常交易，频繁产生大额收入并在下期期初回冲。

（12）盈利能力与行业趋势不一致或偏离预期。

（13）销售、盈利与纳税情况不一致，盈利高但是纳税低。

（14）销售收入与经营活动产生的现金流量的趋势不一致。

（15）某些科目的数字特别整齐，整数较多，尤其是费用预计提、其他应收账款、其他应付账款等科目。

除了财务报表上的操作，非财务报表也有可能被弄虚作假。企业内所有不是财务类的报表都可以归纳为非财务报表。由于各企业所处行业不同，所以非财务报表种类繁多。例如，注册用户数量表、网络流量表、网页点击率表、平均每个用户的销售收入额表、产品预订量表、环评报告、质检报告等。

一些非财务报表操纵是为了掩盖当事人的财务报表造假或其他舞弊行为，如资产侵占、贪污等；也有一些是为了误导总部管理层、股东、投资者，让他们以为企业的运营状况很好。

对于非财务报表的审查，审计人员可以通过前述的各种文件审核方法来检测其真实性，数据的准确性、完整性与合理性等。审计人员也可从报表的格式异常、内容逻辑矛盾点、错别字、语法错误等维度来审查。

八、本章小结

除了贪污腐败的舞弊之外，绝大部分企业内的舞弊最终都会以各种形态出现在财务报表中。在舞弊审计中，审计人员应注意识别利润最大化操纵、利润最小化操纵、现金流操纵等常见风险点，了解审阅财务报表时的常见关注点，熟悉财务报表比率分析指标，明确财务报表造假常见预警。具体来说，审计人员应该熟悉会计准则，掌握财务报表之间的勾稽关系，仔细审查会计凭证，结合文件审核和数据分析，把财务报表中的弄虚作假情况找出来。

第九章

舞弊审计技巧——信息系统与电子痕迹审查

万物必有盛衰，万事必有弛张。

——《韩非子·解老》

一、引言

今天的商业世界中几乎所有的交易都要经过信息系统的处理和传递。现代人的衣食住行都离不开互联网，从沟通到购物、从出行到饮食、从社交到娱乐、从支付到理财，很多人都靠手机和计算机在生活，所以在庞大的互联网数据中有着许多人的行为信息。此外，政府部门也会通过互联网平台公开很多信息供大众参考。

所谓"触物留痕"，任何人在电子设备中的接触、操作都会留下电子痕迹。通过电子痕迹证据或其他证据审计人员可以印证舞弊当事人的行为，如系统登录、系统操作、交易行为、沟通交流、业务往来等。电子痕迹证据种类繁多，具体包括系统日志、交易记录、电子邮件、各类文件（PDF、Word、Excel、PPT 等）、图片/照片、网上行为记录、即时通信、视频录像、设备监控与门禁记录等。

二、典型企业系统概述

信息系统审计涵盖面非常广。舞弊审计人员要想从信息系统中取证，至少要对信息系统有基础的了解。如果所调查的违规事件涉及高技术的系统设置、网络安全、云端大数据设置、机器学习、人工智能或黑客攻击行为，那就需要有专业系统知识的 IT 审计人员来协助调查。一般的非技术性的舞弊事件通常可以由非 IT 审计人员来处理。审计人员对企业系统有基础认识可以提高舞弊调查效率，快速地确定寻找电子线索的方向。

由于本书不是 IT 审计主题，所以这里我们只是简单描述一下企业内典型的信息系统（见下图）。从系统用户的视角来看，信息系统可以分为用户终端、应用系统、数据库、电脑操作系统、网络系统五大部分。

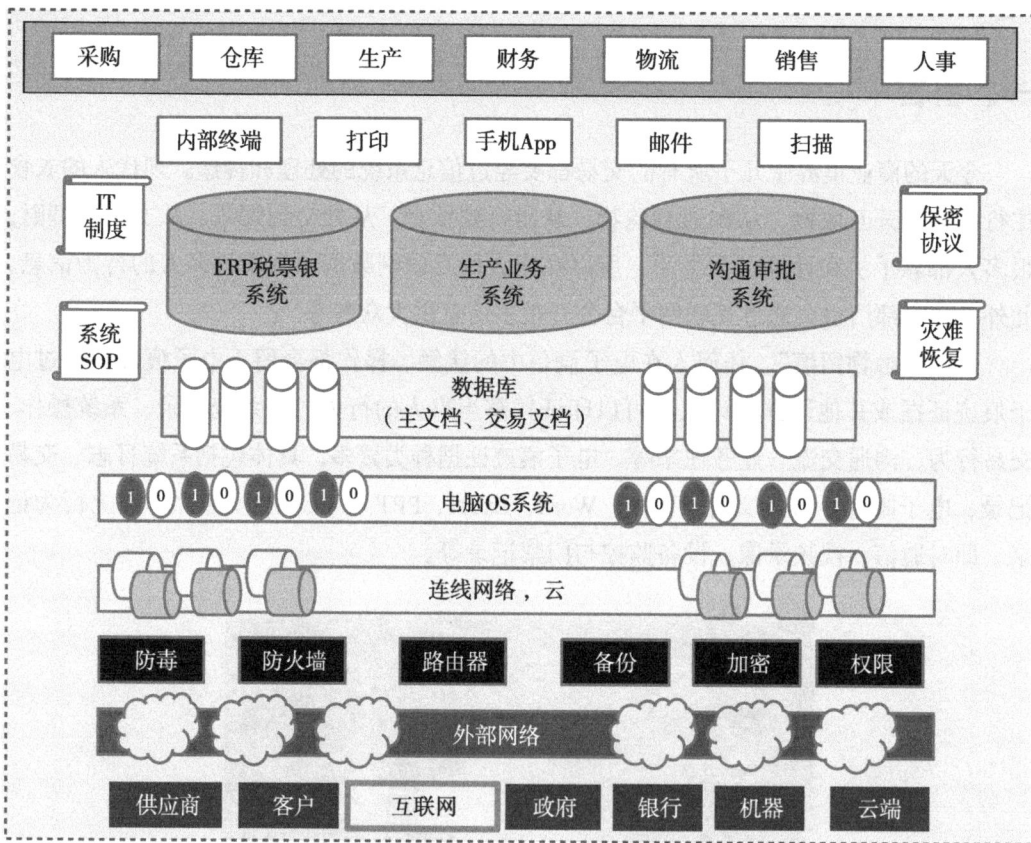

企业内各部门的用户通过用户终端连接到信息系统的应用界面，这些终端包括员工使用的各类电脑、手机、打印机、扫描仪等。终端通过应用软件进入服务器中各种应用系统和云计算后台。例如，企业资源管理（ERP）系统、销售平台系统、采购投标系统、人事管理系统、生产运营系统、邮箱和实时沟通软件、审批流程系统等。在调查舞弊时，审计人员会接触这些系统。所有的应用系统及其数据库都由操作系统（OS）

承载并通过网络连接起来。同时企业系统也通过各种端口（API）与互联网和第三方沟通，包括客户、供应商、银行、政府、物联网终端等。

为了确保信息安全，企业会采取各种网络系统防范措施，包括防火墙、防毒软件、加密措施、虚拟专用网络、路由器、备份管理、权限管理等。同时，还会建立信息治理制度，数据管理制度，系统管控流程，包括灾难恢复和企业持续计划、员工保密协议等。

舞弊审计中的信息系统审查和一般的信息系统审计不一样。一般的信息系统审计会涵盖对信息系统的通用控制和应用控制的审计，包括审查系统治理、系统开发周期管理、权限管理、系统灾难复原管理、系统备份、网络安全、病毒防火墙、信息分类等。但是在舞弊审计中，审计人员是有针对性地审查信息系统，其主要目的是寻找证据来证明违规舞弊行为。在舞弊审计中，审计人员比较关注的是舞弊当事人留下的违规电子痕迹和线索。利用系统进行的违规行为有很多，主要包括以下几种。

（1）登录系统执行未授权的交易（越权审批、以不相容权限审批等）。

（2）登录系统获取未授权的信息（标底信息、公司机密、客户信息等）。

（3）登录系统添加、篡改数据（薪资、供应商信息、客户信息、销售折扣等）。

（4）登录系统破坏系统或瘫痪系统操作。

（5）占用企业系统资源为个人谋利。

三、系统日志审查

系统日志是舞弊审计中重要的电子痕迹线索，从系统日志中可挖掘出大量的信息。

1. 交易日志

当舞弊交易被举报时，审计人员应先查实该交易是否记录在了企业的系统内。交易日志中将会记录交易的创建、修改、审批人和时间信息。从日志中审计人员可以查实记录该交易的系统账号，从而追溯到嫌疑人。审计人员可从交易时间上分析该交易的记录时间是否合理。因此，在舞弊审计中，审查交易日志可以说是一项不可或缺的审计工作。

2. 系统日志

系统日志的主要功能是记录系统的运作信息，包括系统程序的执行情况、执行结果、用户登录、管理员登录、系统连接、备份等各项信息。除非系统日志功能被关闭，否则系统日志将持续地观察并记录系统内的运作信息。日志就像系统的监控摄像头，把任何正常或异常的登录和其他系统操作都记录下来。当舞弊审计人员要查实系统是否被违规操作或登录时，就必须要查看系统日志。一些系统的交易日志或系统日志中记录了该交易或操作的终端 IP 地址或 MAC 地址，审计人员可尝试从这些信息中查出操作该交易的计算机终端和嫌疑人员。

四、特殊账号审查

登录系统需有相关的账号、密码和权限，舞弊审计人员应关注用户账号的发放、注销和管理情况。系统账号分为一般用户账号和特殊账号。一般账号就是给员工使用的账号，通常权限在于业务上的操作、输入、审批、读取等，没有特别的系统调控、设置、运作权限。特殊账号通常是给系统管理员、系统供应商使用的。特殊账号包括不同的应用系统之间的衔接账号、应用系统和数据库之间的衔接账号等。

1. 系统管理员账号

管理员的账号通常是特殊账号，有着一般账号所没有的权限，包括调试系统设置、修改系统安全设置、发放或注销一般账号、修改账号、重设初始密码、开启或关闭系统日志功能等权限。一般系统管理员的特殊账号没有执行业务的权限，只有管理系统设置的权限，但由于管理员的特殊账号同时具备增添权限、修改一般用户账号的能力，这就意味着管理员的特殊账号可以给自己添加一般账号中的业务权限或给自己发放新的一般账号。

由于管理员账号有强大的权限，所以企业一般不随便发放，会限制管理员的人数。一些基础的管理方式包括：管理员密码由两名管理员分别保管，一名管理员保管前半部分密码，另一名管理员保管后半部分密码，要操作系统时，需要两名管理员同时输入密码才可开启账号；一些系统有较好的安全设置，规定一个管理员所执行的重要操作须由另一个管理员的账号同意后才能生效，一名管理员无法单独进行任何违规的操作。

也有一些企业另设系统来管理管理员的特殊账号。在这种管理模式下，管理员平时只有特殊账号却没有密码，当管理员需要使用特殊账号登录系统时，他们会通过这个"特殊账号管理系统"来申请密码。申请时管理员要注明登录的原因、登录的时间段、登录的系统、需要操作的模块等。在相关领导审批后，"特殊账号管理系统"会随机生成一个一次性的限时密码，这个密码会限制管理员可登录的系统模块、权限和时间，当超过有效期之后，该密码就无效了。

2. 系统对接账号和数据库对接账号

系统之间的衔接口是两个或多个系统的数据交换点。系统数据接口应通过 API 方式完成，完成后不该再有人为的调动，以防止信息丢失和信息不一致。为了确保持续不间断地衔接系统和数据库，这些对接账号的密码一般是固定的，无须定期更新。为了确保无缝地衔接系统和数据库之间的操作，对接账号的权限一般是全开通的，不设限制。

由于这些系统对接账号有着强大的权限，可跳过应用软件层面的控制直接修改数据库，因此审计人员必须要重视系统对接账号，应审查系统日志，确保这些账号没有被误用或盗用。由于系统对接账号是利用程序代码来执行系统登录的，因此密码都会被写在程序代码中，如果该密码没以加密方式处理，任何有权限访问这些 API 程序代码的管理员都可直接看到密码。这就增加了这些对接账号被误用、盗用的概率。

3. 系统供应商在维护系统时所使用的账号

系统供应商的员工因为做系统维护、升级、故障处理会被赋予特殊的系统账号，这种系统维护账号有着非常强大的功能。这些账号和密码不应该告知企业内部员工。

在舞弊审计中，审计人员应关注所有特殊账号的发放、运用、注销和管理情况，不可忽略系统对接账号和系统维护账号。一定要验证系统中已经发放的特殊账号的数量，确认每一个特殊账号的运用情况和密码持有人。如果企业有"特殊账号管理系统"，要审查该系统的管理情况及其有效性。其中非常关键的是，审计人员应检查系统日志中特殊账号的行为记录，并查看是否有管理员关闭了系统日志。

五、一般用户账号审查

1. 离职员工、换岗员工账号

审计人员应注意离职员工和已换岗员工的账号与权限，很多舞弊的发生就是由于已离职员工的账号被其他员工误用或盗用。一些员工为了让工作可以顺利进行，会在离职员工离开企业前向他索取密码，理由是确保工作不中断。这种做法让某些员工拥有两个职责不相容的账号，从而给内控留下了漏洞，给舞弊埋下了伏笔。舞弊审计人员应从人事系统中导出所有离职和已换岗的员工的账号，然后与其他各种系统（ERP、采购、销售等系统）的账号相匹配，确保离职和换岗员工的账号都及时被注销了。同时，审计人员应审查系统日志，确保这些账号在该员工离职后没有登录系统执行交易或在换岗后没有执行不再授权的交易。

案例：离职员工

从以下图表我们可以看出一些离职员工的账号在其离职后仍被他人延用。

员工	账号 ID	离职日	账号最后使用
小张	S3212	2020 年 4 月 13 日	2020 年 4 月 10 日
美丽	S1129	2020 年 5 月 16 日	2020 年 5 月 16 日
珍妮	S2291	2020 年 7 月 7 日	2020 年 7 月 28 日
富贵	1111	2018 年 9 月 17 日	2021 年 6 月 17 日
小周总账	S9871	2020 年 7 月 19 日	2020 年 8 月 19 日
林总	T1091	2020 年 8 月 21 日	2020 年 8 月 29 日

（续表）

员工	账号 ID	离职日	账号最后使用
陈会计	T9871	2020 年 10 月 29 日	2020 年 10 月 28 日
李仓库员	T1239	2020 年 11 月 12 日	2020 年 11 月 11 日
徐工程	T2653	2020 年 11 月 13 日	2020 年 12 月 1 日

分析：珍妮、富贵、小周总账、林总和徐工程的账号被延用了。

2. 访客、外包员工账号

由于业务需要，企业会开放一些端口让企业客户或供应商登录系统进行数据分享或交易。如果企业有外包或临时员工，也会给予他们账号登录系统工作。对于这些账号应只开放必需的系统模块并设置有效期限，不应给予他们和其他员工一样的权限。审计人员应确保开放于第三方、外包员工、临时员工和访客的账号的权限正确，并且在工作需求结束后及时关闭。企业最好在分发暂时性账号时就设定有效期限，使账号到期后自动失效。管理不周的临时账号是违规舞弊行为的温床，一些员工会利用这些账号来进行违规操作，盗取企业信息。

3. 虚拟专用网账号和对外端口

在舞弊审计中要关注系统的网络安全，任何一个对外开放的网络端口都有可能被有心人利用，从远程登录进行违规操作。审计人员应审查对外开放的虚拟专用网（VPN）账号的发放、注销、管理制度，未经授权的员工不可给予其 VPN 账号，已离职或不再需要远程登录企业内网的员工的 VPN 账号应立即停用。审计人员应审查确保网络防火墙设置正确，无须开放的外接端口应该关闭，防止黑客利用系统漏洞登录，杀毒及防木马软件应及时更新。

4. 新员工账号

企业应设置审批流程，授权新员工使用系统的权限。给新员工发放账号时，应该有文件注明当事人的账号名称并让其签字同意遵守企业信息管理条款，包括不泄露企业信息、不可利用企业资源进行私人活动、不分享账号和密码、对该账号所操作的所有交易负责等。在发生系统违规事件时，一些员工可能会不承认该账号是他使用的，辩解说他的账号被盗用了或者直接否认那个账号是他的，此时这份签署的文件就可以佐证该账号给了当事人并且当事人同意遵守信息管理制度。

5. 职责权限管理

企业应管理用户账号的职责权限，只开放员工职责所需的系统权限，关闭其他权限，同时应确保用户账号中没有不相容职责的系统权限。不相容职责相分离是内控的基础，确保没有任何一个人可以从头到尾单独完成一项工作。如果一名员工可以在他人不知晓的情况下单独完成一项重大交易，那就表示他的工作中缺少了他人审阅的步骤，也缺少了事后检查的流程，降低了错误被事先阻止和被事后发现的概率。

在舞弊审计中，审计人员应从系统中导出相关用户账号的权限表，审查并确认当事人是否有权限执行该违规交易。在流程审计中，审计人员应定期审查系统内所有用户账号的权限，确保没有账号具有不相容的权限。

六、数据库管理

一般的应用系统（ERP 系统、采购系统等）是由应用软件和数据库组成的，应用软件层面控制登录、权限、信息录入、信息处理等一系列工作，所有数据的处理和存储都在数据库中。应用软件与数据库严密地衔接为一体，应用软件在运作过程中从数据库中读取、处理并存储数据。数据库中一般存有主文档和交易文档。主文档存储的是长期适用的信息，如供应商资料、客户资料、库存信息、销售信息、标准成本、员工明细等。当交易产生时，系统会从主文档中提取相关的信息，结合交易信息进行处理并记录在交易文档内。

主文档给交易文档提供基础信息，如供应商信息、员工信息、库存信息等。任何主文档的修改或错误都将从根本上影响系统内的交易记录，所以管控主文档防止其被未授权地修改是至关重要的。审计人员在舞弊审计中要关注主文档的修改日志，查看是否有重大更改。

（1）供应商基础信息，如名称、地址、银行账号信息、联系方式等。

（2）客户基础信息，如名称、地址、银行账号信息、联系方式等。

（3）员工基础信息，如名称、地址、银行账号信息、联系方式等。

（4）货品基础信息，如价格、折扣返利率等。

（5）成本基础信息，如标准成本、收退货标准、成本差异标准等。

数据库管理

七、系统逻辑审查

1. 系统验证控制

系统的应用软件层面设置了很多的录入验证控制，以确保只有正确的或符合规定的数据才能被输入，包括数据的格式、数据最大值和最小值、正确日期、非重复号等。系统验证可确保信息的完整性，确保关键字段不留白。审计人员在审查时，要注意系统的验证控制点是否设置正确并能正常有效操作。如果系统的验证功能是正常的，但还是有不符合规定的信息出现在数据库中，那就表示可能有人跳过了应用系统的验证控制或利用数据库对接账号直接在数据库内录入了错误信息。当然不符合规矩的信息也有可能是在系统上线时，从旧系统的数据库中导入的。

2. 系统逻辑设置

系统逻辑设置是验证控制的一种，以确保数据的运算是正确的。任何的逻辑错误将导致运算错误出现在重要的信息中，如生产成本运算、成本差异、废料率、库存转库、销售的减免折扣率、发票差异等。审查系统的运算逻辑和设置需要审计人员有较强的技术知识，同时也需要系统管理员协助审计人员登录到系统设置的后台界面。审计人员可以利用"垃圾进，垃圾出"原理测试系统逻辑。审计人员输入正确的数据信息和相关函数，让系统运算出结果，如果结果不合理，那就是逻辑设置有问题。审计人员应关注会计账目中的中转会计科目、过渡科目、差异科目、临时科目等，因为当有异常数据出现或系统逻辑错误时，这些科目常被拿来当"垃圾桶"接收账本上的差异。

八、电子痕迹：在服务器上取证

电子痕迹审查又称为用户电子行为审查。电子痕迹就像刑事案件中的 DNA，在证明事件上有着举足轻重的作用。一个人的电子行为都会在其电子器材、服务器和网上云端服务器上留下痕迹，这些痕迹一般是很难被完全删除的。

在舞弊审计中，审计人员做电子痕迹审查是为了寻找当事人违规舞弊行为的证据，同时也为了对当事人有更深入的了解；通过对方的网上行为习惯推测出其性格和兴趣喜好，以便做到知己知彼。

电子痕迹主要由三种方式产生。第一种是用户主动创建的，如创建文档、收发邮件、拍摄图片、下载文件等。这些电子文件一般存储在用户可以控制的电子空间内，如计算机的本地硬盘、移动硬盘、服务器上的共享盘、线上的网盘、手机、数码相机、录音笔等。一般用户是知道这些电子痕迹的生成和存储的位置。

第二种是用户在使用电子设备的时候由系统自动生成的，如操作系统的登录日志、应用系统的交易日志、浏览器历史记录、数据库日志等。这些电子痕迹是在用户不察觉的情况下实时记录下来的。一般用户无法控制这些记录，也不知道这些电子痕迹的存储位置。当然，一些系统管理员是知道这些日志的位置，也可能有权限删除或关闭日志功能。

第三种是监控设备或软件所记录下来的数据，如门禁设备、监控摄像设备、录音器材、终端监控软件等。这种电子痕迹是在当事人出现在监控范围的时候被记录下来的。除了系统管理员外，一般用户无法直接控制记录的操作和数据存储的位置。

电子痕迹搜索可以分成以下三大类。

（1）在企业的服务器上搜索取证。

（2）在当事人的电子设备上搜索取证。

（3）在互联网的开源信息中搜索取证。

通常电子痕迹取证都是从服务器开始的，从服务器上搜索线索的好处是避免让当事人知道他正在被审查。在服务器上取证的审查分为三种情况。第一种是前面谈到的系统审计和数据分析，从企业的各种系统和数据中获取证据来证明当事人操作的交易是异常的、违规的。第二种是从服务器上导出当事人的邮箱记录，尝试从他的邮件中找到违规证据或线索。一般是希望找到他和其他舞弊当事人（如其他同伙或勾结的供应商）的邮件沟通记录，或当事人把保密信息泄露出去的证据。第三种是从服务器记录上审查当事人的上网记录，希望从中找出线索来了解当事人的上网行为和习惯。

在服务器上取证

1. 在服务器上审查当事人的邮件信息

员工的邮件是比较敏感的信息，邮件往来可能会涉及企业保密信息的交流，尤其是级别较高的管理层人员的邮件信息。企业通常不会轻易让任何人查看他人的邮箱信息，即使是系统管理员也不可以。只有当重大舞弊事件发生且其他审计步骤无法获得舞弊证据时，企业才会允许进行邮件的审查。企业须设定好相关的政策，规定在什么情况下方可查看他人的邮箱、需要谁的审批、需要提出什么样的申请理由等。

在 IT 资源允许的条件下，企业应在服务器中保存员工所有邮件，包括已删除、已发送的邮件。有了邮件备份，审计人员就可不惊动当事人从服务器中调取邮件信息。如果企业没事先在服务器上保存备份，审计人员就必须取得当事人的电脑才能调取硬盘中的信息，这会打草惊蛇使对方有所准备，对方可能在提交电脑前把硬盘内的邮件删除。

2. 邮件关键词搜索

搜索当事人的邮件时，审计人员可选择以关键词搜索或对全部邮件逐一查看。以关键词搜查邮件相对比较有针对性、有效率，但是搜查的效果完全取决于审计人员所使用的关键词正确与否，如果关键词用得不恰当就无法找出相关的邮件。审计人员必须知道没有人会以"舞弊""回扣""围标"等词语来给自己的邮件或文件命名，所以审计人员要灵活选择关键词，搜索的效益取决于关键词正确与否。

在邮件搜索中提到的关键词提示也适用于文档搜索，要关注一些相关的特殊名词、代号等，也要关注"保密""不能说""见面谈""见面聊""投标文件""标书""报价单""标底""基础价""合同""到账""打款""微信""支付宝""现金""比特币""U"（指 USDT，泰达币）、"账外"等关键词。在通过关键词检索文档之后，如果时间许可，审计人员也应该对检索出的文件逐条仔细检查。

一般建议审计人员用关键词来做第一轮快速的查找，但关键词审查不是唯一的审查，接下来必须逐一查看全部邮件。审计人员可以先把邮件按照发件人来归类，然后根据发件人审查。一般与舞弊当事人比较正常的业务往来邮件可以快速地排查，审计人员更应关注企业外部发来的邮件以及发到企业之外的邮件，关注一些没有标题、异常标题的邮件，还应关注一些特殊用语，如"我们见面谈这事""这事要保密""待会我打给你"等语句。

在搜查邮件的过程中要关注邮件中的附件，尤其是一些没有内容或标题的附件。一些舞弊当事人在传送敏感文件时，为了不想"多说"，就直接把附件加上就发送，认为只要不在邮件正文中多说就"安全"了。

如果邮件中的附件为压缩文件，审计人员也应该把压缩文件打开进行审查。在传输多份文件的过程中，很多人都会把文件集合进行压缩（俗称"打包"），然后再发送。文件经过压缩（打包）后会以压缩文件呈现（zip、rar、7z 等）。该压缩文件也会以新的名称命名。一些舞弊当事人为了不想保密文件的名称直接暴露在邮件的附件中，会给文件重新命名或通过压缩的方式把文件"隐藏"在压缩包里面。

3. 邮件头分析

每一封电子邮件都记载着其发送的路径，这些路径信息都记载于"邮件头"中，从邮件头可以看出该邮件经过了哪些邮件的服务器。当发现有嫌疑邮件时，不妨查看该邮件的邮件头，看看邮件内所称的企业名称是否和邮件头内的邮件服务器 IP 地址一致。有些钓鱼邮件的邮件发件人是假的，从"邮件头"可以看出真正发邮件的邮箱。审计人员可尝试从邮件开头部分查找发邮件的服务器 IP 地址，然后通过 IP 地址反查该地址的地区和注册单位。

虽然审查"邮件头"能发现一些关于邮件发送过程中所经过的服务器的信息，但是有些时候会出现两种不理想的情况：一是"邮件头"中的信息不全或被企业屏蔽，无法发现有用的信息，如 IP 地址；二是一些邮件发自公共邮箱，如 163 邮箱、雅虎邮箱，所以其 IP 地址是其总服务器的地址，知道也没有用，因为其每一个用户都是这个 IP 地址，无法证明"供应商串通"。

4. 在服务器上审查当事人的上网记录

在资源允许的条件下，企业应该在服务器中记录并保存员工的所有上网记录，包括员工浏览过的网站地址、日期时间等。审计人员希望从上网记录中检测出线索来了解当事人的上网行为和习惯，看当事人是否有访问一些企业禁止的网站，如网上公共邮箱、云端网盘、娱乐购物、赌博网站等。如果企业的服务器上没安装终端电子监控软件，只能知道当事人上过哪些网站，但很难证明他在该网站上做了什么。

5. 在服务器上监控终端电脑

在服务器上安装电子监控系统可远程监控用户终端的电脑屏幕，并可每隔几秒就在用户终端电脑屏幕上截屏。有了这些每隔几秒的截屏，就可以凑成一个记录电脑活动的视频了，企业可以很直观地证明员工的违规动作。例如，通过邮箱或聊天软件把企业的保密信息发送出去、用网盘或 U 盘备份企业秘密文件、与供应商勾结围标、制造虚假文件等。除了可以在终端电脑的屏幕上截屏，终端电子监控软件也可让审计人员从远程审查并提取用户电脑中的文件。

要启动电子监控软件，需事先在当事人的电脑中安装相关的监控插件。一些企业是在全体员工的电脑中事先安装好该软件，平时该软件只是备用状态，当有舞弊调查事件时，审计人员获得批准后就远程启动该软件，在不惊动对方的情形下开始监控取证。也有些企业选择只在有舞弊调查时才以电脑补丁的借口在嫌疑人的电脑上安装监控软件。

企业一般使用电子监控软件做事前预防、事中记录、事后取证。市场上的终端电子监控软件，通常有以下功能。

- 文档操作管控
- 实时聊天管控和记录
- 邮件管控
- 打印管控
- 应用程序管控
- 设备管控
- 文档操作记录
- 邮件记录

- 打印内容记录
- USB 备份记录
- 实时屏幕快照
- 远程恢复
- 文件恢复
- 文件浏览
- 文档分析
- 日志分析

九、电子痕迹：在终端设备上取证

如果企业没有使用电子监控软件，也没有在服务器上保存当事人完整的邮件备份和上网记录，审计人员只能靠事后的电子取证技术从当事人的电脑、手机和其他电子设备中获取电子痕迹证据了。从当事人的电脑和手机上审查主要是关注邮件、聊天记录、文件、照片、删除记录、上网记录、收付款记录、GPS 定位记录等。事后在当事人的电脑上取证，存在着数据已经被删除的风险，也有可能打草惊蛇让当事人知道他被调查了，从而开始销毁证据和串通供述。

要获取当事人电脑中的信息，审计人员必须要取得对方的电脑。审计人员应取得 IT 部门配合，尽量不让对方知道自己被调查了，以电脑系统补丁、电脑杀毒或安装软件等作为借口向对方提取电脑或让对方把笔记本电脑放在办公室过夜。在调取电脑时，一定要扩大涉及人员的范围，不应只要当事人一人的电脑。在对方把电脑留在企业后，审计人员就可通过管理员权限登录当事人电脑并把硬盘中的信息备份出来。为了确保备份出来的信息和原始硬盘内的数据是一模一样的，该备份必须以镜像复制方式进行。

1. 电子数据的备份

电子数据的备份方式分为两种。第一种是简单地以快捷键 Ctrl+C 复制，然后以快捷键 Ctrl+V 粘贴的方式把电子文档从当事人的电脑复制到审计人员的硬盘里。这种最基础的备份方式的好处是简单快捷，但有一个非常大的问题：当文件被复制到另一个硬盘后，其电子属性（如创建时间）将会被修改，导致证据被污染，影响该证据的有效性和证明力。因此，最稳妥的复制方式是以电子镜像方式复制，这就是电子数据的第二种备份方式。

用 U 盘简单地复制电子文档还有个问题，那就是在事后很难证明该电子文档就是对方所提供的并且审计人员没有修改过该文档。如果向当事人获取少量的电子文件，可以让对方通过邮件的方式提交，以便能证明该文件是对方所提供的。

2. 电子镜像备份

由于电子证据具有易变性，任何不慎重的处理都有可能导致电子证据的属性变更，污染了电子证据。属性变更后的电子证据不但丧失了证明力，还可能导致审计工作的严谨性和公正性被质疑。为了确保舞弊审计中所获取的电子文档没在备份过程中不小心被修改了属性，审计人员应以全硬盘电子镜像备份的方式复制文件。

全硬盘电子镜像备份是直接把整个硬盘内的所有信息以电子镜像技术全部备份下来，硬盘内的所有信息将不会被更改和变动，有点像被拍了一张快照。全硬盘电子镜像备份的过程都会使用"仅读器"，确保在备份过程中仅仅读取电脑中的信息，而不会修改电脑中的任何信息。

将涉及舞弊的电脑做完硬盘镜像拷贝后，审计人员就可以在镜像复制出来的硬盘中搜索电子痕迹，寻找舞弊的线索和证据。许多公司以为把涉及舞弊的电脑做完硬盘镜像备份就可以了，没有保存本来的那台涉及舞弊的电脑，而是把电脑硬盘中的信息删除或格式化后交给其他员工使用！这时如果审计人员在镜像复制出来的硬盘中搜索出线索或证据也没太大的意义，因为这时已经没有原始的电脑来佐证了。员工可以质疑镜像硬盘中的信息不是他的而是后来添加进去诬赖他的。镜像出来的硬盘是用来做电子痕迹搜索的，原始的电脑和硬盘还是要原封不动地保存下来，以便可以在法庭等相关场合作为证据出示，供相关人员审查。

若实在没办法，只能使用 U 盘复制的方式从对方的电脑中获取文件的，必须在对方所提供的电子文件的基础上再复制一份，利用二次备份的文件进行审计审查和分析，同时把对方所提供的文件原封不动地留存在特定的文件夹内。

3. 仅读器

一般在给电脑硬盘做镜像时都会在原始的硬盘和要生成镜像的硬盘之间链接上"仅读器"。仅读器在开始备份前会把原始硬盘中的信息的哈希值算出来，然后在电子镜像生成后的硬盘中运算出其哈希值。如果两者的哈希值是一样的那就表示生成镜像的硬盘中的信息和原始硬盘中的信息是一模一样的。

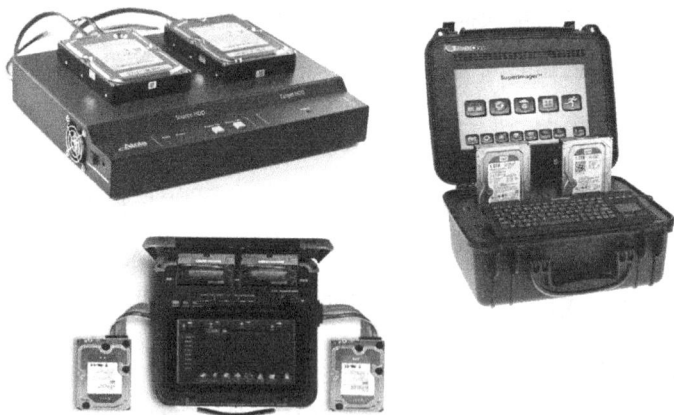

仅读器

4. 哈希值

什么是哈希值呢？哈希值是一种由密码学运算出来的一串字符，每一个电子文件或者一台电脑的硬盘都能运算出其独一无二的哈希值。把任意长度的电子信息通过哈希算法变换成固定长度的"输出"，所输出的值就是哈希值。哈希算法有很多种，常见的有 MD5、SHA-256 等。由于哈希算法是一种压缩隐射，所以不管所输入信息的长短，都将会输出固定长度的哈希值。一个只有一个字节的文件、一组 1GB 的文件或整个 10TB

硬盘中的文件集在经过哈希算法的计算后都将会生成长度一样的哈希值。计算哈希值是一个单向、不可逆的过程，因此是无法通过哈希值反向生成原始数据的。

哈希（Hash）

目标文本 ➡ Hash 函数 ➡ 杂凑字串

相同的电子文件（或电子文件组合）将生成同样的哈希值，不同的文件（或电子文件组合）将生成不同的哈希值。哪怕就只是文件中或电子文件组合中的一个字节或像素被修改，其运算出来的哈希值也将会不一样。要找到两个不一样的文件但是有着同样的哈希值（在专业上称为"碰撞"）的概率是非常微小的，几乎是不可能的。

基于哈希值的唯一性和稳定性特征，它经常被用在校验数据的场景中（包括区块链和加密数字货币）。为了要证明硬盘中的数据在保存、运输、提取、分析的过程中没被篡改，审计人员可在将硬盘递交出去之前把整个硬盘的哈希值算出来。之后如果要确认该硬盘是否被篡改、删除或添加，再次计算该硬盘的哈希值对比一下即可。即使是在10年之后再重新计算，只要文件没被更改，其哈希值也不会变。如果硬盘中的字节被修改了，哪怕只是一个字节，该硬盘的哈希值也将会和原来的哈希值有很大的不同。因此，在电子痕迹的调查中一般都以校对检验哈希值来确认电子数据是否为原始状态。

数据确认 哈希值（MD5/ SHA256）

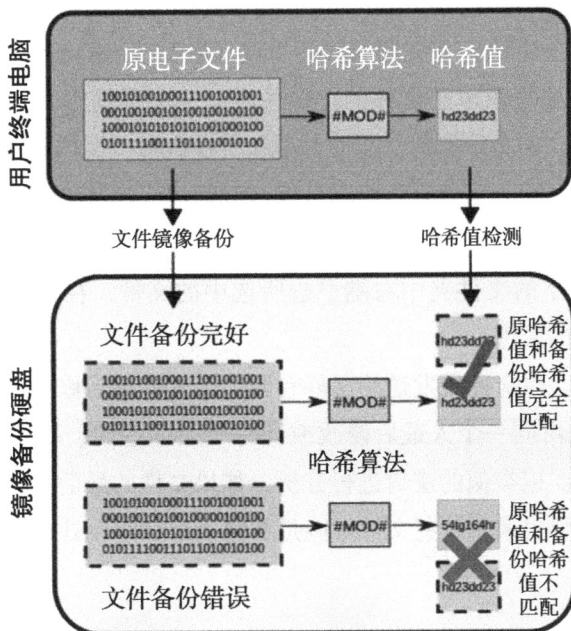

5. 电子文档搜索、邮件搜索

审计人员可以在镜像备份的硬盘上搜索电子文档和邮件。搜索电子文档和搜索邮件一样，可以通过关键词检索，例如，怀疑当事人泄露了公司保密信息就用该保密信息的相关名称来搜索。在硬盘上搜索电子邮件和电子文件与在服务器上搜索电子邮件的概念是一样的，可以参考前文的叙述。

在搜索电子文档时，审计人员应关注以下情形的文件：

- 存放在一般不用的文件夹中（如系统文件夹、临时文件夹等）的文件；
- 隐藏于同一个计算机中不同的虚拟机的逻辑硬盘间隔中的文件；
- 异常命名的文件，例如，文件名称为"超人""小李"等；
- 名称出现空格或符号的文件；
- 刚刚被修改的文件；
- 被压缩后的文件，尤其是以特殊符号或字母命名的文件；
- 属性异常的文件（如 Word 文档改成了 .pdf 或 .dll 后缀的文件）；
- HTML 文件（在一些泄露商业秘密的案件中，当事人无法利用 U 盘、网盘或网上邮件发送秘密信息，可能会通过 HTML 文件隐藏该秘密信息，然后上传该 HTML 文件成为网页，对方到该网址右击查看原始代码即可获取该秘密信息）；
- 利用不寻常字型命名或编写的文件（一些应用软件中有着特殊字型，可以将英文字母转换成符号。一些员工通过这些符号泄露企业信息，对方收到后将其转换成正常字体即可获取。一般这些符号在关键词搜索中搜不出来）。

6. 电子文件、照片属性分析

电子痕迹的审查也包括检查文件的属性［或元数据（metadata）］。元数据是指描述电子文件的数据，主要显示电子文件的存储位置、历史数据等。从文件的属性可以看出该文件的基本信息，如文件类别、文件大小和所在位置、文件制作人、文件最后修改人、文件创造日期与时间、文件最后修改日期与时间等，这些信息在审计中可以显示出重要的线索。

在微软操作环境下的文件夹中右键点击所选中的文件，在跳出的菜单中选取"属性"可以查看该文件的属性。

如果不同投标商、供应商所发送的文件有同一个文件最后修改人或文件创造人，那就表示这些文件都是由同一个人最后修改或同一个人创造的，这是一个证明两家公司围标嫌疑的重要线索。以类似的逻辑进行分析，如果文件的最后保存日期和时间都很接近，比如相隔几秒，那也表示这些文件可能是在同一个时间段处理的。

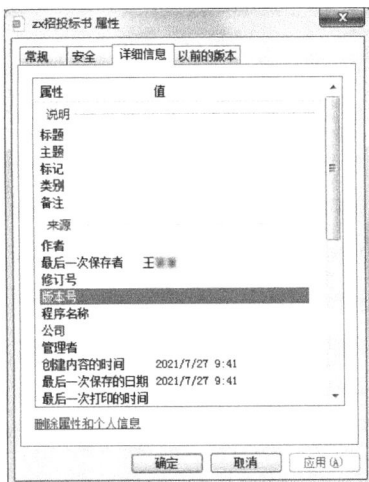

查看照片的电子文件属性信息（EXIF 信息）也可以看出该照片的拍摄地点（经度、维度、高度）、是用什么相机或手机所拍摄的，从摄像头的信息也可猜测出该照片是用前置还是后置相机所拍摄的。一般手机前置相机都是没有闪光灯的，所以照片的属性明细就会显示无闪光灯设备。

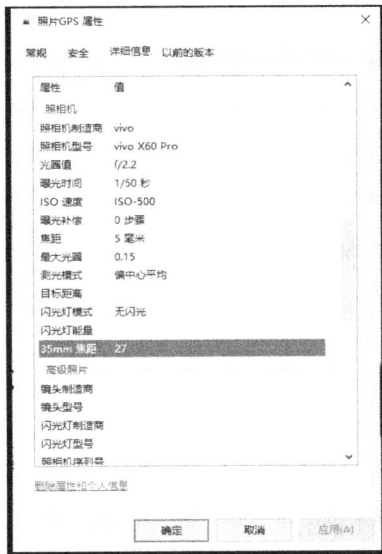

7. 查看照片的哈希值

有些时候供应商或员工需要提供照片来证明一些事情，比如工程的进度、拜访过的客户、曾经参与过的工程项目等。一些围标的供应商或不老实的员工可能会以同样的照片来鱼目混珠。如果要证明照片是一模一样的，审计人员可以计算照片的哈希值。如果提供照片的是两个不同的个体或提供的是不同时间点的照片，但计算出来的哈希值是一样的，那就表示两张照片是一样的，有弄虚作假的嫌疑。

找差异

图A

SHA1哈希值
774ae4215f52f1ffe80d32f371a5b77
a079b8b8311

图B

SHA1哈希值
774ae4215f52f1ffe80d32f371a5b77
a079b8b8311

8. 删除后恢复文件、格式化后恢复文件

审计人员也要审查当事人电脑的删除记录，最简单的方法是到电脑的回收站中寻找和恢复文件。通过专业的电子痕迹搜查软件也有可能部分恢复已经被删除的文件或已被格式化的硬盘中的文件。当舞弊人员知道了自己被调查时，可能就会开始删除文件。这种销毁证据的动作会产生再生证据，通过电子监控软件或电子痕迹恢复软件，审计人员可以收集这些再生证据。

审计人员也可以通过系统日志（system log）、系统注册文件（system registry）查看系统操作的一些原始记录，包括曾经安装或卸载的软件、登录的账号、设备的 IP 地址（或 MAC 地址）、连接过主机的 U 盘或器材等。

9. 系统临时文件

临时文件是电脑操作系统或应用软件在运行的时候所创建的文件。一般当操作系统或应用软件不再需要这些临时文件时，就会删除它们。一般来说，系统在以下情况会创建临时文件：

- 使用应用软件如 Word 或 Excel 的过程中，系统会创建临时文件以保存所做更改的数据；
- 当应用软件需要超过物理内存中的可用内存时，系统会使用虚拟内存并创建临时文件来保存数据；
- 打印文档时系统将打印任务放入临时文件再将其发送到打印机；
- 手机或其他设备链接到电脑做备份的记录；
- 网页浏览器也会创建临时文件来缓存网页和存储浏览历史。

基于各种系统的原因，有些临时文件长期没有被系统清除。这些临时文件都是电脑操作的痕迹，是电子痕迹调查的重要对象。临时文件存储在几个不同的地方，具体取决于创建它们的内容。微软操作系统创建的文件一般存储在 C:\Windows\Temp 中，应用软件创建的临时文件一般存储在用户文件夹中的 App Data 应用程序目录中的 C:\users\userID\AppData\Temp 中。网页浏览器的临时文件一般存储在它的缓存文件夹中。该目录位置根据使用的操作系统版本和浏览器而异。

通过电子痕迹软件，审计人员可以恢复网页浏览器临时文件夹中的一些信息，例如，网页上的图片、照片。

10. 快捷路径

电脑在运作过程中会设立文件的快捷路径方便用户直接打开常用的或最近用过的文件。这些快捷路径将会随着用户的最新开启的文件而自动更新。当用户通过电脑开启一些存储在移动硬盘或 U 盘的文件时系统将创建该文件的提取快捷路径。如果该快捷路径没被删除或被自动刷新，即使该移动硬盘或 U 盘已经拔离电脑，该快捷路径也还会显示在系统中。通常这种快捷路径存储于用户文件夹中（C:\users\userID\AppData\...\recent\）。当然，单纯看快捷路径是无法知道该文件的内容的，但是通过快捷路径还是可以提取一些碎片信息和轨迹线索，如文件的名称、存储的路径、硬盘和 U 盘信息等，为突破调查和扩展潜寻找在证据的范围提供线索。

11. 密码

在执行电子痕迹取证时，审计人员有时会面对相关嫌疑文件被"密码"锁着或被加密，无法打开检测的困境。因此，审计人员需要找到相应的密码、口令、密钥或私钥。如果当事人配合调查，直接向他获取密码肯定是最容易的方法。这种情形一般出现在"证人"自愿提供信息、舞弊当事人已经坦白的舞弊调查中。如果调查行动是隐蔽或以远程方式进行的，那就不可能向对方要密码。审计人员可以通过以下三种方法取得密码：

- 寻找密码；
- 推断密码；
- 破解（恢复）密码。

审计人员必须知道电子取证步骤是基于确实有舞弊事件要调查，其他调查方法无效，在审计领导和管理层批准下，在企业所拥有的电脑和系统下执行的。而要破解密码的文件很大可能就是舞弊证据，例如，围标记录文件被"密码"锁着，疑似公司秘密文件被加密，当事人留存的与供应商的转账记录被"密码"锁着等情形。

① 寻找密码（口令）

现代系统一般要求用户设置"破解难度高"的密码，需混合字母、数字和符号；同时要求密码必须定期更换（如每 30 天、60 天或 90 天更换一次）；新密码不可存在和前 12 个旧密码大量相同的字母、数字和符号；不可以重复的数字或字母作为密码，如 1111111，8888888，aaaaaaa 等。一些系统也不允许用户使用用户账号或任何在英文字典中可寻得的单词做密码，例如，不可将密码设为 password。

由于用户经常要更换这种"困难的密码"，导致部分用户会忘了其新密码，尤其是当他不经常使用该密码时。因此，用户可能会将其密码写在小纸条上粘贴在电脑旁，或将密码详细地记录在 Word、txt 或 Excel 文件并保存在电脑中。

审计人员可以考虑在以下地方寻找密码：

- 电脑显示器前、后、下、侧面；
- 键盘背面；
- 文件托盘；
- 笔筒；
- 抽屉内；
- 任何靠近当事人座位，但是不显眼的地方；
- 电脑中明显的文件（如密码 .txt、password.xls 等文件）中。

一些黑客在入侵目标电脑系统之前也可能会采取"社会工程"方式联系该企业的部分人员，如前台、新进员工、基层员工，甚至 IT 人员，假扮总部 IT 人员或企业级别比较高的人，通过暗示与欺骗的方式向当事人获取密码。"社会工程"是黑客以欺骗或伪装他人的方式骗取信息的一种通俗说法。

一般这种方式的沟通过程如下所示。

黑客："喂，你好，你是小张对吧（事先从前台获知名字和座机号），我是总部 IT 部负责系统安全的林工（事先获知的总部 IT 员工的名字），刚刚集团的防控系统发现你的电脑被病毒入侵了（或你的电脑在向其他电脑发送病毒、木马、垃圾、邮件、不雅图片等借口）。"

小张："呃，什么？中病毒了？"

黑客："是的。请问你最近是否打开过外来邮件（网站、社交平台、邮件附件）？"

小张："好像打开过……"

黑客："嗯，那就是了，分公司的林某（公司官网上获得的名字）也有这个问题。今天我们刚替他处理了。"

黑客："请确认一下你的邮件地址——xiao_zhang @ ABC.com，座机号码——070-1234567。"（都是事先从别处获得的信息。）

小张："呃，是的，是小张的拼音，小和张中间是下划短横线。"

黑客："嗯嗯，为了防止你的电脑扩散病毒，我们需要马上进入你的电脑，请提供一下登录系统的账号和密码［或 MAC 地址、Wi-Fi 密码、DNS、主机名称（hostname）、根密码（root）、UNIX 的 sudo 密码］。"

小张："我的密码是……"

当然今天大部分人都不会上这样的当了，但是一些经验比较少或信息安全意识低的员工可能还是会向黑客直接提供密码或其他信息。而且，一些黑客知道如果直接要密码，绝大部分的人都不会给，所以他们会要一些看似不重要的信息或执行一些看似没有风险的操作，例如，索要 IP 地址、MAC 地址，打开远程端口（telnet），启动 TeamViewer，操作一些指令找出网络的 DNS、路由器信息或让该员工接收邮件并点击附件（下载木马插件）等。

当然，通过这种"社会工程"获取的密码和其他信息是违法违规违纪的。一些执行系统弱点"渗透测试"的审计人员，在获得相关管理层同意后，可能也会利用"社会工程"方式联系当事人，尝试获取密码，测试企业员工的安全意识。

② 推断密码

一些用户使用简单的字母加数字组成密码，因此，审计人员可以尝试推断其可能使用的密码。一般常用的密码组合可能包含用户的以下信息：

- 用户名字；
- 用户 ID；
- 生日；
- 身份证尾号；
- 手机号码；
- 居住地址；
- 公司地址；
- 座机号码；
- 爱人、孩子的名字、出生日期；
- 宠物、明星、喜爱的卡通人物的名字。

用户会在以上信息的基础上添加一些符号或做一些简单的修改，例如，把"S"换成"$"符号，把"1"换成"！"等。一些系统设置不周全，允许用户使用简单的密码，例如，用户的 ID、12345678、8888888、abcdefg 等。推断密码的方法虽然有成功的案例，但是成功的概率并不高，审计人员无须花过多的时间去推断密码。

一些系统因为设置不完善或管理员疏忽，允许用户使用系统提供的初始默认密码作为密码。所以，审计人员也可以将默认密码作为尝试。一些执行"渗透测试"的审计人员也会通过系统的默认密码做入侵扫描，尝试使用默认密码登入各种对内系统和对外端口，例如，VPN、路由器、DNS、主机、数据库等。许多此类的网络电子设备的初始默认密码是系统管理员公开的"秘密"，在许多互联网平台上都能搜索获取。只要能破解一个密码，入侵人员就能到达内网，获得更多的内部信息和资源，实施进一步的入侵和破坏。

③破解（恢复）密码

最后一个获得密码的方式是利用工具破解（恢复）密码。密码的破解必须是为了获取舞弊电子证据而进行的，而且是在其他调查方法无效、企业审计领导和管理层批准下执行的。一般使用的方法是"蛮力攻击"（穷举攻击），以各种密码可能的组合依次尝试寻找正确的密码。只要有足够的时间和存储空间，穷举攻击方法在理论上是可行的。但实际上，密钥计算时间、存储空间和试错机会可能都会受到限制，只要密钥足够长，破解密码就不容易。

12. 电子取证工具

要做好电子取证，审计人员需要准备许多专业工具。本书不专门讨论电子取证，在这里列举部分电子取证所需的工具和软件供参考。

- 仅读器（硬件或软件）
- 镜像设备（或软件）
- 移动终端取证设备
- 数据恢复设备
- 取证工作主机［以 Windows 或 Linux（Ubuntu、Debian、OpenBSD 等）做 OS］
- 取证工作虚拟机（可用 VMware、Hyper-V、Virtual Box、Kali Linux）
- 各种衔接计算机、移动终端的设备
- 高存量的移动硬盘
- 加密软件（为获取的电子证据加密保密）
- 防火墙（控制进入虚拟机或主机的流量）
- 可启动的 U 盘或 CD（以便不经 C 盘而启动目标电脑）
- 数据校验软件
- 密码破解软件
- 电子邮件分析软件
- 电子痕迹分析软件
- 音视频分析软件
- 电子痕迹取证软件（内存取证、在线取证、手机取证、硬盘取证）

一般付费的电子取证软件有 Encase、OSForencis、Paraben Forensic Replicator、X-ways Forensic、Elcomsoft Forensic 等。国内付费的电子取证服务公司包括厦门美亚、上海盘古石、上海弘连、南京拓界、苏州龙信、四川神琥、杭州平航等。

电子取证开源工具有很多，这里列举部分供参考。

工具	简介
Access Data FTK Imager	开源镜像工具
The Sleuth Kit (TSK)	指令式的电子取证工具
Autopsy	硬盘和手机分析工具，允许 Python 和 Java 添加包
ProDiscover Basic	电子取证工具
SANS SIFT	包含多种开源电子取证工具，支持 E01、AFF 和 RAW 电子痕迹文件分析
Volatility	内存取证工具，适用于 Windows、Linux、Mac
Linux 中的 dd 指令	Unix 自带的电子取证工具
CAINE	电子取证工具，含 Linux 启动 CD，也有 Windows 版
DEFT	电子取证工具，含 Linux 启动 CD
PlainSight	电子取证工具，含 Linux 启动 CD、分析上网记录、U 盘使用记录、物理内存转储、提取密码哈希值等
HELIX3 Free（2009R1 版）	电子取证工具，附带多种其他工具、事件管理工具等
Paladin Forensic Suite	电子取证工具，含 Linux 启动 CD，包含超过 80 种工具，如镜像提取、社交媒体分析、哈希值工具等
EXifTool	指令式的工具，用于获取文件元数据信息
Free Hex Editor Neo	分析大型文件中电子数据的模式，进行基础端数据修改
HxD	分析大型文件中电子数据的模式，进行基础端数据修改
Bulk Extractor	在硬盘中批量搜寻提取特定数据，如邮件地址、卡号、网址、邮区号等的工具
Xplico	分析网络流量工具，支持 HTTP、SIP、IMAP、TCP、UDP 协议
LastActivityview	分析用户在电脑上最后的操作记录，并根据时间排序
DSi USB Write Broker	防止在读取 U 盘信息时写入 U 盘的仅读软件
FireEye RedLine	分析内存、文件，搜集系统元数据、系统注册文件、事件日志、网络信息、互联网活动历史等
USB Historian	从微软系统注册文件中提取 U 盘衔接历史记录
AMPED　FIVE	一款视频取证工具（付费）
Cain and Abel	开源密码破解工具，适用于 Windows
John the Ripper	开源密码破解工具，适用 Unix 类，如 Linux、BSD、Solaris、AIX、Windows、macOS、数据库，文件如 PDF、Word、Excel 等
Hydra	开源密码破解工具，支持常见的网络协议
ElcomSoft	付费密码破解工具，支持多种 OS 系统与应用软件
LastBit	付费密码破解工具，支持多种 OS 系统与应用软件
LOphtCrack	一款始于 1997 的经典密码破解工具
RainbowCrack	开源密码破解工具，适用于 Linux 和 Windows，运用对各种密码预先计算的哈希值表，俗称"彩虹表"

（续表）

工具	简介
Ophcrack	开源密码破解工具，适用于 Windows，运用"彩虹表"
Hashcat	开源密码破解工具，适用于 Unix、Windows、macOS

13. 电子痕迹取证流程

不管是在服务器取证还是在用户终端取证，一般的电子痕迹取证流程分为评估、获取、分析及汇报四个阶段。

① 电子取证步骤

在评估阶段，审计人员首先确保获得内审领导和管理层对电子取证的充分授权。审计人员应了解舞弊案情和涉嫌人员的背景信息。在开展任何工作前，应掌握需取证的信息系统、电子存储环境［硬件、软件、操作系统、数据库、移动终端操作系统（安卓或苹果）等］。审计人员应结合这些信息确定取证策略、取证目标，并准备所需的取证设备、软件。最后，组织取证团队，选择最佳时机（例如，晚上、周末）待命执行。审计人员必须确定企业是取证目标（硬件和软件）的所有者。如果硬件拥有权属于员工，应当在获得当事人同意后再进行取证。

在获取阶段，审计人员首先应对取证目标进行勘验，确定设备情形是否与评估结果一致，并且适合执行取证。在获取阶段的工作应该全过程录像，以作为事后证据，以防被质疑证据是审计人员添加上去的。审计人员应目测目标设备并做好硬件盘点记录，关注是否有异常设备或 U 盘插入主机。

如果在审计人员抵达现场时取证目标设备是开机的，审计人员应先获取"不稳定"数据，确保内存信息在关机之前被提取；同时提取系统日期与时间、网络连接状态（是否有外部实时的登入）、开启的端口（是否有实时读取该端口的软件）、正在执行的应用软件等信息。

在"不稳定"内存信息提取完毕后，审计人员需要决定是否将目标设备正常关机还是直接将设备断电。关机可能将一些临时文件删除，导致证据丢失，断电也可能导致部分信息丢失，所以审计人员应权衡证据的保全要求，结合实际情形决定。将设备关机后，审计人员应设立"仅读器"对取证设备进行镜像备份。

在分析阶段，审计人员应根据案情的调查方向从所获得的内存信息、镜像信息中提取有用证据，分析判断其中的关联性，将数据转换为可读可见的形式。一般的分析过程包括文件过滤、关键词搜索、邮件与文件搜索和分析、数据恢复、密码破解、系统分析、网络分析等。在分析阶段，审计人员必须确保其工作主机没有连接互联网，确保当事人的电子信息（例如，邮箱、曾经上过的网站、应用软件等）不会自动地与互联网远程服务器联系，并更新信息。审计人员对找到的证据应做好标记书签，将数据保存，并尽量可视化，例如，截屏、打印。

在汇报阶段，审计人员应整理好分析的结果，结合文书证据、数据、口供证据等形成"证据链"，提交管理层审阅。当案件外移司法机关时，审计人员必须将这些证据提供给法庭作为诉讼证据。审计人员必须确保原始的目标设备（电脑、手机、录音录像设备等）被完整封存，设备内的电子证据没有经过任何的修改，因为原始设备才是真正的第一手证据。

②电子取证原则

基于电子取证技术性高、电子证据的易变性和不稳定性特征，审计人员必须确保电子证据取证过程在法律、方法、人员、过程、工具等方面符合标准。全方位的、谨慎的电子证据取证过程不仅能确保审计工作合法合规，审计人员公正公平，最大限度地保护舞弊嫌疑人和企业的利益，也能有效地约束取证审计人员。电子取证是一个入侵性非常强的审计方式，因此企业必须制定相关制度和流程来确保审计人员没有滥用其权力。

一般来说，电子证据的取证、存储、传输或分析工作须满足以下五项原则。

- 流程合法。取证流程应符合国家和地方的法律法规，进行取证的审计人员应得到企业授权。取证范围是企业拥有的计算机和系统。
- 方法可靠。应采取完全可靠的取证方法来保证电子数据的完整性、固定性、连贯性。
- 人员专业。进行电子证据取证的审计人员应经过专业的训练，具备胜任能力。
- 过程可查。任何针对数据的获取、存储、传输、分析和检查的活动都必须记录在案，存档待查。
- 工具合规。取证审计人员应该配备符合要求的取证工具。

十、电子痕迹：在互联网搜索开源信息

开源信息搜索（Open Source Intelligence）是指以合法的方式从各种公共公开的来源有针对性地挖掘信息和情报，一般是通过互联网上公开的网站、社交媒体、在线论坛、新闻网站、网络研讨会、公开演讲、在线地图、公共照片、政府公开信息、视频网站等公开来源收集关于目标对象，如供应商、投标商、客户等相关人员的一切信息。开源信息搜索必须是从公共公开的来源挖掘信息，绝对不能以不合法的方式入侵非公开的网站或保密的数据库盗取信息，也不可违反《民法典》侵犯个人隐私，所以开源信息搜索并不是网上俗称的没底线地暴露他人隐私的"人肉搜索"。

开源信息搜索有点像在大海中捞鱼，希望从互联网的大海中找出与舞弊相关的人与事的信息。一般可以从搜索引擎开始，如百度、搜狗等，如果需要搜索一些国外的信息，可以用雅虎或微软的国际版 Bing，如果身在国外可以考虑利用谷歌搜索引擎、谷歌地图等，也可以在一些论坛或社交网站上搜索相关人员发表的评论。

很多时候舞弊审计要证明当事人和某供应商是认识的或有超出业务范围的往来，那审计人员可以从这些人的信息上进行交叉搜索，比如他们的名字、联系电话、邮箱地址、QQ 账号、微信账号、抖音账号等。除了人工搜索，也可以使用机械式的网上搜索工具，这类搜索工具一般称为网络爬虫。审计人员也可以到官方公开的系统中查找，比如国家税务总局、国家企业征信系统、信用中国网站、国家裁判文书网、人民银行征信中心、中国土地市场网等。其他的商业搜索平台包括企查查、启信宝、天眼查等。

如果要对国外供应商做开源信息搜索可以考虑参考 OSINT Framework 网站上提供的搜索工具，通过这些工具审计人员可以在互联网上搜索国外供应商的公开信息，包括 IP 地址、DNS 信息、社交网站舆论、相关地图、照片、邮箱地址等。

1. 搜索引擎

很多审计人员经常因搜索不到有用信息而烦恼，其实审计人员应学好如何利用搜索引擎、各类网站、社交媒体获取信息。在搜索时，审计人员需要用对搜索引擎、关键词和搜索指令。

在搜索信息时，很多人只要在百度上第一页搜不到就放弃了，其实在百度上不仅可以搜网页，也可以搜新闻、视频、图片等。由于搜索引擎内部算法和检索方式不一样，其首页显示的信息也不一样。审计人员应该利用搜索指令屏蔽无用信息，让搜索结果更有针对性。

除了百度，审计人员也应该使用其他搜索工具，如 360 搜索、搜狗、微软必应、雅虎等，同时要使用正确的搜索"版本"。如果要搜索国外的网页，如国外供应商、国外联系人信息、国外企业注册管理部门等，应将搜索引擎转换成国际版。例如，微软必应就区分国内版和国际版。审计人员可通过搜索引擎的高级选项设置或者在搜索时使用搜索指令，准确搜索所需的信息。下表列举了几个常用的搜索指令。

搜索指令	功能
Site	注明只在哪一网址内搜索关键词。例如，在搜索引擎中输入"ABC 钢铁 Site:steel.com"，表示只在 steel.com 网页内搜索"ABC 钢铁"相关信息
Filetype	注明要搜索关键词信息的文件格式，如 PDF、PPT、DOC、JPG 等。例如，在搜索引擎中输入"ABC 价格 Filetype: pdf"，表示只搜索 pdf 格式的"ABC 价格"信息
时间 1·· 时间 2	注明只搜索该时间范围内更新或发布的信息、网页。例如，在搜索引擎中输入"ABC 有限公司 2020··2021"，表示只搜索在 2020 年至 2021 年关于 ABC 有限公司的信息
inURL	注明只搜索在网址（URL）上出现该关键词的网站。例如，在搜索引擎中输入"ABC 法律 inURL: gov"，表示只在有"gov"的网址上的网页搜索"ABC 法律"，确保展示的信息是政府官网
"–"（减号）	注明不要出现的搜索结果，一般用来屏蔽广告。例如，在搜索引擎中输入"工程量计算 – 广告 – 推广"，表示只展示关于工程量计算信息但屏蔽广告和推广的网页。如果要在搜索的结果屏蔽某些信息或网站，如购物类网站，也可以利用减号将该网站屏蔽。例如，"ABC 软件 –site: ABCshop.com"，表示搜索 ABC 软件但不看 ABCshop.com 内的信息。如果输入"ABC 软件 –A 硬件"就表示要屏蔽 ABC 软件和 A 硬件一同出现的信息。减号也可以用"NOT"指令来代替
"+"（加号）	注明多个关键词同时出现的搜索结果。例如，"联系人 A ＋联系人 B"，表示只展示同时出现联系人 A 和联系人 B 的信息。审计人员可以用这种方式交叉搜索多个时间段多家投标公司的联系人、手机号码、邮箱等，验证是否有同时出现的情况。加号也可用"AND"指令来代替
"｜"（竖号）	注明多个关键字，例如，"A 公司 |B 公司"，表示需要 A 公司或 B 公司的信息出现都搜索出来。竖号也可用"OR"指令代替

2. 招聘网站

除了搜索引擎，审计人员也可以到一些招聘网、人才网，例如，领英、脉脉等上去搜索公开的个人简历信息。许多猎头和招聘经理也是通过搜寻这些网站与相关人员联系。取决于当事人的隐私设置，审计人员一般可看到其在领英上发布的信息、点赞的信息、其直接关联的联系人的信息。

也有一些猎头或招聘经理直接通过领英网显示的邮箱或电话联系当事人，以各种借口（招聘、介绍工作、咨询、熟人介绍、邀请演讲、提供信息等）成为对方的"好友"，然后通过刺探信息技巧，从当事人口中获得其他信息，例如，微信号、手机号、QQ 号等。取决于当事人的微信朋友圈隐私设置，一般加为好友后审计人员可以看到其发布的朋友圈信息、点赞信息、过往的照片等。

因此许多"有心人"可逐步地挖掘当事人的信息和其好友信息。许多"社会工程"就是靠这种方式挖掘消息，先获取微小的、不敏感的、不会让当事人抗拒的信息，然后利用该信息来获取对方或其朋友的信任，之后再刺探更多的信息，利用增加的信息量再获取对方或其朋友更大的信任。一般人的思维盲点是，既然你对我朋友的信息如此了解，那你应该就真是他的朋友，所以你也可成为我的朋友。很多人通过这种方式反复操作，获取更大的信息量。

3. 社交网站

审计人员也可通过微博、知乎、QQ 空间、小红书、豆瓣等社交网站搜索相关人员的信息，只要这些人曾经发过文章、提过问题、给过解答就可能留下微信账号、公众号、邮箱等信息。

审计人员还可结合目标人（例如，舞弊嫌疑员工、投标联系人）手机号、微信号、邮箱等信息在搜索引擎上搜索，可以与其他投标单位的联系人、企业采购人员、舞弊嫌疑人、其家属的信息（名字、手机号、微信号、邮箱等）交叉搜索，寻找关联痕迹。审计人员在搜索时应尽量做到不留存盲点。

其他的信息挖掘方式包括通过社群平台、行业圈子、培训学习群、网上授课平台、在行网、在线文档平台等获得相关人士的联系方式，并挖掘信息、寻找关联关系，例如，搜索"供应商手机号＋采购员手机号"。也有人通过网络爬虫方式搜索目标人的联系信息（邮箱、手机号等）及其公开行程，例如，行业峰会、公开演讲、慈善活动等。如果在国外，审计人员可利用 Facebook、Twitter 和 Instagram 等社交网站获取国外员工、国外供应商联系人信息。

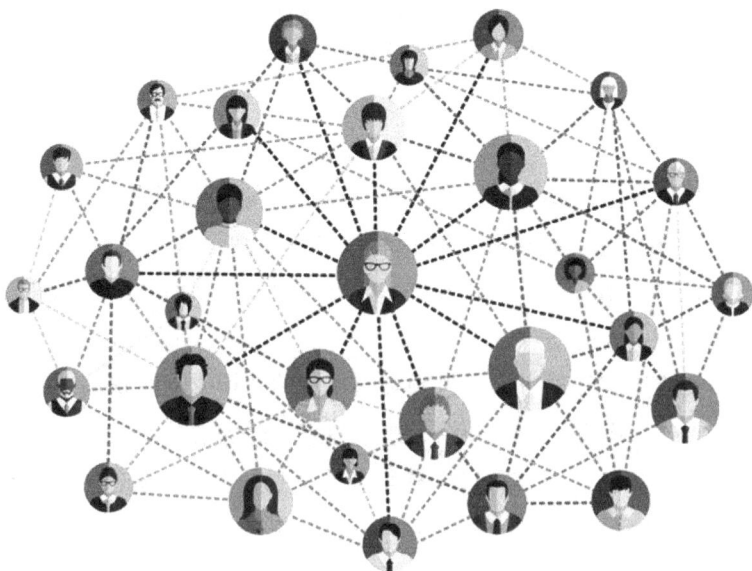

4. 企业信息

对投标公司、供应商、客户及相关员工的背景（和关系）也可通过商业查询平台搜索，例如，天眼查、企查查、启信宝等。当然，审计人员也可以到国家企业信用信息公示系统验证企业基础信息。对供应商的网站有质疑的，也可以通过 Whois 域名搜索工具进行查询。只要网站的 DNS 注册信息没设置隐私屏蔽，一般可看到域名的注册人和联系方式。通过 Whois 方式可查看是否有两家或多家供应商的网站域名为同一人、同一单位注册。

5. 其他网站

其他查询网站包括便民查询网、万能查询网，其可查询的信息很多，包括手机号码所属地、固定电话号码所属地、邮编所属地、车牌所属地查询。审计人员可快速查询和验证一些供应商或员工所提供的信息是否合理。

在这两个网站也可核实身份证号码的校验号的正确性。根据国标《公民身份号码》（GB 11643—1999），身份证号码是特征组合码，由十七位数字本体码和一位数字校验码组成。排列顺序从左至右依次为：六位数字地址码，八位数字出生日期码，三位数字顺序码和一位数字校验码。顺序码的奇数分给男性，偶数分给女性。校验码是根据前面十七位数字码，按照 ISO 7064:1983.MOD 11-2 校验码计算出来的检验码。如果身份证号是假的（没按照规定算出正确校验码），可以通过该网站进行初步验证。审计人员可用此方式初步、快速地验证投标人、员工身份证号码真实性，也可以通过 Python 脚本进行批量核实。

如果审计人员需要搜索物联网（IoT）中的设备的 IP 地址，可以使用 shodan.io 物联网搜索引擎。例如，链接互联网的监控摄像头、智能家用设备（智能门锁、冰箱、扫地机器人等）、可穿戴设备、汽车等。

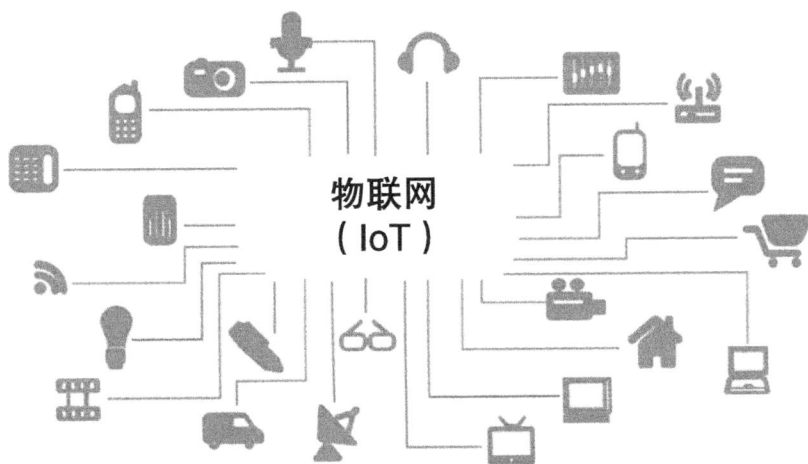

物联网
（IoT）

十一、电子证据的法律问题

1. 搜索开源信息不可侵犯隐私

根据《中华人民共和国民法典》（2020 年 5 月 28 日通过，以下简称《民法典》）第一千零三十四条的规定，自然人的个人信息受法律保护。个人信息是以电子或者其他方式记录的能够单独或者与其他信息结合识别自然人的各种信息，包括自然人的姓名、出生日期、身份证件号码、生物识别信息、住址、电话号码、电子邮箱、健康信息、行踪信息等。

根据《民法典》第一千零三十六条的规定，处理个人信息，有下列情形之一的，行为人不承担民事责任：（一）在该自然人或者其监护人同意的范围内合理实施的行为；（二）合理处理该自然人自行公开的或者其他已经合法公开的信息，但是该自然人明确拒绝或者处理该信息侵害其重大利益的除外；（三）为维护公共利益或者该自然人合法权益，合理实施的其他行为。

如果审计人员收集的是当事人同意提供的或其自行公开的信息或者其他已经合法公开的信息，是不承担民事责任的。自行公开的信息可以理解为在公开的微博、朋友圈、论坛、视频分享等平台当事人所提供的公开信息。

2. 搜索开源信息不可进行网络攻击

在利用开源资源搜索资料时不可利用任何形式的网络攻击、黑客技巧或爬虫技术去获取对方没有自行公开的个人信息，也不可利用这些技术去获取他人的隐私信息。利用开源资源或者在网上与他人交流，均不可伪装成公众所熟悉的组织或冒用他人名义来获取信息。例如，通过技术手段修改邮件抬头并发送与真实地址不符的邮件来伪装成其他公司的官方邮件做问卷调查或招聘，使用技术方法伪装手机号码或微信号等发送信息。通过这些违法方式获取信息将导致触犯法律红线。根据《网络安全法》第二十七条的规定，任何个人和组织不得从事非法侵入他人网络、干扰他人网络正常功能、窃取网络数据等危害网络安全的活动。

合法收集
电子证据

3. 电子证据不可被污染

在电子证据的获取过程中必须确保证据的获取流程是有记录的并且是得到管理层审批的。在当事人不知晓的情况下获取其电脑硬盘的经过最好全程录像。备份相关舞弊人员的电脑要尽量采用硬盘镜像的方式，同时使用"仅读器"来确保备份过程中不会污染该硬盘内的任何电子证据，这个过程也应该录像，证明审计人员在镜像备份前没有事先把文件植入其硬盘中。即使做了硬盘镜像，该相关舞弊人员的电脑作为原始证据也必须原封不动地保存下来，当舞弊事件走司法程序时，该电脑是需要呈上法庭当作证据的。

音频或视频证据都要原封不动地保存在原始的录音录像设备硬盘或原始的记忆卡中，如果该音频视频是被二次备份到别的硬盘或记忆卡中，那该证据就不是第一手证据了，在走法律诉讼程序时可能会被对方律师或法院质疑其真实性。

4. 利用监控软件监控员工的法律问题

为了维护本身的合法权益许多企业都通过设立规则制度、管控流程、监控录像等措施来确保公司利益不受侵害。当公司对员工涉嫌舞弊有合理怀疑（如审计发现、有举报信）的时候，开展调查是企业对其资产进行保护的一种合理权利。企业的资产不仅仅是实体资产，也包括知识产权、商业保密信息等。企业的权益往往也会通过网络和电子信息传输的方式受到侵害。有些员工在工作时间利用公司的设备与资源接私活或大量地做一些和工作无关的事，这会导致本质工作效率低下。员工的上班时间也是公司以对等的工资"购买"的资源，如果员工利用上班时间大量地做一些和工作无关的事，也算是一种公司权益的损失。

如今，许多企业也利用监控软件来监控并记录员工的线上行为（电脑和手机）。企业安装监控软件和安装监控摄像头的用意是大同小异的，这种做法固然能取得保护企业利益、商业秘密和预防舞弊和职务犯罪的作用，但是由于软件监控功能强大可以把员工的行为记录下来，这往往导致员工觉得自己的隐私权被侵害，认为企业的监控行为是违法的。到底如何平衡员工的隐私权和企业对资产保护的调查权呢？这两者之间是否有个合理的折中点呢？

从理论上来说企业给员工提供的设备（如电脑、手机、交通工具等）和工作场所应该只用于与工作相关的行为并存放与工作相关的物件和信息。企业应提前在规章制度或设备签收单上明确注明该设备或工作场所只能用于公事，同时告知员工不应把私人信息和物件存放于该设备或工作场所中。最好让员工们都签署信息保密协议和合理运用公司设备的协议，并且同意不利用公司的设备操作私人事务，也不存储私人信息。如果员工违反了规定而存储了私人信息就被认同为放弃了该私人信息的隐私权。员工不能在违反了公司明文规定的同时对自己的违规行为有隐私权的期望。

根据《互联网安全保护技术措施规定》（公安部令第82号）第八条的规定，提供互联网接入服务的单位应当落实网络安全保护技术措施，包括记录并留存用户注册信息；使用内部网络地址与互联网网络地址转换方式为用户提供接入服务的，能够记录并留存用户使用的互联网网络地址和内部网络地址对应关系；记录、跟踪网络运行状态，监测、记录网络安全事件等安全审计功能。因此提供互联网接入服务的公司在工作的空间和网络安装监控软件应该不算是违法的行为。

根据《中华人民共和国劳动合同法》（2012年12月28日修正）第八条的规定，用人单位招用劳动者时，应当如实告知劳动者工作内容、工作条件、工作地点、职业危害、安全生产状况、劳动报酬，以及劳动者要求了解的其他情况。因此，企业如果安装了监控软件应该事先书面告知员工，例如，通过规章制度、员工手册、行为准则等告知员工或在设备发放的签收单上明示规定并经员工签字确认同意。企业应该加强对员工的教育与培训，提高员工对规章制度的了解。让员工意识到舞弊行为对企业和员工的危害性以及反舞弊工作和监控的必要性。

企业应该尽量避免让员工利用自己的设备（如电脑、手机等）办公。企业应该给员工提供齐全的办公设备。一些企业认为让员工自带设备是一种节约成本的做法，但这将给企业维护资产安全的调查工作带来隐患。由于该设备的所有权是员工的，如果要在员工所有的设备上监控或提取数据，那将是一件非常棘手的事情。企业说数据是企业的，但是员工会说设备是他的而且里面也存放了许多他的个人信息和隐私信息企业无权查看。因此，如果要在员工所有的设备上监控或提取数据，必须要征求员工的书面同意。

如果企业没有事先告知员工或让员工签署同意书，而需要搜索员工的办公地点，在企业所有的设备上安装监控软件或提取电子痕迹数据等，企业应该谨慎并咨询法律意见确保企业的行为不违法。由于员工对隐私保护的争取也是一种正当、合法、合理的权益，企业在行使其调查权的时候难免会和员工的隐私权发生冲突，所以企业的监控方式和调查方式都要谨慎，要做到合法合规、合情合理。企业在执行这些搜索和监控的过程中应该遵守以下原则，以达到平衡企业的调查权力和与员工的隐私权，合理维护企业的资产权益。

（1）正当性原则

企业要安装监控软件和执行调查的原因是什么？是为了维护企业的财产安全并获取相关证据揭发员工的违法违规行为，还是单纯为了获取员工的个人隐私信息，或者想利用员工的隐私信息进行要挟并获取利益？在监控和执行调查之前企业要确认是否有正当、合法的理由迫使企业采取行动。如果企业没有合理、正当的理由便直接对员工进行监控和调查，那其合法性将会受到质疑。

（2）公平性原则

企业在安装监控软件时应尽可能覆盖全企业各个部门，不可无理由专门针对某位员工。企业应该根据合理怀疑和所获得的证据，如举报信、审计发现、数据分析结果、设备警报等对特定员工采取软件监控、电子痕迹提取和深入调查措施。如果企业对特殊或高风险部门的员工，如采购、销售、IT 管理员、数据库管理员等进行单独监控，应该在内部文件上注明原因。

（3）必要性原则

虽然员工不应该在企业的设备上做私人事务也不应该保存个人隐私信息，但是由于科技的发展、工作性质的变化和个人习惯使然，许多员工模糊了工作与私人之间的空间、设备与活动。因此，许多员工或多或少都会在企业的设备上操作和保存一些和工作无关的信息。企业在进行调查的时候就无法避免看到员工的个人信息和隐私信息。

毕竟通过监控软件来对员工进行调查是对员工的工作与其在企业内所控制的信息有所干预，所以企业应该选择对员工的隐私干预最少的方式来执行调查。如果有其他的调查方式可以获取证据，企业应该先采用。在其他的调查方式无法获取证据的情况下，企业应经过权衡再采取会干预员工工作和其所控制的信息的调查手段，如安装监控软件、提取电子痕迹证据等。换言之，通过软件来监控员工和提取电子痕迹证据的调查措施应该是在其他方法无效的情况下才使用的，能避免的就尽量避免。

基于一些信息的敏感性和保密性，如企业技术信息、研发信息、财务信息、采购信息、市场信息、客户信息、高管邮件等，以及职责分工的要求，企业的信息并非每一位员工都可以知晓的。为了保护企业的竞争能力、知识产权和内控体系，员工只有根据工作需要才可接触企业的信息。即使是审计人员也必须是因为审计工作的要求，经过审计领导或管理层事先核准才可以查看相关信息。由于通过监控软件和电子痕迹的审查，审计人员就可以全面地看到被调查人所控制的所有信息，包括和该舞弊事件无关的保密信息。因此，企业必须慎用有可能干预或侵犯员工隐私权的调查措施。

（4）合理性原则

对监控所获取信息的使用和保管也要妥善，不可随意向无须知晓的群体发布员工的隐私或个人信息。如果企业在获取了监控信息之后，没有妥当保管导致泄露或非法使用了该员工的信息而侵犯了员工隐私，企业是要承担侵权的责任的。企业应该有一套完善和规范的电子监控和电子痕迹提取程序，确保整个调查流程是由有胜任能力的审计人员所执行的。企业所获得的信息必须妥善保管，不可让任何无关人员在未获授权的情况下接触和使用这些信息。在调查过程中如果发现了和企业权益无关的员工的隐私信息，相关人员不应该披露或使用这些信息。

（5）防范性原则

企业应该做好事前的调查制度搭建和防范舞弊的教育宣传工作。虽然企业在合理怀疑的情况下可以行使其调查权来确保财产安全，企业也应该采取教育培训，让员工知晓企业对反舞弊的态度，告知员工企业可能采取的调查行为包括软件监控、提取电子痕迹数据等。这些规章制度的宣导应通过文件签署或电子方式保存和记录下来，证明员工知晓并同意公司有权进行调查并在调查过程中接触员工的个人信息和隐私信息。企业应该尽可能做好调查制度搭建工作，明确执行电子监控和电子痕迹提取的审批程序、调查方式和调查限制。

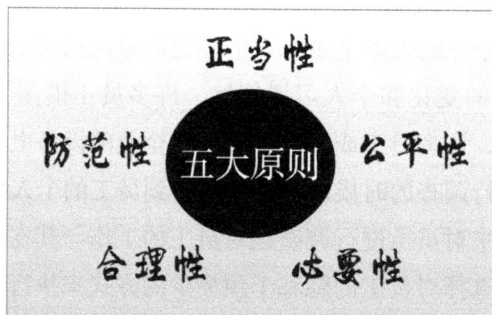

5. 固定电子证据

由于电子证据的不稳定，审计人员必须进行固定处理。在获得了涉及舞弊事件的电脑后，审计人员可以通过对硬盘做"仅读"的镜像处理来备份硬盘中的数据。做好镜像处理后，审计人员必须通过硬盘的哈希值的匹配来确认原始硬盘和镜像硬盘中的数据是完全一致的。原始硬盘必须要封存以备走司法程序的时候可以拿出来作为证据。对涉案的电脑硬盘进行扣押和镜像的过程最好全程录音录像。

审计人员也可通过截图、拍照或录像的方式对电子证据如电子邮件、网页、朋友圈等的内容进行固定并且保存，最好也把这些图片打印成纸质文件。存储该电子邮件、照片、文件的设备，如电脑、数码相机、手机、录音器等，最好也封存下来以备提交法院。企业不应该删除该邮件账号或把该邮件从服务器上删除，因为法院可能会要求邮箱账号持有人登入该邮箱展示该电子邮件的具体内容，包括收发邮件的时间、邮箱地址、发件人邮箱地址等。

企业在发放电脑、系统账号和邮箱账号的时候最好有相应的签收文件证明并且将其保管好。在舞弊调查走司法程序的时候，有些涉案人员会狡辩该电脑不是他的或该账号不是他的。

法律对证据有非常严格的要求，尤其是刑事诉讼对证据的规定更加严格、谨慎。当舞弊案件要走刑事司法程序的时候，证据的侦查、获取和保存程序都必须由国家机关或国家认可具备资质的机构来完成，例如，公安局、经侦大队、公证处、司法鉴定机构等。因此，企业在舞弊调查过程中应该确保电子痕迹的取证过程是以合法合规的方式进行的，避免证据被污染或失去法律效力。当面对不确定的情况时，建议咨询律师或有资质的第三方鉴定机构。

十二、本章小结

电子痕迹就像刑事案件中的"DNA"证据，能直观地证明舞弊。信息系统与电子痕迹审查在如今互联网时代的舞弊审计中变得至关重要。审计人员应该在舞弊审计中增加系统审查和电子痕迹审查环节。审计人员应该知道电子痕迹证据的种类，明确各种电子痕迹审查的要点，熟悉各种电子痕迹获取渠道及其关键点。除此之外，电子证据获取方面的法律问题也是审计人员一定要注意的问题。

第十章

舞弊审计技巧
——现场观察取证

欲要看究竟，处处细留心。

——宋帆

一、引言

在舞弊审计中，除了审阅文档凭证、分析数据、检查电子证据外，审计人员也应进行现场审查和走访了解。虽然许多信息可以直接从文件、数据和电子证据中获取，但是现场审查会让审计人员获得更直观的线索和证据。审计人员可以走进工厂车间、工程现场、供应商办公室等场所开展现场调查，进一步获得环境证据和视听证据。在执行现场调查的过程中审计人员要机智灵敏、随机应变，并且需掌握刺探信息的技巧，通过不经意的谈话从企业内部员工或其他相关人员口中获得有用信息。

二、公司内部开展现场调查

在企业内部开展现场调查要注意沟通和协调，确保审计工作不会影响企业的正常运转。在执行现场调查之前，审计人员应先明确需要在现场调查中获取什么证据、现场调查的目的是什么、有哪些问题有待确认等。审计人员必须考虑成本效益，包括时间、金钱成本。如果可以采用其他方式获取同样有效的证据，审计人员可以考虑以该方式取代或延迟现场调查，尽量避免打草惊蛇。当然，现场调查的重要性毋庸置疑，因为再多的文件和数据都无法取代通过现场调查获取的多角度且更为直观的线索。现场调查除了可以确认已经获得的线索，也可以进一步拓宽线索搜索范围，扩大审计覆盖面，从而避免审计盲点。

企业内部开展现场调查的对象包括以下几种：

- 工程进展情况；
- 隐蔽工程实施情况；
- 工程物资情况；
- 仓库库存盘点情况；
- 出库／入库流程；
- 材料物资检验情况；
- 生产车间流程；
- 固定资产及设备情况；
- 废品废料处理；
- 安保情况。

在执行企业内部现场调查时，审计人员应谨慎观察物资和设备情况，对照财务报表对物资和设备进行盘点，确保现场物资和设备数量与报表记录吻合以及账实相符。同时，审计人员也要关注物资质量情况，确保现场物资和设备符合采购和使用标准，不存在赝品、检验不合格或变质过期等质量问题。

审计人员应对现场实物进行检查以验证被访谈人所提供的信息。审计人员应确认现场情况是否有可能构成舞弊、偷窃、挪用等内部控制缺陷，并关注现场线索和证据是否能证明或推翻舞弊行为的指控。在现场调查过程中，审计人员应采取职业谨慎态度，针对现场的不合理之处保持敏感性，不应该忽略现场发现的线索。任何与文件、数据、口述证据不匹配之处应深入调查。很多时候，一个微小的不合理之处就能帮助审计人员顺藤摸瓜，逐步把案件所需的更多证据找出来。

1. 工程项目调查

审计人员应根据舞弊举报内容中涉及的工程阶段，前往现场进行观察了解。在施工阶段，审计人员进行现场调查时应查看各项目施工情况，包括施工规模、施工程序、施工管理、工程量等。在验收阶段，审计人员应关注工程现场管理情况、工程进展（工程量收方）情况，检查工程质量、物资管理、现场签证管理、技术变更与合同变更的复核情况等。

对于隐蔽工程，审计人员要结合具体情况慎重对待。能够进行现场调查的优先进行现场调查，条件不允许的就借助视频记录、图纸、施工记录等获取信息，也可以向施工团队、现场监督员、工程师、监理等了解信息。审计人员针对可疑之处要详细调查，必要时可申请破坏性测量核实，如侧面开挖、拆除外壳等。进行现场调查一定要抓住重点，在全面掌握现场情况、综合分析的基础上，对影响工程造价较大的部分进行重点抽查。

2. 设备和物资观察

审计人员在对设备物资管理、仓库管理、物料收发存的执行情况进行调查时，应确认以上流程是否符合公司规章制度以及内部控制要求。审计人员应确认设备、物资、工厂、车间、仓库是否存在安全隐患，进出管理是否完善有效。审计人员需对现场的消防、环保等情况进行调查，确保防火设备和环保措施齐全完善。审计人员还应确认物资利用的效益性和效率性，查看是否存在浪费物资、库存积压、设备闲置等情况。审计人员应关注事物真实情况是否合理，而不是简单地符合标准；关注"结果合理"，而不只看"表面达标"。

审计人员进行现场调查时要携带相机（或手机）、测量工具等。注意，在拍照过程中，不要单纯拍摄存在问题的地方，这样会让对方产生压力，可能导致配合度降低，因此也要拍摄正常之处，以混淆对方的视线。审计人员还应把观察到的问题记录在工作手册中，作为基础资料，以供事后参考。从证据的证明力度考虑，必要时可以请现场工程师、监理或其他相关人员对图纸、图表、文件等签字确认。

3. 与现场负责人谈话

审计人员要尽量与各项流程的现场负责人直接交流以便获取第一手信息。审计人员应了解异常流程和不符合规定情况发生时的处理方式，关注该操作是否仅由当事人单独操作即可抑或是需要他人审批。该项调查的主要目的是观察是否存在内控缺陷，不相容职责是否仅由一人执行，流程中是否存在便于当事人舞弊的漏洞。审计人员要谨慎，避免掉入"确认的偏见"的思维陷阱，只询问正常流程而忽略异常事件的操作和审批流程。审计人员应该以"七何"问题来询问现场相关人员（何人，何事，何时，何地，为何，如何，何数）。一些常见的问题如下：

- 某事项是如何操作的？
- 什么时候执行的？
- 在哪里操作的？
- 具体操作流程如何（请相关人员演示操作）？
- 事项牵涉的材料、备件、设备等物资存放在哪里？
- 是谁负责的、谁执行的？
- 该事项是由谁审批的？
- 为何要如此操作，如此执行的好处是什么？
- 文件归档情况如何？是否可以带审计人员去档案室？
- 这个事项涉及的物资数量是多少？
- 处理这个流程涉及的交易金额是多少？

审计人员必须了解眼前正确的流程并不代表错误的流程不曾出现或不可能出现。审计人员要跳出"确认的偏见"的思维盲点，除了正向询问"七何"问题，也要询问逆向问题，即故意去问一些非正常的流程和异常情况，例如，

- 当事人不在岗位，如休年假、病假时如何安排工作？由谁顶替？
- 除了被询问人外，哪些人员具有操作权限？
- 针对某个事项还有哪些记录方式？
- 如果事项操作错误，如何修改或整改？
- 一般来说，延误是在哪些情况下出现的？
- 修改事项记录需要谁审批？
- 是否可以不经审批修改事项记录？

4. 盘点物资数量，检查物资质量

盘点物资数量、检查物资质量是审计现场调查的另一重点。部分企业存在内部人员与供应商勾结收取回扣、允许供应商以不足的货品数量交货、以次充好、偷梁换柱等舞弊行为。审计人员应该关注物资的收货流程，确保验收人员对所收物资数量进行实际检测，若通过地磅检验物资数量的要确保过磅流程符合内部控制要求。

　　审计人员要目测送货车辆的装载饱和度，对于明显不足的要扣除缺失部分方量，同时，要注意部分供应商在运输车辆、油罐车中做手脚，通过加入异物（例如，加水或在油罐内藏水桶）虚增物资重量。在进行土石方工程验收时，要注意石料中是否掺杂很多不能用的土，导致石料数量不足。同时，要注意部分运输过程中是否出现故意将块石松散搭起，给人视觉误差，感觉好像装了很多，其实里面是空的，条件允许的情况下尽量使用地磅称重。

　　对工程项目中由甲方提供的材料，审计人员应现场审查材料出入库手续是否有效执行并准确记录明细数量。

　　审计人员应观察物资质量检验人员是否对货物执行真实的质量检验流程，质检抽样是否从所收到的物资中随机抽取。有些企业内部人员与供应商勾结，会以供应商事先准备好的物资进行检查，而不是在收到的物资中随机抽检；有些抽样检查只是从物资中的某个特定部分抽取，而该部分的材料或质量都是合格的。

5. 观察与了解被访谈者

　　在进行审计访谈前，审计人员要对被访谈者有所了解，包括对方的兴趣喜好、背景性格、家庭情况等。审计人员可利用这些信息作为双方共同谈话的素材，从而与被访谈者快速建立亲和感和共情，使对方降低戒备心，提供更多有效信息。

　　为了了解被访谈者，审计人员除了可以在谈话前研究对方的人事档案，了解对方在公司的就职情况、教育背景、前雇主信息等，也可以观察被访谈者的办公桌上的物品，例如，装饰摆设、书籍、照片、奖状奖杯、日历、零食等，通过这些物品去推测对方的性格、兴趣喜好、家庭情况、引以为傲的事件经历等。

6. 在企业内搜查员工资料的合法性

审计人员是否可以在企业员工不知情的情况下进入并搜查员工办公桌、文件柜等？首先，审计人员进行搜查之前必须获得上级领导的批准，并拥有足够的表面证据显示该员工已经违反企业的制度，存在舞弊行为。由于搜查员工办公区域、开启员工的抽屉柜子都存在较强入侵性，若非迫不得已，不要使用该方法。

如果该办公桌和文件柜为企业所有，并且企业有理由相信调查某员工办公区域有助于获取信息保护企业的合法权益，则该搜索不算犯法。如果在员工办公区域发现当事人的隐私，审计人员必须要对该信息保密，不可利用或发布该隐私信息。

搜查员工办公区域与对员工进行电子监控和做电子痕迹搜集是类似的行为。其应符合正当性、公平性、必要性、合理使用、防范性五大原则。关于五大原则的讨论请参考第九章内容。

三、企业外部走访调查

企业外部走访调查包括实地市场询价，拜访供应商和客户，走访委托加工厂，与举报人和"证人"见面，拜访相关政府部门等。一般而言，舞弊审计中的外部走访调查都是为了有针对性地获取某些信息，例如，确认市场价格，确认相关企业名称、地址和业务活动，确认相关人员姓名和工作情况等。企业外部的走访调查分为公开走访和隐蔽调查。

1. 公开走访

公开走访顾名思义就是公开上门拜访。一般是以企业正式名义前往相关单位（供应商、外协加工厂、客户等）拜访调查。审计人员尽量避免以审计或监察部门的名义拜访，以免引起对方不必要的焦虑和疑问，通常都以一些比较中性的部门名义来进行，如财务部、采购部、合同管理部等。拜访的原因有很多，应视对方情况而定，例如，了解供应商具体情况、了解财务对账流程、进行客户例行拜访、维护客服关系等。以企业名义拜访相关单位，必须事先与企业内部相关部门沟通协调，因为在收到企业前来拜访的请求时，对方一定会与我方企业的相关联系人联系，如企业的采购人员、财务人员等。

审计人员要衡量公开走访获得线索的成功概率，因为公开走访必须获得相关部门的配合才能确保不会"穿帮"，暴露审计人员的真实身份和拜访目的。如果公开走访将导致证据污染，弊大于利，或者相关部门不配合，审计人员就不应执行公开走访程序。如果审计人员不希望对方知晓该走访来自本企业，则审计人员就要考虑以隐蔽调查的方式执行。

当然，如果审计人员为了获得"声东击西"的效果，那可以选择公开走访没有问题的供应商，让相关人员误以为审计人员找错了方向，然后以"隐蔽调查"的方式走访"有嫌疑"的供应商。审计人员可灵活使用走访策略。

2.隐蔽调查

隐蔽调查就是在不让对方知晓的情况下，对相关单位进行观察与调查，了解情况。隐蔽调查可以通过与对方无任何接触的远程方式完成，例如，在公共场合观察对方企业的运作、业务情况以及相关人员的活动。另一种"隐蔽调查"方式是以个人名义而非企业名义进行"公开走访"，例如，以潜在客户身份、潜在供应商身份向对方获取信息。

企业外部走访调查要尽量以实际的业务需求作为拜访理由，建议只有在不得已的情况下再用借口或以非正式身份拜访。有资源条件的企业在管理层许可下，可考虑以个人名义设立法人企业并准备名片，以方便审计人员执行隐蔽调查。

案例：挂靠的物流公司

一家参与报价的物流公司从网上信息看是一家颇有规模的公司，审计人员发现对方提供了两个地址，根据联系文件上的地址前往拜访，对方说不曾提出报价；而另一个地址是办公室共享地址。最终审计人员发现该合作公司其实是挂靠了另一家物流公司的资质。

四、走访调查的事前准备和注意事项

1.走访调查的事前审批

企业外部走访调查必须事先获得审计上级领导的批准，尤其是公开拜访或以个人名义拜访供应商或客户。审计人员必须遵守企业规定的外部走访调查的规范和方式，如果在走访调查过程中违反了企业的许可范围或道德行为准则，审计人员需要为自己的行为负责。审计人员在执行外部走访调查时要及时向上级领导汇报，并将相关行程详细记录在审计工作底稿或调查日志中，以备日后参考审阅。

2. 委派合适的审计人员

公开走访相关单位是一种代表企业的行为，即使是隐蔽调查也是为企业执行任务，审计人员必须以保护企业利益为重，谨慎行事。审计组必须考虑适合执行外部走访调查的人选，一般要求该审计人员机智灵活、口齿伶俐，能随机应变。

人际关系处理能力较弱、不善于与他人交流以及不够冷静的审计人员不适合做走访调查；年轻或经验较少的审计人员外出走访调查时必须由较有经验的审计人员陪伴；如果前往比较偏远的地方、工程现场或特殊场所，如高空作业现场，具有工程背景的审计人员或男性审计人员更为合适。

3. 设计走访调查的托词

审计人员应事先设计走访调查的托词（原因），如果采取公开走访并可能牵涉其他部门，审计人员应该事先与相关部门负责人沟通和协调。无论是公开走访还是以个人名义拜访，审计人员都应设计好拜访的托词，想象自己真的前去拜访。审计人员以潜在客户的身份询问价格时要学会砍价、兜圈子。

审计人员要设计并重复练习谈话的主题，例如，问什么、怎么问等。审计人员还要注意自己的面部表情和肢体语言，充分练习，确保神情与谈话内容一致，不要表现出焦虑。事前的充分准备能帮助审计人员掩饰拜访的真正用意，因为被访企业也会观察审计人员的微表情和微动作，判断其是否真的是询价人员。

4. 设计结束拜访的原因

审计人员应事先预想好何时、以何原因结束拜访。结束拜访的理由很多，例如，时间紧张、公司或家里有突发事件、文件不齐全需再准备等，审计人员应随机应变，在获得了审计线索和证据后尽快结束拜访。

审计人员在谈话过程中不要一味地询问审计相关的主题，应把关键问题掺杂在正常询价问题中，并且通过闲聊来侧面刺探信息。审计人员也应对走访公司周围的环境有基本的了解，例如，从何处离开、乘电梯还是走楼梯、在哪里上车更为"真实"等。当然，审计人员事先要有心理准备，即对方可能会怀疑自己拜访的目的，当发现对方开始怀疑拜访的真实目的时，审计人员应马上提出结束拜访的理由，尽快结束拜访。

5. 准备所需的文件与工具

如果进行公开正式的拜访，审计人员需要事先电话通知对方或准备公函和其他证明文件。如果是以个人名义或企业其他单位名义进行走访的，要考虑是否需事前准备相关名片，同时要管理好本单位的名片，防止拜访时拿错或掉了出来，带来不必要的麻烦和尴尬。如果该拜访需要隐蔽录音录像，应事先将录音录像器材准备好，确保电源和数据卡内存充分，并确保相关器材的隐蔽性，避免发出声响或闪光。关于录音的法律问题，下文将会讨论。

6. 低调走访，不引人注意

审计人员在走访过程中要做到低调，不引人注意，衣着必须与扮演的角色相符，以融入当时的情景中，走访过程中要注意言行举止，不可有任何过激、违法违规的行为。审计人员要预料到对方也可能进行录音录像，因此要斟酌用词，不可给对方许下任何承诺，不可恐吓任何人，要尽量以通用的、中性的语言来交谈。

7. 走访过程要注意安全

在执行现场走访调查时最重要的是要保证人身安全。在工厂车间或工程工地进行走访调查时，应安排现场负责人陪伴，遵守现场安全措施。审计人员应对周围环境有较高的警觉，不可只顾着提问而忽略现场可能存在的危险隐患。

执行企业外部走访调查时应安排两名及以上审计人员，不可单独一人执行走访任务，审计人员入住的酒店应尽量避免让被审计方知晓。条件允许的情况下，尽量不使用被审计单位的车辆；如果使用对方的车辆，必须确保在车上不谈及审计相关问题，以避免泄露信息。

审计人员可选择提前或过了目的地下车，以步行或另外叫车的方式前往目的地。审计人员也可以选择在特定的地点下车，故意让司机"知道"审计人员就是去拜访某单位或政府机关，如涉嫌舞弊的供应商、工商局、派出所的办公楼前。

8. 走访过程要明察秋毫

调查走访时审计人员要提高观察力，关注现场具体情况和实际工作操作流程，不能只低头专注问题清单。走访过程中除了要通过交谈刺探信息，也要留意现场环境。曾经有一位审计人员在走访调查过程中就观察到了供应商办公室内摆放着和本公司采购总监使用的茶具同款的一种特殊茶具，审计人员巧妙利用这件小事让采购总监以为其已经掌握了自己勾结供应商的证据，最终在无法圆话的情况下承认了该供应商是其妻妹的事实。

在走访调查过程中，审计人员要努力获取一些证据，例如，对方的名片、报价单、产品目录、广告册等。如果情况允许，也应通过录音录像记录走访调查的过程，固定证据，避免白费力气。

9. 不在现场争执、揭穿问题

无论是企业内部调查还是外部走访调查，审计人员都应避免在现场与对方产生任何争执或辩论，应只利用走访收集信息。如果对方提供不正确信息或撒谎，不要揭穿对方的谎言。如果在现场发现不合理之处，要以不经意的方式引导对方介绍更多相关情况，通过隐蔽的方式拍照取证。审计人员也应切记不可泄露审计已经获得的证据，不透露审计意图和计划。

在现场揭穿对方的谎言、与对方发生争执、透露审计的意图和计划都会产生安全隐患。走访对象对调查现场更为熟悉，具有主场优势，当对方察觉自己的舞弊行为即将被揭穿，可能会控制不好情绪，做出过激行为。

审计人员切记不能打肿脸充胖子，不逞能当英雄。如果通过一次现场走访调查未能取得线索，审计人员可以利用其他审计步骤进行补救。谨记留得青山在，不怕没柴烧。

别充当英雄！

10. 走访调查过程要遵守法律法规

在外部走访调查过程中审计人员不可做出违法违规的举动。审计人员在走访调查过程中不可侵犯他人隐私，不可私自进入未经对方授权的办公室区域、工厂车间，审计人员不可骚扰对方，不可利用GPS定位跟踪器跟踪对方。在走访调查过程中不可伪装成公众所熟悉的机构或者冒用他人名义收集信息。

审计人员在走访过程中必须遵守《民法典》中的隐私保护条款，不可进行任何侵犯他人隐私的行为。根据《民法典》第一千零三十二条的规定，自然人享有隐私权，任何组织或者个人不得以刺探、侵扰、泄露、公开等方式侵害他人的隐私权。隐私是自然人的私人生活安宁和不愿为他人知晓的私密空间、私密活动、私密信息。

《民法典》第一千零三十三条规定，除法律另有规定或者权利人明确同意外，任何组织或者个人不得实施下列行为：（一）以电话、短信、即时通信工具、电子邮件、传单等方式侵扰他人的私人生活安宁；（二）进入、拍摄、窥视他人的住宅、宾馆房间等私密空间；（三）拍摄、窥视、窃听、公开他人的私密活动；（四）拍摄、窥视他人身体的私密部位；（五）处理他人的私密信息；（六）以其他方式侵害他人的隐私权。

五、隐蔽录音是否违法

能否录音是舞弊审计中最常见的问题。录音是否必须告知对方？没通知对方的隐蔽录音是否违法？隐蔽录音是否可以作为证据？这些问题没有简单直接的答案，必须结合录音地点、录音人、录音目的、录音内容等多种因素综合考虑衡量。

可否录音

1. 录音地点

对访谈过程进行录音或录像是一种固定证据的方法。有的企业开展审计访谈时会通知被访谈者，在取得对方的同意之后才进行录音或录像；也有的企业选择在被访谈者不知情的情况下录音。此处的关键问题就在于，如果未就录音行为告知被访谈者，是否属于违法行为。回答这个问题要考虑多方因素，第一个考虑因素是录音地点。如果录音过程在法律规定不可录音录像的场所或个人隐私场所（如洗手间、更衣室、卧室等）进行，则录音录像就是违法违规行为。

2. 录音人

第二个考虑因素是进行录音录像的人员是否是谈话的参与者。如果录音录像者是身在现场并将录制器材放在自己可控的区域内，如录音者自己身上，从而将当时的谈话情况录音录像，留存作为证据，这不是窃听行为。但是如果进行录音录像的人员不是谈话参与者，其将录制器材放在不由其控制的地方，例如，藏在桌下、墙后、镜子后等，将其不在场时发生的谈话进行录音录像，则这一行为就有窃听嫌疑，属于侵犯隐私。

3. 录音目的

第三个考虑因素是录音目的。如果录音录像者采取该行为的目的是固定证据，以还原现场情况，维护自身合法权益，而不是为了勒索对方或利用该音频视频来获取非法利益，则该录音应该不违法。

4. 录音内容

第四个考虑因素就是录音内容。如果所录的内容是个人隐私信息、个人私密活动和个人私密部位，那这种录音录像就侵犯了个人隐私。

所以，只要录音录像行为是为了保护自身合法权益，录制人员本身也在现场参与该事件，并通过自己控制区域的设备进行录音录像，录制场所不是隐私场所、不是法律规定不可录制的场所，录制的内容不是个人隐私信息、私密活动和私密部位，则这种情况下进行录音录像的合法性就会较强。

当然，每家企业都有内部规章制度、道德和行为方面的要求。有些企业基于多方考虑会禁止在未知会对方的情况下隐蔽录音录像，审计人员要遵守企业的制度规则，提前告知对方并获取其同意后再开始录音录像。也有一部分企业会直接将录音录像程序写入审计工作流程并且在全公司公布，只要是与审计人员的谈话都要进行录音录像，无须事先通知。

5. 隐蔽录音录像是否可以作为证据

隐蔽录音录像是否可以作为证据，其中一个关键因素就是该录音录像是否经过篡改。如果该录音录像未经过篡改，则可以作为证据。当然，录音录像文件最好保存在原始录音器材中，尽量避免使用 U 盘复制，以防其原始属性变更。如果舞弊事件是内部处理的，那合法合规合纪获得的录音录像可以是舞弊审计中的重要证据组成部分。

法律上对证据有非常严格的要求，在民事诉讼中如果对录音录像证据的真实性产生怀疑，应进行司法验证。法律对刑事诉讼中的证据的要求和规定更加严格、谨慎，所以当舞弊案件要走刑事司法程序的时候，证据的侦查、获取和保存程序都必须由国家机构或国家认可具备资质的机构来完成，例如，公安局、经侦大队、公证处、司法鉴定机构等。虽然企业内部获得的证据，如录音等线索可能无法达到刑事诉讼上的法定证明力的要求，但还是可以给舞弊调查人员和司法人员提供重要的指引或成为辅助证据。

6. 录音时的注意事项

审计过程中的录音要注意以下几点。

（1）准备录音设备

录音设备会影响录音的效果，审计人员要尽量选用质量比较好的录音器材确保录音清晰。要选择体积小、录音内存大、电池续航时间长的录音器材，尽量选择内置内存的设备。

如果是隐蔽录音那一定不要让对方察觉，所以审计人员的录音设备必须不发出任何的声响或闪光。审计人员应该在访谈之前提前开启录音设备，如果在访谈开始后才开启不仅可能被发现，也有可能没把内容录全；而且访谈开始后，审计人员可能没机会去触碰录制器材，也可能会忘了录制。

如果是公开录音，审计人员也尽量避免使用会发出声响和闪光的录音设备。同时录音设备也不应该放在太显眼的地方，避免时时提醒被访谈者他说的话是被录音的。

（2）确认对方的身份信息

在录音开始的时候，要确认对方的名称和职称。如果是公开录音就直接说出对方的名称和职称。公开录音要确保谈话的全程都录音，所以在访谈开始的时候要说明谈话日期和开始的时间及地点。

如果是隐蔽录音，审计人员应在一开始寒暄的时候，明确地称呼对方。当然，不要矫枉过正，如果一般称呼对方为"王总"，就不要突然连名带姓称呼对方，以免引起对方的猜疑。如果企业内有多位同姓的"王总"，那审计人员就要在寒暄的时候有技巧地提一提对方的工作、所负责的项目、其所属部门或者家人情况等，通过这些信息让听录音的人可以确认被访谈者的身份，知道这个"王总"是哪个"王总"；同样，也可以在寒暄的时候有技巧地把谈话的时间和日期都一并录下来。例如，

- "陈经理，吃过午饭了吗？""吃过了。""是是，都已经下午两点了，应该吃过了。"

- "张总，这个月销售（项目进展、发货情况、供应商考察等）如何？""今天都已经是 20 日了，估计这个月销售应该达标了"。

（3）确保录音的质量

访谈录音的目的就是要固定对方的口头言辞，以便接下来可以作为证据，所以录音必须要清晰，避免把录音设备放在离声源太远的地方。有时候审计人员为了要隐藏录音设备，会把设备放在公事包内，这可能导致录音效果不清晰。如果审计人员在访谈过程中要使用电脑，也可以利用电脑录音。审计人员最好在还没正式访谈前，先测试一下录音设备放在各个地方的录音效果。要找出一个既隐蔽又能清晰地录音的地方来放录音设备。如果是电话录音，不要在对方或我方的信号微弱、语音有断续的情况下录音。审计人员要确保在双方的信号都足够强的情况下进行访谈录音。

在访谈的时候，审计人员要注意双方的语速和音量，审计人员要通过自己的语速和音量来控制访谈的节奏。如果对方的语速过快，审计人员要尽量放慢语速引导对方慢慢说话；如果对方音量过低，审计人员可以提高音量同时提醒对方说得大声一些。

（4）关注事件细节

在任何的舞弊审查中，细节都是决定审计能否成功的重要因素，所以审计人员在访谈的时候要尽可能从对方口中获取可以确认的七何信息——何事、何地、何时、何数、何人、为何、如何。当提到关键事件的时间、地点、涉及人员、金额等时，审计人员要尽可能让对方说出具体细节。如果模棱两可，审计人员则要在合适的时候向对方确认。当然审计人员必须要谨慎询问，不可过于激进地询问导致对方起疑心，提高心理防范。

（5）保留录音证据

在录音结束以后，要尽快把录音记录复制到电脑中，以防录音设备的内存损坏或设备丢失，复制录音录像文件时要注意不能改变录音录像设备中原始文件的属性。复制到电脑中的录音记录可以用来做访谈笔录，重复回放。在走司法程序的时候，原始的录音

设备会被拿到法院去举证（而不是复制在 U 盘的录音）。

录音录像证据不应该经过剪接和编辑。任何的剪辑和篡改都会严重地损害该证据的客观真实性，导致证据污染甚至证据无效。

六、与举报者和"证人"见面的注意事项

审计人员应第一时间与举报者取得联系，其中一个重要原因是审计人员要对其举报事件进行核实，并从举报者处获取更多线索和具体证据。如果举报者为实名举报，或在举报信上列明某人可以提供线索，审计人员则应优先与该实名举报者和其所提供的知情者联系。审计人员要与举报者建立一种合作关系，鼓励其提供更多信息，并确保信息保密，以给予举报者信心。如果企业有举报人保护机制，则应告知举报者其反馈不会招致报复。

审计人员要鼓励举报者提供书面证据或线索。任何书面证据都强于举报者的口头证据，任何具体信息都优于举报者的简略、含糊说辞。

1. 了解举报者的举报动机

审计人员要了解举报者的举报动机。举报者或许是因嫉妒或想报复上司或同事而进行恶意举报，或许是为了消灭竞争对手，或许是为了金钱和利益，又或许是出于自我保护和公民意识而进行举报。审计人员要谨慎排查，确保举报者提供的信息不是其道听途说而获得的二手消息。有时，举报者自身也可能是舞弊的一分子，其举报行为有可能是恶人先告状，也有可能是与其他舞弊者分赃不均而选择举报。无论对方出于什么原因举报，审计人员都既要采取开放的态度也要以谨慎的方式排查审核举报者提供的信息。

2. 注意与举报者和"证人"见面时的用词

与举报者和"证人"见面时应注意用词，审计人员应以中立的语气与其交流。审计人员应以正直、真诚的态度与举报者和"证人"进行谈话，不应控制或诱导对方的表达，审计人员要避免对任何事件下定论，不发表意见也不偏袒任何人员。审计人员应考虑对方可能会录音录像，审计人员要根据企业规章制度，承诺对信息保密。

除了保密承诺外，审计人员应避免向对方许下其他承诺，例如，举报奖赏、调查时限、调查结果分享、惩罚赦免等。同时，审计人员也需知道该保密承诺不是绝对的，是在企业的规章制度条款下保密的，因为在法律法规的要求下或企业为了维护合法权益的情况下，审计人员可能需要把对方的身份和其提供的信息透露出来。

3. 考虑与举报者谈话的地点

审计人员与举报者见面时要注意安全，确保谈话地点的恰当性。如果需要在企业外部进行谈话，必须要取得审计上级领导的同意。见面的地方最好安排在公共场所，尽量

避免在偏僻荒凉的地点与举报者见面。应避免让举报者进入审计人员的酒店房间、住所进行谈话。审计人员要预防举报者突然采取伤害或恐吓行为，也需预防举报者在酒店房间内发生意外情况或控诉审计人员对其进行骚扰的情况。

审计人员可以选择在咖啡厅、酒店大堂、酒店会议室与举报者见面。如果酒店的行政酒廊是在酒店的高楼层，那审计人员也要避免和举报者一同进入酒店的电梯，特别是举报者和审计人员是不同性别的情况，预防被有心人拍照诬赖，以及影射审计人员和举报者在酒店有不正当行为。

与举报者见面时，如果需要就餐，只能食用简餐且不可选在奢华场合，不可选择昂贵食物，防止举报者反过来举报审计人员行为不恰当。如果举报者是女性，也要考虑安排女性审计人员一同前往。

注意谈话地点的恰当性

七、运用同理心迅速建立亲和感

审计走访调查就是要与陌生人交流谈话，如何让陌生人在极短时间内愿意透露掌握的信息需要一定技巧。任何人在与陌生人初次见面时都会心存戒备，通常情况下都不会随意告知对方重要信息。只有在被谈话者逐渐放下戒备、心情放松的情况下，才有更多机会让其乐意分享信息。那么如何快速解除陌生人的戒备呢？当一个人认为对方不会对自己造成伤害或者认为对方能给自己带来好处时，就会逐渐放下戒备，所以要快速消除陌生人的戒备心理，我们就要与对方建立亲和感。

审计人员在进行谈话时，切记不要单刀直入，直奔主题地提问重点。审计人员应该先花点时间与对方建立亲和感。当亲和感建立起来后，对方就会降低戒备，更愿意进行后续交谈。一个善于与谈话者建立良好亲和感的审计人员，甚至可以让一个陌生人在极短的时间内将自己当作失散多年的好友。审计人员可以参考以下几种方式，快速与陌生人建立亲和感。

- 展现同理心

  ○ 谈论对方感兴趣的话题。
  ○ 寻找并指出彼此的共同点。
  ○ 陈述理解对方的情绪、经历和思维。
  ○ 重复对方的言行。

- 展现友善的肢体语言和表情

  ○ 头部倾斜。
  ○ 微笑。
  ○ 快速轻扬眉毛。
  ○ 积极聆听。

1. 谈论对方感兴趣的话题

人们普遍都以自我为中心，都会对自己的成就、子女和与兴趣爱好相关的事物感兴趣。大部分人都喜欢将谈话的重点放在自己身上，如果审计人员想要快速让初次见面的人认可和接纳自己，就应从对方感兴趣的事开始谈。例如，对方曾获得的奖项、成功的项目、对社会的贡献、被认可的专业领域、子女读的大学、参与的比赛、对方或其子女的兴趣爱好等都可以作为访谈的切入话题。

审计人员要对被访谈者有充分认识，了解其在职情况、对公司的贡献、教育背景、家庭背景、兴趣爱好、社会背景等，这些信息可以作为对方感兴趣的话题素材展开交谈。

如果谈话对象或其子女进入了一所很有名的大学，也可以以此为话题；如果对方是公司内公认的某领域专家，也可以将其作为话题；如果对方的兴趣是下围棋，审计人员就可以从围棋或有关围棋的书或电影谈起。总之，要以对方感兴趣的事来满足对方自我认可、自我表达的欲望，并从中建立亲和感，让其快速降低戒备。因此，审计人员要对对方有深入了解，知道对方感兴趣的事，以此作为开场白开启谈话。

2. 寻找并指出彼此的共同点

俗话说："物以类聚，人以群分。"多数人与同类人在一起时都会感觉比较舒服，这就是为何当一个人在异国他乡遇见老乡时会觉得特别亲切，不管自己是否见过对方，哪怕无法证实对方真的是老乡。当知道对方和自己有共同点后，人总是会情不自禁地降低抵触感和戒备心。

因此，要想快速被对方接纳，审计人员必须寻找并指出与被访谈者的共同点。例如，很多人会说与自己来自同一个乡村或城市的人是老乡，来自同一所学校或同一个学科的是校友，拥有同一个姓氏的是"同姓一家亲""五百年前是一家"。总之，就是要寻找彼此的共同点和对方"套近乎"，以此作为共同话题，让对方把自己当成"自己人"。

如果对方喜欢看足球，审计人员可以说自己也喜欢足球；对方有孩子在高考，审计人员也可以说自己的孩子、侄子、表弟、外甥、邻居也在高考；对方是某所大学毕业的，审计人员也可以说自己、妻子、弟弟、表妹也是那所大学毕业的等。总之，尽最大努力寻找共同点。当然，要实话实说，不应该撒谎、造假。

共同的话题

以共同点创建亲和感是非常有效的。假设你在一个偏远的国家背包旅行，连续三个月都没吃到熟悉的中国菜，没见到一个黑头发黄皮肤的中国人。一个偶然的机会，你在公交车上遇到一个在当地工作的中国人，你和他闲聊了十分钟，发现他和你来自同一个城市，当他得知你下一个要去旅行的城市时，他向你推荐了那个城市的一家比较正宗的中餐厅。假设你在那个城市真的看到了那家餐厅，请问你会进去吃饭吗？

相信很多人都会走进那家餐厅，因为那是老乡推荐的。在异国他乡，只有十分钟的交谈，你就如此相信一个陌生人了，为什么？很大程度上就是因为他和你来自同一个国家、同一个城市。

3. 陈述理解对方的情绪、经历和思维

每个人都希望其他人可以了解并关心自己的感受、苦衷和故事，大部分人发现他人能体谅和了解自己的情况时，都会觉得对方是一个可以相处的人。这种感觉一般称为共情，也称为同理心、同感心等。其一般是指能够理解对方的情感和思维，可以设身处地地感受被访谈者所陈述的事，并通过语言或行为让对方知道你也感同身受。

在与陌生人谈话时，审计人员要仔细倾听对方所说的话，并捕捉对方的情感、情绪、想法和思维，然后以一种理解对方的语言来回应，让对方感受到其所说的事终于有人听懂了，有人理解了，有人关怀了。例如，对方说经常加班很累，审计人员就可以说加班让其休息时间变少；如果对方说自己管控工程进度需要与很多部门协调，审计人员就可以说多部门协调工作量很大。

谈话重点必须是对方，而不是审计人员，所以不要说"我可以理解你的辛苦"，要说"你这样的付出贡献很大，辛苦了"。当感受到他人的理解时，人们一般都会把能理解自己的人当成"自己人"或"好人"，从而降低戒备。

当戒备降低时，当事人就会乐意诉说一些平时不会提及的事。共情和同理心所带来的亲和感对那些本身就迫切需要获得理解、关怀和情感倾诉的人会有更明显的效果，这也是为何一些骗子喜欢向一些情绪比较低落或感情受伤的人下手。

访谈初期，审计人员应花一些时间来展现与对方的共情。当然，当访谈进行到后期，审计人员还是应继续展现同理心，尤其是当对方逐渐对访谈失去耐心，配合意愿降低时，审计人员要通过共情来重拾亲和感，引导对方提供更多信息。

4. 重复对方的言行

如果希望对方感受到审计人员理解其所讲述的事件、情绪、处境和难处，审计人员可以映射或重复对方的言行举止。审计人员可以重复对方话语中提到的一些词语，如果对方的回答运用了一些特殊名词，审计人员也可以这些名词来回应。当审计人员在询问下一个问题时，也可以有技巧地把该特殊名词引用到问题中，当对方说："工厂改造工程通过公开招标选定承包商。"审计人员可以回答"嗯，公开招标。"当对方说："最近上线的人工智能推荐系统对促销有很好的效果。"审计人员可以回答："人工智能推荐对销售有很大的帮助。"重复对方回答中的一两个词语，可以让对方知道审计人员听到了他说的话，也可让其知道审计人员是在专心聆听的，是可以理解他的。

审计人员也可以用与被访谈者同样的肢体语言来和对方交谈。模仿对方的肢体语言和姿势等会让对方感觉审计人员与自身是同一类人。

八、展现友善的肢体语言和表情

1. 头部倾斜

歪头倾听是一个古老的善意的标志，在如今的社会交往中也被视为一种认同对方、没有攻击意图的标志。一般而言，倾斜着头部说话的人会比头部挺直说话的人显得更友善和蔼，更没有攻击性。

很多人已经在潜意识中接受了这种友善的表现，下次见到让你感觉友善的人时，你可以留意一下他是否是稍微倾斜头部的。

2. 微笑

俗语说："出手不打笑脸人"。微笑是让对方知道我们没有恶意的最有效的方法。不苟言笑会给人一种严肃和深藏不露的感觉，这样会让对方保持或提高戒备，不会轻易敞开心扉与审计人员交谈。

3. 快速轻扬眉毛

快速轻扬眉毛是指眉毛快速地上下移动，持续大约六分之一秒的时间，这是一种见到熟人的友善信号。熟人见面并不会像商务会面那样握手寒暄，而是看见彼此后仅仅以点头示意，向对方微笑的同时扬一下眉毛。快速轻扬眉毛代表你不会给对方构成威胁，在与他人见面时，人的大脑会寻找对方的这个轻扬眉毛的信号，如果察觉到该信号，"直觉"会告诉自己对方不是敌人。

4. 积极聆听

积极并专心聆听是尊重对方的一个强烈信号。在与他人接触谈话的过程中，不要只关注问题清单或只看手机，而是要与对方有眼神接触，身体向前倾斜，点头微笑，给予对方肯定的回复。当对方说话时，应让其把话说完，不要打断插嘴。当一个人感受到别人在专心聆听其所说的话时，就会有被尊重的感觉，从而降低戒备，更乐于分享信息。

审计人员也可以故意拿出自己的手机，在对方面前将手机设置为静音或关机，利用这个动作来"告诉"对方，自己将会专心听他讲话。

九、刺探信息的技巧

在审计走访调查的过程中，审计人员会与很多陌生人见面，因此须掌握向陌生人刺探信息的技巧，这些技巧可以让审计人员在对方未察觉的情况下获取信息。刺探信息通常运用在非正式交谈中，例如，与其他人一起吃饭、在公司茶水间闲聊、在走访供应商询价和工程现场时。当然，刺探信息的技巧也可以运用在正式访谈中。

刺探信息和审计谈话的区别在于，刺探信息是在对方未察觉的情况下套话，而审计谈话是在对方有戒备的情况下询问信息。刺探信息是在对方不经意的情况下进行的，因此对方不会意识到其需要撒谎。由于审计谈话是一种较正式的谈话，对方通常有备而来，所以对方一般会有意识地规避、隐瞒一些对他有害无利的事。刺探信息的好处在于对方在交谈时未设防，一般而言获取的信息比较真实，而通过审计谈话获取的信息则需要通过测谎的验证。

1. 使用共情的陈述

为了更好地刺探信息，审计人员首先要和对方建立亲和感，让对方喜欢或不反感自己。要建立亲和感，除了要谈论对方感兴趣的话题、寻找彼此共同点、表现同理心、重复对方的言行。

审计人员还要快速洞察对方的工作情况、身体或情绪状态。如果对方工作繁忙、因加班而身心劳累、心中对某事抱有怨言等，并使用类似的语言将对方的工作情况、身体或情绪状态复述给他听，以一种感同身受的陈述让对方产生被理解的感觉。

一个人感受到他人的理解后会得到心理上的满足，也就会乐意继续倾诉。试想一下，你会倾向于向一个能理解你的人倾诉，还是向一个不能感知你情绪的人倾诉呢？

当亲和感及共情得以建立，对方就会对审计人员产生好感，甚至会有一种相见恨晚的感觉。审计人员要保持这种亲和感，以便于后续再向对方获取信息。审计人员要留意谈话过程中哪个话题特别引起了对方正面情绪的反馈，这个能引发正面反馈的话题，就是后续在与该人交谈时用来快速找回亲和感的"开关"。只要重新提及该话题，对方的思维和情绪就会被带回到当时的好感及乐于分享信息的心理状态。

共情的陈述

2. 打开"话匣子"

要想从对方口中获取信息，前提是必须打开"话匣子"。有些人会以一些简单的非正式话题来开启谈话，例如，"今天真冷呀""高考开始了""某地疫情又复发了"。运用这种话题开场是正确的，因为其不严肃且非谈话重点，不会影响对方任何利益，从而避免了其产生紧张、戒备的情绪。

这种开场存在一个问题，即这种情况下无法鼓励对方接话，对方可能只会简单回答"是呀"而没有后续回应。审计人员应在该话题后面增加一个简单的问题，引导对方接话，除非对方是少数的缺乏礼仪教养的人，否则一般都会接话并寒暄两句，例如，"今天天气真冷呀，你们老家也这样冷吗？""高考开始了我们家孩子今年参加高考，你的孩子呢？""某地疫情又复发了，这里的疫情如何呀？"审计人员应灵活构思最适合当下场景的话题来打开"话匣子"。

3. 放低身段，让对方有优越感

一般而言，人们都喜欢凸显自己比其他人优越，认为自己比其他人懂得多，一个人在与一个比自己懂得少的人交谈时，会倾向于提供更多信息"教导对方"。在刺探信息的过程中，审计人员要放低身段，装作自己对某些事情不太了解，需要向对方请教和学习，这种对某一主题无知的表现会鼓励对方向审计人员"展示"其专业知识，在这一过程中对方往往容易泄露敏感信息。当审计人员以恭维的态度向对方咨询时，对方愿意发表看法的概率就会提高。

4. 进行不经意的话题转移

当对方聊得兴起，提到了审计人员想要刺探的信息时，审计人员就要抓住机会，以不经意的方式"随便提及"相关话题，引导对方提供更多的信息。如果对方的谈话一直未涉及审计需要刺探的话题，审计人员可以在对方谈到类似或接近的话题时，将话题转移到要刺探的问题上，引导对方顺带聊一聊审计需要挖掘的信息。

话题的转移必须是不经意的，不可过于刻意地转换话题。例如，审计人员在与工地主管闲聊时，想刺探某个设备到场验收情况（审计人员怀疑有人收了红包，没有经过质检就直接验收了）。在聊工程进度时，审计人员可以先聊工地安全和天气对工期的影响，然后不经意地提到为了赶工期可能存在一些设备没有经过质检就验收的情况。如果对方没有察觉，可能就会与审计人员就此话题继续聊下去并不小心说漏具体情况。

5. 以无关痛痒的话题结束谈话

当审计人员获取了自己需要的信息后，要以其他无关痛痒的话题来结束谈话。人们通常会牢记自己与他人会面及谈话的第一印象和最后的印象，由于审计人员是以不重要的话题，如天气、孩子高考、股票价格等来开始和结束访谈的，对方在事后就会牢记这些话题，而忽略或忘记自己曾经在谈话过程中透露过重要信息。

6. 不要以问题来刺探信息

大部分人都想保护自己拥有的事物，包括已知的信息，尤其是保密信息，当有人来询问一些其想要保密的信息时，他的戒备和警惕一定会马上提高。因为询问对方一些其想要保密的信息，就仿佛拿着矛向他的盾进攻，对方一定会尽全力避免透露信息。所以，如果审计人员想要刺探信息，就绝对不能采取提问的形式！这句话乍一听似乎不合理，如果审计人员不发问，对方如何回答呢？但其实除了提问，审计人员还可以用其他的方法让对方开口。

7. 以假定陈述引导对方进行指正

以假定陈述引导对方进行指正是一种刺探信息的技巧，审计人员运用这一技巧，将想要验证的信息和问题转化为假定事实并加以简单陈述。如果所假定的事实是正确的对方就会表示认可并确认事实；如果审计人员的假定陈述是错误的，对方一般会进行纠正并提供正确答案，甚至会详细解释为何他的信息才是正确的。当对方在指正和解释时也就是在向审计人员提供信息。这个刺探信息的技巧是基于人类倾向于纠正他人的错误，以从中获得自我认可感。

以假定陈述来引导对方回答虽然与提问的方式不同，但获得的信息和结果是一样的，而且由于对方是在自愿的情况下指正审计人员的错误陈述，所以其提供的信息的真实性会比较高。在这种情形下，对方不会想到要撒谎或掩饰信息。若是为了应对提问，则对方给出的回答将是其"想清楚"后的避重就轻的答案，这个答案一定不包含其想隐瞒的重要信息。

例如，如果审计人员想问工程现场物资验收和系统入库情况，可以选择下面两种方式来表达。

询问："当质检人员不在现场时，如果有物料到厂，还做系统入库吗？"

假设质检人员不在场就不应该做物资系统入库，那被问话的人就会提高警惕，选择一个比较正确的答案进行回答，并隐瞒事实。对方可能会回答："不做系统入库。"但是面对这个回答，审计人员无法知道对方是真的不做系统入库还是只是敷衍地回答。因为要隐瞒"质检人员不在时会做系统入库这件事"的人和想要据实说"质检人员不在时没做系统入库"的人的回答将是一样的，他们都会回答"不做系统入库的"。

当审计人员以陈述方式将假定的事情说出来，而且所陈述之事还是和事实相符的，那对方就有可能会确认。如果审计人员的假定陈述是错误的，对方也将会提供信息来"指正"审计人员。

陈述："当质检人员不在场时，如果有物料到厂，也要做系统入库。"

假设质检人员下班后还是会有人违规做系统入库，对方听到了审计人员漫不经心的陈述，"好像"审计人员也认为是正确的操作，那对方就有可能同意审计人员的陈述或者默认审计人员的陈述。那就表示真有人在质检人员不在场时做系统入库，审计人员就可以据此继续寻找证据。反过来，如果审计人员的假定陈述是错误的（没有人做系统入库），那么对方将"指正"审计人员的陈述。当对方否定审计人员的陈述时，就会主动提供信息来证明审计人员的陈述是错误的。由于对方是主动指正审计人员的错误的，因此撒谎的概率一般比较低。

用假定陈述来促使对方提供信息是基于以下的假设。要隐瞒"质检人员不在时会做系统入库这件事"的人一般将认可或默认审计人员的陈述；因为反正审计人员已经"认可"了这件事，那对方只要顺着审计人员的话说就好了，无需多言。但是要据实说"质检人员不在时没做系统入库"的人将会指正审计人员；因为其不希望被审计人员误解、冤枉。因此，听到这个陈述后两种人的表现是不一样的。要隐瞒的人倾向沉默，要说实话的人倾向指正审计人员。

8. 以简单的称赞鼓励对方说话

人都是希望得到他人认可和接纳的，他人认可的普遍表现方式就是称赞。当有他人称赞自己时，人们心里就会自然而然产生愉快的感觉，这是每个人都会向往的感觉。

审计人员如果想要鼓励对方多说话，就要在对方回答的过程中寻找适当时机给予称赞。利用称赞来鼓励对方多说话已经是一个老套的方法了，许多人对别人给予的称赞都会持有保留态度，尤其对那些非真心的称赞反而会产生反感，如果审计人员想要用称赞来引导对方多说话，则该称赞必须是真心的且不频繁的。审计人员可以考虑称赞对方所属部门或公司的业绩，这种称赞比较间接，不容易让其感觉是在虚假奉承他，任何人听到他人称赞自己所属的公司或部门，内心都会认为该业绩也有自己的功劳。

以称赞鼓励对方说话

9. 借助"戴高帽"或"激将法"引导对方说话

每个人心中都对自己的地位和价值有一种自我认可，这种自我认可感或自我价值感就是这个人的面子、尊严。如果想要引导对方说话，审计人员可以适当故意抬高对方的地位（"戴高帽"）或压低对方的地位（激将法），使这一地位与对方心中认可的地位产生期望差异，这种自我认可的差异会导致一般人产生自我认知失调（心里不舒服）。为了减轻自我认知失调所产生的不适感，对方一般会提供一些信息来解释或证明为何其地位没有审计人员说的那么高（解释审计人员给戴的"高帽子"）或那么低（反击审计人员的激将法），在这一过程中审计人员可以继续使用其他刺探技巧，如转移话题，来引导对方提供审计想要获得的信息。

当然，一些拥有丰富人生阅历的人可从察觉审计人员借助"戴高帽"或"激将法"来刺探信息的技巧，他们或许能沉住气，不接话，导致审计人员刺探信息的技巧好像子弹打入了软棉花一样失效。此时，审计人员也不必灰心，如果这个技巧行不通，可以使用其他技巧。

10. 引起对方的思维认知差异

当一个人面对与其固有思维截然相反的想法时会产生思维认知差异，这种认知差异也会导致其心理的不适感。自身固有想法和对方想法差距越大，认知失调就越严重，人们为了降低或消除这种认知差异，就会提供其他的信息来解释或合理化自己的想法，在解释过程中，对方就会透露本来不想提供的信息。为了鼓励对方说话，审计人员可以故意说一些对方不认可的话题来引起对方心中的不适，引导其表达自己的观点。例如，"这个采购询价的流程好像不合理，不应该执行"（假设审计人员察觉出对方认为该流程是合理的，是应该执行的，但是不想说出口）；"这个促销方案对电子商务的销售应该有帮助，你觉得呢？"（假设审计人员察觉出对方认为该方案对电子商务的销售有反效果，但是不想说出口）

11. 以怀疑态度应对对方的回答

当人们受到质疑时，一般都认为自己的陈述说服力不足，有必要增加额外的信息来增强对方的信任。审计人员应在谈话中适当引入一些"怀疑"的语句，让对方以为其陈述不够充分，从而鼓励其提供更多信息。

以怀疑态度应对对方的回答是一种合理的谈话技巧，因为对方脑海中有许多与该话题相关的信息，很难用一两句话就陈述完毕，对方可能会因为遗忘、思维盲点或隐瞒只说了部分信息。适当的怀疑态度能让对方重新考虑是否遗漏了信息或还要继续隐瞒，因此会更深入地思索并逐步透露本来不想提供的信息。

审计人员可利用假装惊讶和不相信的表达方式来回复对方给出的任何回答，也就是不管对方回答了什么，审计人员都假装惊讶和不相信。例如，"不可能吧""真的吗""你这也太厉害了""假的吧"，以惊讶和不相信的口吻，让对方觉得有必要为自己的陈述辩护。此时对方就会用额外信息来解释为何其陈述是正确、真实、完整的。这些额外解释会包含对方本来没有提供的信息，这样的做法类似让对方"说得越多，错得越多""越描越黑"。

12. 引发对方的好奇心

许多人都有好奇心，想知道他们所不知道的或是一些其他人知道而自己不知道的信息。审计人员可以故意创造一个信息缺口（对方不知道的信息），从而引发对方的好奇，引导对方与审计人员继续沟通。这种方式类似"欲擒故纵"，本意是要向对方获取信息，但却有意给对方提供一些不完整、有缺口的信息，引发对方的好奇，引导其来询问或让其自己提供信息来填补缺口。例如，"小张，××分店的销售出了件事，好像很严重，他们没告诉你关于促销案的事吗？"（引发对方对销售出了件什么事的好奇心，从而引导他透露促销案的相关信息）

13. 话到嘴边留半句

审计人员故意留下一个不完整的句子让对方来接话，这种刺探信息的方式是基于一些人喜欢把别人未尽的话说完，审计人员可以通过这种方式让对方来填充信息。例如，"小明，关于那个IT系统的日志设置那天周末你弄的……"（希望对方把话接下去。）

在谈话中，如果发现对方用同样的技巧引导审计人员说话，那审计人员必须沉住气不要接话，因为这可能是对方在套审计人员的话。审计人员可以重复对方的语句，然后停在刚刚没说完的地方或者稍微往前的地方，等待对方接话。例如，"嗯，你是说关于那个发给 A 公司的辅助材料的采购订单，嗯……"（同样停在对方没说完的地方，让对方接话。）以其人之道，还治其人之身。

14. 引用已经被报道的事实

一般人对已经公开的信息都没有较强的防卫心理，由于信息已经公开，对方会觉得没必要继续保密。想让对方愿意把信息说出来，审计人员可以声称从网上、朋友圈、微博、报纸杂志、电视新闻等渠道获得了信息，然后说给对方听。当对方得知审计人员"已经"从公开渠道获得了信息，就会认为反正这些信息已经公开了，往往就会畅所欲言。例如，"昨天在网上看到了关于我们分店员工福利的一条帖子……""上个月在微博上看到了公司将要收购 A 公司的事情……"

15. 把事情当别人的事来说

人都有谈论他人是非的自然倾向，一般人都会降低戒备地聊他人的"坏话"。如果审计人员要想知道对方对某件事的看法或所掌握的信息，直接询问当事人可能不会得到答案。但是，如果把这件事作为其他人的是非来谈论，然后询问其对该事件的看法，由于这件事是以其他人为背景的，对方就会较为乐意发表意见。在谈论他人的过程中，对方可能会不经意流露出自己对同类事情的看法，审计人员从中可以揣摩对方的真实想法。例如，"哎呀，工程签证的那件事，处理得也太差了，你说那是不是没经验的表现？"

审计人员应注意，在将某事作为其他人的事来讨论时避免指名道姓，同时也不要把整件事情不加修饰地套在别人身上。过于明显的套换会让对方察觉出审计人员的意图。

16. 以数据范围引导对方提供更具体的信息

在与他人谈话时，想要获取某些对方不肯提供的数据，审计人员可以考虑以一个数据范围来引导对方否定或认可数据的正确性。这个刺探技巧基于人们喜欢纠正他人错误的心理需求，审计人员可以设置一个较大的数据范围，包含最大值和最小值，然后让对方来纠正该数据。这种数据范围可以用于确认日期、数量、金额等信息。当然，一些思维谨慎的人可能也不肯确认数据的范围，但是这个方式还是有可能从一些人口中获取一些信息的。如果对方不确认也没有关系，审计人员可以采用其他的刺探技巧。

17. 以信息交换信息

一般人在接受他人礼物后都会想要回报对方，这是人类礼尚往来的天性，而这种天性也包括了信息的交换。我提供给你一个信息，你就会觉得也应给我一个信息，这样才能够平衡心理的失调。如果想要鼓励对方提供信息，审计人员可以先给对方提供一些信息，当然这个信息必须是不重要的，并且与审计无关。

18. 以交换"秘密"来引导对方提供信息

一般人都对他人的秘密感兴趣。而且人们也会对可以和自己分享秘密的人有特别的好感。由于秘密只向可以信任的"自己人"透露，所以当两个人共同有了一个秘密，他们就无形中成了可以信任的"自己人"了。这种"自己人"的感觉是双向的，如果有人给自己透露了信息，自己也会将对方当成"自己人"。所以，如果审计人员想要快速让他人把自己当成"自己人""可以信任的人"，可以事先创造一个"秘密"，然后以慎重的方式向对方透露该秘密，通过这个方式鼓励对方也开口透露一些你想知道的事。当然，审计人员创造的秘密必须与其想刺探的信息有关，这样才能引导对方说出这个信息。

19. 重复对方回答中的词语，设立谈话"里程碑"

为了让对方继续提供信息，审计人员可以重复对方回答中的一两个词语，这个技巧也是建立亲和感的一种方式。由于重复了对方回答中的一两个词语，可以让对方知道我们在认真聆听，听到了他的回答，对方就会有被认可的感觉。同时，由于重复了对方回答中的一两个词语，给对方提供了信息的里程碑，让对方知道这个信息已经提供了，不可回头了。这样就会产生鼓励其继续说下去的助推力，阻止其"掉头"不说。

十、本章小结

现场观察取证是舞弊审计中的一个重要环节，舞弊审计人员应该了解在企业内部开展现场调查和在企业外部走访调查的流程，明确走访调查的事前准备和注意事项、与举报者见面的注意事项，掌握快速与陌生人建立亲和感的技巧，以及在对方不知情的情况下获取真实信息的技巧。在与人沟通中不动声色地获取信息是考验审计人员能力的重要指标。

第十一章

舞弊审计技巧——察言观色

诚者，天之道也；思诚者，人之道也。

——《孟子·离娄上》

一、引言

人都有趋利避害的天然行为倾向，会采取一系列行动来保护自己并追求利益最大化。一个人如果预测如实陈述将会给其带来坏处，或者坏处多于好处，则其就不会据实陈述，所以人类撒谎是自然现象。在舞弊审计中，舞弊嫌疑人知道如果说实话，他就会失去工作、收入，甚至可能受到司法惩罚，所以期望其在访谈一开始就主动如实陈述是不现实的，是违背人的自然天性的。除非已有证据证明，否则绝大部分人都会在访谈中不同程度地撒谎，解释为何不是自己做了违规事项或者编造故事将责任推给他人。

审计人员必须具备足够的职业谨慎，不可在还未验证之前就相信某个人说的话。审计人员应能理解绝大部分人在利害关系权衡下都会优先选择自我保护，所以在舞弊审计中被访谈者撒谎并不是一件不可预见的事，审计人员应具备基础的谎言识别能力，防止在舞弊审计访谈中被嫌疑人欺骗了还不自知。

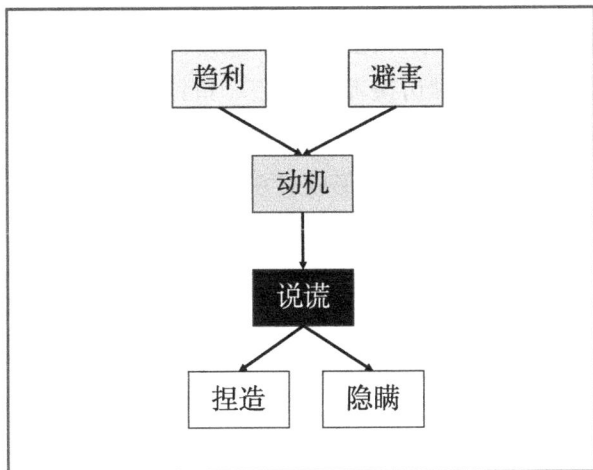

二、审计人员识别谎言的三个要点

在舞弊审计中，面对被审计方在趋利避害的天性下会撒谎的情况，审计人员要从以下三个方面应对。

1.尽量不要让对方撒谎

在审计访谈中，最重要的不是如何测谎，而是如何不让对方有机会进入撒谎阶段。如果被访谈者是在"不需要依靠撒谎来保护自己的利益"的心态下陈述，其提供信息的真实度就会提高。当对方提高警惕，进入自我保护的状态时，再来检测对方有没有撒谎是事倍功半的。所以，审计人员首要追求的是如何在对方还未进入撒谎阶段时，就从对方口中获取信息。前文提到的在对方无察觉的情况下刺探信息，就是在对方还未进入撒谎阶段时就从其口中获取信息。

2.对方撒谎不要立刻揭穿

在审计访谈中，审计人员如果发现对方撒谎不要马上揭穿。当审计人员发现对方的回答存在矛盾时，应先不动声色地把该事项记录下来。如果对方在撒谎，审计人员应让其继续撒谎，然后将其谎言收集起来。等到其谎言积累到一定量后，对方就会作茧自缚，把自己困在谎言中，无法再掉头辩解。过早揭穿谎言会导致对方改口翻供，同时还会使对方提高警惕，对接下来的谎言设计得更加谨慎，使其更难被发现。

3.发现撒谎后要深挖信息

如果发现对方撒谎后要深入挖掘信息，并思考被访谈者为何不提供真实信息，判断其想隐瞒的事物。通过这些思考和逻辑推断，审计人员能利用对方的"谎言"来推进调查工作，往正确的方向挖掘线索。所以，知道对方撒谎不是最重要的，重要的是知道对方撒谎后应如何思考和深挖信息。

在访谈过程，发现被审计人有撒谎的嫌疑时，审计人员应进一步深入调查来证实其回答是否虚假，而不能在审计报告中这样写："访谈中对方针对某问题的回答表现出明显的焦虑或言辞不一致，所以被访谈者在撒谎。"审计人员必须通过确凿证据（文件、电子数据等）来证明对方的话不属实，如果没有充分的证据揭穿谎言，只能导致审计人员说对方说谎，对方说自己没说谎，会形成双方各执一词的僵持局面。

三、三种谎言

谎言大致可以分为以下三大类。

1.编造故事

当事人无中生有，编造虚假信息来欺骗审计人员，这种谎言往往需要当事人付出巨大努力来编造并牢记虚假信息，让这些信息在逻辑上能够成立，在其被询问时能够顺利对答。同时，为了让谎言更可信，当事人还需要模拟与谎言对应的情景、心理状态和情绪，并在被询问时显得自然。要编造这种谎言最为困难，当事人要付出巨大的精力创建和维持虚假信息。

2. 真假混合

当事人将虚假信息融入真实信息里面进行讲述，由于大部分信息都是真实的，其只需记得自己穿插的虚假信息即可。这种谎言对当事人的脑力要求稍低，不需要编造和记忆太多虚假信息。而且由于大部分信息是真实的，当事人述说时也会保持真实的情绪和心理状态，这种谎言说多后，连当事人自己也可能混淆了哪些事是真的、哪些事是假的。

3. 避重就轻

当事人只说出真实的信息，并把不想透露的信息隐藏起来，由于只讲述真实事件时不需要花费太多脑力来编造虚假信息，所以这种谎言相对比较容易。只描述部分事实并隐瞒关键点，对于当事人来说是一种最安全的谎言。生活中许多善意的谎言和一些迫不得已不得不说的谎言也是通过这种避重就轻的方式进行的。人们普遍认为这种隐瞒不算真正的谎言，所以心中承受的压力和自我谴责感也相对较低。

四、机器测谎和人工测谎

要测试一个人是否如实陈述，可以通过测谎仪来完成。一般而言，机器测谎只在公检法部门使用，在私人企业中利用测谎仪测谎比较罕见。除了机器测谎之外，另一种最原始的测谎方式就是根据说话者的言行举止和逻辑内容来判断。

1. 机器测谎

机器测谎的原理不难理解，主要是通过各种器材来测量测试对象的各种生理指数，比如胸部和腹部的呼吸、皮肤导电程度、心跳速度、血压等。首先，测谎师会让测试对象佩戴各种测量仪器，等测试对象心态平稳后，向其提出一系列问题，测谎仪会把测试对象的生理指数记录下来。机器测谎可通过两种不同的测试题类型来进行：控制问题测试（Control Question Test，CQT）和犯罪知识测验（Guilty Knowledge Test，GKT）。笼统来说，测谎问题分为控制性问题和直接问题。控制性问题包括基础信息和测试对象不需要撒谎的问题，如姓名、职位、何时加入公司等。直接问题就是与想要核实的事件相关的问题，例如，你有没有和供应商联系？你有没有在未授权的情况下使用公司的系统？你有没有把标底发给投标人？标底是通过邮件还是微信发给投标人的？

机器测谎是一个复杂而且专业的过程，测谎师需要经过专业训练。简单而言，机器测谎的基础原理为，人面对直接问题（外来刺激）撒谎时会产生心理和生理迹象，其可以通过生理指数显示出来，例如，心跳加快、呼吸加速、流汗、血压升高等，这种指数的出现通常表示当事人有紧张和焦虑的心理状态。

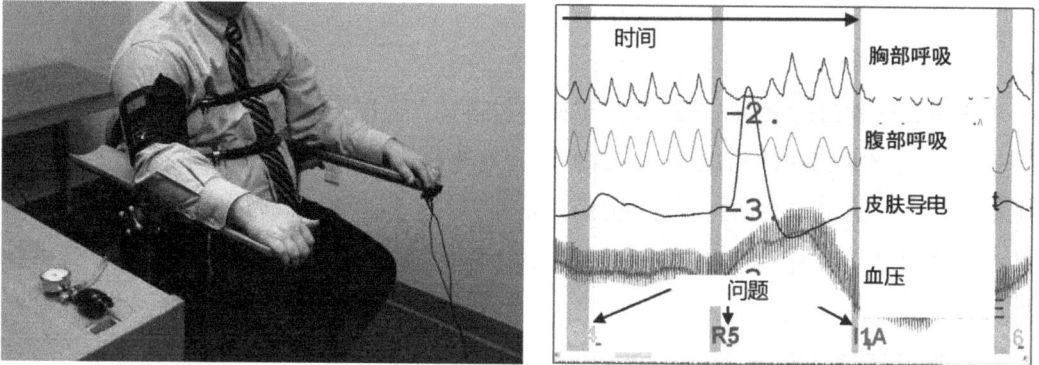

2. 人工测谎

其实"人工测谎"在人们的生活中随处可见，许多人常会说："我觉得这个人不靠谱。""感觉他不老实。""他看上去好像有所隐瞒。""我的第六感告诉我别相信他！"有些人的观察能力较强，总是能察觉到其他人的言语、表情和行为中有不妥之处，但是当问其到底有何不妥，他又说不出来到底何处有问题。有些审计人员能"感觉"到对方好像没把话说完、有事隐瞒，似乎在说谎，但往往又无法具体阐明这种感觉到底从何而来。这种感觉其实就是人潜意识中通过察言观色和逻辑分析所捕捉到的信息。

快速捕捉周围一闪而过的信息的能力是人类从几万年前在丛林里练就的生存能力进化而来的，如果无法迅速察觉出风吹草动，人类就可能成为猛兽的午餐。人类也依靠着这种迅速收集非语言信息的能力来判断对面来的人对自己是有利还是有害。如果认为对方对自己有害，人们就会马上判断自己是否有足够能力与其直接抗衡，如果无法抗衡最好的措施便是逃跑求生。这种捕捉信息的能力存在于人的潜意识中，有些人的捕捉能力（洞察力和逻辑分析力）在环境熏陶或专业训练下得到较强的锻炼，有些人则因缺乏训练，导致该项能力逐渐被埋没。

人类在与他人说话时会释放出大量的语言和非语言信息（如面部表情和身体动作等），这些信息除了当事人有意识释放的信息外，也包含并反映了当事人内心想隐藏的真实想法、心态、情绪和某些细微的逻辑关系。一些观察细致、逻辑谨慎的人能全方位地吸收对方所释放的哪怕一闪而过的语言和非语言信息，并迅速分析得出其中的矛盾点。人工测谎就是要捕捉这些一闪而过的信息。

3. 三个心理自我和三个生理脑

人为何会在不经意中泄露其真实想法、心态和情绪呢？对此，我们需要简单了解谎言的心理和生理基础：人的三个心理自我和三个生理脑。

（1）三个心理自我

心理学上认为每一个人都有三个"自我"。第一个是"本我"。"本我"反映人如何处理自身的生理需求，肚子饿了就要找食物吃，口渴了就要找水喝，需要繁衍下一代就寻找异性。"本我"是自私的，只考虑满足自己的需求，确保可以生存下去，不会去考虑其他人的感受。

第二个是"超我"。"超我"是人作为有灵性的群体生物如何与他人共处，如未在他人允许下偷取食物、财物会受到他人和群体的谴责和抛弃。"超我"知道持续地违反群体生活的规则将会被驱逐出群体，从而对个人生存造成巨大威胁，所以"超我"会约束人的行为，确保其符合群体生存的标准。"超我"就像天使，会做一些对群体共处有利的事。

第三个是"自我"。"自我"是"本我"和"超我"的结合体，是一个人的综合性格，平衡"本我"的需求和"超我"的约束，支配着人的行为和决定。由于"自我"和"超我"的存在，一个人如果做了违背"超我"的事（偷窃、撒谎等）是不希望被别人知道的，并会因为担心行为被揭穿而产生焦虑的心理。

本我　　　　　　　　　　自我　　　　　　　　　　超我

（2）三个生理脑

笼统来说，人类有三个脑。第一个是脑干，负责一些无须意识控制的生理活动，如心跳、呼吸、消化、内分泌等，它确保人类作为生物的生存。第二个是大脑边缘系统，负责人类情绪的控制。第三个是开发程度最高的有高级意识的大脑皮层，负责语言和逻辑等。脑干和边缘系统确保人类面对危险时能及时采取应对措施，例如，肾上腺素会自动分泌，促使心跳加快、呼吸加速、肌肉紧绷，确保可以以最快速度逃离危险。这些生理上的变化不受意识控制，会自动、及时地出现。

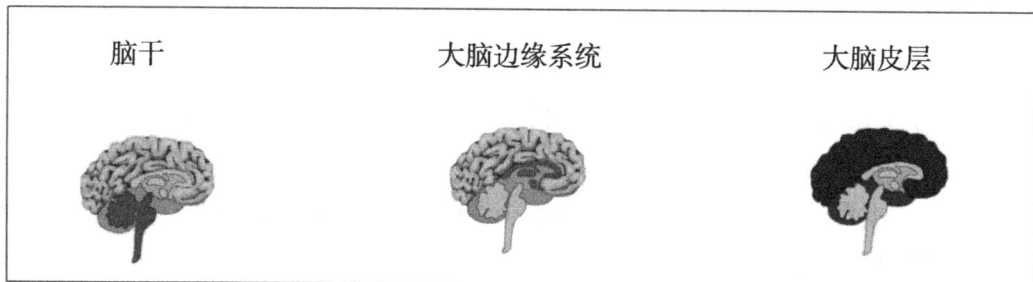

| 脑干 | 大脑边缘系统 | 大脑皮层 |

当一个人面对外界刺激时，首先会考虑这件事对自己有利还是有害，边缘系统则会产生对该事件的真实心理反应，这个状态不可随意调整。但是大脑皮层会思考如何应对和表达才能趋利避害，这一过程是可以随意控制的。如果表达了事实真相将会对自己造成伤害，那大脑皮层就会选择以对自己最有利的方式来表达，即使需要编故事撒谎。

人要撒谎就要编造故事，而编造故事是要付出巨大的努力的，因为故事中有许多事实细节和相关人员及自己的情绪是需要编造的。要在极短的时间编造出面面俱到的谎言是不容易的。一些人为了把谎言编造得容易记忆，就粗略地创建了事实部分。通常这些编造的事实都缺乏细节。而且由于这些所谓的事实是在短时间编造出来的，其逻辑衔接点不是很周密，事情的表述存在逻辑矛盾，可能经不起详细的逻辑推敲和盘问。

情绪和理智的纠缠

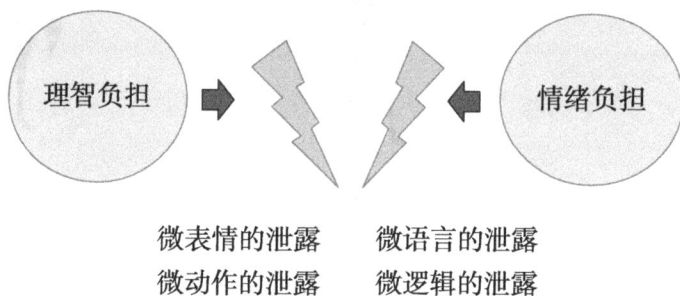

| 理智负担 | | 情绪负担 |

微表情的泄露　　微语言的泄露
微动作的泄露　　微逻辑的泄露

一般来说，如果故事是虚假的，编造的人也只能记得其故事的单方向进展，如果要他在其故事中随便选个时间点往回表述，他就记不起来了。一个人想表达的事如果和真实心理状态一致，其表达的内容和体现出来的情绪是一致的；当一个人表达的内容不是其真实心理状态（即撒谎），就会因为不希望被他人发现而出现焦虑情绪。撒谎衍生的后果越严重，当事人就会越焦虑。

编造故事是人类的大脑皮层完成的，这部分大脑是编造不出情绪的。所以说谎的人一般无法仿效说真话时的情绪、表情和肢体语言。当事人在说谎的时候就会出现说的话和表现出来的情绪（表情和动作）不一致的情况。例如，在说一件伤心事但是面部表情却是带有一点窃喜的；或者在表述一个普通的收款流程，却表现出紧张的表情和动作。

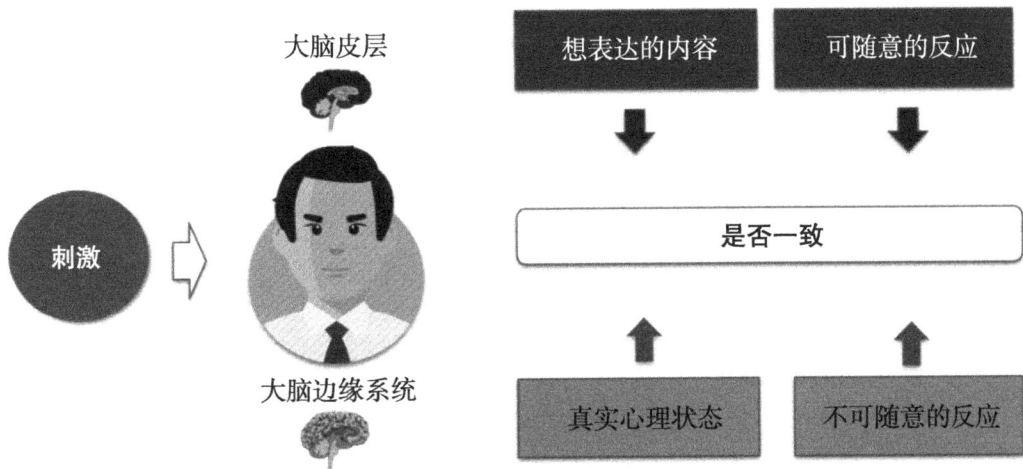

因此,审计人员要想通过察言观色以发现对方是否在撒谎,就要有能力察觉出对方是否焦虑,是否存在逻辑矛盾或缺乏细节和情绪的陈述。

(3)现场编造的谎言和事先编造的谎言

当然谎言还要区分现场编造的谎言和事先编造并且经过排练的谎言。如果是事先编造的谎言,当事人经过多次的排练和内心的自我暗示可以把以上所说的谎言迹象降到最低。有的甚至像事实一样,七情六欲都演绎得非常精准。专业演员、经常说同样谎言的人或需要靠撒谎才能生存的人就能做到这一点。

现场编造的谎言有比较多的机会显露以上所说的迹象。相对来说,一个排练了很多次的"旧"谎言,当事人可能已经把所有的谎言破绽都修饰好了。所以,就一件对方没事先准备的事来询问对方,能起到更好的刺激效果,对方更容易露出撒谎的破绽。一般可以通过"刺激性"问题来提问。本章后面的内容将介绍"刺激性"问题。也基于这个原因,审计人员不可轻易地泄露审计信息,打草惊蛇,使得对方有更多的时间来编造和排练谎言,导致最后在做认错访谈时,没法取得测谎效果。

五、掌握识别谎言的能力:看

审计人员要识别被访谈人提供信息的真伪,就要依靠"人工测谎",从看、听、想三个方面来观察对方在撒谎时的生理与心理变化,测试其所表述的事项的逻辑性。

- 看——看对方回答时的肢体微反应和面部微表情。
- 听——听对方回答时的言辞和语音语调。
- 想——想对方回答的内容的逻辑可行性。

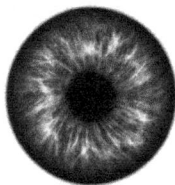

看
表情与肢体反应

听
言辞语音

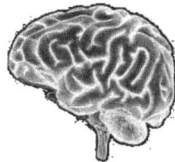

想
逻辑可行性

1. 对人工测谎的误解

在访谈过程中，审计人员必须关注对方的非语言信息，即肢体动作和面部表情。肢体语言学中存在一些常见的误解，即总有人认为某人有某个特定动作、表情或眼神就表示其撒谎了。其实人是非常复杂的动物，不可能简单地从某个动作或表情就判定其是否撒谎。而且每个人都有不同的人生阅历，有些人比较外向，喜欢把情绪外露，有些人比较内向，比较内敛，因此不能简单地把一个动作或表情解读为撒谎的表现。

有些人认为，测谎要看对方的眼睛，如果对方与你没有眼神接触，就是在撒谎，敢于进行眼神接触就是诚实。这些理论是否有科学根据？其实很多人在撒谎时会故意盯着对方的眼睛看，因为很多人都知道如果没有眼神接触会令对方认为自己心虚，所以撒谎的人会故意做出一些行为来确保别人不会识破其谎言。这种在撒谎时故意盯着对方的行为是很常见的。

人工测谎中一个常见的错误是，观察者只关注对方表现出的看似"诚实的表情和动作"。大部分人都知道什么样的表情和动作是"诚实的"，想要表现出"诚实"其实并不困难，诚实的人和撒谎的人都会表现得很诚实，但是只有撒谎的人会显示出"撒谎"的迹象。所以，在人工测谎中，首先要忽略看上去诚实的反应，不要被这些看上去诚实的反应误导了。

也有人说，如果一个人的眼睛往右边看，表示他在编造故事、撒谎，如果往左边看，表示他在回忆并且没说谎。而对于左撇子来说，方向恰好相反，即如果一个人是左撇子，他看右边就表示其是诚实的，看左边就表示其在撒谎。这是否有科学根据呢？根据心理学和社会学学者的研究，眼神的方向和撒谎并没有直接关系，有的人撒谎时看向左边，有的看向右边，没有固定规律表明看向左边就一定代表诚实，看向右边就代表在编造故事、撒谎。在回想（或撒谎）时看向左边还是右边因人而异，并不统一。

2. 识别人的反应：舒缓与抚慰

虽然不能凭借单个行为或表情就简单判断一个人是否在撒谎，但是人的行为和表情在很大程度上能显示出当事人的心态和情绪。当看到对方的行为和表情时，可以大致揣摩出其当时的心理状态，当然也只能大致揣摩，而无法准确认定，因为只有其本人才能真正知道自己的心理状态，其他人只能揣摩和猜测。以下是部分常见的心理状态和相关的肢体反应。

- 舒缓与抚慰。
- 喜爱与厌恶。
- 尊卑与胜败。
- 胜败与领地反应。
- 焦虑与战斗。

大家也可以试想当自己有上述心态时，一般会有什么样的行为、动作和表情。

舒缓与抚慰是人为了缓解外在环境压力或内心不舒服而做出的动作。换句话说，通过这些动作让自己舒服一些：

- 调整服饰通风，使得身体更加舒适；
- 摸、擦、刮、捏、抓或遮盖身体脆弱的部位（颈项、腹部、胸口等）；
- 摸、擦、刮、捏、抓或遮盖耳朵、眼睛、额头和嘴巴；
- 舔嘴唇、咬嘴唇、咬手指或笔；
- 摩擦、环绕手指；
- 双手折叠，抱胸。

3. 识别人的反应：喜爱与厌恶

喜爱与厌恶是人在面对内心喜欢或讨厌的事情或信息时做出的自然动作。喜爱与厌恶的表现多以靠近或逃离呈现，人如果对某些人、事、主题喜爱或关注，一般就会有靠近的反应；反之，如果是厌恶，大多数情况下会有逃离、躲避的反应（见下表）。

逃离（厌恶）	靠近（喜爱）
头部远离谈话对象	头部向谈话对象倾斜、靠近
头部伸直	头部倾斜
身体远离谈话对象	身体向对方倾斜、靠近
脚尖指向别处（例如门口，不对准谈话对象）	脚尖指向谈话对象
手隐藏起来，不显示手部动作	手露出来，展现手势

4. 识别人的反应：胜败与领地反应

有领地反应的人内心会感觉安逸，对四周的环境有占有倾向，一般有以下表现：

- 肢体舒展；
- 利用手或脚霸占更多空间；
- 表情松弛安逸；

- 手势自如；

- 抬头弓眉；

- 不隐藏身体脆弱部分（颈项、胸口、腹部等）。

心里安逸轻松或有安全感的人会有以下表现：

- 没有紧张的表情；

- 没有僵硬或不自然的动作手势；

- 不会盯着对方看；

- 身体的重心倚靠在椅背或墙上；

- 腿交叉跷起二郎腿，轻微地摇晃。

有胜利心态的人一般也会呈现肢体舒展、手势自如、举高双手、身体大幅度摆动、大步走动、微笑或大笑、抬头、暴露身体脆弱部分的表现。

有失败心态的人会呈现收缩肢体、保护身体脆弱部分、手势频率降低、肩膀下垂、躯干下垂、双手折叠抱胸、双手手指交叉保护腹部、低头向下看、眼睛失去焦点、垂眉泪眼、抿住双唇、唇边下弯等反应。

5. 识别人的反应：尊卑与敬鄙

轻视、不屑和鄙视他人的人在心里会感觉自己比较尊贵，比对方优秀，从而出现骄傲或傲慢的反应。一般会有以下具体表现：

- 抬头后仰；

- 抬高下巴，下巴歪向一旁；

- 眼神俯视，呈现居高临下的姿态。

心中对他人尊敬、服从的人一般会有以下表现：

- 低头；

- 收缩肢体；

- 保护身体脆弱部分；

- 手势频率降低；

- 眼神仰视；

- 与对方双手握手。

6. 识别人的反应：焦虑与战斗

战斗反应的出现一般源自当事人认为危险出现而必须采取对抗的心态，通常伴有愤怒的情绪和以下表现：

- 身体躯干向前倾斜；

- 身体紧绷；
- 脸红；
- 呼吸力度加大；
- 鼻孔张大；
- 双手握拳；
- 下巴收低；
- 眼睛盯着危险的方向、发亮；
- 眉毛上扬；
- 嘴唇向下弯。

焦虑反应的出现一般源自当事人在危险出现时心中不能百分之百地确定能与其对抗并取得胜利的心态。焦虑反应一般会伴有舒缓和抚慰的反应表现：

- 搓揉手指，握拳；
- 脚持续移动；
- 身体重心移动；
- 头部出现大动作；
- 出汗（上唇或额头）；
- 口干，干咳，声音突然变化；
- 深呼吸，呼吸加快；
- 肤色变化（苍白或发红，因人而异）；
- 眼神不正常地频繁闪烁；
- 眼睛不正常地盯着前方；
- 过多或过少的眼神接触；
- 咬嘴唇；
- 擦眼睛，掩盖眼睛；
- 触摸耳朵；
- 触摸鼻子；
- 摸颈项；
- 整理衣服；
- 隐藏身体部位。

7. 微反应、微表情

在毫无掩饰的情况下，人的情绪会明显表现在肢体动作和脸部表情上，当一个人有意识地控制自己的言行举止时，明显的动作和表情会被遮掩，但是由于控制情绪的大脑边缘系统不完全受意识所控制，人很难掩盖所有情绪，总会有一些微小动作和表情在不经意间流露。这些流露的反应和表情混合并隐藏在其他的肢体动作和表情之中，出现的时间非常短暂（低于 0.25 秒），一闪而过，所以一般统称为微反应或微表情。这种微反应或微表情是无法通过大脑皮层来控制的，所以它与当事人的真实情绪比较一致。

8. 测谎关注焦虑反应与错位反应

了解了肢体语言和面部表情，那么审计人员在测谎时应观察什么呢？可以主要观察对方的两个表现：

- 焦虑反应；
- 错位反应。

（1）焦虑反应

审计人员要注意对方的微反应和微表情，观察对方是否出现焦虑情绪。一般而言，一个人在撒谎或将要撒谎时会出现焦虑和不安的心理状态，撒谎者都不希望对方看穿自己的谎言，并对谎言被揭穿后的后果有所担心。谎言被揭穿的概率越高，焦虑心态就越严重；揭穿的后果越严重，焦虑心态也越严重。审计人员在询问了被访谈者一些直接问题或其他刺激性的问题后，要全力观察对方是否出现上述焦虑反应。

（2）错位反应

当观察到对方呈现出的肢体语言、面部表情、微反应和微表情时，审计人员要揣摩和解读该表现与哪一类心态相关：是舒缓反应、胜利反应、战斗反应还是失败反应？审计人员应思考是什么原因造成对方有这种心理表现，是由自己询问的哪一个问题或提出的哪一个主题后导致的。审计人员应判断对方的反应是否符合已经搜集到的证据，是否符合逻辑推断下对方在听到该主题时应有的心理状态，审计人员还应留意对方的情绪是否出现错位和不一致：

- 延迟的动作表情；
- 表情持续时间过长或表情不真实；
- 无表情地说话或说话时表情突然停止；
- 情绪与说话内容不一致。

① 延迟的动作表情

延迟的动作表情即对方口中讲述一些开心的事，但是开心的表情和动作延迟了几秒才出现，这种情形一般表明该表情和动作是通过意识控制捏造出来的，真实的表情应在说话的同时出现。

② 表情持续时间过长

一般而言，表情持续时间只有短暂的几秒，随后会逐渐恢复正常。当陈述者语言表述结束后，如果同样的表情依然挂在脸部，则这个表情可能是通过意识控制展现的。

③无表情地说话或说话时表情突然停止

当被访谈者突然面无表情地说话，可能表示其在通过意识控制不让表情流露出来，或是其表述内容需要依靠大量意识的集中，已经无法用更多脑力来"挤出"表情了。这种面无表情地说话仿佛在念预先准备好的稿子。这种情形有可能是对方在说事先准备好的谎言。

④情绪与说话内容不一致

对方说话内容与表现情绪不一致，表明对方口是心非。说话内容是由意识所控制的，而面部表情则表示的是心中真实的情绪，审计人员应思考对方为何会表现出这种情绪。

例如，当审计人员问一名会计人员："这个月所有的工程款都入账了吗？"对方回答"根据公司流程都应该入账"，同时表现出了焦虑的表情或调整服饰的动作（舒缓的动作），审计人员就要警惕和思考为何对方在回答这一简单问题时会有这样的表情或动作，而且对方只是避重就轻地回答了这一问题，并没有给出正面回答。对方只是说"根据公司流程"款项都应入账，没有正面回答"这个月所有的工程款"是否已入账。

总体来说，当审计人员看到了被访谈者呈现了焦虑的情绪反应或者错位的情绪反应（微反应、微表情、明显反应或明显表情），就表示对方有可能口是心非或者有所隐瞒了。审计人员要思考自己问了对方哪个问题导致其出现该表现。

六、掌握识别谎言的能力：听

在调查走访或审计访谈过程中，审计人员应做到积极倾听。只有留心倾听对方的每一句话、每一个词和每一个音调与音节，审计人员才能完整地了解对方话语的含义、说话的语境、音调的含义，以及未尽之话的暗示。同时，只有仔细聆听，才能捕捉到对方语言和表情动作不一致之处。

1. 倾听语言的内容

被访谈者的语言是可以作为访谈证据的一部分的，非语言的肢体动作和面部表情则不能成为证据。非语言信息最多是为管理层提供参考价值，所以审计人员只有积极倾听，才能获取足够的信息来衡量对方言辞中的逻辑。在审计访谈中，审计人员要留心被访谈者的回答是否出现以下情形：

- 规避问题、答非所问；
- 重复问题（回问）；
- 模棱两可的回答、避重就轻的回答；
- 有保留的、有防御性的、打折扣的回答；
- 夸大的保证、夸大的用词；

- 无理地生气恼怒，语言有攻击讽刺性；

- 以笑话推脱；

- 采用疏离的用词，说话缺失主语；

- 添加过多不需要的信息和词语；

- 当审计人员突然换话题时显示出高兴的情绪。

（1）规避问题、答非所问

如果一个人面对一个简单直接的问题时选择拒绝回答或答非所问，表明其不想透露具体、真实的答案。为了确保对方不会误解所提出的问题，审计人员必须以简短的问句来提问，一个问题只问一件事，不可使用双重否定句式来发问。例如，当审计人员问："这笔收款是什么时候记账的？"对方回答："一般而言，我们都是在月底前及时记账的。"这个回答其实就是答非所问，此时审计人员的测谎警钟就要响起。

（2）重复问题（回问）

当一个人需要花时间来思考如何回答问题（编造故事）时，就会选择重复对方的问题以争取更多时间。当被访谈者重复审计人员提出的简单问题时，审计人员就要谨慎了，对方可能是在争取时间思考如何作答。例如，审计人员问："这家投标公司的标书是什么时候收到的？"被访谈者："什么？你问我这家投标公司的标书是何时收到的？"

（3）模棱两可的回答、避重就轻的回答

被访谈者用模棱两可的答案来作答，乍一听仿佛回答了问题，其实还是没有提供任何具体信息。例如，审计人员问："高于100万元的付款是由谁审批的？"对方回答："这个流程一般是由财务部门处理的，他们都做得很好。"审计人员问："这栋办公楼的扩建招标为何只有两家投标商？"对方回答："招标过程都是符合公司标准流程的，公司的流程都是非常严谨的，投标文件都归档得很好。如果你需要，我可以带你去看。"对方给予的是模棱两可、避重就轻的回答，将问题的重点转移到了文件归档上。

（4）有保留的、有防御性的、打折扣的回答

被访谈者在非敏感话题中没有习惯性的"防御性"口头语，但在被问及敏感话题时，就会出现许多有防御性语气的回答。审计人员应警惕并思考为何对方对这些话题有所保留，是否因为其真的不知道，还是其他因素导致其不好说话，还是其想隐瞒部分事实。一般而言，有保留和有防御性的回答类似："如果我没记错，应该是这样的。""应该就是这样了。""供应商准入流程大致是如此的。""基本上评标标准就是这些。"

（5）夸大的保证、夸大的用词

如果被访谈者在非敏感话题中没有习惯性的"夸大性"口头语，但在被问起敏感话题时就出现许多夸大的保证词时，就有可能是"此地无银三百两"。一般人对一件事情进行陈述时，因为所说的是事实，所以不需要通过夸张的保证来说服对方相信。让被访谈者自由回想时，其在未受到任何质疑的情况下采取了夸大的保证用词，审计人员就要

思考为何对方要努力游说了。例如，审计人员问："公司的发货时间是在哪个时间段？"被访谈者回答："公司绝对不会在周末发货的，这个是完全不可能的，你放心。"审计人员问："公司对物资进行质量检验的流程是怎样的？"被访谈者回答："公司有一套非常完善的流程，确保所有的物资百分之百都经过质检部门检验，绝对不会有问题的。你可以看一下我们的标准流程制度。"

（6）无理地生气恼怒，语言有攻击讽刺性

在面对一些简单问题时，如果对方突然没有明显理由地生气恼怒或通过语言攻击讽刺问话人，这是一种撒谎的象征。例如，"你为何问我这个蠢问题？！""这件事我已经和你们部门李某说过了，为何你还来问？""这么简单的流程你也不知道，怎么审计呀！""这不就是一件小事，为何你花这么多时间问这件事？"

当审计人员受到这种语言攻击时，要考虑为何对方那么恼怒，是因为审计人员重复了问题，在言语中冒犯了对方，对方刚刚被领导批评了心里不高兴，还是因为审计人员的问题问到了核心。

（7）以笑话推脱

对方在回答的过程中，如果通过笑话或者讽刺的言辞躲避回答，并在说完笑话后，有意无意地把话题扯到别的地方去，不再回答之前的问题，此时审计人员应提高警惕。

（8）采用疏离的用词，说话缺失主语

当对方在表述自己的行为时，有意无意地不使用"我"这个主语或用其他的主语代替，例如，公司、大家、我们等，审计人员应提高警惕。这表示对方可能在潜意识里不想把自己和他说的事扯上关系。

（9）添加过多不需要的信息和词语

如果一个人在回答其他问题时没有提供无关信息的习惯，但是在关键问题上却添加了许多无关的信息，审计人员就要谨慎思考对方是否在故意把话题引到别处去。例如，审计人员问："请您介绍一下这家中标承包商的背景情况。"对方回答："这家承包商的服务工作质量很好，我们从某市把他们带过来投标。这次投标非常完善，来了五家公司，但是有一家弃标，两家技术不达标，剩下的一家价格过高，所以我们选中了这家。那两家技术不达标的公司还是大型的国企呢，我们调查过。"显然，对方说了很多不在询问范围内的信息。

（10）当审计人员突然换话题时显示出高兴的情绪

一般而言，访谈沟通是有主要话题的，如果审计人员在没有预警的情况下突然从敏感话题转移到不敏感话题，被访谈者却不追问为何换话题，反而对此表现得很高兴，则可能表示对方也不想在该话题上多说，表明该话题可能存在其想隐瞒的事情。

2. 倾听非文字的信息

人们在说话时除了会提供语言信息，也会透露非文字上的信息，如语速、音调、停顿等，这些非文字语言被称为"副语言"。审计人员在访谈过程中除了要仔细聆听对方说的内容，也必须留意这些副语言，通过两者结合来揣摩当事人的心理状态。

（1）回答反应延迟，未能在预期时间内回答问题

面对一道简单的问题，对方无法直接回答，反而需要思考，一般而言，这种情况会在关键的直接问题、暗示性问题或潜在证据问题的询问中出现。由于对方无法马上确定审计人员是否掌握了该信息，所以要思考并寻找最好的回答方式。如果对方还想争取时间，将可能重复审计人员的问题。暗示性问题和潜在证据问题的应用将在第十三章详细介绍。

（2）对答不流畅，存在回答断续的情况

如果被访谈者在非敏感话题中没有习惯性的对答不流畅或回答断续的情形，但在被问起敏感话题时出现对答不流畅的情况，例如，"这个投标商是……嗯……是陈某介绍的……呃……"，对方可能是在回想或在一边回答一边编造故事，审计人员要衡量询问的问题是否时间非常久远导致遗忘。如果是一件不久前发生的事，对方在回答相关提问时出现这种情形，审计人员就要谨慎了。

（3）过久的、比平时更长的停顿

对方在回答中有过久的停顿，也表示对方可能在争取时间来编造故事，考虑如何回答问题。

（4）音量变化，回答时句子结尾部分音量变小、变模糊

回答过程中，对方的音量有变化，句子结尾部分音量变小、变模糊或听不清，这种情形可能是对方在潜意识中不想把这些事说出来。

（5）含糊回答后立即出现咳嗽或笑声

回答过程中，对方部分内容的音量变小、变模糊，含糊回答后借咳嗽、笑声来转移话题。这种做法主要是对方不希望提供完整信息，要让审计人员猜测自己的意思并替自己寻找"合适的"信息来填充。审计人员"填充"对方的信息空白或为对方的信息错误点寻找解释的做法是审计人员思维中"确认的偏见"的一种表现。

（6）语调焦虑、音调过高或语速过快

回答关键问题或"刺激性"的问题时，如果对方的语调突然变得焦虑、高于正常的音调或语速过快，审计人员就要注意，对方可能对这些回答不放心，不自觉地提高了音调和加快了语速，希望能提高说服力。

（7）采用不正常的单调、平淡的语调说话

这种回答的语调一般是与无表情地说话一起出现的，面无表情加上单调平淡的语调，有可能是对方在背事先准备的谎言。

总体来说，当审计人员听到被访谈者使用了以上不合理言语内容和表述方式，就表示对方可能内心出现了焦虑，无法正面回答问题或不想回答问题。

七、掌握识别谎言的能力：想

要做好访谈测谎，审计人员除了要观察对方的肢体语言和面部表情，考虑其是否出现焦虑和不一致的情绪，也要仔细倾听对方的回答中是否存在刻意规避或不合理的对答方式及副语言。同时，审计人员还要关注测谎中最重要的一点，就是思考对方所提供的内容信息是否合乎逻辑。

1. 表述是否符合逻辑和现有条件

其实，审计人员最有把握的测谎方式就是判断对方所提供的信息是否符合逻辑、是否合理、是否与已知的证据吻合。在人工测谎的看、听和想三个技巧中，"想"是最稳妥的技巧。审计人员不留心看，可能没有注意到对方的微表情；不留心听，就可能听不清对方的话语。但是审计人员可以将对方提供的相关信息带回去深入地思考，挖掘逻辑矛盾之处，寻找舞弊证据。在访谈过程中，审计人员应以合理的职业谨慎态度来对待被访谈者所提供的信息，对于对方所提供的每一句话，审计人员都要自我询问以下两个检测题：

- 他说的内容符合逻辑吗？
- 他说的事可能发生吗？

问第一个问题的目的是验证对方提供的信息是否符合自然事物发生的规律和因果关系；问第二个问题的目的是验证对方说的事在企业现有资源下能否实现。

对方说的话如果不符合逻辑或在现有资源条件下无法实现，则都是谎言的预警，审计人员应采取进一步的跟踪询问来挖掘更多的信息，并在最后与对方再次确认。根据一些有经验的审计人员的说法，只要能完全掌握以上两个问题的答案，审计人员就能识别大部分的谎言。审计人员必须在心中验证接收的相关信息是否能通过这两个问题的检测。只有"合乎逻辑""合乎资源"的信息才具有可信性。这两个检测题就像两个"门神"一样，坚守着进入信息殿堂的大门。要验证是否"合乎逻辑"和"合乎资源"，审计人员必须对案情和已经掌握的证据十分了解。在与对方访谈时，审计人员要考虑对方的表述是否存在以下情况：

- 与已知的信息不一致；
- 与企业的标准流程和惯例不一致；
- 陈述的内容存在错误的时间、地点、事件；
- 无法合理解释对方供述中的异常点、不规范之处；
- 缺乏合理理由来解释对方表现出的紧张焦虑和表情的不一致；
- 缺乏合理理由来解释对方为何规避问题。

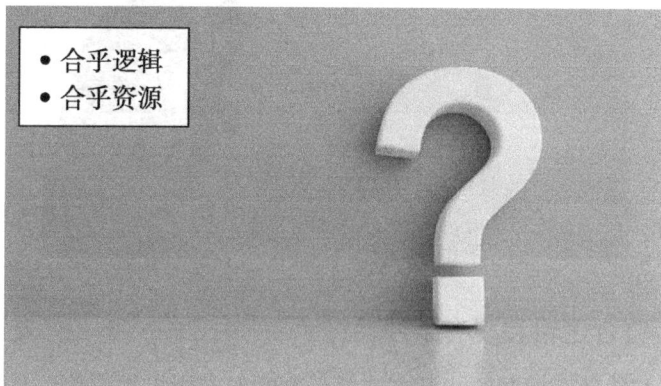

2. 对事情的表述是否合理

一个人要在极短的时间内编造出一个细节周密的故事需要消耗大量的脑力，同时要记清所有的细节也是不容易的。所以一般人在编造故事时，只是编造主要的情节，所以编造的故事的逻辑衔接点通常不周密，对事件的表述也会存在逻辑矛盾，经不起推敲和盘问。编故事的人也不会去刻意编造自己当时的情绪状态，更加不会考虑其他相关人员的情绪和表情等细节，所以审计人员在听对方表述时，要注意对方是否有以下情况：

- 对事件的经过、回忆过于僵硬、简单，缺乏细节；
- 对事件核心部分的描述不足或过于短暂（只对非核心部分事物进行详说）；
- 对事件经过没有情感上的回忆，未提到自己或他人的情绪表现；
- 无法描述事件中的一些微小事物。

撒谎的人对编造的故事缺乏亲身体验，所以只能牢记故事单方向的发展进程，无法以不同的顺序来描述事情的经过。例如，审计人员问："当时周总把文件交给你之前你做了什么？"这种突然在故事中间选择一个节点来向对方询问在此之前发生的事，会让对方无法迅速给出准确答案。另一种编造故事的方式是对方对表述中非核心部分的事物能够进行非常详细的描述，但却不能解释为何他会察觉到这些微小事物。

3. 运用逻辑去推断其他的衍生信息

倾听对方的陈述后，审计人员应该运用逻辑分析思维，将对方所提供的信息与已经获得的证据信息、对方之前说过的话、他人之前说过的话进行匹配。审计人员必须考虑以下几个问题。

逻辑推断
其他衍生信息

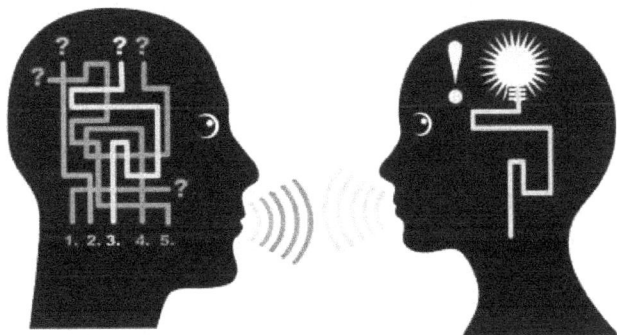

- 如果对方现在说的话是正确的，那其之前说的话或别人说的话是否依然正确？

如果对方现在说的话和之前说过的话存在冲突，那基于真相只有一个的原则，要么他现在在撒谎，要么他之前撒了谎。通过这样的逻辑推断，审计人员很快就能发现谎言。

如果对方说的话和其他人说过的话存在冲突，那基于真相只有一个的原则，要么他撒谎，要么其他人撒谎。如果其他人的话已经被验证属实，那就是对方撒谎了。

- 如果审计人员手中掌握的信息和证据是正确的，那对方理论上应该如何回答这个问题？

假设审计人员已经掌握的证据是经过验证的，基于真相只有一个的原则，对方的回答应该是可以预测的。如果对方的回答明显地偏离了这个预测，就表示对方在撒谎。

- 如果对方这么说表示其已经知道了什么信息？他的论据是什么？他又做了什么假设？

通常人们都是根据掌握的论据和信息回答问题的，所以审计人员在听到对方的回答时必须推断对方依赖的论据和掌握的信息。同时，审计人员应预测对方基于什么因素和假设做出的回答。审计人员应将预测的对方的论据和假设与已经获得的证据做对比，查看是否合理。如果不合理，要么对方撒了谎，要么证据是错误的。

以上问题可以协助审计人员进行逻辑推断，揣摩对方掌握的信息，并拓展思路寻找更多的证据。如果经过逻辑推断，对方的话不符合已知的事实或不合理，就表示对方说的可能是编造出来的谎言。

八、人工测谎时的注意事项

人工测谎中必须注意以下四点。

1. 肢体语言基础线

人是非常复杂的动物，不能简单地凭借某个肢体语言或面部表情就判断当事人是否撒谎，例如，眼睛往右边看。在观察时，审计人员要注意当事人行为和表情的基础线。每个人都有语言和肢体行为习惯以及文化差异，所以审计人员在还未向对方提出关键问题之前应先观察对方肢体语言和表情的基础线，只有超越当事人基础线的肢体行为才算有问题。如果有的人在不紧张、不焦虑时会有触摸脖子的习惯，那触摸脖子这个动作就不能用来解读对方是否焦虑。审计人员可以在访谈开始时，通过建立亲和感的交谈和询问一些基础问题来观察对方的肢体语言基础线。

前面提到不能根据眼睛向左看还是向右看简单判断说话者是回忆或撒谎，一个人如果在回想非敏感事情时眼睛会习惯性地向左看，但是在提到和舞弊相关的事件时，却以眼睛突然向右看的方式来"回想"，那这个"向右看"的眼神就超越了基础线，审计人员就要关注这个问题，思考对方为何会有异于基础线的反应。

2. 反应群

单个肢体语言或表情不能表示当事人的某种心理状态或是否撒谎，审计人员应该观察同时出现的多个反应，即反应群，例如，身体躯干的移动、手势、表情、回复的言辞、说话的方式（"副语言"）、回答的内容等反应群。单纯一个表情或肢体动作不一定能准确显示出当事人的心理状态。

3. 时间点

除了在访谈开始时观察对方的肢体语言基础线之外，审计人员应该在向对方询问关键问题或"刺激性"的问题之前和之后，全力观察对方的反应群。这些"刺激性"的问题就像机器测谎中可以激发对方生理反应（心跳、血压、呼吸、流汗等）的问题，审计人员在询问关键问题之前应先掌握对方的姿态和表情，然后提问"刺激性"的问题，马上观察对方的反应。

4. 话语 vs. 反应

如上所述，审计人员要以看、听、想的方式来揣摩对方是否说了实话。审计人员必须要对比对方说的话与对方所呈现出来的反应，不能只看肢体语言和表情而忽略语言和副语言。由于诚实的肢体语言和表情容易假装，而审计人员的目标是判断谎言，所以必须要以逆向思维思考，关注看上去是撒谎的肢体语言，而忽略看上去像诚实的肢体语言，因为诚实和撒谎的人都会展现这种肢体语言。

如果在第一次询问中对方表现出撒谎的迹象，审计人员应不动声色地以不同的方式和角度再次提问同样的话题，如果对方再次表现出撒谎的迹象，那么对方在这个话题上撒谎的可能性就很大了。

根据前文所述内容，当发现对方撒谎时审计人员不一定要马上揭穿，应让其继续作茧自缚，等到他无法自圆其说时再在认错访谈中运用访谈策略予以击破。

九、提出"刺激性"问题后观察反应

当一个人做好了撒谎的思想准备并进行了练习后，就可以减少撒谎时的不自然的表现。年纪轻的人可能还会展现焦虑及不一致的微表情和微反应，人生阅历丰富的人则很难让人察觉其撒谎的微表情和微反应。

审计人员需要向其提问"刺激性"问题，冲击对方预备好的撒谎计划，让其当场编造谎言。通过"刺激性"问题，审计人员可以获得更多观察对方微表情、微反应、微语言和微逻辑的机会。一般这种提问"刺激性"问题的策略是在访谈后期（自由回想和确认澄清之后，参考下一章的内容）执行的。

审计人员在提出"刺激性"问题后应观察其反应。这些"刺激性"问题通常都是围绕着关键话题的。有"刺激效果"的问题是一些能激起被访谈者情绪并引发其思考是否要撒谎的问题。当对方在思考是否要撒谎的时候，就可能表现出撒谎的微表情、微动作和微语言。这些"刺激性"问题必须有以下作用：

- 能确定对方陈述的真实性；
- 能促使对方提供具体信息；
- 能触发对方情绪的指控和暗示；
- 可能揭露对方的谎言，确认其信誉。

"刺激性"问题包括以下几种：

- 直接问题，也称"可确认的问题"；
- 假定性问题；
- 反假定性问题；
- 潜在证据暗示性问题；
- 顾左右而言他的问题；
- 道听途说的问题。

1. 直接问题

直接问题就是与关键话题相关的"七何"问题，这些问题都可以在后续进行确认。直接问题并非询问对方的个人主观意见，所以当这些问题被提出来后，当事人就要决定是否撒谎。这一决定会对对方产生心理压力，使其呈现焦虑的肢体语言或不一致的表情。

2. 假定性问题

假定性问题就是直接假定事情的存在，认定话题中的事件是真实发生的，然后跳过事件的一个或两个前提，询问对方这件事发生之后会发生的事。假定性问题的性质与引导性问题是一样的。

- 问"为什么"做了这件事，不问"有没有"做这件事。
- 问"何时"发生，不问"有没有"发生。
- 问在"哪里"出现，不问"是否"出现。
- 问当时"如何"操作，不问"有没有"做。

如果审计人员在问题中跳过两个前提会更好，因为这样可以显示审计人员知道这件事情是事实，例如，审计人员问"你和他在咖啡厅待了多久"，不问"有没有"这个人（跳过第一个前提），也不问有没有见过这个人（跳过第二个前提），而是问在咖啡厅待了多久。假定性问题会让对方以为审计人员已经知晓了事情的真相，其否认和谎言都将是徒劳的，即使现在不被揭穿，也很快会被揭穿。当然，对方也会思考审计人员是否在糊弄他，所以回答这些问题时，对方需要时间考虑，也可能会产生心理压力，并从肢体语言中流露出来。

3. 反假定性问题

反假定性问题是指提问者已经知道答案的问题，但还是当作什么都不知道，向对方提问。通过反假定性问题，审计人员可以测试对方是否诚实，也可以观察对方的肢体语言和表情。如果对方在撒谎，那么可以将这个谎言收集起来，让对方套牢在自己的谎言里作茧自缚。反假定性问题其实就是"假定性问题"和"引导性问题"的反面，"假定性问题"和"引导性问题"通常要跳过一个或两个前提，假设前提事件是存在的，然后询问后续的事。

在反假设定问题中，提问者明明知道问题的答案，但并不认定或假定任何事情，通常是以取消一个或两个前提为方针来编制问题。提出反假定性问题会让对方思考是否要提供事实或撒谎，做这个决定时，对方需要权衡其接下来的策略，心理会产生压力，并可能在肢体语言和表情中表现出来。以下列举一些反假定性问题。

反假定性问题举例

- 小米，你昨天什么时候离开财务办公室的？（不问："昨晚你是 10 点左右从财务办公室出来的吗？"）

- 林经理，除了工资，你最近有没有收到其他的钱？（不问："供应商提供的银行回单上有一笔资金转入了你的账户。"）

- 珍妮，你能告诉我你最后一次给承包商打电话是什么时候吗？（不问："我们在电话账单上看到你上周给他打过电话。"）

- 小张，请回忆一下你在简历中遗漏的前雇主的名字。（不问："资料显示你有两个前雇主的名字没有在简历中说明。"）

4. 潜在证据暗示性问题

潜在证据暗示性问题是指审计人员以假定舞弊真实发生后可能会出现的潜在证据来向对方询问，这些潜在证据在理论上是可能存在的舞弊痕迹，但舞弊人员却无法确定其是否真的出现，审计人员通过暗示的方式向对方提及这些潜在证据，旨在引发其心理恐慌。例如，"小张，为何我们询问过的人说看到了你那天从出纳办公室出来？"一般而言，诚实的人可以马上回答这个问题，但是舞弊人员因为有犯错记忆就会思考是否真的有人看到了他，抑或是监控摄像拍到了他，还是审计人员在试探他。面对这种潜在证据暗示性问题，当事人要考虑是承认还是撒谎，在做这个决定时，其心里就会有压力，并可能在肢体语言和表情中表现出来。

5. 顾左右而言他的问题

"顾左右而言他的问题"是一种试探性问题，一般是围绕着主话题的外围问题。审计人员故意不问事件的主要构成部分，反而去问一些非主要的问题，并且一般而言这种问题都是以模糊文字或中性文字来询问的。这种问题的主要作用是在对方的脑海中播撒下"思维病毒"（关于"思维病毒"的详细内容请参考第十三章），让对方自己去联想这些问题的含义是什么。

审计人员向被访谈者暗示该审计访谈涉及的问题具有一定严重性，而且访谈的内容也将与之前的访谈有异。下面是一些顾左右而言他的问题（试探暗示的问题）：

- 你知道这次访谈的目的吗？
- 你知道我们的职责吗？
- 你觉得这次审计后会有什么结果？
- 你知道我们为何来和你谈话吗？
- 你这几天考虑得如何（假设曾经与对方做过访谈）？

- 上次访谈后，你是怎么想的（假设曾经与对方做过访谈）？
- 上次让你回去考虑的是什么事（假设曾经与对方做过访谈）？

6. 道听途说的问题

在怀疑对方撒谎的情况下，将计就计让对方在自己已经说过的谎言的前提下继续撒谎，最后使其被自己的各种谎言套牢。这种道听途说的暗示性问题一般是通过模糊语言暗示对方自己知道了事件中的某些插曲，由于这些插曲是虚构的，如果对方沿着所提供的插曲信息来回答，就表示他之前说的话可能是不真实的。这种暗示性问题通常运用在私人场合中，但也有一些员工会利用这种暗示性问题，将计就计向撒谎的下属或同事发出询问。

案例：道听途说的问题

某销售经理怀疑一名销售员没有拜访客户，却虚报拜访客户骗取补贴。为了测试该名销售员是否撒谎，销售经理将计就计利用道听途说的暗示性问题来询问对方。首先销售经理让该名销售员说出今天在哪个时间段拜访了哪一家客户，例如，今天下午2点到3点拜访了ABC客户。对信息进行再三确认后，销售经理向该名销售员说："听说ABC客户的财务总监今天生日并在办公室庆祝生日，正好是2点30分左右，你参与他的生日庆祝了吗？他的生日蛋糕是什么口味的？"销售经理已经确认过，ABC客户的财务总监今天没有庆祝生日，也没有吃过生日蛋糕。

如果该名销售员确实拜访了该客户，就会知道当时没有任何的生日庆祝，更没有任何的蛋糕，销售员就会马上回答："没有庆祝生日，没有蛋糕。"那销售经理就可以说记错了。如果该名销售员没有拜访该客户，那他就无法确定是否庆祝了生日，也无法知道蛋糕的口味，这时他就要考虑销售经理是否在骗他、吓唬他，并考虑该如何来回答这个问题才最安全。这些思考一般都会产生回答的延误，这将进一步确认销售经理对该销售员的质疑。如果该名销售员编了个故事说那个蛋糕是草莓口味的，那也表示他在撒谎。

其他的道听途说的暗示性问题类似以下这些：

- 听说从客户办公室回来工厂的路上出了严重交通事故，你看到出事的是什么车了吗？
- B供应商提供的ABC设备好像质量有问题，你让供应商进行替换还是维修了？
- 听说数据库设备采购中的A供应商最后主动弃标了，你向他们发出弃标函件了吗？

由于这种道听途说的暗示性问题牵涉虚构，非必要情况下不要使用，如果使用，措辞必须谨慎，必须是以"听说""不确定""好像"的方式含糊暗示。这种道听途说的暗示性问题最好在对方已经开始撒谎了，审计人员迫不得已的情况下使用。由于各企业的行为准则要求不同，建议审计人员在使用这种道听途说的暗示性问题前先确定是否符合企业的行为准则，并且在获得审计领导的审批后再使用这种测谎策略。

上述"刺激性"问题的应用在信息访谈和认错访谈两个章节中均有介绍。

十、本章小结

由于隐瞒和撒谎是舞弊中必然会出现的情况，所以审计人员必须具备察言观色的测谎能力。在舞弊审计中，审计人员要会识别谎言，明确知晓谎言的种类，熟练掌握识别谎言的能力，即看、听、想。在提出"刺激性"问题后，观察对方的反应，获取正确的信息，对于审计人员来说是其能否成功开展访谈的关键。

第十二章

舞弊审计技巧——信息访谈

知而好问，然后能才。

——《荀子·儒效》

一、引言

访谈询问是舞弊审计中相当重要的一个环节。在审计过程中查阅文件、凭证及分析数据可以知道发生了什么交易，但是文件与数据无法提供交易的背景、当事人的想法以及进行该笔交易的原因，通过访谈询问，审计人员可以拓宽信息来源，进一步确认文件与数据中包含的信息。审计访谈技巧与通过走访调查从别人口中刺探信息的技巧很相似，许多的概念也是一致的，两者的主要区别在于，刺探信息的过程是在对方未察觉的情况下进行的，对方会在不经意中透露信息，而在审计访谈中，对方知道这是审计人员获取信息的过程。刺探信息的过程比较随意，任何地点都可以进行，而审计访谈比较正式，一般在办公室进行。

二、审计访谈的两种模式

舞弊审计中的访谈基本分为两种模式，即信息访谈和认错访谈。如果加上走访调查时的以闲聊方式让相关人士在未察觉情况下透露信息的刺探信息模式，则有三种访谈模式。

1. 信息访谈

信息访谈，顾名思义就是要从被访谈者处获取信息，审计人员希望通过访谈，以最短时间从被审计方获取准确、真实的信息。审计访谈大部分都是信息访谈，审计人员不采用诱导方式，而是让对方自由思考并提供信息。在访谈中，审计人员应寻求舞弊调查的突破口，利用访谈来获取从文件与数据中无法获得的信息，填补信息缺口。

在访谈过程中，审计人员不应让被访谈者猜到自己手中的"底牌"（即掌握了多少证据）。信息访谈非常重要的一点就是审计人员要能辨别出对方提供信息的真实性，审计人员须厘清信息的逻辑及其是否与其他信息存在矛盾。审计人员应做到察言观色，通过留意被访谈者的非语言信息（微表情、微动作等）判断对方是否在撒谎、隐瞒。在信息访谈中，审计人员应少说话，让被访谈者多说话。

2. 认错访谈

认错访谈，顾名思义就是要让对方坦白认错。认错访谈一般是舞弊审计的最后一个环节，审计人员希望通过访谈，促使对方承认错误，交代违规行为。认错访谈是一个让被访谈者创造认知、产生心理压力的过程，审计人员将运用大量语言技巧、心理学知识等游说对方，让其相信审计人员已经掌握足够证据，继续否认是毫无意义的，认错是他唯一且最优的选择。

在认错访谈中，审计人员应尽量让对方交代事情经过，这就需要游说，所以说得较多，而被访谈者一般在考虑是否要认错，所以说得较少。一般而言，在认错访谈中审计人员说话的时间在 80% 以上，对方说话的时间只有不到 20%。

3. 审计访谈的风格

舞弊审计中访谈的风格应是温和而专业的。信息访谈应以比较轻松且不严肃的氛围进行，这样有助于对方提供信息，审计人员应让被访谈者感受到被尊重。在认错访谈中，气氛会变得相对严肃，节奏也可能会加快。审计人员谈话的态度应是坚定的，要让被访谈者知道审计人员有坚定的意志、强大的能力和充分的证据来证明其舞弊行为。整个访谈过程应是公平公正的，审计访谈中不应出现拍桌子、提高音量、辱骂对方、把对方关小黑屋等情形，不应以任何形式给对方造成人身伤害，如不让其去洗手间、调低空调温度、不让其吃饭喝水等，任何形式的严刑逼供都是违法的。

审计人员应利用信息不对称的优势寻求突破。在审计访谈中，被访谈者不清楚审计人员已掌握了多少证据，审计人员不能让被访谈者摸清底牌，要尽量利用信息不对称来给对方施加压力，突破对方的心理防线，促使其供述。

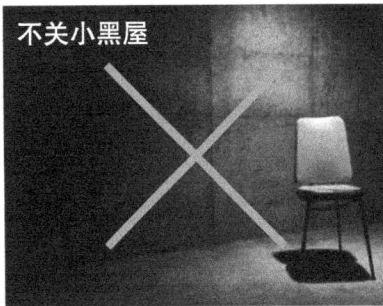

三、审计访谈四部曲之一：访谈筹划（制定访谈策略）

访谈是舞弊审计中的一个重要环节，也是容易出现问题的环节。访谈作为口头上的信息交流，往往是不留痕迹的，审计人员若事先没有做好访谈准备，可能会遗漏了应当询问的重点，而且如果审计人员没有专心倾听，也可能捕捉不到对方话语中透露的线索。由于人都是趋利避害的，几乎所有的舞弊当事人都不会在访谈一开始就马上坦白，而会竭尽所能地辩解、隐瞒和撒谎。如果审计人员的职业谨慎度不高，察言观色能力不强，或许就会听信对方的谎言。舞弊审计的访谈不应派缺乏经验的审计人员单独上阵，因为其若对法律红线把握不准确，可能会采用违法违规的方式进行访谈，这样容易被被访谈者倒打一耙，不仅舞弊事实没弄明白，反而使审计人员惹上法律问题。

无论是为了获取信息还是引导被访谈者认错供述，舞弊审计中的访谈环节都应该以谨慎、有组织的方式进行。完善的舞弊审计访谈有以下四个步骤：

- 访谈筹划；
- 准备武器；
- 行政安排；
- 上阵执行。

1. 掌握舞弊指控的信息

由于审计访谈对舞弊调查影响深远，所以审计人员应事先筹划，再开展访谈。审计人员应对举报中的相关指控和案情有深入的了解，了解已掌握的证据和需要从被访谈者获取的信息。审计人员还应事先了解被访谈人的背景，做到知己知彼。

审计人员必须熟悉举报中涉及的人、单位、业务、事物、时间、地点等信息，审计人员在访谈前应对相关的业务流程有认识，掌握业务的基础信息，避免在访谈过程中听不懂被访谈者使用的特殊名词。

审计人员必须熟读与舞弊举报相关的公司政策、制度和文件，只有熟悉了公司规定的制度，审计人员才能在访谈中判断对方说的流程是否符合规定。

只有掌握了举报信息的相关制度流程，审计人员才能预测该舞弊行为可能涉及的环节以及可能留下的线索（文件、数据和参与人员等）。根据已掌握的信息，审计人员须梳理出事件的矛盾点、信息缺口、对方可能辩驳的事项等，并准备合适的问题提纲来询问被访谈者。

只有掌握了案情，审计人员才能合理地安排审计访谈的顺序。谁先谈谁后谈需要审计人员谨慎策划，访谈顺序如果安排错误，可能会导致访谈失败，不但无法从被访谈者口中获取有用信息，还可能引起被访谈者的警觉。

2. 了解被访谈者

审计人员应在访谈前对被访谈者有基本的认识，对被访谈者的了解越透彻，审计访谈成功的概率越高。审计人员应了解对方的职位级别、上级及下属情况、工作年限、工作经验、教育背景、家庭状况、社会背景、健康情况、兴趣爱好、抗压能力、性格特征等，了解对方情况可以让审计人员安排最合适的谈话者，例如，安排有对等级别或阅历的审计人员进行访谈或者安排女性审计人员进行访谈或做笔录等。

了解对方的健康情况、抗压能力、心理素质、社会地位能确保审计人员不会忽略对方特殊的生理及心理需求，更好地安排访谈地点、时长及所需材料等，同时也可以以合适的职称来称呼对方，并采取合适的谈话技巧。这样可以避免在访谈过程中出现突发事件，并防止访谈后对方以各种借口投诉审计人员。

被访谈者一般是怀着戒备心理与审计人员会面，希望尽量少说，尽快结束访谈。因此，掌握了对方的背景情况可以使审计人员拥有破冰的谈话素材，缓解访谈对象的紧张情绪和戒备心理，快速建立融洽的谈话氛围。审计人员应当了解对方的教育背景（毕业院校、学历层次）、婚姻状况、子女状况（性别、年龄、学业情况、婚姻状况）、出生地、语言习惯、是否为组织代表（如乡镇代表、协会代表、人大代表等）、工作年限、岗位经历、获奖经历、职称、著作、喜好、电影及书籍偏好、妻子（丈夫）姓名及工作单位等一系列信息，对方的信息掌握得越详细，与对方谈话的时候就越能和对方建立亲和感，越容易博得对方的好感。

审计人员应根据被访谈者的职责、上下属关系等信息推测可以从对方身上获取什么信息，哪些信息是对方不敏感且乐意提供的，哪些信息可能会对对方产生影响，对方可能针对哪些信息隐瞒撒谎等。根据这些推算和预测，审计人员就可以有针对性地准备问题，确保在访谈中规避敏感问题，同时事先把对方的借口堵死。

那么要从哪里得知对方感兴趣的话题，以及自己和对方的共同点呢？审计人员要从对方的人事档案、同事或下属、办公桌摆设、朋友圈、在网络上发表的评论等各方面搜寻线索。

在认错访谈中，审计人员要通过谈话的方式让当事人认错供述。这一过程中，只有在充分了解对方背景和心理状况的情况下，审计人员才能采用恰当的谈话重点和技巧，有效地触及对方的敏感点，促使当事人产生认错的动机。

因此，审计人员应综合分析多方因素，包括手中已获得的线索和证据、当事人动机、其在组织架构中的层次、有无类似行为、当事人的背景、其可能辩解的理由和可能为其提供协助的人员、舞弊关联人等。经过分析研判后再决定是否和他进行访谈，以及访谈的策略。总的来说，就是需要整合已有信息、综合研判形势、制定谈话方案、明确目的和步骤，然后再进入访谈阶段。

为了提高访谈成功的概率，审计人员要在策划审计访谈时了解舞弊指控信息（知己）和被访谈者（知彼）。正如《孙子兵法·谋攻篇》所言："知彼知己，百战不殆；不知彼而知己，一胜一负；不知彼不知己，每战必殆。"

四、审计访谈四部曲之二：准备武器（访谈问题）

做好访谈筹划后，审计人员就可以开始准备问题提纲。审计访谈是一个获取和处理信息的过程，审计人员通过提问，从被访谈者口中获取大量信息。只有在拥有信息的情况下，审计才能开展信息匹配对比，才有机会发现矛盾点，信息越多，越有机会发现异常点。审计人员应通过问题提纲执行漏斗式发问，并像海绵般吸取被访谈者的信息。

1. 像海绵般吸取信息

验证舞弊事实就像组装拼图，拼图版块越多，越能看出拼图的原貌；审计获得的信息越多，越能还原事实真相。审计人员需尽其所能从相关人员身上挖掘信息，审计访谈对象通常都是公司流程参与者，由于长期执行业务，他们对流程非常熟悉，也更有可能知道流程中存在的漏洞，以及曾经出现过的错误和舞弊。

审计人员在访谈开始前所掌握的信息是匮乏的，审计人员要少说话，像海绵般从对方身上吸取信息。吸取信息是单方向的，审计人员应鼓励对方多提供信息，而不应炫耀并提供自己已掌握的信息。一些审计人员为了获得被访谈者的"认可"，反而在访谈中给对方传递信息，当被访谈者得知审计人员掌握的信息后，就会权衡并选择性地回答审计问题，只提供符合他们利害关系的信息。像海绵般吸取信息也表示审计人员应认真聆听，很多情况下信息的丢失不是对方没说，而是对方说漏嘴了但审计人员没有捕捉到。

海绵式问话

业务人员		审计人员
高信息量	→	低信息量

2. 漏斗式询问问题

审计访谈应以漏斗式询问方式来进行。访谈开始前审计人员只掌握了较少信息，所以不应在询问过程中给自己设限。任何审计访谈都应扩大收集信息的范围，不可让已知信息成为提问范围的限制，不可以"我以为"作为询问的出发点。访谈开始后，审计人员应将自己的主观意见暂且搁置，鼓励被访谈者自由回想，从多角度提供信息，访谈初期为了扩大询问范围，审计人员应尽量让对方多说话，尽量不纠正、不打断。

广泛询问后，审计人员应慢慢缩小提问范围。这时审计人员要结合初期获得的广泛信息逐一询问，例如，在广泛询问中获得了五个信息点，后续就应根据这五个信息点逐个深入询问，做到先广泛收集信息，后深入挖掘信息。最后阶段是确认信息，在广泛询问和深入询问的过程中，审计人员为了鼓励对方多发言，不打断其思路，会刻意克制不去询问那些对方没有表述清楚之处，而把这些模糊的信息留到最后再确认。

在广泛询问和深入询问阶段，审计人员应该多使用开放式问题；而在确认信息的询问阶段，审计人员应该多使用封闭式问题和引导式问题。每一类问题都有不同用处，用在适当阶段可以鼓励对方畅所欲言并提供精准信息，如果使用错误则可能导致询问失败，甚至在不经意间给对方提供了信息，导致被访谈者的回答被"污染"，可信度受影响。

漏斗式发问

先广泛—后集中
先开放—后关闭

试探，拓展，回想　　开放式

缩小　　关闭式

确定　　引导式

3. 运用开放式、封闭式与引导式问题

（1）开放式问题

开放式问题就是以不设限制的方式来提问，允许对方自由回答。开放式问题通常都

以询问词开头，一般称为"七何"问题即"5W2H"问题：

- 何事（What）；
- 何时（When）；
- 何地（Where）；
- 为何（Why）；
- 何人（Who）；
- 如何（How）；
- 何数（How much）。

审计访谈就是为了弄清楚发生了什么事、何时发生、发生在何地、为何发生、何人参与、如何进行、牵涉的金额是多少等。不管询问的是哪个业务流程或是舞弊事件，审计人员都可以套用"七何问题"作为询问的初始问题，从而有组织、有条理地将一件事情的来龙去脉了解清楚。可以参考以下示例。

何事	发生了什么事？公司里什么事情令你最困扰？这家供应商存在什么问题？请您介绍一下工程的投标流程。
何时	何时付款的？这家供应商是何时准入的？这家经销商是何时被推荐的？合同是何时签订的？
何地	在何处发生了这件事？哪个工程出现了质量问题？在哪个分公司？
为何	为何要退款给客户？为何如此操作？为何这家公司的材料质量都不合格？
何人	需要何人审批？由哪个部门处理？刘某某和这件事有什么关系？请问是谁介绍了这家供应商？是谁推荐了这家经销商？你家的装修是何人做的？
如何	当时你是如何做的？退款是如何操作的？审批流程是如何处理的？采购流程是如何操作的？通常碰到这种情况你们是如何处理的？
何数	这个项目合同总金额是多少？发票金额是多少？工程签证数量是多少？

审计询问刚开始时，审计人员应更多使用开放式问题，从而给予对方更多的空间提供信息。开放式问题可以防止审计人员以固有偏见或已知信息来限制提问。在拓展询问范围和深入挖掘信息时，审计人员应以开放式问题提问。如果审计人员要针对模糊信息进行确认，则不应使用开放式问题。开放式问题允许对方自由表述，无须为具体问题进行解释和确认，如果询问者有事项未确认，继续使用开放式问题就可能无法将模糊信息转换成确认信息。确认信息应以封闭式问题询问。

（2）封闭式问题

封闭式问题是一种让对方确认信息的询问。封闭式问题的答案一般都非常简短，以"是"或"不是"、"有"或"没有"、"会"或"不会"、"对"或"不对"来作答。封闭式问题在形式上不鼓励对方提供更多的信息，如果对方在回答"是"或"不是"后选择不再补充，则该询问结束。一般而言，封闭式问题不适合在拓展询问范围和深入询问时使用，因为它不鼓励对方提供更多信息。在确认信息时，封闭式问题是适用的，因为对方只要进行简短的回答即可，不会有多余信息混淆当事人的原意。

封闭式问题

- 你有没有把报价单提交上去？（有，没有）
- 凭证是不是你批的？（是，不是）
- 你知不知道如何处理？（知道，不知道）
- 你有没有操作过退款？（有，没有）
- 你有没有接受过公司的员工道德准则培训？（有，没有）

封闭式问题不仅可以用来确认信息，也可以用来作为开场白，打开话匣子，例如，李经理吃过午饭了吗？张会计今天累不累？刘经理下午不需要开会吗？当然，并不是所有封闭式问题都只引出简短的答案。封闭式问题也可以作为开放式问题的铺垫，不会让对方感觉到被追问。通常，连续以开放式问题询问会让部分被访谈者感到不安。这时，审计人员也可以利用封闭式问题来掩盖开放式问题，例如，陈经理，关于供应商准入流程您能否介绍一下？如果对方回答"能"或"好"，就会继续介绍。

通过封闭式问题引出更多信息

- 陈经理，您可不可以解释一下退货流程？
- 赵工，可否麻烦您讲解一下研发设备维修审批过程？
- 马经理，能不能请您给我们介绍一下供应商开发过程？

同样的，连续以封闭式问题向被访谈者提问也会让其感到不安，有种审计人员咄咄逼人的感觉。这时，审计人员也可利用开放式问题来缓解气氛。

（3）引导式问题

引导式问题是指把预测好的答案放在问题中提问，让对方确认。引导式问题一般在对方没有给出明确答案时才使用。三种问题通常的使用顺序为：首先是开放式问题，其次是封闭式问题，最后才是引导式问题。如果采用开放式问题和封闭式问题询问后，对方还是含糊其词，就需要依靠引导式问题将对方引到一个"无处可逃的角落"来回答问题。通常做法是将预测的最有可能的答案放在问题中，然后让对方确认。引导式问题是强迫对方回答的问题，所以也被称为"将军式"问题。

访谈前期，审计人员询问对方："你有没有把报价单提交上去？"对方回答："报价单提交必须要准时准点。"对方其实并没有回答审计人员的问题。如果审计人员推测对方没有提交报价单，则可以尝试以引导式问题发问："你没有把报价单提交上去，对吗？"

审计人员问："你有没有审批这张凭证？"对方给予了一个模棱两可的答案："通常所有的凭证都会经过我的审批。"乍一听，对方好像承认了是他审批了那张凭证，但是仔细分析就能察觉出，其实这个回答中他并没有给予任何有用信息。他只是说通常情况下凭证都由他审批，但是他没有明确说明是否审批了这张凭证。如果审计人员推测对方没有审批那张凭证，则可以尝试以引导式问题发问："这张凭证不是你审批的，对吗？"

引导式问题

- 你不知道如何处理退款，对吗？
- 这家供应商是你推荐的，是吗？
- 你刚才说你不曾登录过公司的薪资系统，是吗？
- 你认识这个供应商的联系人，对吗？
- 他在会议期间把钱交给了你，是吗？

当然，面对引导式问题，对方还是可能继续答非所问，避重就轻。这种情况其实也意味着对方已经提供了信息——他不想回答这个问题，通过逻辑推断，一般来说他不回答就等于他承认了或他有要隐瞒的事，因为如果答案是否定的，对方一定会回答。

通常不建议在询问开始阶段使用引导式问题，因为引导式问题是基于提问者的主观意见和已知的信息来限制提问，对方只能在已经提供的答案中选择承认或否认、同意或不同意。引导式问题对拓展信息范围有反效果，如果访谈一开始审计人员就采用引导式问题来提问，会有利用自己的思维来误导对方的嫌疑。一些被访谈者也会根据引导式问题来揣摩审计人员的底牌，知晓审计人员已掌握信息的情况，推测审计人员想听到怎样的答案，对方从而会根据提问，给出迎合审计人员预测（想听）的答案。

除了封闭式问题和引导式问题以外，可以用来确认信息的还有前文提到的"假设性问题""反假设性问题"等。

（4）开放式问题、封闭式问题、引导式问题的异同

三种问题各有各的用处，也都有不同的优点。开放式问题适合用在拓展信息范围和深入挖掘信息阶段；封闭式问题和引导式问题适合用在缩小信息范围和确认信息阶段。可以通过下面这个简单的例子来解释为何开放式问题适合用在挖掘信息上。假设有一个

两岁小孩不知道谁是圣诞老人，他的母亲在他面前放了一张圣诞老人的图片。

发问技巧

他是谁？
他包里有什么？
他为何跑？
他从哪来？
他什么时候来？
他怎么来？

小孩想知道这个人是谁，他该如何询问呢？应该选择开放式问题还是封闭式问题呢？首先，小孩应该问他是谁？他为什么身穿红色衣服？他包里装着什么东西？他从哪里来？他什么时候来？他怎么来？他的交通工具是什么？他为何跑着过来？这些问题都是开放式的，可以让对方有机会提供信息。以开放式问题询问，这个小孩很快就可以知道关于"圣诞老人"的信息。

如果小孩选择了封闭式问题，他可能会问："你认不认识这个人？"答："认识。""你见过这个人吗？"答："见过。"至此交谈便结束了。如果小孩选择了引导式问题，他可能会问："你认识这个人，对吗？"答："对的。""你见过这个人，对吧？"答："对的。"这类回答则只能使问话者获得有限信息或确认其现有的认知。如果只使用封闭式问题和引导式问题，这个小孩可能永远问不出这个人的名字是"圣诞老人"！

4. 访谈问题要有逻辑性和组织性

在审计过程中，问对问题是非常重要的，如果审计人员问对问题，很可能就已经获得了一半的答案。只要询问对方问题重点即可，即使对方不给出答案，审计人员也大致可以做到心中有数。他为什么不回答？他不回答意味着什么？访谈中所提的问题就像打仗时的武器，那么审计人员该如何准备武器呢？

在很多情况下，审计人员经常因为问错了问题导致将自己的底牌泄露给了对方，让被访谈者得知审计人员对某一领域不甚了解或缺乏证据。审计人员没有问到重点，也会让被访谈者有"逃脱"的机会，导致他们故意把问题扯开，避重就轻，答非所问。因此，在审计过程中，问对问题是很重要的。

准备问题前要先确定提问的主题。审计人员要根据前期访谈筹划中了解的案情信息，将所有要询问的主题都罗列出来，尽可能详细地罗列举报信中的明确指控，以及要证明或推翻该指控所需的信息，不可遗漏主题。

罗列好主题后，接下来就要对主题的优先级进行排序。审计人员应根据访谈主题的重要性、案情调查进展及对被访谈者的了解来考虑访谈主题的先后次序。通常做法是将那些敏感、重大且会让对方提高戒备的主题放在后面，尽量以简单、不敏感的小问题来开启访谈，逐渐进阶到中等问题，最后再询问重大或敏感主题。询问微小问题可以让被访谈者降低戒备。

对访谈主题进行排序后就可以开始准备问题。审计访谈要有逻辑，并且要明确提问的重点，相关问题应放在一起询问。审计人员应事先列好谈话提纲，厘清问题的逻辑顺序，可以参考业务流程的自然顺序来组织问题，按照流程一步一步问到结尾。访谈问题的准备应以主题关联性、逻辑性为导向，避免东一榔头西一棒子，前面问过的问题，几分钟后又重问。

过于跳跃的提问不但会导致审计人员遗漏询问重点，也会打乱被访谈者的思路，影响对方提供的信息的完整性，让被访谈者认为审计人员准备不够周全、不够专业。例如，如果要了解采购流程，就应尽量把与采购流程相关的问题安排在一起，避免采购主题问完，进行到销售主题时，突然来个回马枪，再问一个与采购相关的问题。

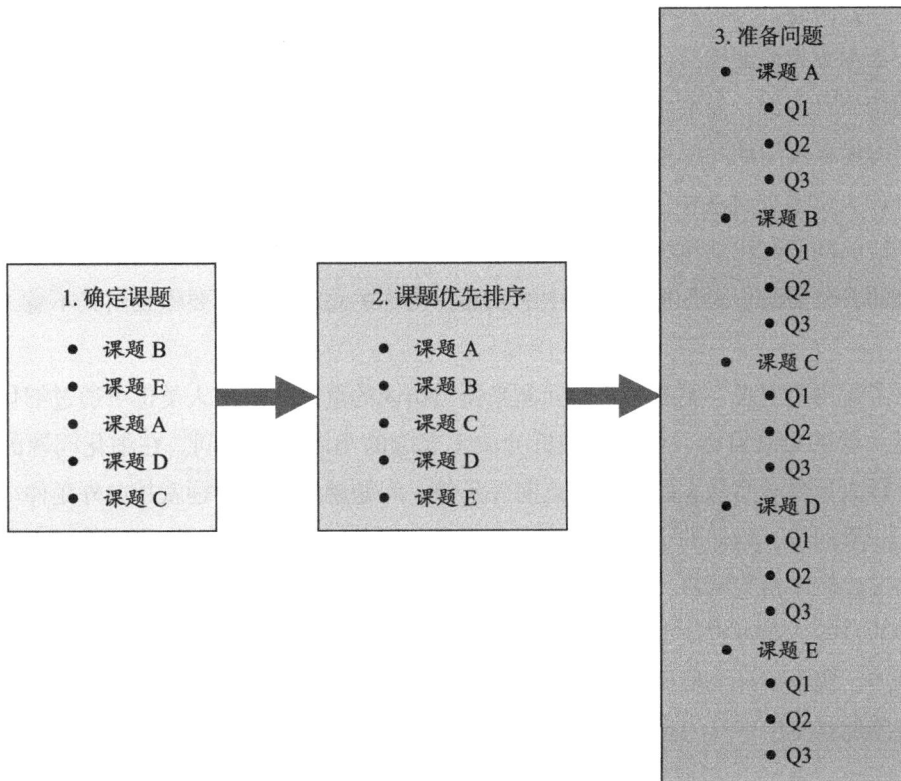

5. 访谈问题要有策略性地交叉

上文提到询问主题要根据流程关联性、事件逻辑性来组织，避免过于跳跃导致对方思维混乱，无法清晰快速地提供信息。但从访谈筹划的策略性角度考虑，重大、直接或敏感的主题和问题可能会导致对方提高戒备，限制信息流量甚至中止访谈，所以审计人员可以适当地调整顺序，将部分较敏感的主题和问题往后放，不必完全依照主题逻辑分类，要学会变通，这样可以避免对方一开始就接触到重大事项而抗拒访谈。

同时，为了故意让对方摸不清询问重点，审计人员可以将重要和不重要的事项交叉询问，达到声东击西、欲擒故纵的效果。审计人员可以考虑运用以下三种方式来达到干扰对方思维、降低其戒备情绪的目的，促使对方无意说出一些本想隐瞒的信息。

- 将不重要的问题和重要的问题掺杂询问。
- 用不重要的事项来掩盖真正想询问的事项。
- 从不同角度重复询问同一个主题。

6. 访谈问题要细化，从外围开始

为了获得更广泛的信息并避免对方看穿审计人员的询问策略，审计人员的问题应从外围开始，逐渐向中心主题演进，从宏观层面、集团层面的问题逐渐缩小到有关具体流程或事件的问题。

如果本来想要询问具体流程，审计人员应先后退两步或三步，以一个更高层次的主题作为切入点，这一做法主要是为了不让对方轻易看透审计的询问方向和调查目的，避免让对方根据询问的问题猜出审计人员已经掌握和未掌握的信息（底牌）。

审计人员要以兵法中的战略思维进行思考，不应显山露水地暴露审计访谈的目的。审计访谈的问题好比战争中使用的武器，你亮出武器后剩下的武器及其数量是不能被对方知晓的，也要防止对方根据你手中的武器猜出你的总攻方向，要做到出其不意，攻其不备。

除了运用更宏观、更高层面的问题来掩饰访谈的重点，审计人员也可通过细化问题来掩盖访谈的最终目标，将大问题拆分成不起眼的小问题来询问。在细化问题的过程中，审计人员要学会从主题的中心点向外延伸，问题越细化，主题就越向外延伸、越不敏感。一般而言，延伸的小问题比较容易让对方放心回答。而且，这些延伸的小问题也会让对方比较难拒绝回答，如果对方拒绝了，就表示他可能已经产生警惕，推测出了审计访谈的目的，同时也让审计人员可以猜测出对方所掌握的信息和心理状态。

例如，假设审计人员想询问对方为何使用某家汽车维修厂，如果直接问，对方可能会很敏感地察觉出审计人员的企图，审计人员可以考虑将问题拆分、细化。

- 汽车通常多久维修一次？
- 维修的时候会产生哪些费用？
- 是否有维修费审批权限表？
- 超出权限的费用由谁来审批？

- 这家维修厂是谁介绍的？
- 这家维修厂的优势在哪里？
- 这家维修厂的服务质量如何？
- 为什么要使用这家维修厂？

当然，要警惕被访谈者从审计人员的问题中推测出询问的目的，并预测出审计人员接下来的三到五步棋。因此，审计访谈是一个斗智斗勇的过程。

7. 访谈要询问可确认的事（直接问题）

审计询问要询问一些可以被确认证明的事项，这一过程也可称为询问直接问题，审计人员需要做的就是利用具体信息来直接证明或推翻舞弊指控。审计询问应围绕着"七何"问题（5W2H），如这件事有哪些人参与、利用了谁的账号、何时发生、何处出现、如何操作、为何如此处理、涉及金额多少等，这些问题的答案是直截了当的，审计人员可以立即将其与已知信息进行核对，从而判断对方是否存在隐瞒或提供不正确信息的行为。即使审计人员在访谈时未能确认有关七何问题的信息，在访谈结束后也可寻找证据来验证。

审计人员应避免询问对方的个人主观意见，因为主观意见较难被核实，即使被证实了也通常没有对错之分。不要询问对方针对某件事有什么看法，也不要询问对方认为某个流程是否正确，这些问题的答案均属于个人意见，无法证明其是否执行了该错误行为，最多只能证明当事人对某些主题的个人意见。当然，如果审计人员为了查明对方是否存在诚信道德问题，则可以询问其对于一些违规行为的看法，如果对方表示认同，则说明被访谈者的道德标准有问题。

向被调查者询问可核实的细节时，要确保这些细节是随时可查验的，而非个人观点。例如，"你认为报告内的数据是否合理？""你是否认为劳务合同是合理的？""你是否确定 CSR 项目付款的正确性？""你觉得企业与投标商的关系是否正常？"以上问题都是询问对方的个人意见，而不是直接问题，审计人员应直接询问人、事、物、时间、地点、金额、原因、方法等信息。

直接问题（可以核实的问题）

- 你具体和谁说的？
- 那天在办公室里发生了什么事？
- 你何时回到公司？
- 你把钥匙、公章放在哪里？
- 你是否打开过保险柜？
- 你何时打开保险柜的？

- 你付了多少钱？
- 你第一次收红包是什么时候？
- 过去 5 年你是否有被解除劳动合同的经历？
- 你曾经向公司购买过废品废料吗？
- 你是否曾经在办公室里抽烟？
- 你审批过促销活动的预算案吗？
- 你的哪家前雇主没有列在你的简历上？
- 你在该过程中获得了什么利益？
- 为何帮他修改报价文件？
- 小张，请告诉我物业代理的姓名／电话号码。
- 哪位顾客在早上退货了？
- 黎经理，你何时出发去北京看望你的父亲？
- 黎经理，你要坐什么交通工具去北京？
- 林工，你提到的那些剩下的材料放在哪里？
- 罗会计，你能告诉我公司购买的团体保险的投保公司的名字吗？

8. 访谈问题要有焦点：一事一问

审计访谈必须要有焦点，不能像记者采访重要人物一般一个问题包含多件事。由于记者很难获得提问机会，因此当其抓住了提问机会，就会一股脑地将多件事作为一个问题问出来，因为如果不一次性问完所有问题，或许就再也没机会了。在审计访谈中，提问不可急躁，要做到一事一问，如果一个问题包含多个事项，对方就可能只选一个较容易回答的事项回复，而忽略或回避其不想回答的问题，对方也可能会假装他已回答了那些问题。如果以封闭式问题一次询问多件事情，而对方只给了一个简短答案"是"或"不是"，审计人员就无法确定这一答案到底针对的是哪个问题。

焦点式询问

一个问题包含多个事项

- 问：采购审批是不是先由分公司小陈核实然后由经理签字，再传到总部的财务部审批？
- 答：是的。
- 问：你们的财务凭证都有归档吗？供应商资质文件是否提供给了陈经理？
- 答：有的。
- 问：小张，你有没有把凭证交给李会计处理？张总有没有批准？
- 答：有。

以上问答中，很难确定对方的答案到底对应问题中的哪个重点。

---

9. 设计问题时不要采用双重否定

审计人员也不应采用"双重否定式"的问题来提问，这种双重否定的问题很容易让对方混淆，不知该如何回答，不知道究竟用"是"还是"不是"来表示否定。有时，甚至提问者自己也不清楚对方给出的答案到底是表示肯定还是否定。一般而言，双重否定式的问题容易引起误解，即使对方没有误解，当他想翻供时，也可以辩解说他误会了该双重否定问题的含义。

双重否定问题

- 问：你应该不会不知道如何使用 Excel 来制作生产计划和工程进度表吧？
- 答：不会。
- 问：这个退款不符合流程，你们是在没有通知对方的情况下进行会计处理的，不是吗？
- 答：嗯，不是的。

---

10. 设计问题时要预测对方的反应，抢占先机

在设计问题时，审计人员应预测对方的回复，并事先制定对策，抢占先机。审计人员应预测对方可能给出的每一种回答，并针对对方可能给出的回答制定对策。审计人员要思考：如果我问了这个问题，他将如何回答；如果他这么回答，我接着应该如何问，以此类推一直往前去预测对方的回答并设计自己的问题。

（1）预测对方的反应并制定应对策略

在预判对方可能给出的答案后，审计人员要针对每种回答策划好对应的下一个问

题。根据对方可能给出的每一个答案制定应对策略后，审计人员应继续预测对方接下来可能给出的答案，继续策划后续的问题。一般而言，审计人员要判断对方的回答可能是以下的哪一类：

- 哪些答案是审计人员"希望"听到的（对证明事项有帮助的回复或者对方承认的事项）；
- 哪些答案是审计人员"不希望"听到的（对推翻事项有帮助的回复或者对方的辩解）；
- 哪些答案是审计人员知道了也无用的（无法验证的回复，对方大概率会撒谎或回避的问题）。

对于那些希望听到的答案，审计人员要设计好下一个问题进一步拓展信息和深挖信息，并思考如何继续询问其他的七何问题。当然，接下来的问题也不能让对方察觉出审计人员询问的最终意图。

那些审计人员不希望听到的答案，既可能是真实信息，也可能是对方的辩解。审计人员应设计好问题，从侧面继续询问相关主题，以佐证对方给出的信息或辩解。当然，这些问题也不能让对方察觉出审计人员对其的不信任——总是重复问同样的问题。

对于那些知道了也无用的答案，以及对方大概率会撒谎或回避的主题，审计人员应以假设性问题或假设性陈述来提问，直接假设事情已经发生，让对方介绍事情发生的原因、时间、地点等。审计人员不应该问"是否由你签字""是否没有经过审批"或"有没有收红包"等，而应该问"为什么不签字""为什么没有审批""剩下多少钱"等。当被访谈者听到假设性问题或假设性陈述时，会更容易承认一些比较敏感或对自己不利的事。

除了预测对方的反应并安排应对策略外，审计人员也应该根据对方可能给出的答案或辩解，事先制定预防对策，即审计人员应根据对方可能给出的反应和回复，在对方还没把借口说出来之前，先把他的路给堵死。审计人员应事先策划好自己最终要询问的主题的前一个问题、再前一个问题，甚至是前三个或前四个问题。越能往前设置应对的问题就越能在对方没有察觉的情况下把他的后路堵死。有人说这是在 30 米路之前先铺好"伏笔"、设好"陷阱"让对方先回答一些看上去没有"杀伤力"的问题，在最后 30 米让对方发现之前的回答限制了自己的语言出路（借口被堵死了）。

这种方法类似下棋，事先预判对方的棋步，并设计好应对措施，哪一方预测的更长远、更深入并且能安排更多的应对策略，获胜的概率就越大。

（2）"21 面旗帜"的必胜策略

预测对方的反应并提前制定应对策略是一种战略思维。如何才能培养好的审计战略思维呢？其中一种方法就是凡事都从期望的结果开始思考，逐步往回盘算：如果我要确保达到期望的结果（N），那么我到达终点之前的上一步必须到达哪里（N-1），如果要确保一定能到达（N-1）这个位置，那再上一步必须到达哪里（N-2），如果要确保一定能到达（N-2）这个位置，那再上一步必须到达（N-3）的位置，以此类推，推算出第一步的落脚点。

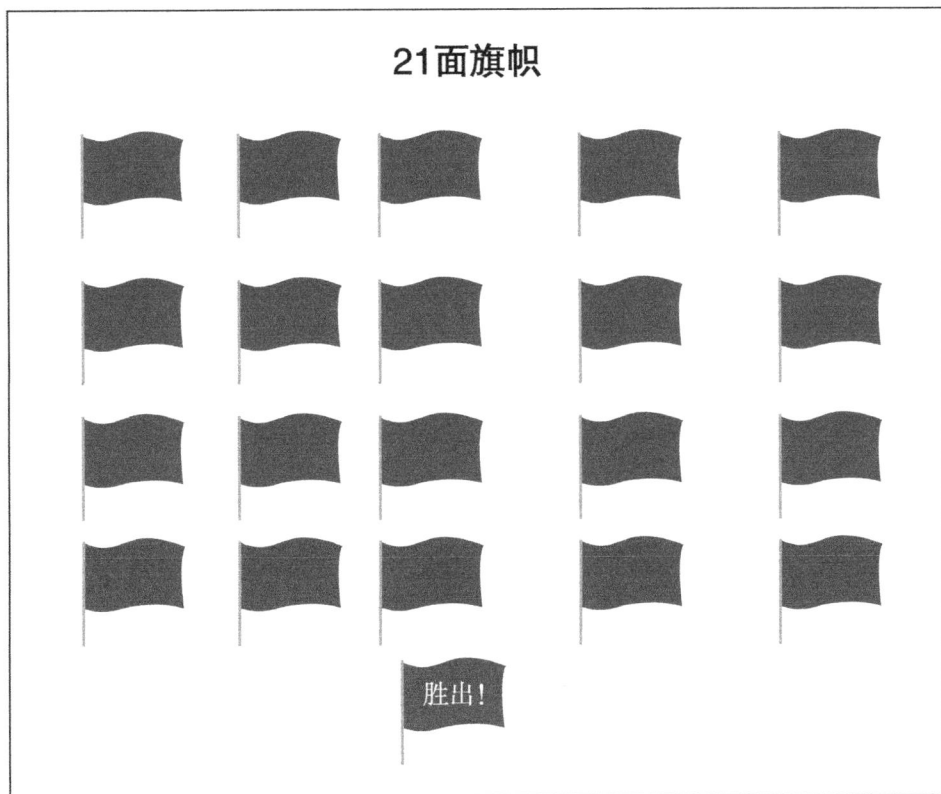

21面旗帜

胜出！

有一个叫作"21面旗帜"的团建游戏能很好地体现上述"从终点往起点思考"的战略思维。"21面旗帜"是让两组游戏参与者（A组和B组）轮流到游戏场地取旗帜，各组每次都可以选择取1面、2面或3面旗帜，且每组都必须取旗帜（不能选择不取），能取得场上最后一面旗帜的组将获胜。所以两组人在轮流取旗帜的时候都要思考如何确保自己将是取得最后一面旗帜（第21面）的人。通常在游戏开始阶段，两组都会比较随意地选择1面、2面或3面旗帜，等到场上只剩下10面左右的旗帜时，双方才开始盘算接下来应该取多少面旗帜才能获胜。其实这时才开始思考策略已经太晚了，因为如果竞争对手在游戏开始阶段就布局，则百分之百能获胜。那么，如何才能获胜呢？

任何一组如果要确保能拿到最后一面旗帜（第21面），就必须要拿到第17面旗帜，因为如果拿到了第17面旗帜，对方不管选择1面、2面或3面旗帜都会让我方获得最后一面旗帜。假设对方选择了1面旗帜，我方就选3面旗帜（包含第21面）；如果对方选择了2面旗帜，我方就选2面旗帜（包含第21面）；如果对方选择了3面旗帜，我方就选 1 面旗帜（也就是第 21 面旗帜）。所以，如果能获得第 17 面旗帜，就表示已经处于必胜的位置。

如果要确保获得第 17 面旗帜，就必须要拿到第 13 面旗帜；如果要确保拿到第 13 面旗帜，就必须拿到第 9 面旗帜，以此类推，第 5 面旗帜和第 1 面旗帜都必须取得，才能立于不败之地。任何博弈都需要策略，越早预测出获胜的路径，就越容易抢占制胜的高地。审计访谈也是如此，审计人员必须有预测被访谈者的回答和借口的能力，才能在对方还没说出借口前，就把他的后路给堵死。当然，对方也可能会猜出审计人员的计划，他们也可能会先为借口做铺垫，把审计人员的问题堵死。所以，关键就在于哪一方能先预测出对方的每一步棋（每一句话），并事先布局。

审计人员应设法让舞弊访谈策略和调查步骤处于"不败"之地。任何不慎重的步骤都有可能让舞弊当事人看穿审计的底牌，并将审计人员挖掘证据的路径堵死，导致审计全盘的失败。

因此，审计人员在策划审计访谈的时候应以兵法思维思考，犹如《孙子兵法·军形篇》所云："昔之善战者，先为不可胜，以待敌之可胜。不可胜在己，可胜在敌。"

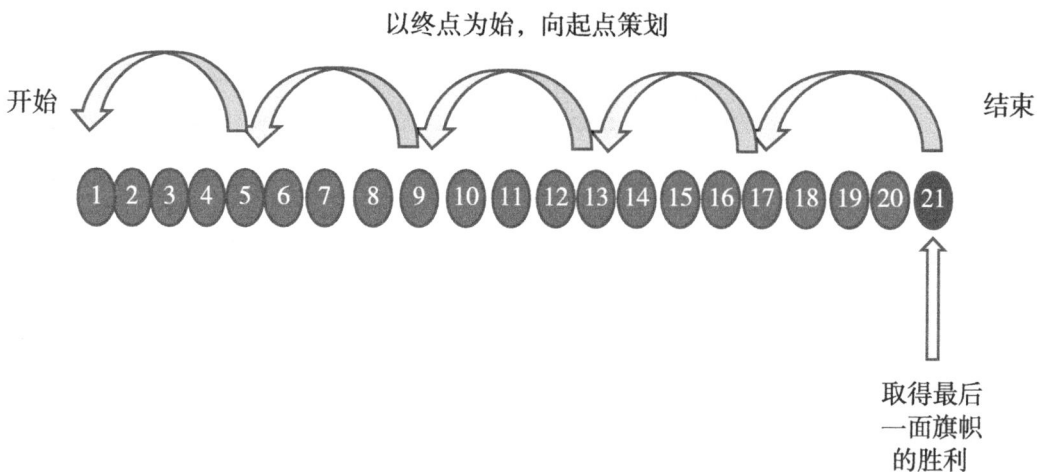

11. 制定访谈问题要有顺序

如前文所述，审计访谈中问题的顺序是非常重要的。有些问题应先问，有些问题应安排在后面问，如果顺序反了，就会破坏询问节奏，甚至会让被访谈者知道了审计人员的底牌。问了不该先问的问题，会让对方有所防备，让其有机会捏造故事来辩解。

对于"什么事应先问，什么事应后问"，应注意以下几点。

- 会被对方拿来当借口的事项先问，这样就可以事先把对方的后路堵死。在访谈开始阶段，当对方还未掌握审计人员的问话方向时，对问题不会有太多防备，回答了这些事项后，他就不能用以上事项当借口了。

- 对方会撒谎的事项先问。做好准备引蛇出洞，让对方在自己的谎言中作茧自缚。
- 敏感话题留到后面再问，避免打草惊蛇。尽量让整个访谈先甜后苦，如果过早提到敏感话题，对方可能就不愿意继续访谈，审计人员就无法获得足够的信息。
- 审计人员已经知道的事情先问，未知的后问。先提问已经知道答案的问题可以帮助审计人员衡量对方的诚实度。
- 无用的问题，问了对方也不会说的问题，对方抗拒的问题，对方说了我们无法考证的问题，以及问了后会让对方看穿审计人员底牌的问题，可以考虑放到最后再问。极端情况下，为了其他战略考量，例如，为了不污染证据，这些问题可以考虑不问或放在认错访谈中询问。

12. 制定访谈问题的具体内容

在明确了问题的方向后，审计人员具体应在访谈中提问哪些内容呢？应从哪里切入呢？审计访谈可以从了解业务流程、制度和系统切入来挖掘舞弊的范围和方法。

（1）通过了解流程挖掘舞弊的范围和方法

舞弊审计的访谈是为了获取在审核凭证中无法获取的信息，所以在访谈时审计人员会尝试挖掘对方舞弊的范围和方法。一般情况下，审计人员可以从了解流程入手，通过询问被访谈者的日常工作来审查业务流程、制度、系统操作及可能存在的内控漏洞。

审计人员应尽量从不敏感的、简单的、外围的流程开始询问，询问中还要了解对方如何处理特殊事件和突发事件，例如，审批人员休假、系统操作员不在岗位、金额超越审批权限、错误的修改等。这些问题应以逆向思维去思考，如果发生了不合规事件，是否有相应的流程或系统来规范；如果对方的操作不规范，那表明存在漏洞，舞弊可能就是利用这些漏洞来进行的。简单而言，问题的切入点就是："日常的业务流程是怎样的？"

（2）通过了解流程挖掘隐瞒的事项和辩解的借口

在舞弊审计访谈中，审计人员应尽量从被访谈者处询问流程的细节，并在询问过程中留意对方是否有所隐瞒，出现犹豫不决或撒谎的迹象。如果发现对方有隐瞒或撒谎的迹象，尽量不要过早纠正对方，避免打草惊蛇。审计人员应该尽量引导对方深入谈论某一事项，从而暴露更多的谎言和矛盾点，审计人员可以记下这些隐瞒、犹豫不决或撒谎的迹象，作为后续针对性深入调查的线索。

从对方隐瞒、犹豫不决或撒谎的迹象中，审计人员可以推断对方可能用来辩解的理由和借口，根据这些预测，审计人员应策划好接下来的审查方向或设计后续问题，促使对方继续谈论某一事项或继续撒谎（引蛇出洞）。

五、审计访谈四部曲之三：行政安排

审计人员准备好访谈计划和问题提纲后，就应开始为访谈做行政上的安排。舞弊审计谈话，尤其是认错访谈，是一场没有硝烟的小型战争，审计人员事前准备得越充分，打胜仗的机会就越大。很多审计人员在审计访谈开始前总会感到慌张，觉得有很多事情需要安排，其实舞弊审计访谈的行政安排非常简单，大致有四个方面：

- 访谈的时间；
- 访谈的对象；
- 访谈的地点；
- 访谈执行人。

1. 访谈的时间安排

（1）避免在清晨、午休和下班时间做访谈

审计访谈要安排在恰当的时间，尽量不要把访谈安排在清晨，因为早上员工都有许多业务要处理。审计人员应让其先把紧急业务办完，即使对方同意在早上进行审计访谈，一般也会心不在焉或被业务骚扰，无法专心访谈。而且把访谈安排在早上，对方会有迟到的风险，不但浪费了审计人员的时间，还会让对方在气势上占了上风。

访谈也要避开靠近午饭的时间，因为如果太靠近午饭时间，对方想要去吃饭时审计人员不能把他留下，这会导致访谈提前中断。访谈也应避开午饭过后的 30 分钟内，这时对方用餐结束需要消化，访谈效果可能不好。访谈也要避开接近下班时间，如果下班时间是 5 点，则不能将访谈安排在 4 点 30 分，这时对方准备下班，心里想着下班后的事，可能会敷衍了事。

一般而言，审计访谈最好定在早晨工作一段时间后或午饭后的 45 分钟开始。假如上班时间是 8 点，访谈可以安排在 9 点开始；如果午饭 2 点结束，访谈可以安排在 2 点45 分或 3 点开始。

（2）预留充分的访谈时间

审计访谈要预留充分的时间，让对方有更多时间分享信息。如果审计人员认为访谈可以在 60 分钟之内结束，就要预留 90 分钟到 2 个小时，以防对方在访谈中分享了关键信息，需要审计人员拓展和深挖下去，如果时间不充裕，对方就不会详细介绍流程或解释复杂事项。部分审计人员为了尽快问完问题，只顾着看问题清单，完全不考虑对方答案的合理性，也不观察对方的言行举止，不追踪对方给出的线索。由于时间紧张，部分审计人员甚至会替对方设想答案和解释其回答中不合理之处，替对方逃避问题。

在舞弊认错访谈中，审计人员要给对方施加压力，让对方认为审计人员已掌握了足够的证据，进而促使其产生坦白认错的动机。营造这种压力氛围需要利用证据、语言技巧和心理学方法，也需要充分的时间，使之在被访谈者的脑海里发酵并产生效果。如果认错访谈时间过短，语言和心理技巧就无法生效。一般而言，舞弊认错访谈最少要预留4个小时，在一些比较极端的情况下，舞弊认错访谈甚至要进行一整天。

（3）提防被访谈者共享信息

审计人员无法阻止舞弊嫌疑人事先串通说辞，但是可以在访谈的过程中采取措施，提防他们共享访谈的信息。舞弊审计中访谈重要嫌疑人或共犯时，审计人员应进行"同时访谈"，在访谈过程中同时向两人询问同样的问题，从中核对他们所提供的信息是否一致。同时进行访谈时，如果有一方透露了某些信息，可以马上用其给另一个被访谈者施加压力。同时进行访谈最大的优势是阻断两人之间的沟通，利用信息不对称使被访谈者陷入"囚徒困境"，促使两人都产生供述的动机。"囚徒困境"博弈技巧的应用将在下一章认错访谈中介绍。

如果无法执行"同时访谈"，审计人员可以进行"连续访谈"。连续访谈就是一个接一个地访谈，在第一个被访谈者访谈结束后，马上就对第二个被访谈者进行访谈，尽量不让第一个被访谈者有机会通报信息。如果有第三个被访谈者，可以安排审计人员陪同或者安排其寻找凭证材料，尽量避免其与第一个被访谈者联系接触，降低串通的可能性。

2. 访谈的对象安排

在舞弊审计访谈中，审计人员要对以下企业内部人员进行访谈：

- 举报者；
- 流程相关者；
- 被举报者的同事；
- 被举报者的上级；
- 被举报者的下属；
- 被举报者（舞弊嫌疑人）。

除了被举报者以外，其他人都是信息提供者（俗称"证人"），与这些人谈话基本都是信息访谈，只有与被举报人（舞弊嫌疑人）的最后一次谈话才是认错访谈。当然一些信息提供者后来也可能会变成舞弊嫌疑人，审计人员要对其进行认错访谈。

（1）谈话对象排序：从外围渐进至中心

在舞弊审计访谈中，正确安排访谈顺序是非常重要的，谁先谈谁后谈对审计成败有着关键影响。舞弊审计访谈尽量从外围人员开始，慢慢渐进到事件的关系人。

（2）非利益相关者

访谈应从没有利害关系的人开始，由于审计结果不会影响这些人的利益，他们在访谈中会比较放得开。非流程参与人掌握的信息可能不多，但审计人员仍可以从他们身上获取基础信息，熟悉一些技术关键词。有了这些基础信息做铺垫，审计人员在接下来与相关人员的访谈中就会更有底气，而不是一无所知。

（3）间接利益关系者

访谈了非利益相关者后，就要与那些和事件有间接利益关系的人谈话。存在间接利益关系的人一般是审计事项的上游和下游流程参与者。这些与事项有间接利益关系的人会对流程比较了解，审计人员可以根据从与非利益相关者的谈话中获取的基础信息，快速开展全面深入的询问，询问重点问题。与间接利益关系者谈话时，要尽量让对方感觉到审计人员已经掌握了基础信息，避免让他们觉得审计人员一无所知。在谈话过程中，审计人员可以引用一些之前掌握的关键词和术语让对方知晓审计人员是有所准备的，不会被轻易糊弄。

由于间接利益关系者的工作与审计关注的主题存在部分联系，他们可能会担心是自己的工作导致了错误或舞弊的发生，因而不会把话全部说完。审计人员要拿捏访谈的进度，避免访谈问题让对方产生担忧，担心自己说的话将影响到其工作，进而导致其不敢配合审计人员的询问。审计访谈要以随和、不紧张、不咄咄逼人的方式进行，当察觉到对方有抵触情绪时，就要放慢询问节奏、转换话题或再次启动"运用同理心迅速建立亲和感"的步骤，重新获得对方的信任及继续谈话的意愿。

（4）直接利益关系者

审计访谈最后的谈话人是直接利益关系者，一般而言是指流程的直接参与者、被举报人、被举报人的上级和下属。审计人员不应一开始就与直接利益相关者谈话，因为刚开始审计人员对流程的了解还不够充分，基础信息和证据掌握还不足，直接与当事人谈话会显得底气不足，无法问到重点，也无法捕捉对方透露的信息中的矛盾点，更无法预测对方狡辩的理由并设计应对策略。

流程直接参与者、被举报人的上级和下属都有可能知晓或参与了违规事件，所以针对其进行的信息访谈也应尽量往后安排，谈话时要谨慎，避免泄露审计人员的底牌。

与被举报人的"认错谈话"绝大部分情况下应安排在最后一个，条件允许的情况下，审计过程中应合理避开与被举报人接触谈话。如果故意避开被举报人会引起怀疑，审计人员就应在审计过程中将被举报人作为证人进行信息访谈，与被举报人的信息访谈必须谨慎，避免让其猜测出自己正在被调查，不能让对方揣摩出审计人员掌握了多少证据，要想办法让其在信息访谈中多说话，即使对方撒谎也不要揭穿，先收集对方的辩解和谎言，让其最后在认错访谈时无法轻易解释这些矛盾点，作茧自缚。

访谈顺序

间接
利益关系

无利益关系

直接
利益关系

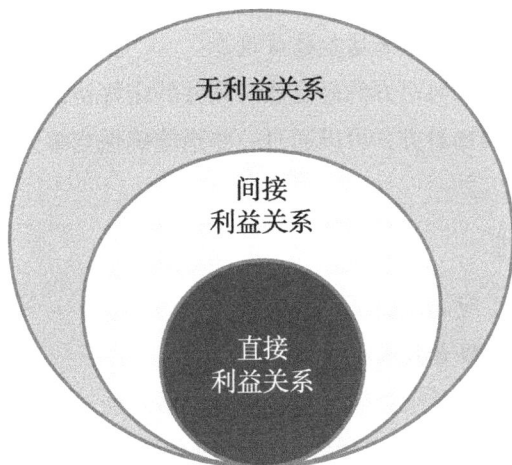

案例：访谈顺序

在一次舞弊审计中，采购主管被举报在原材料采购时涉嫌与供应商有不寻常关系，私自收取利益。这一事件应先向谁进行访谈呢？

首先，被举报的采购主管是直接利益关系者，必须在最后一个访谈。

事件中的间接利益关系者是采购工作的上游和下游流程参与人，如仓库材料验收员、质量检验员和负责付款的财务人员。

离采购流程越远和该事件的利益关系就越小，如生产车间领料工人虽然也是该原料的使用者，但是其间接利益就比较小。负责前台接待该供应商的同事、设立采购系统的 IT 管理员、负责采购部门卫生的扫地阿姨等都是非利益关系者。非利益关系者和低间接利益关系者可以先访谈，然后逐步渐进到高利益的间接关系者。

采购经理是与直接利益关系者关系非常密切的一个人，因为采购审批时可能由他签字；采购助理是采购主管的下属，也有可能参与这件事，所以他们也算直接利益关系者，对其的访谈必须在与间接利益关系者访谈后进行。涉嫌的供应商其实也算是直接利益关系者，因此与供应商的谈话也应该放在后面。

（5）每次访谈对象只能有一人

每次访谈只能与一位被访谈者谈话，访谈期间其他被访谈者不可参与。如果被访谈者的领导或同事也想参与访谈或旁听，审计人员应拒绝。其他人在场时，被访谈者一定会顾虑领导或同事的看法和想法；在场的领导或同事也可能会阻止其提供详细的信息，甚至可能会就如何回答问题给予其眼神暗示；被访谈者还会担心其所提供的信息被其他人听到，然后对其进行报复。

（6）审计访谈之前是否应事先通知被访谈者

如果是信息访谈，应当与对方约好访谈时间并约定好访谈的基本范围。如果是认错访谈，一般而言不事先通知对方，可以通过一些措施确保当事人在访谈当天不出差，但是不告诉其访谈内容。

3. 访谈的地点安排

舞弊审计的访谈地点应满足以下几点要求。

（1）外界打扰要少，隔音效果要好

在审计访谈中，审计人员须让被访谈者放心说话，让对方相信谈话内容不会被他人听到。所以访谈地点必须是一个隔音效果较好的会议室，如果隔音效果不好，外界声音会打扰访谈的进行。同样，被访谈者如果察觉会议室隔音效果不好，就会担心隔墙有耳，不敢畅所欲言了。

（2）视觉干扰要少，保密效果要好

审计访谈地点应该是一个整齐干净的会议室，不要在堆满文件或凌乱不堪的会议室中进行访谈，这会影响审计人员的专业形象。尤其是认错访谈，最好能营造出一个严肃的访谈氛围，访谈会议室的温度应保持在适合正常办公的温度，最好控制在 23℃ ～ 25℃，室内灯光应是柔和的，谈话双方面前都不得有直射光线。

审计访谈是一个需要访谈双方专注的过程，访谈地点最好安排在人流较少、较隐蔽的会议室。在人流多的会议室中谈话会让许多人注意，可能会给被访谈者造成心理压力，导致其不愿多说，希望尽早结束访谈。看到审计访谈的人也会对当事人的品行指手画脚，造成不必要的舆论影响，其他还未被访谈的人也会提高警惕，事先串通。当然，如果审计人员的策略是故意让更多人看到该访谈，那就另当别论了。

访谈会议室最好做到路过的人无法从外部透视观察里面的情况，避免选择可透视的、有落地玻璃墙或玻璃门的会议室。如果会议室是全透明的，访谈双方都会被会议室外走动的人影响，经过的人或许会与被访谈者打招呼，影响访谈进程。在访谈过程中，当事人可能会产生情绪上的波动，有流泪哭泣的表现，最好不要让其他人看到。当事人情绪上的波动可能是其濒临认错的节点，如果此时看到自己的同事经过，被访谈者可能就会从短期思维中跳出来，打断原本要坦白的话。

审计访谈中非常重要的一点是要让被访谈者感觉到被尊重，尤其是处于领导级别的被访谈者。当事人可能会觉得被下属看到自己被审计约谈有失尊严，认为在公司待不下去了，既然无法在公司继续工作下去，他可能就会选择拒绝交代。而且在缺乏隐私保护的情况下进行访谈，可能会影响当事人的下属对其的尊重。

（3）安全隐患要少，保安措施要好

审计访谈，尤其是认错访谈，是一个高压过程，一些被访谈者可能会出现情绪波动，做出过激行为。所以，审计访谈必须选择在一个没有安全隐患的地方进行，访谈开始前要把会议室内尖锐的物件收好，避免让被访谈者用来伤害自己或审计人员。

如果条件许可，企业应考虑设立专门的访谈室来开展认错访谈。这些认错访谈室可以效仿公安部门的访谈室，墙壁可粘上软垫，一来可以有好的隔音效果，二来可以降低安全隐患，同时也可增加严肃的氛围。还可考虑在房间的一面墙上装上单面镜，使隔壁房间的审计访谈观察者可以看到访谈情况，除了可以更好地观察被访谈者的言行举止和面部表情，还可在被访谈者说出一些线索时马上调度资源进行审查。由于设立这类的访谈室是需要投资的，因此只有常面对大额舞弊风险的大集团公司才会设置这样的访谈室。

访谈室内应该准备纸巾，以备对方出现悲伤情绪时使用，审计人员还应准备好纸笔、白板，以备对方描述事情经过或提供文件数据所用。

（4）在何处进行访谈

审计访谈是否可以在对方的办公室进行？这取决于审计人员想建立怎样的访谈氛围。如果审计人员想以较为和谐、随意的氛围与对方进行谈话，则可以将访谈地点选在被访谈者的办公室。在对方办公室或工作间谈话，一般而言会让对方具有地理优势，心情会比较放松，尤其当对方是一位领导，审计人员想故意让其感觉自己高高在上、具有权威，比较好开展谈话，就可以选择去其办公室。坐在其办公桌前面与他说话，会让对方觉得自己具有主位优势，说话会比较顺畅、自信，但在对方的地盘访谈存在一个坏处，即对方可能会受到很多干扰，如电话、邮件、签字等。

信息访谈是否可以在对方的工作间进行？要留意对方工作间是否是开放式的，旁边的同事是否能听见谈话的内容。如果只为了获取一些非敏感信息，比如了解简单流程、询问碎片信息等，可以在开放式工作间进行询问。在对方的工作间进行谈话比较快捷且非正式，可以让对方降低戒备心，如果审计询问主题及对方将要提供的信息比较敏感或不想让他人知晓，则最好不要在开放式工作间开展询问，应该在封闭的会议室进行。

审计的办公地点就是审计人员的地盘，如果想要营造主场优势和比较严肃的谈话氛围，可以邀请被访谈者前往审计会议室进行谈话。普通人前往陌生地，心情都不会太轻松（旅游除外），所以让对方来审计人员的办公地点会使其产生担忧、忐忑的心理。一般而言，认错访谈都是在审计具有主场优势的地点进行的，如果审计人员不想让对方在访谈开始前就产生紧张情绪或提高戒备，也可以选择较为"中立"的地点进行访谈，例如，公司的公用会议室。如有必要，审计人员可以在准备好访谈会议室后，前往对方的办公室邀请其前来谈话。

（5）会议室的大小选择

进行审计访谈的会议室不需要太大，一般企业的中小型会议室即可。如果会议室太大，会显得太空旷，较难营造访谈的严肃感和压力感；如果会议室太小，会产生不必要的压迫感。审计人员与异性被访谈者太靠近会有被诬赖非礼的风险，一般要求审计人员与被访谈者之间至少维持一米以上的距离。而且会议室过小会导致审计人员可能无法将更多证据摆放在会议桌上，无法很好地营造证据众多的压力。

（6）访谈双方座位安排

选好了访谈会议室后，就应安排访谈者和被访谈者的座位。很多人受欧美警匪片影响，认为访谈者与被访谈者应在会议室里面相向而坐，中间不放桌子，这样就可以清楚观察被访谈者全身的肢体语言，中间若放了桌子，就无法观察对方下半身的肢体语言。

这一做法在具有公权力的机关访谈时有一定的效果。一般企业的会议室通常都会有桌子，要想在企业内找一个不放桌子只放两张椅子的会议室比较不现实，对方对于审计人员用这种方式来访谈也会觉得奇怪。

会议室里一般都会摆放长方形桌子，桌子周围摆放椅子。会议室一边是门，另一边可能会放置白板或投影用的白布，如下图所示。

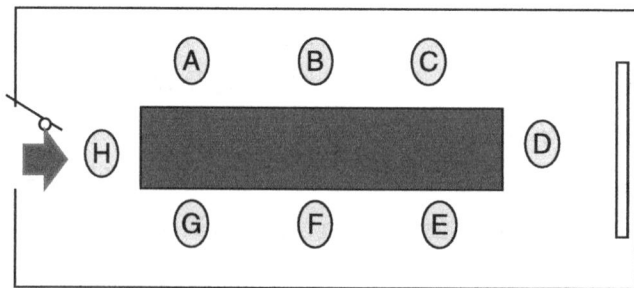

① 离门最远的位置

上图有 A 至 H 八个座位，被访谈者应该坐在哪个位置呢？

首先，是否可以让被访谈者坐在 D 的位置？D 是离门最远且正对门的位置，背靠墙，通常情况这个位置具有权威性，是领导的座位。如果被访谈者坐在这个位置，会在形式和心理上抬高对方的地位，可能让其觉得自己比审计人员高一等。所以，不建议让被访谈者坐在 D 的位置。

② 并排的位置

访谈者是否该与被访谈者并排坐着？例如，被访谈者坐在 A 的位置，访谈者坐在 B 的位置。这个方式也不推荐，虽然并排的位置可以营造出"我们是一伙"的和谐友好氛围，但由于双方面向同一方向，不利于眼神接触，审计人员也很难观察对方的肢体语言。当然，审计人员可以挪动椅子，使自己斜对着被访谈者，但这一姿势也同样不够正规和严肃，甚至可能过于亲密，让对方怀疑你这么坐的用意。与异性被访谈者并排坐还存在一个隐患，由于坐得太靠近，对方可能会诬陷审计人员与他/她有肢体上的接触。

③ 面对面的位置

可否让被访谈者坐在 B 或 F 的位置，与审计人员面对面谈话呢？假设被访谈者坐在 F 的位置，审计主访谈者坐在 B 的位置，审计第二和第三访谈者坐在 A 和 C 的位置，这与商业谈判和正式国际谈话的位置设置相同。谈判双方面对面就座，一些审计人员认为这样比较正式、严肃，可以使对方产生压力。但是，这种面对面方式会营造出一种"你方"和"我方"的相对、冲突甚至敌对的氛围，如果访谈方有多人，而被访谈方是一人，被访谈方就会更显孤立，使得访谈像审讯、审判。

被访谈者进入会议室看到这种位置摆设，会感觉自己被他人审讯，会立刻产生压力、戒备和自我保护的防卫心理，且必定不会将访谈者视为"自己人"或"朋友"，访谈开始前对方已经盘算如何少说、瞎说或避重就轻地说，甚至不说，希望尽快结束访谈。因此，这种面对面的位置是不利于信息访谈的。以下两张图显示的面对面的位置安排是不利于信息访谈的。

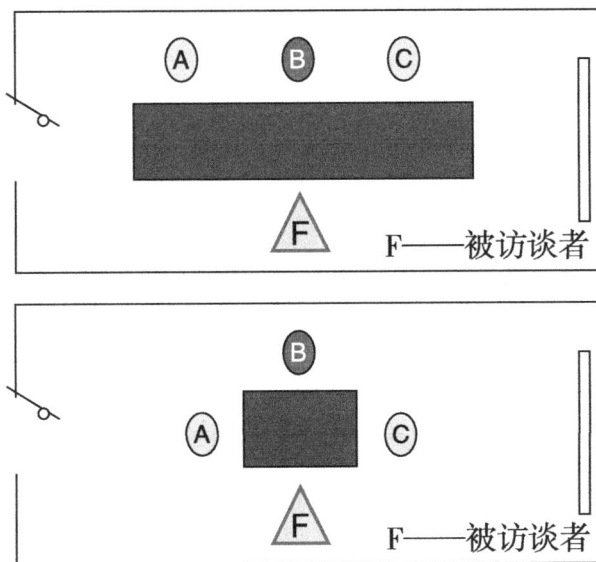

F——被访谈者

F——被访谈者

在被访谈者和审计人员直接对抗的认错访谈，是否可以以这种面对面的方式来进行呢？这一问题没有固定答案，要视情况而定。首先，并非所有的认错访谈都是对抗的过程，它也可以是一个挽救舞弊当事人的过程。如果面对面就座，对方会感觉到一种"你方我方"对抗的氛围，而不是"你想挽救我"的同一阵线的氛围。

当然，一些认错访谈会故意以高压开始，为了营造一种审计人员高、被访谈者低的形势，面对面的位置可以促使被访谈者感觉到事态的严重，审计人员已掌握了充分证据，现在是要摊牌的时候了。一般而言，当试过所有的谈话方式后，最后一次与舞弊当事人接触，要直接与对方对质证据、指出对方的谎言和不合理的行为与言辞或解除合同的时候，是双方真正"对抗"的时刻，可以选择使用面对面的方式。

④L形斜对角的位置

审计访谈可以考虑L形的就座方式，与被访谈者斜对角坐即H和A、H和G、D和C或者D和E的位置。为何采用这种L形斜对角方式呢？首先，这种位置安排不会产生面对面直接冲突的氛围，对方如果在访谈过程中产生负面情绪，访谈者可以利用手势将这些负面情绪和话语引向他的前方，让其感觉自己的敌对方在他的前方，而不是斜对面的审计人员，审计人员只是一个协调者，是来协助他的。其次，L形斜对角的位置不会太靠近对方，这样不会显得太亲密，也不会让被访谈者认为审计人员与其是一伙的。最后，L形斜对角的位置也方便审计人员观察对方的肢体语言。

建议所有的信息访谈都以L形斜对角来安排位置，认错访谈也应以这种位置来进行，因为即使是认错访谈也要尽量以非对抗形式开展，尽最大努力"挽救"对方，而不是一开始就尽最大力量来对抗。

前面提到不建议让被访谈者坐在D的位置，不要刻意增强对方的气势。如果审计人员希望营造更高气势，可以考虑坐在D的位置，让被访谈者坐在C或E的位置。

⑤离门最近的位置

另两组L形斜对角位置是H和A以及H和G，那么应该让被访谈者坐在哪个位置呢？建议让被访谈者坐在H的位置，访谈者可以坐在A或G的位置。

让被访谈者坐在H的位置有以下几个好处。第一，H位置背对着门，被访谈者视觉中没有那道门，就能避免被"提醒"要尽快离开。同时，由于被访谈者背对着门，任何人进入也不会立刻看到被访谈者的正面，如果这扇门是玻璃门，这一位置可以更好地保护被访谈者的隐私，而且被访谈者也不会被外面的人干扰视觉。

第二，H的位置是最靠近门的位置，被访谈者想离开时，可以随时站起来转身就走，如果事后被访谈者想诬陷访谈者不让其离开访谈室，这一说法就会难以成立。一些极端情况下，被访谈者会狡辩其坐在离门很远的位置，而且有体型壮硕的审计人员站在会议室门口，让其产生被非法囚禁的感觉。让对方坐在H这个位置就少了这个隐患。

第三，人们通常认为背靠门会降低一个人的安全感（因为不知道门后有什么事物），让人在潜意识中产生忐忑的感觉。如果审计人员希望达到这种效果，就应让被访谈者坐在 H 的位置。

有人认为 H 的位置最靠门，是会议室中地位象征最低的位置，但也有人认为 H 的位置可以观察到会议室的全局，是主持人的席位，是主人席，这一点还要视不同地区习俗和企业的文化习惯而定。如果 H 的位置代表一种高高在上的优越感，而审计人员希望被访谈者有这种感觉，更愿意多说话，那就让他坐在 H 的位置，审计人员坐在 A 或 G 的位置；如果不希望对方有优越感，就让他坐在 A 或 G 的位置。

⑥ 圆桌周围四把椅子

虽然圆桌比一般的方桌会减少对抗的感觉，但还是应尽量避免坐在被访谈者的正对面，如果坐在对方的正对面，也会有一种要与对方保持距离的感觉，类似求职面试。建议审计人员同样以 L 形斜对角的方式进行访谈。其他的因素，例如，是否背靠门、是否远离门等也应被考虑进来。

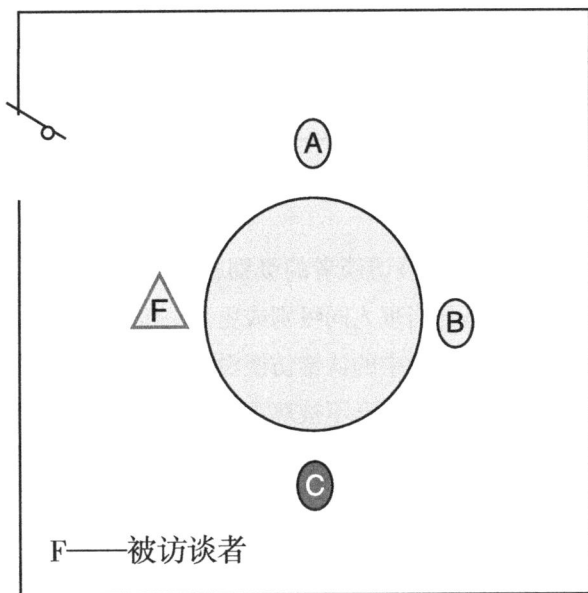

F——被访谈者

⑦ 沙发还是办公桌前

如果在对方的办公室进行访谈，审计人员应该坐哪个位置？首先，被访谈者办公室是对方的主场，这种访谈只能用于信息访谈，而不是认错访谈。认错访谈应在审计人员有主场优势的地点或中立的会议室进行。

如果审计人员坐在对方的办公桌前与对方谈话，就会形成一种对方在高、审计员在低的氛围，同样也是一种"你方""我方"直接对峙的氛围。如果希望削弱对方高高在上的优越感，审计人员应尽量坐在沙发上与对方谈话，这样对方就要离开原本的座位，走到沙发前与审计人员谈话，从而形成地位对等的氛围。同时，一般沙发的摆放位置也是呈 L 形斜角的，这可以减少"你方""我方"的对抗感觉。

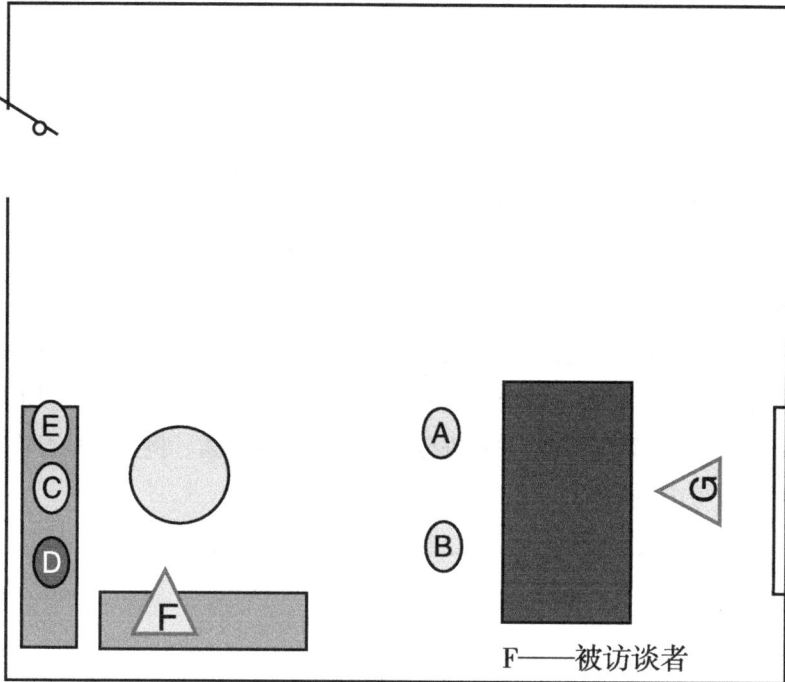

F——被访谈者

4. 访谈者的安排

执行访谈的审计人员应该与被访谈者的级别相称，不能比当事人低太多。一般而言，认错访谈中访谈者最好是与当事人同级别或更高一级的审计人员。企业中的认错访谈与公检法的访谈有所区别，企业中的认错访谈没有国家法律和相关机构做后盾，如果访谈者的级别不对称会让对方感觉自己不被尊重，也很难使对方认同审计人员的访谈规矩。如果被访谈者是一位女性，访谈者或笔录人员也应尽量是女性。

（1）一名还是两名访谈者

审计访谈应由一名还是两访谈者执行？

如果是了解简单流程的信息访谈，可以由一名审计人员进行访谈；如果访谈对象是关键证人、举报人或被举报人，建议由两名审计员人进行访谈，一名审计人员进行询问，另一名做笔录，同时观察对方的肢体语言，并作为后备提问者。并且，第二名访谈者也可以作为访谈证人。与被举报人进行认错访谈时，必须由两名审计人员进行。

（2）主要提问人和后备提问人

当有两名审计人员在场进行访谈时，必须事先确定好谁是主要提问人（主要访谈人），谁是后备提问人（后备访谈人）。主要访谈人是整个访谈中的首要问话人，当主要访谈人问完全部问题后，后备访谈人才可接下去询问或发言。询问过程中，如果后备访谈人发现了任何不合理的点或遗漏的点，都应将其记录下来，等主要访谈人问完所有的问题后，以传纸条的方式提醒主要访谈人进行询问，或者由后备访谈人直接询问对方。

如果主要访谈人没有给后备访谈人访谈"接棒"的信号，后备访谈人不应插嘴，如果此时主要访谈人遗漏了问题，后备访谈人可以先将其察觉到的遗漏的点记录下来。审计访谈中的一个大忌是主要访谈人和后备访谈人没有协调好，大家交叉询问，你问一句，我问一句，问题的逻辑和思路是跳跃进行的。有时，主要访谈人询问了一个问题，对方还在犹豫要如何回答时，后备访谈人就迫不及待提另一个问题，会导致对方顺着这个问题答下去，"躲"过了主要访谈人的问题。

有时，主要访谈人利用沉默给对方施加心理压力的同时，也在思考对方的回答，并盘算如何在下个问题埋下陷阱，把对方的后路堵死，如果此时后备访谈人按捺不住，跳出来询问别的问题，就会破坏主要访谈人所埋的陷阱以及建立好的谈话思路和逻辑架构。谈话中的陷阱是需要逻辑思考和策划的，并在谈话过程中一步一步搭建起来，引导对方掉进询问的陷阱。

有时，被访谈者陷于主要访谈人所设下的语言陷阱中，犹豫是否要坦白认错，这时就会有较长的沉默时间。眼看对方马上就要供述了，部分后备访谈人按捺不住问了别的问题，对方就会像看到了救命稻草一般，跳出主要访谈人设下的陷阱，去回答后备访谈人的问题，并不再回到刚才的主题，之前的心理状态和短期思维也一去不复返了。

（3）主要访谈人和后备访谈人的协调和信号

审计访谈开始前，主要访谈人和后备访谈人需要做好协调，确认各自的角色和在访谈中的沟通信号，要确保后备访谈人在没有获得主要访谈人的眼神信号前不打断主要访谈人的问话和思路。一个协调好的访谈，其进展将十分顺利，未协调好的访谈将大大地降低信息获取的效果和对方供述的概率。

审计访谈中信息交流的速度很快，一般情况下，访谈开始后，主要访谈人和后备访谈人之间就没有了说话交谈的机会，因此主要访谈人和后备访谈人之间的沟通只能靠眼神和其他的信号进行，比如主要访谈人通过扬眉的动作示意后备访谈人接手询问，或后备访谈人在桌底下踢一下主要访谈人的脚表示对方刚才所说的信息需要进一步核实，敲一下笔表示这个问题对方有隐瞒等。访谈者之间应把主要的沟通信号约定好。

后备访谈人和主要访谈人之间需要磨合，拥有良好的默契才能够"演一场好戏"给被访谈者看，尤其在认错访谈中，需要利用一些心理学技巧来让对方产生认错动机（例如，唱红白脸、制度教育、心理战术等）。如果双方默契度高，主要访谈人和后备访谈人可以实现互补，其中一方埋下的陷阱，很快就会获得另一方语言上的协助。当然，默契的访谈者如果合作无间，也可以你一言我一语地向被访谈者展开询问，只要询问思路清晰，询问战略和逻辑不被打乱就可以。

（4）其他人想参与访谈

舞弊审计的访谈是否可以让其他人参与？很多情况下，一些相关部门的人员也会想来旁听审计访谈，如人事部、法务部，甚至被访谈者的领导，这是否可行？

首先，审计访谈进行过程中若有他人在场，将严重影响被访谈者提供信息的准确度和完整度。其次，审计访谈中当事人提供的信息必须保密，例如，相关人员的身份、能证明舞弊事件的线索等，都是非常机密的信息，如果其他无关人员或存在利益冲突的人员前来旁听，会导致信息泄密，最终可能导致调查失败且证人受到报复。所以，无关人员和存在利益冲突的人员不能参加审计访谈。

（5）被访谈者的领导、同事和下属想参与或旁听访谈

被访谈者的领导不应参加审计访谈，因为在舞弊审计中被访谈者的领导可能是利益相关者，审计人员无法事先保证对方领导是否参与、默许或谋划了该舞弊事件。一般而言，审计人员应默认被访谈者的领导和被访谈者是在同一战线的，被访谈者的领导参加审计访谈可能是为了探听被访谈者知道了什么事情、泄露了什么证据。同时，通过审计人员的询问，被访谈者的领导就会对审计所掌握的证据有一定的了解，假如他是舞弊参与者，就会提前构思反驳的理由。

被访谈者看到领导在场，也一定会有所顾忌，可能会选择一些领导想听的话来回答。被访谈者的同事和下属也可能协助了被访谈者的违规操作，或有可能知情不报，接受了被访谈者给予的封口费。所以，审计人员不可让被访谈者的领导、同事和下属来参与或旁听访谈。

（6）人事部和法务部领导想参加或旁听访谈

人事部和法务部的同事在职责方面与舞弊调查是有一定关联的，他们希望参加审计访谈有一定原因。从人事部的角度出发，要确保审计访谈是合规访谈，没有侵犯员工的合法权益；从法务部的角度出发，要监督和保证审计访谈是合规合法的，并且法务人员也想知道被访谈者掌握什么证据，可以事先做好反驳的准备。

假如审计流程中的信息访谈和认错访谈都进行过了，审计人员要最后一次与被访谈者接触并向对方"摊牌"，并且是通过谈话或出示舞弊证据，进而告知对方将被开除或让对方主动提出辞职，此时访谈就需要人事或法务的同事参与。这类访谈要与对方对质，所以一般将被访谈者安排坐在访谈者（审计、人事、法务）的正对面。

假如访谈的内容不是最终的摊牌、对质、解除合同等，则不建议人事或法务部门的同事参与访谈，应让审计人员先完成信息访谈和认错访谈的工作。只有在人少的情况下，审计人员才容易与被访谈者建立共情并获取信息或引导对方认错，如果被访谈者看到人事或法务的人员在场，就会提高警惕和戒备而不轻易交代。

一个人要坦白认错需要很大的勇气，如果面对很多人，他就会顾及面子，不肯轻易认错。如果在特殊的访谈室进行访谈，隔壁有单面玻璃旁听室，则人事部和法务部的人员可以在隔壁旁听，但必须提醒人事部和法务部的人员对访谈过程涉及的信息保密。

在认错访谈中，人事部和法务部人员不在现场还有一个好处，即如果对方在访谈中问及关于人事或法务的事项，访谈者可以以访谈结束后向人事和法务相关人员询问推

辞。如果人事与法务相关人员在访谈现场，就很难拒绝回答对方关于人事或法务的问题，而当回答完这些关于人事或法务的问题后，整个访谈的思路就有可能会被打断或带偏。

（7）审计部门领导要参与访谈

审计部门领导是否应该参与访谈？审计部门领导应该避免出现在审计访谈中，因为审计部门领导的出现会令对方感到紧张，并愈发谨慎，这对在访谈中与被访谈者建立共情没有丝毫帮助，反而会给对方增添压力。对方也会根据审计部门领导的出现判断事件的严重性，也可能推测出审计调查"悬"于自己的回答，从而猜测出审计人员所掌握的证据不足。

如果被访谈者是级别较高的领导，访谈者级别的不对称会显得不尊重对方，此时可以由审计部门领导坐镇，甚至作为主要访谈人或后备访谈人。当然，如果审计部门领导有需要，可以在隔壁的单面玻璃旁听室旁听，但是如果想要旁听的审计部门领导不负责该舞弊事件的调查，则不应被允许前来旁听，因为可能造成不必要的信息泄露。

（8）避免安排多组审计访谈人员

在审计过程中，应避免不同批次审计人员分别先后与当事人开展访谈。多组审计人员参加调查与谈话可能会导致审计组织内信息不同步，当事人能通过和不同审计人员周旋获取内部信息。

当事人可能利用不同审计组透露的信息和信息差获取信息或制造审计组之间的矛盾。某种意义上，不同的审计组反而成了访谈对象。

例如，和 A 组审计人员谈话时，被访谈者就说 B 组审计人员不是这么说的，A 组审计人员在与对方核实的过程中，就透露了多余信息。被访谈者在和 B 组审计人员谈话时也使用同样的技巧，也这么说，最后反而被访谈者成了掌握信息最全面的人，导致审计访谈失败。

六、审计访谈四部曲之四：上阵执行

做好了访谈筹划，准备好了访谈武器（询问的问题）以及各种行政上的安排，接下来就到了审计人员上阵询问对方的正面交锋时刻。询问对方即执行访谈，前期所有的准备就是为了这一环节。

1.尽可能提前到达访谈地点

审计人员应尽可能提前到达访谈会议室，熟悉访谈会议室的情况，要让被访谈者感觉审计人员在等他，是有备而来的。除此之外，审计人员提前到达访谈地点可以有充分时间选择恰当位置研读审计文件、凭证和物证等，同时将会议室内尖锐的物品收好，避免安全隐患。

同时，审计人员可事先安排并测试访谈所需的录音录像设备，确保设备电源已接上电源插座以及设备的储存空间充足。公开录音录像要选择设备最合适的摆放位置，隐蔽录制则需要寻找恰当的地方隐藏设备。

审计人员一定要比被访谈者先到达访谈地点，如果对方先到，而审计人员之后才急急忙忙赶来，就显得审计人员没有做好准备或不够专业。无论是信息访谈还是认错访谈，审计人员都应展现专业的形象，建立形象上的威慑力，让对方知道审计人员已为做好调查工作准备齐全。

2. 要有坚定的信心并做好心理准备

上阵询问时，审计人员要有自信心和坚定的信念，利用准备好的问题询问对方。没有访谈经验的审计人员在访谈前难免会忐忑不安，此时可以事先熟悉将要询问的问题，将问题提纲列好并打印出来，在问题的重点和敏感点处做好标记，防止遗漏。尽可能地将要提问的问题进行反复练习，条件允许的情况下，审计人员之间可以进行访谈预演，其中一名审计人员扮演被访谈者，预测对方可能的反应和回答。这种预演叫作"魔鬼的对抗者"。通过这种预演可以将审计人员的问题和应对措施提炼出来。

审计人员应预判好在访谈过程中可能出现的意外并想好对策。被访谈者个人方面的意外情况包括被访谈者突然要结束访谈强行离开，武力威胁，称病或晕倒以"碰瓷"方式要挟审计人员，极端的可能还会自伤自残。也有其他的"意料之外"的事，例如，对方在访谈之前恶意举报审计人员，要求领导介入。除此之外，审计人员也必须随机应变，事先想好如何及时收集在访谈过程中对方说出的新线索或如何应对旧的凭证被对方合理辩解突然失效的情况。

访谈中会有其他很多不同的结果出现，审计人员应事先预测访谈每一个可能的结果并做好心理准备。

- 被访谈者不配合，该怎么办？（答：应该事先联系好人事或对方的领导获得他们的配合，同时应清楚劳动合同和员工行为准则中是否有条款规定员工配合公司的调查工作。）

- 被访谈者对管理层不满，该怎么办？（答：不要打断对方叙述对管理层的不满，尽量让他说，表示倾听和理解他的叙述。）

- 被访谈者哭泣，该怎么办？（答：不要打断对方的悲伤情绪，尽量让他宣泄情绪，表示倾听和理解他的叙述，并提供纸巾表示关心。）

- 被访谈者想喝水、去洗手间，该怎么办？（答：尽量满足对方的要求。事先准备好饮用水。确定洗手间的位置，如果有需要，可以让审计人员带对方到洗手间，防止对方突然离开。）

- 被访谈者要求结束访谈，该怎么办？（答：询问对方为何要结束访谈。如果对方提出工作上的借口，那就告知审计人员已经事先联系好人事或对方领导并获得同意，要求其配合访谈。同时应清楚劳动合同和员工行为准则中有条款规定员工要配合公司的调查工作。如果对方给出结束的理由是私人理由，如家人生病、个人健康问题等，可以结束访谈，但要记录其事由，在结束访谈后确认对方提出的理由是否真实。）

即使前期准备不够充分，访谈一旦开始就无法重来，审计人员必须要保持冷静，不能表现出慌张，要临危不乱。

3. 访谈询问三大阶段之一：开场

审计访谈可以分为开场、询问、结尾三大阶段。每一阶段都有特定的谈话要求。

（1）开场破冰的重要性

无论是信息访谈还是认错访谈，都要有个好的开场来破冰，以达到预热效果。有些审计人员为了节省时间，多问问题，在被访谈者刚坐下来时，就直奔主题地询问一些比较具体或敏感的主题，这种做法会令对方在访谈一开始就产生紧张情绪，提高戒备，会潜意识地尽量少说或不说，这种心理状态既不利于对方接受审计人员的游说，也不利于对方提供信息。所以，即使时间不充足，审计人员也要"投入"部分时间进行简单的开场，以缓解紧张氛围。

（2）要进行开场寒暄：不要直奔主题

大部分员工在与审计人员谈话时都会感觉不自然，甚至有点紧张，那些与舞弊事件有间接或直接关系的员工甚至会有很强的防卫戒备心理，不想在与审计人员谈话过程中透露太多信息或说错话。那么如何让对方放下戒备呢？

很简单，审计访谈不要直奔主题，在访谈开始前花几分钟的时间和对方谈一些与审计无关的事情，例如，公司业务、天气情况、社会新闻、家长里短、兴趣喜好等。如果发现对方的兴趣是钓鱼就谈钓鱼，对方喜欢高尔夫球就谈高尔夫球，对方的孩子正考高考就谈高考，即谈一些琐碎、不重要或能引起共鸣的事，让对方紧张的心情放松下来，最好让对方觉得审计人员好像不够聪明谨慎，从而降低戒备。

审计访谈的开场寒暄不需要很久，短短的 30 秒到 5 分钟即可，这对缓解访谈的紧张氛围有很大的帮助，关键是要让对方喜欢与审计人员聊天，让访谈"先甜后苦"。

（3）做简单的自我介绍

审计人员应简单介绍自己的姓名和工作岗位，但是尽量不要过于强调"监察""调查""舞弊"等职责，简单介绍自己为审计人员即可。部分公司把内部审计和监察的职能归入风险管理部门、损失管理部、合规管理部等，如果能以这种头衔来介绍自己，可以进一步缓解对方的紧张情绪。审计人员也可以简单介绍为何进行此次访谈，可以考虑使用比较中庸的措辞来介绍访谈的原因，例如，希望了解流程、了解事件等，同时大致预估这次访谈所需的时长。当然，在认错访谈中如果采取比较直接的谈话策略，例如，证据对质、高心理压力访谈，审计人员可以选择以"监察""调查员""舞弊审计"等字眼来做自我介绍。

（4）不要使用贬义词和负面词语

访谈过程中不要使用贬义词和负面词语，如舞弊、偷钱、贪污、回扣等，也尽量不提自己前来调查舞弊、舞弊举报等，因为对方得知访谈的原因后会更加忐忑不安。审计人员有职责上的权力来向对方询问，没必要在言语上令对方更加紧张不安。

审计人员应有礼貌地以职务来称呼对方，让对方感到被尊重，对方只有心里放松了，才有可能向审计人员透露真实信息。审计人员应谦逊，但也要不卑不亢。

当被访谈者内心放松，感到被尊重，认为审计人员专业且可以保守秘密，相信调查是严谨的时，就可能降低戒备，向审计人员提供信息。

（5）建立亲和感

审计人员也应利用开场的阶段与对方建立亲和感，以最快的方式与对方拉近关系，减少陌生感。这与和陌生人打交道、刺探信息的原理相同。审计访谈开始时，审计人员应该先与对方拉近距离，建立亲和感和共情。同理心能让对方感受到审计人员可以理解他，愿意听他说话。审计人员可以参考以下几种方式快速与被访谈者建立亲和感。关于建立亲和感的详细讨论请参考第十章的内容。

展现同理心：

- 谈论对方感兴趣的话题；
- 寻找并指出彼此的共同点；
- 陈述理解对方的情绪、经历和思维；
- 重复对方的言行。

展现友善的肢体语言和表情：

- 头部倾斜；
- 微笑；
- 快速轻扬眉毛；
- 积极聆听。

4. 访谈询问三大阶段之二：询问

寒暄结束后就可以进入主题，开始询问。审计询问应采用漏斗式询问，即尽量以最开阔的方式向对方提问，尽量拓展信息范围，再慢慢地往更具体、更深入的方向推进，挖掘信息，最后明确信息。审计询问可以分为下列三个环节：

- 自由回想；
- 缩小范围；
- 确认澄清。

（1）自由回想

在谈话开始阶段，审计人员要给对方机会，以自由回想的方式提供信息。这时，审计人员要获取对方主动提供的一个最完整的故事，不限制其回答范围，不局限其答案，不引导其回答。不管对方的回答是否诚实，审计人员都要让他自由发挥，要以对方提供的最原始的一套信息作为基础。

在自由回想阶段，审计人员应以最开阔、最广泛的形式去询问，让对方说出更多的信息，尽量让对方自由回想。审计人员也应"协助"对方拓展思维，引导其说出事情的细节和流程，以开放式问题提问。此时，前期在"准备武器"阶段所准备好的问题提纲就派上了用场，审计人员应以"七何"（5W2H）开放式问题来询问，问"何人、何事、时间、地点、原因、金额、如何、为何"类的问题，例如，"请您介绍一下采购流程。""当时的情形是怎么样的？""工程进展如何？""您能介绍一下退货的情况吗？""一般情况下如何处理供应商准入问题？""当时发生了什么事？"……要多询问一些拓展性的问题，鼓励对方多说、多回想，目的是让对方将审计人员知道和不知道的都说出来。

这一阶段不要打断对方的阐述，即使存在不懂的地方或存在矛盾点和撒谎的迹象。如果对方提到一些审计人员先前不知道的事或透露了对案情有利的信息，也不要表现出特别感兴趣，要不动声色地将信息记在脑海中，不要让对方察觉到自己告诉了审计人员其本来不知道的事或说漏了对他不利的信息。审计人员反而要鼓励对方在那些"新方面"多说，持续拓展信息，减少信息空白点，这一阶段审计人员要注意尽量少问一些封闭式问题或引导式问题。

（2）缩小范围

当对方回答完自由回想的内容后，审计人员可逐渐缩小询问范围。缩小询问范围是为了在对方提供的广泛信息集中，根据每个小主题（各个流程、各个事件）逐一向对方询问详细信息。一般而言，这一阶段同样应以七何问题来询问，询问小主题涉及的时间、地点、金额、原因等比较具体的信息。一个小主题深入询问后再进行下一个，要尽量有逻辑地逐个询问，审计人员不应有选择性地挑选某些主题进行深入询问，而忽略其他主题。审计人员不可带有偏见，也不要担心对方不耐烦。这时候，审计人员就会庆幸自己预留充足的时间来进行访谈。

这一阶段，如果对方在自由回想中没有提到审计人员事先知道的流程或事件，审计人员也可以适当地提醒对方（判断对方是否真的遗忘）。如果提醒后对方马上就对该主题进行诉说，则审计人员应重新开始漏斗式提问，扩展询问范围。切记，能证明或推翻舞弊举报的是信息，所以审计人员的第一目的是获取尽量多的信息，因此缩小范围阶段和自由回想阶段是不断交替的。

如果提醒后对方还是不说或以含糊的方式避开该话题，则审计人员就要衡量对方不说或有顾虑的原因是什么。但是，即使知道对方有所隐瞒或撒谎，审计人员也要切记不要立刻当面揭穿，不要以严肃口吻提醒对方该矛盾点，也尽量不要立刻追问，先把这些模糊点、矛盾点和可能撒谎的点放一边，先进行逐个小主题的深入询问。因为我们不希望在一个小点上与对方纠缠太久，导致时间不够，无法获取更多信息，也要防止对方产生消极情绪，降低信息输出量。模糊点可以在所有小主题基本覆盖后再确认澄清，矛盾点和撒谎的点甚至可以放在更后面的后续访谈中来揭穿。矛盾点和撒谎的点都是舞弊审计中的"弹药"，审计人员要机警地收集好这些点，进行二次利用，开展深入分析，从而在最后的认错访谈中用以给对方增加心理压力，促使其坦白认错。

（3）确认澄清

广泛拓展信息面并深入挖掘每一个信息主题后，审计人员可以执行信息的确认与澄清，即确认那些对方之前没有表述清楚的模糊点或审计人员没听清楚的信息点，这一阶段可以使用封闭式问题，例如，

- "刘经理，这批货的质检做了吗？"
- "小张，你是否参加了公司的行为准则培训？"
- "梅会计，这个供应商是陈经理交接的吗？"

询问这些封闭式问题时，审计人员应留意对方的语言回答和非语言反应，注意对方是直接坦然地提供答案还是有所犹豫，这些微表情和微反应都可能会向审计人员透露许多对方在回答该问题时的心理状态。

审计人员也可以通过引导式问题来向对方确认信息。引导式问题就是将我们预见的

最有可能的答案放在问题中来询问，例如，对方在谈到他拜访客户的时间时含糊不清，则审计人员可以询问："丁经理，你是下午 3 点到某客户办公室的，对吗？"审计人员直接把预测的答案（下午 3 点）放进问题内让对方确认或否认，对方只能回答"是"或"不是"。当然，对方可以选择继续不回答或答非所问，这种情况下，审计人员就可以更加肯定被访谈者在规避这个问题，有所隐瞒。

其他引导式问题的例子如下：

- "李总，刚才提到的审批时间是申请后的 2 个工作日，对吗？"
- "孙经理，客户的优惠级别是根据上季度总销售额来确定的，对吗？"

一般而言，引导式问题是在询问过程中对方的回答含糊不清、模棱两可、答非所问时使用的，是最后才使用的一种"撒手锏"。当然，审计人员可以用不经意和温和的口气与态度来提问引导式问题，而不一定非要以咄咄逼人的方式来询问，审计人员也可以把引导式问题掺杂于开放式问题或隐藏于一些不重要的问题之中。

如果在确认澄清阶段发现对方针对一些主题（信息面）仍未提及，审计人员也可以继续采用漏斗式提问，回到自由回想阶段，让其继续展开来说。审计人员要衡量时间是否充足，如果时间不够，可以将最后的几个主题安排在下次访谈中继续讨论。

（4）在访谈过程中重拾亲和感

访谈过程中如果发现对方开始厌烦某个主题或不愿合作了，审计人员应该放慢询问速度。若对方可能开始疲惫或产生警惕，此时审计人员应重回访谈开始时建立亲和感的阶段，继续与对方聊无关痛痒的事、对方感兴趣的事或双方的共同点，重拾与对方的亲和感以及共情。

（5）在访谈过程中关注矛盾点

审计人员在询问过程中要关注逻辑的矛盾点，并对其保持敏感，例如，对方给予的答案与他之前的答案不相符，或存在逻辑上的矛盾，或与审计人员掌握的证据不相符；被访谈者描述的流程存在不合理或异常之处等。审计人员要将其记录下来，并寻找适当的时机询问。当然，这需要审计人员仔细聆听，高度关注，如果一不留神就可能捕捉不到一闪而过的逻辑矛盾点。

流程上的异常点、逻辑矛盾点以及不合理之处就是审计线索，也是对方可能撒谎的点，因此审计人员要在这些点上花心思去进行逻辑推断，推测对方为何会有不合理的表述，是否表明其知晓了什么或做了什么，是否表明他在撒谎，审计人员如果继续追问是否会打草惊蛇，如何后退一步问更加宽泛的问题，让对方降低警惕的同时提供更多信息。这是一种要求非常高的询问方式，在访谈开始阶段，审计人员一方面要关注矛盾点来提问，另一方面又不能让对方察觉出自己已经知晓了矛盾点所在。当然，审计人员不一定要在矛盾点出现时就立刻揭穿对方。

5. 访谈询问三大阶段之三：结尾

当问完所有问题或谈话结束时间临近，审计人员就要进入访谈结尾。在访谈结尾时，审计人员要进行总结，将所了解到的内容重点，重复给对方听并确认，不能过于急躁或跳过前面所谈的内容。审计人员不应急着结束访谈，应确保所有问题都已获得了答案，避免访谈后才后悔忘记询问某个问题，导致产生挥之不去的怀疑和忧虑。如果发现还有遗漏或未明确"七何"问题答案的，可以再次向对方询问。

访谈中，对方如果答应访谈结束后提供其他信息与文件，则结尾时要把这些信息、文件罗列一遍提醒对方，最好与对方约定提供这些信息、文件的时间点。建议给对方提供纸张和笔，让其记下应提供的信息与文件，写下的承诺会比口头承诺有更高的概率被准时履行。

审计人员要向对方问"锅底问题"，促使对方进行最后的思考，检查是否有遗漏的信息，可以询问其是否还有信息要补充、是否有遗漏，是否存在特殊或微小事件未提及，例如，"我们刚才聊了 XX 环节，你看这环节中的 YY 流程还有哪些微小的事项我没问到？"

一般不建议这样问："还有哪些您觉得重要的事遗漏了？"因为从思维盲点的角度分析，对方一定会认为自己所有大事都说了。所以刨根问底阶段建议不要以大范围、笼统的问题询问，可以考虑根据每个小主题，以不同的角度和方式逐个询问，并且这些问题不应该只是形式上的，而应尽最后的努力触动对方的记忆，看其是否可以提供一些微小事项和信息。

确认完所有信息后，审计人员要向对方致谢，感谢其给予的配合，这时也要告知对方，审计人员如果有遗漏的或不明白的问题还会找其询问，希望对方不要介意。如果条件允许，尽可能向对方索要联系方式，如手机号或微信号等，为下一次访谈铺路。如果有需要，还要提醒对方对访谈内容保密。

如果是针对关键证人或当事人的访谈，并且对方在访谈中提供了重要信息，审计人员要考虑将访谈中的信息通过笔录记录下来。这些信息访谈的笔录可以用于和对方在认错访谈中的供述做对比寻找矛盾点。

6. 访谈注意事项一：不可泄露审计信息

在审计访谈中，审计人员要切记不可泄露只有审计人员知道的信息，绝对不可向被访谈者透露任何可以让其推测出举报者身份的信息。被访谈者或部分员工可能会假装与审计人员闲聊，来打探审计具体工作、信息来源、举报人信息等，审计人员间谈到举报人时都应以代号来代表举报人，在所有邮件、微信和短信的沟通中也要以代号来代表举报人。审计报告中也应尽量避免提到举报人的身份，因为审计人员不知道该份审计报告将会被谁看到，进而泄露举报人信息。除非公司有举报奖励，公开举报人的身份通常不会带来好处，只会给举报人带来被报复的隐患。

在审计访谈中，审计人员也不可透露审计已经获得的证据和缺失的重要信息，不能让被访谈者看穿审计人员的证据底牌，摸清审计套路。如果对方知晓了审计掌握的信息，则会使审计人员失去信息不对称的优势，在接下来的认错访谈所要行使的计谋和战术都将难以获得成效，审计人员暗示已经获得了潜在证据时，对方就不会相信了。审计人员要注意不但不能在语言上透露信息，也不能在非语言信号（肢体语言、面部表情等）上透露信息。在对方透露了重点线索、事情矛盾点时，审计人员切记不可表现出高兴、满意的表情，在对方拒绝提供某些信息时，也不可流露出不满的情绪，因为不只是审计人员在观察对方的言行举止，对方也在观察审计人员的肢体语言，试图揣测审计人员的底牌。

7. 访谈注意事项二：不要马上记录重点

由于要避免向被访谈者透露信息，审计人员也要避免在对方提供重要信息时，马上拿出纸笔进行记录。审计人员应保持一贯的表情，遏制自己记录信息的冲动，不动声色地将该信息记在脑海中，有人将这一做法形象地比喻为"把信息写在黄字条，贴在后脑勺上"。如果在对方给出重要信息时审计人员立刻进行记录，对方就会察觉自己刚刚透露了不该透露的信息，就可能会改口或在访谈下半部分利用借口把这个信息"扳回来"。审计人员越能延迟重要信息的记录，就会越让对方放心说话："反正审计人员也不记录""反正审计人员也不觉得这件事重要"。所以，在审计访谈中，审计人员可能要在脑海中记录很多信息。

审计访谈对审计人员来说是一件非常劳累和"烧脑"的事，必须在极短的时间牢记、思考、分析大量信息，同时快速进行博弈，制定访谈对策并提出问题，还要为后面的谈话埋下伏笔。

8. 访谈注意事项三：审计人员应多问少说

在审计访谈中，审计人员应多问少说。审计访谈不是审计人员炫耀自己的水平以及收集了多少信息的时候，审计人员无须得到对方的认可，而要把自己当作海绵，吸收信息，而不是作为广播站释放信息。一般而言，在信息访谈中审计人员开口的时间占10% ~ 20%，且大部分时间都是在进行提问，剩余80% ~ 90%的时间应留给被访谈者进行回答和解释。当审计人员察觉到自己在高谈阔论时，就要及时住口。

9. 访谈注意事项四：少提"你"，多说"我们"

没有人喜欢被指责或被放在放大镜下检查，审计人员在访谈时应尽量少用"你"或"你们"来描述或提问事项，因为审计人员询问的事肯定是对方参与或知晓的事，不需要在言语上多次强调和提醒对方，这件事是"你"的事、"你"的责任、"你"参与的或"你"审批的，没有人会享受自己仿佛参与了违规事件的感觉。审计人员要多使用"我们""大家""公司"等字眼来模糊对方和我方的界限，让对方感觉审计人员与其是同一战线、同一条船上的。审计人员不是来找茬的，不是来查"你"的，不是来追责、谴责的，而是来一起了解事情、解决问题，与被访谈者一起防止此类事件再发生的。

10. 访谈注意事项五：延迟问"谁"

大部分人都不喜欢作为告密者指证他人，更不喜欢指证自己，尤其当谈及违规或灰色操作流程时，大部分人对是"谁"做的这一话题都会非常敏感，即使进行这些违规、灰色操作流程的人与自己并不相干。如果这个"人"是被访谈者自身或其领导、下属或同事，则对方一定会更加敏感，会尽量逃避或顾左右而言他。审计人员在访谈时，要让对方感觉到审计关注的是事件，而不是人，应尽可能延迟问"谁"这个问题，并更多关注事件的流程、时间、地点、原因、金额等。即使是非违规的流程，审计人员也应将"谁做的""谁负责的"这类问题放在最后问。

11. 访谈注意事项六：询问不能过于跳跃

审计询问要有逻辑性，相关问题要放在一起询问。审计人员应列好谈话提纲，组织好问题的逻辑顺序，一步一步顺着业务流程的自然顺序询问，从流程的开端逐渐问到流程的结尾。提问不能东一榔头西一棒子，过于跳跃的提问会混淆被访谈者的思路，影响对方提供信息的完整性，同时也会混淆审计人员自己的思绪，遗漏本该询问的问题。

如果审计人员先询问原材料采购流程，就应尽量将相关问题都放在一起询问，避免问到其他业务流程时（如销售流程），突然"回头"问关于材料采购的问题。缺乏逻辑的询问会让对方认为审计人员不够专业。除非故意想让对方觉得审计人员不太聪明，或为了掩盖审计人员真正想要询问的事情或重点，否则不应以跳跃的方式询问。

12. 访谈注意事项七：不要只关注问题清单，要看向对方

在审计访谈时，审计人员不应只关注问题清单，一题一题地询问，审计人员在询问问题时应是灵活的，根据问题提纲确定需要获得的信息方向，再按照当时的谈话语境，用口语化的方式向对方提问。问题要尽量使用非正式、非官方的表述，也就是说审计访谈应像同事间的交谈，而不是新闻广播。所以，审计人员应掌握的是问题的提纲，而不是熟背问题。

审计人员如果只关注问题清单来提问，就会只看清单不看对方，这样会导致对方认为审计人员不专业，而审计人员也会错过对方在回答问题时释放的非语言信号，如面部表情和肢体动作。

13. 访谈注意事项八：尽量不离题，但也不要怕离题

审计访谈需要准备问题提纲，问题提纲一般都是事先根据事情的逻辑性、重要性、关联性，以及访谈策略、谈话预测与抢占战术等来安排的，因此审计人员在访谈中应尽量不偏离问题提纲太多。当然，这并不意味着审计人员一定要严格根据问题提纲一板一眼地来提问，审计人员要掌握问题提纲的大方向，明确访谈的目标，清楚哪些"大事"需要获取信息，哪些"小事"可以暂时或完全忽略，也就是说，审计人员"要明确目的地，握稳方向盘，看清仪表盘"，确保一直行驶在访谈"主干道"上。

如果对方在答案中突然给出了其他信息，虽然似乎属于离题，未根据访谈问题框架回答，但是如果这些意外信息与"案情"有关，审计人员就应该让对方继续说下去。审计人员不应害怕偏离访谈的主方向，反而应大胆地探索是否有其他重要的线索。很多时候，审计人员就是在这些不起眼的"支路"上发现了重要线索，而且也有可能这条支路才是主干道，审计人员可能一开始的方向就错了。只有保持开放的心态，不惧怕探索信息来源，舞弊审计才能从多角度"无死角"地开展。额外信息询问完毕，审计人员只要记得回到主方向即可。

当对方离题或绕圈子时，审计人员无须担忧着急，也不必马上打断对方或把话题引导回主方向上，可以利用这段对方离题或圈子的时间来梳理思路，记录前面遗漏的重点，并策划下一个问题。审计人员也可以利用这段时间与对方聊一聊无关的话题，缓解对方紧张的情绪。所以，审计人员不必担忧对方在访谈中绕圈子。

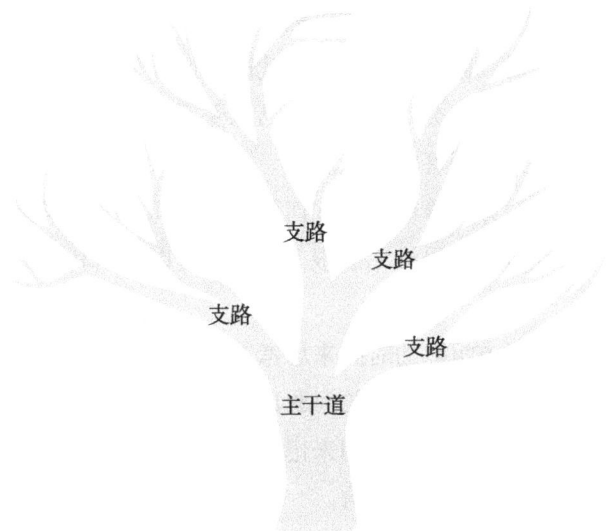

14. 访谈注意事项九：从对方的答案中寻找问题

审计访谈是一个拓展信息的过程，审计人员依靠提问来向未知迈进，将未知转换成已知，所以审计人员要以一个开放的心态来进行访谈，不能呆板地根据问题提纲提问，不要害怕偏离访谈主路线。如何走上访谈"支路"呢？除了对方主动提供新信息外，审计人员还可以主动"开发"访谈"支路"。

如果对方的答案中包含一些不了解的关键词或新信息，审计人员就要抓住这些关键词和信息点继续询问。当然,审计人员不必在对方提到这些关键词或新信息时就马上追问,这会暴露审计人员的底牌,即对这个信息感兴趣,或者之前未掌握这个信息,或者认为这个信息重要等。审计人员应等对方谈到别的问题后,再回过头去询问这些新信息。

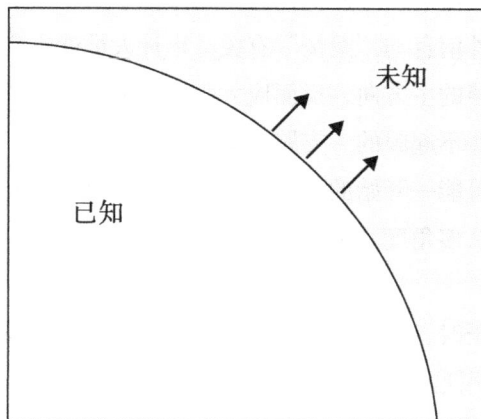

15. 访谈注意事项十:善用对方沉默的时间

在审计访谈中,审计人员要适当利用沉默来控制谈话的气氛。当审计人员抛出问题而对方还在盘算如何回答时,就会出现沉默,此时审计人员要沉住气,让对方困在其无法回答的沉默中,产生压力。部分审计人员自己忍受不了那几秒钟的沉默,反而会自问自答,这会让对方跳脱出无法回答的困境。

审计人员也可以利用对方盘算或迟疑如何回答的时间,控制谈话的进度。访谈节奏过快,信息量太大,会让对方的思维无法跟上,这时可以适当利用沉默的时间让整个谈话的节奏慢下来。

审计人员也可以利用对方沉默的时间来思考对方刚给出的答案,揣摩字里行间所暗含的意思,并策划接下来如何设计适合的问题让对方说出更多信息。

审计人员还可以利用对方沉默的时间来记录之前没时间记录的回答。所以,审计人员不要担忧对方在访谈中短暂的沉默不语。

16. 访谈注意事项十一:听不懂时要学会借力

审计人员听不懂对方的回答时,千万不要让对方轻易看穿。并非每个被访谈者在观察到访谈者对谈话内容不了解时,还愿意进一步提供信息,尤其当该访谈是想获取其原本不想提供的信息时。当审计人员听不懂对方所说的一些特殊名词时,尽量避免问"这是什么",应该问"为什么""如何""结果怎么样"。当审计人员问"这是什么"时,就是在很直白地告诉对方自己对此不明白,部分被访谈者可能就会瞧不起审计人员:你不懂还来审我?

也有部分被访谈者当得知审计人员不懂时，就不会说太多：反正你都不懂，何必告诉你太多呢？所以，审计人员在审计访谈时，要尽量不让对方看穿自己不懂，如果真的不懂对方所说的某个事项（如 XYZ 流程、表格、材料、工艺等），可以问"为什么要用 XYZ""XYZ 在这种情况下会有什么效果""可否不用 XYZ"这类旁敲侧击的问题。

很多情况下，审计人员并非完全听不懂，而是听懂一些，但不完全懂，这时审计人员该怎么办？审计人员可以向其他被访谈者借力。当审计人员从第一位被访谈者口中得知某些特殊名词（如 XYZ），但对这个 XYZ 是什么东西不太了解，又不方便直接向第一位被访谈者继续询问，这时审计人员可以向第二位被访谈者询问这个名词（XYZ）。

当询问第二位被访谈者时，审计人员要以充满信心的语气提及那个特殊名词，要在问题中加入从第一位被访谈者口中获得的一些关键名词，然后以期望的表情等待对方回答。当第二位被访谈者听到了审计人员关于 XYZ 的提问包含一些关键词，其会以为审计人员是懂得 XYZ 的，就会愿意提供更多详细信息。例如，为何要在 HDFS 系统中使用 XYZ，使用 XYZ 对 Spark 数据中台的好处是什么，为何不考虑其他方法，何时要用 XYZ 等。同样，审计人员可以继续向第三位、第四位被访谈者询问同样的内容（XYZ），向不同的人询问同种事物，当累计了各方面的信息后，审计人员对该事物就会有所了解了。

17. 访谈注意事项十二：不满足于第一个答案，要撒网捕鱼

在审计访谈中，审计人员要像海绵一样吸收对方给出的信息，要撒下最大的网来获取最多信息。当被访谈者针对审计人员的提问给出第一个答案后，要尽量让对方继续深入、拓展地说，用问题来引导对方将原本不想或未想到的内容说出来。建议不管对方给出什么答案，都要继续问："还有呢？"这种询问可以促使被访谈者继续思索还有什么要说的。而且必须问"还有呢"，而不能问"还有吗"，因为"吗"暗含提问者不清楚还有没有更多内容，而"呢"暗含提问者知道对方还没说完，带有一种期望对方继续说的语气。在提问"还有呢"问题时，审计人员应表现出一种质疑、不相信对方的表情。

"还有呢"

我们可以以一个简单的例子来解释"还有呢"这个提问方法。假设小明刚放学回来，父母问他中午在学校吃了什么，他回答："三明治。"一般而言，父母接下来会问"好不好吃""三明治什么口味的""多少钱""在哪里买的"等一系列问题，但是这些问题都无助于拓展信息量。正确的问题应该是"还有呢"，然后以一种期望的眼神看着对方，让对方心慌，思索还有什么没说，因为"访谈者"看上去仿佛已经知道了。

假设小明除了吃三明治，还吃了炒面，喝了甜豆浆，吃了冰淇淋，而小明知道父母不同意他吃炒面、喝甜豆浆和吃冰淇淋，因为父母认为这些食物是不健康的，并且父母对这些食物的不健康程度是依此排序的。当父母问小明今天在学校吃了什么，他首先会给出"最安全"的、父母亲最想听到的答案——三明治。如果父母没有继续追问，反而转向问其他的事情，小明就可以暗自开心地往其他方向去回答，不需要说出他还吃了什么。

但是当父母问"还有呢"情况就不同了，这时小明就会考虑是否要把其本来不想说的食物说出来，他就要选择是撒谎还是坦白。如果父母问的是"还有吗"，小明就可能猜测父母并不知道是否还有，他就可能会说没有了。但是如果父母问"还有呢"，然后以一种期望的眼神看着他，小明就没底了，不知道父母是在吓唬他，还是真的知道还有，小明就要盘算是否老实交代。此时小明可能就会说出第二种食物。你认为小明会选择说炒面、甜豆浆，还是冰淇淋呢？他一定会选比较安全、挨骂最少的那个，而不会马上就把冰淇淋说出来，因为他知道说了之后会有严重的后果，所以他就会说吃了炒面。如果父母继续问"还有呢"，小明就会说出甜豆浆。

如果你又继续问"还有呢"，那小明就只能继续选择撒谎或坦白，当你问了足够多的"还有呢"，就可以促使他说出更多的信息，最后可能将冰淇淋也说出来。试想，如果父母在问小明吃了什么之前，还提到今天去了小明的学校一趟，在一边偷偷观察小明，知晓了其今天的活动，再问他"还有呢"，小明还会有侥幸的心理吗？

---

18. 访谈注意事项十三：不要急着揭穿谎言

面对被访谈者撒谎或有所隐瞒，审计人员该如何应对呢？审计人员可以选择当面指出并揭穿，也可以选择装傻。建议审计人员不要当场指出或揭穿对方的谎言。这时审计人员应减少封闭式问题和引导式问题，尽量问一些开放式问题，给予其更多的说话机会，让其选择是否继续撒谎。审计人员尽量不要打断被访谈者的描述和思路，只在脑中记下对方针对某个问题有所隐瞒或未如实提供信息的情况。切记，不要急着拿出纸笔来做记录。

为何要假装未察觉到对方的谎言，不揭穿其前后矛盾的话，而且还继续以开放式问题询问呢？

如果当对方给出了矛盾的回答，审计人员马上用封闭式问题和引导式问题来确认，对方就会马上改口或找借口（例如，口误、记错了、理解错了、你听错了等）来解释为何刚刚给出的信息是不正确的，让审计人员无法逮到他撒谎，因为这时他的谎言还不够深入、不够多，比较容易辩解。而且当对方知道审计人员可能发现他的谎言时，他就会更加警惕，对接下来要说的话更加谨慎，以确保他的故事更加合理可信。

如果对方撒谎，审计人员要沉住气，不能揭穿，要让对方以为谎言已经过关，从而放松戒备，降低警惕，甚至可能继续编造其他谎言，透露更多线索。当对方在自己编织的谎言中越走越远时，就很难回头了，最后会作茧自缚。所以，当发现对方在撒谎时，审计人员应尽量装傻，不要急着揭穿，而要把他的谎言收集好，到最后认错访谈阶段或最终与对方解除劳动合同时，再指出其谎言和矛盾点，对其施加压力，让其无法自圆其说。

当被访谈者开始撒谎时，审计人员不要慌也不用担心，反而应该"庆幸"，因为对方撒谎就表示审计人员找对了审计方向。同时，对方撒谎也就表示能证明舞弊意图的证据慢慢成形了。审计人员应想办法从对方的谎言中挖掘证据，将其谎言通过文书、数据或电子信息形式呈现出来。

19. 访谈注意事项十四：澄清事项放在访谈后半部分

在审计访谈中，如果部分事项（模糊回答、矛盾点等）需要对方澄清，可以先收集好，在访谈的后半部分再向对方询问。需要注意的是，如果审计人员还不想进入认错访谈阶段，则询问这些矛盾点时要注意措辞，必须以温和、无威胁的方式询问，不能以严肃或"逮到你撒谎"的态度来询问对方。如果对方没有事情要隐瞒，一般都会在澄清阶段将问题解释清楚，但是如果对方不想让审计人员知晓事情的真实内容，就会用一个又一个谎言来掩盖之前的谎言。

在进入澄清阶段前，审计人员应该预判对方是否会撒谎、隐瞒或找借口。如果认为对方很有可能撒谎，那么审计人员就要预测对方可能撒谎和可能作为借口的内容，然后在澄清阶段之前问这些内容，让其先选定要撒谎的事情（让他选好要走的路）。

最后是我们常说的用语言来"将"对方。如果对方面对开放式问题拒绝回答或答非所问时，审计人员就要用封闭式问题询问："你当时有没有向总部领导汇报？""这家供应商是不是你推荐的？"

如果对方还是拒绝回答，就要用引导式问题质问对方："你当时没有向总部领导汇报，对吧？""这家供应商是你推荐的，是吧？"当然，类似询问应放在访谈的后半部分，需要注意的是，以引导式问题询问，类似与对方摊牌，揭穿对方的谎言，所以使用时要小心谨慎。

20. 审计访谈中的倾听：询问与倾听哪个重要

（1）访谈中的大忌：信息丢失

审计人员除了要会询问，还要会倾听。很多时候，审计人员没有获得线索，并不是对方没说，而是审计人员没有听到，没有捕捉到对方说漏嘴的内容以及与内容不匹配的情绪。假设我们想询问的事情全貌是 100%，则在审计询问过程中，100% 的期望值会因为沟通中的缺陷而降低，如果审计人员提问时没有将问题组织好，那么对方可能只听明白了 90%；如果对方回答时隐瞒了部分事情，那么说出来的可能只占 80%；如果遇到表达能力较弱的被访谈者，对方可能只能表达 70%；如果审计人员没专心倾听，那么其可能只能获得 60% 的信息。

（2）要积极倾听

审计人员倾听时要调整心态，要虚心、真心地想从对方口中获取信息。审计人员切记不要掉进前文提到的你只看（听）到你想看（听）到的"注意力盲点"困境中。如果没有调整好心态，审计人员可能会抱有偏见或只想听符合其固有见解的内容，对方所说的其他信息都会被自动屏蔽，即使听到了也不会对其进行逻辑分析和处理。在审计访谈中，审计人员要有方向、有目的地主动倾听对方的话，确保捕捉到对方提供的所有信息。审计人员也必须注意不要掉进前文提到的"确认的偏见"困境中，导致只听到了证明"没错"的信息，忽略了能证明"有错"的信息。

积极倾听

审计人员在审计访谈中要确认自己是否听清楚了对方的答复；关注对方是回答了问题，还是答非所问；关注对方是否给出了具体、准确的答案，提供了准确的"七何"信息（何人、何事、何地、何时、数量、为何、如何）。很多情况下，被访谈者说"财务部解决了""采购部处理了""收货员处理了"，这些回答中只以财务部、采购部、收货员含糊带过，并未准确指出具体的人，也没有具体解释如何处理的，如果审计人员未留心倾听，可能会误以为对方真的说出了答案，但这其实是对方玩了个说话的技巧，让审计人员依靠自己的看法来"填充"对方没给的信息。所以，审计人员切记不可替被访谈者进行任何假设，如果澄清询问后，对方还是继续含糊其辞，不明确地说出"财务部"到底指的是何人，就表示对方有所隐瞒。切记：含糊其词表示有所隐瞒。

审计人员应确认对方的信息来源是否权威、官方，是一手信息还是道听途说。对于缺乏权威性的非官方信息和道听途说的"二手"信息，审计人员可以利用其作为线索，但不能毫无保留地采信。在对方未提供合理有效证据前，审计人员应保持开放的心态聆听对方的答案，确保自己没有偏见，信息没被过滤。当然，审计人员也不应表现出完全不信任对方的态度。

（3）要听出言外之意

积极倾听可以获取对方话语里的表面意思和潜在意思，审计人员要知道对方说了什么（内容）、如何说的、语气如何（方式），并揣摩对方为何这么说，其目的是什么（企图）。人都是趋利避害的，所以其说的话一定是希望达到某些目的，审计人员在倾听时要思考：

- 对方说话的根本目的（利益和危害）；
- 对方说话的语境；
- 对方的言外之意、弦外之音。

审计人员可以利用以下方式进行积极倾听。

① 言语式的积极倾听

- 把对方答案的意思重述一遍。
- 重复对方回答中的一两个词语或特殊专业名词。
- 询问开放式问题，让对方多说，访谈者少说多问。
- 拓展式提问，鼓励对方拓展给出其他信息。
- 利用简短的肯定式回答来鼓励对方继续说，例如，"是的""嗯嗯""对""同意""明白"等。

② 非言语式的积极倾听

- 与被访谈者有眼神接触。
- 身体尽量前倾，显示关注对方的陈述。
- 在合适的时间用点头、微笑来鼓励对方多说。
- 耐心倾听，等对方把话说完。
- 不要抢话，不打断对方的陈述。
- 不要只专注下一个问题。
- 不看手机，不频繁看手表。
- 全神贯注，有意识地将注意力集中在对方的回答和肢体语言上。
- 做到喜怒不形于色，访谈失利不可急躁，问话成功不显示喜悦。

除了确保在访谈中不会错失重要信息，积极倾听还可以让被访谈者感受到被尊重。善于积极主动倾听的审计人员更容易与他人建立亲和感，更快建立信任。

七、本章小结

信息访谈是审计中一个非常重要的环节，审计人员必须掌握好询问的技巧。审计人员应掌握审计访谈四部曲，即访谈策划、准备武器、行政安排和上阵执行。每个步骤都极其重要，也都有很多注意事项，审计人员应该在日常的工作中逐渐积累经验，形成自己的访谈套路。审计人员要特别注意，除了询问技巧，也必须具备积极倾听的能力，如果未听清对方的回答，再好的询问技巧也不能发挥作用。

第十三章

舞弊审计技巧——认错访谈

过而不能知，是不智也；知而不能改，是不勇也。

——《易论第九》

一、引言

认错访谈是舞弊审计非常重要的环节。认错访谈通常是在其他审计工作，如文件审核、数据分析、信息访谈、走访观察、电子痕迹取证等程序都完成后进行的，很多舞弊审计都是通过认错访谈取得突破的。认错访谈是一个审计人员与被访谈者斗智斗勇斗毅力的过程，一个双方绞尽脑汁博弈的艰辛审计过程。审计人员只有具备强大的心理素质，迎难而上，才能做好认错访谈。在访谈过程中，审计人员利用大量的语言科学、博弈策略、法律政策、心理学知识等，攻陷对方的心理防线，促使其认错，交代舞弊事实。

认错访谈

二、认错访谈的特征

1.认错访谈的对抗特征

由于舞弊嫌疑人不希望其所作所为被揭穿，他们会尽一切所能不让审计人员知晓舞弊事实，而审计人员却希望揭穿对方的舞弊，会想尽办法来促使对方认错，所以这个访谈过程自然具有对抗的性质。认错访谈是审计人员和舞弊嫌疑人的直接博弈，由于是审计人员和舞弊嫌疑人面对面谈话，所以这是一个双方短兵相接、直接斗智斗勇斗毅力的过程。

认错访谈的对抗性是逐渐升级的，审计人员不应该在一开始就以高姿态与对方摊牌对质。如果在访谈一开始审计人员就与对方直接摊牌，并指出对方的舞弊行为或证据，那么从严格意义上来说，这不是认错访谈，而是倾向于处理对方劳动合同的一种谈判。摊牌式对质访谈是一种没有回旋余地的谈话，摊牌式谈话后不管对方有没有认错，双方的关系将会处于很难协调的状态。摊牌式对质访谈应该在认错访谈后，经过管理层批准再进行。

认错访谈虽然具有对抗性，但并不是摊牌式对质访谈，建议在任何情况下都先尝试认错访谈，而不是直接采取摊牌式对质访谈。

2. 认错访谈的目的性强

认错访谈有很强的目的性和针对性，审计人员不应在认错访谈中东一榔头西一棒槌地游击式发问。在认错访谈中，审计人员希望通过对方陈述中的矛盾点、不合理点、谎言或最终的认错来证明舞弊事件，审计人员可以在访谈中表现得像普通谈话，但脑海中必须时刻盘算接下来该如何提出下个问题。审计人员只有对调查中所有已经获得的证据和线索具有全局的掌握，才能在访谈中有针对性地利用逻辑矛盾和心理压力来促使对方供述。

审计人员在开始进行认错访谈之前应该先预测将会出现的结果。例如，对方不承认所有的问题，对方承认部分不重要的问题，对方承认所有问题等。审计人员应与审计领导讨论每一可能结果的处理方式。例如，马上解除合同、暂停对方工作或者不采取任何行动。

3. 认错访谈机会宝贵

企业是一个利益导向型组织，不能长时间让员工离开岗位进行谈话。所以，在企业中一般只有一次机会进行认错访谈，如果第一次认错访谈没有成功，对方就基本掌握了审计人员手中的证据和套路，也会对访谈更有心理准备。

认错访谈要谨慎执行，尽量做到准备充分，如非必要不进行认错访谈，如果必须要进行认错访谈就要快刀斩乱麻，争取出手必有所获。当然，如果第一次认错访谈后审计人员获得了更多的线索和证据，也可以做后续访谈。在第二次进行认错访谈时，审计人员必须掌握更加充分的证据，而且需要更高的"企业内部关系筹码"来向对方的领导解释为何需要多次与对方谈话。

4. 认错访谈有时间限制

企业不是公检法，没有制约他人自由行动的权力和法律基础，只能将劳动合同、公司制度政策以及员工签署的道德与行为准则作为访谈的基础。所以开展认错访谈的时间不能过长，不可违反劳动法规和劳动合同相关条款，一般建议控制在四个小时左右，最长不超过一天，不能阻止员工下班回家，也不能阻止员工吃饭和上洗手间。

5. 认错访谈要合法合规

虽然企业内认错访谈与公检法的法律基础不一样，但认错访谈同样要做到公平公正，要有合法合规的访谈标准，绝对不可严刑逼供，造成对方肉体上的伤害，或利用威胁、暴力、欺骗、引诱等方式来迫使对方供述。以上做法不仅违法违规，也很有可能导致对方为了尽快结束访谈而提供虚假或错误供述。审计人员可以通过证据、教育、心理暗示、情感调动、博弈战术、环境摆设等要素，创造出有利于供述的氛围，促使对方在心理上形成供述的动机。在认错访谈中，审计人员所使用的策略和方法、教育和引导、暗示和提示、政策压力和威慑等都必须拿捏准确，不可跨过法律红线。

6. 认错访谈要公平公正

在正常业务操作过程中，很多客观因素都可能导致某些数据或文件表面看上去不合规或导致某些流程审批被省略，并非所有表面异常的事物都是舞弊，所以认错访谈的一个重要目的是给舞弊嫌疑人一个机会去解释其行为。同时，审计人员也可通过认错访谈来验证对方的诚实度。

在认错访谈中，审计人员应该公平对待每条线索和信息。虽然审计人员关注的是能证明对方有舞弊意图和舞弊行为的信息，但也不可故意忽略或掩盖对方提供的对自身有利的信息。审计人员不可因为对方提出的信息可能推翻舞弊指控，就将其故意忽略，不采取任何调查进行核实。

认错访谈是一个公平公正的谈话过程，审计人员要通过严谨的谈话方式来促使对方认错或给对方一个解释的机会。审计人员应通过认错访谈来降低和弥补调查中可能存在的盲点，确保审计不具有偏见，没有"抓错"人。

审计人员不应偏袒任何一位被访谈者，不可选择性地针对"好欺负"的员工，对其施加不必要的压力或延长谈话时间，面对"难搞"的员工不可故意缩短访谈时间，该问的不问。

7. 认错访谈要尽量挽救对方

很多人以为认错访谈的唯一目的就是让被访谈者坦白认错，其实认错访谈还有另一个目的：挽救舞弊嫌疑人。审计人员应尽己所能，引导被访谈者看清自己的行为是违法违规违纪的，要争取挽救对方，避免让他们继续沿着错误的方向走下去。

对敢于承认错误的员工，企业应给予其改过自新的机会。能够从宽、从轻处罚的情况，应尽量不放大处理，这可以降低舞弊事件的处理成本，也可为以后的认错访谈建立从宽处理的真实案例，从而增加认错访谈中坦白从宽的说服力。挽救第一个承认错误的员工，并给予最大的"优惠"，对突破隐蔽性高或攻守同盟的舞弊如采购贪污、多人挪用资产、围标串标等有很大的帮助。企业应适当设立一两个"戴罪立功"的名额，从而寻找可以提供重大线索的参与舞弊的嫌疑人，并将其转变为"污点证人"，通过污点证人了解违规操作的舞弊流程，收集翔实证据。

三、认错访谈的适用情况

是否所有的舞弊调查都必须进行认错访谈呢？是否执行认错访谈取决于舞弊调查结果，一般而言，尚未执行认错访谈前的舞弊审计结果可分为三大类：（1）掌握了强有力且充分的证据；（2）掌握了部分证据但仍无法认定对方进行了舞弊；（3）只有很少的证据或没有能证明舞弊的证据。

1. 掌握了强有力且充分的证据

当掌握了强有力且充分的证据时，审计人员应该执行认错访谈。首先，这是给舞弊嫌疑人一个机会解释其所作所为；其次，通过认错访谈，审计人员可以利用已掌握的证据来指出对方的舞弊操作，促使其坦白认错。这种敌弱我强的认错访谈可以选择对抗性较强的访谈策略，直接以证据或矛盾点来突破舞弊嫌疑人的防线。

即使有了有力证据，审计人员也必须采取公平公正的态度来执行认错访谈。审计人员不要有已经揭发了全部舞弊事实的心态，因为也许还有更多的舞弊行为未被发现。审计人员应该利用现有的有力信息，从被访谈者身上挖掘更多的证据。

由于企业里的审计人员缺乏公权力，在认错访谈中的成功概率很难把握，对于一些阅历较深的员工，如果没有充分的证据，认错访谈策略很难取得成效。审计人员应该以"访谈前已获得充分证据"为舞弊审计目标，尽可能获得充分的文书、数据、电子痕迹证据，做到"零口供"证明舞弊。

2. 掌握了部分证据但仍无法认定对方进行了舞弊

当只掌握了部分证据时，审计人员也应进行认错访谈，但是不应以直接对抗的方式进行，而是要谨慎选择访谈策略，尽量利用委婉的方式，如教育引导、心理暗示等。由于掌握的证据不多，审计人员须小心慎用证据，避免让对方看穿审计人员的证据底牌。

有时，即使审计人员只掌握了部分证据，但只要隐藏得好，被访谈者是无法知晓审计人员真正掌握的信息和证据的，只要有效运用访谈策略，如利用潜在证据、心理暗示等，审计人员仍然有机会从对方口中套取信息和矛盾点，并结合其他访谈策略，最终促使对方供述。以上过程可以通俗地比喻为"不看你拿了什么牌，而看你如何出牌。"

认错访谈中被访谈者可能会突然提供新的证据和线索，这种情况下，审计人员应将认错访谈转换为信息访谈，延长认错访谈的时间，从对方身上挖取更多的信息。

真正能显示审计人员访谈能力的就是这种只掌握了部分证据的访谈。因为如果访谈前已经掌握了十足的证据，对方认错的概率本身就高，审计人员可能无须使用太多的访谈技巧。只掌握了部分证据的访谈需要审计人员运用各种访谈策略促使对方认错。

3. 只有很少的证据或没有能证明舞弊的证据

如果只掌握了很少的证据或没有能证明舞弊的证据，审计人员就必须慎重考虑是否要执行认错访谈。因为在这种情况下，审计人员可以利用的访谈策略较为有限，如果访谈不成功，被访谈者将对审计人员掌握的证据量有了解，从而能更好地编造辩解的借口，最终打草惊蛇，导致证据被"污染"。

面对一些舞弊经验老到、反询问能力强、阅历多的被访谈者，审计人员手上没有充足证据是很难令对方认错的。在这种情况下，最好继续执行其他审计程序，挖掘更多证据和线索，例如，文件审核、数据分析、电子痕迹取证、向关键证人进行信息访谈、利用"污点证人"收集原始证据和再生证据等。

当然，审计人员也可以考虑与舞弊嫌疑人进行信息访谈，让对方提供更多信息，同时收集对方的谎言或矛盾点。与舞弊嫌疑人进行信息访谈必须非常谨慎，不可让对方察觉到审计人员在调查他，避免把信息访谈做成了认错访谈。

当证据搜集到了一定程度或掌握了关键证据后，审计人员可考虑执行认错访谈。如果实在无法收集到充分的证据，也没有把握向嫌疑人执行信息访谈，审计人员可以将嫌疑人归纳为关键观察人物，采取放虎归山的策略，不定时审计对方所处理的业务，如果对方仍继续进行舞弊，审计人员就有机会收集舞弊证据。俗话说，留得青山在，不怕没柴烧。

4. 舞弊案情和证据对认错访谈策略的影响

舞弊事件的种类、舞弊案情、舞弊嫌疑人的阅历、审计人员所掌握的证据都直接影响着认错访谈的策略选择。认错访谈可以采用的策略很多，有比较直接的证据对质型和矛盾点对质型，也有比较委婉的心理压力型和教育引导型。在认错访谈中审计人员可以运用各种各样的策略，随着访谈的进展灵活地交叉使用各种访谈策略。一些访谈策略刚开始可能无效，但是在访谈过程中被重新使用时，却能有效推进访谈，促使对方认错。

舞弊证据掌握越充分，访谈策略就可以越直接，反之访谈就应以较委婉的方式开展。舞弊的隐蔽性越高，访谈策略的使用就越要委婉，委婉的访谈方式可以让对方在不经意间提供审计人员原本不知晓的隐蔽信息。舞弊事件的案情越复杂、技术性越高（如工程、高端信息系统等），越需要强有力的证据，在没有充分证据的情况下进行认错访谈不能采取直接对质的方式。总体而言，制定认错访谈策略时，审计人员可以考虑以下因素：

- 案件隐蔽性（隐蔽性越高，证据要求越高，访谈越委婉）；
- 涉及金额（金额越大，证据要求越高，访谈越委婉）；
- 舞弊复杂程度（复杂程度越高，证据要求越高，访谈越委婉）；
- 舞弊嫌疑人的阅历（阅历越多，证据要求越高，访谈越委婉）；
- 事件专业技术（专业性越强，证据要求越高，访谈越委婉）；
- 账外或账内舞弊（账外舞弊，证据要求高，访谈应委婉）；
- 攻守同盟还是孤军作战的舞弊（攻守同盟舞弊，证据要求高，访谈应委婉）。

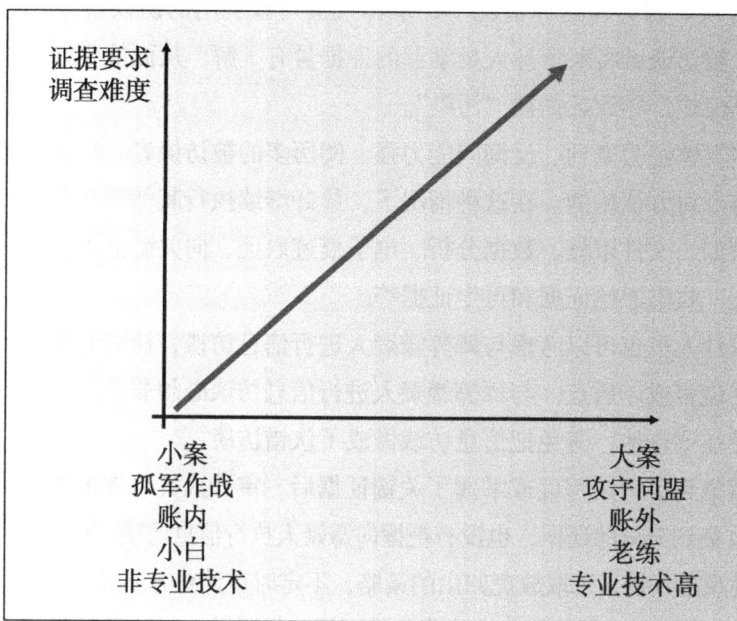

四、促使被访谈者认错的因素

一个人知道做错事需要承担后果，那为何还肯认错呢？促使一个人坦白认错的因素很多，审计人员可以根据这些因素，结合已掌握的证据及被访谈者的心理状态，调整谈话策略，向对方心理的薄弱点"对症下药"，促使对方最终坦白认错。促使被访谈者认错的因素如下：

- 已经被"逮到"；
- 将要被"逮到"；
- 争取从宽处理；
- 为了保护他人或掩盖自己更大的罪过；
- 缓解舞弊带来的负罪感；
- 认为自己没犯错；

- 自己说漏嘴；
- 信任审计人员；
- 被审计人员诱导、违规交易；
- 肉体伤害、威胁。

1. 已经被"逮到"

一个人认错的主要原因是当其知道继续抵赖和否认是徒劳的，自己的所作所为已经被审计人员掌握了证据，即使自己不承认，审计人员也可以以零口供证明舞弊，此时被访谈者就会产生认错的动机。这种动机的产生一般是希望通过供述来获得从宽处理。

2. 将要被"逮到"

当舞弊嫌疑人知道审计人员的调查方向是正确的，顺着现有的调查方向继续查下去，审计人员很快就会找到证据，继续撒谎否认也无济于事，而且可能导致更难控制的后果，这时被访谈者会盘算尽早认错的好处，或许还可以争取到主动权来合理化自己舞弊的动机。

3. 争取从宽处理

舞弊嫌疑人为了向管理层或审计人员争取从宽待遇，会交代舞弊事实。有些舞弊嫌疑人为了戴罪立功，会成为污点证人，会认错、配合调查。

4. 为了保护他人或掩盖自己更大的罪过

有些舞弊嫌疑人为了保护其他的舞弊共犯或者为了隐藏自己其他还未被发现的舞弊事项，也会主动承认部分舞弊事实，其目的是希望审计人员在获取这一部分的坦白后停止调查。

5. 缓解舞弊带来的负罪感

舞弊带来的负罪感也是一些年纪较轻、初犯舞弊的嫌疑人供述的原因。舞弊的压力让他们良心上受到谴责，无法正常思考和工作，他们希望通过认错而获得心理上的缓解。这类舞弊嫌疑人通常是比较正直的员工，因为一时糊涂或被动参与了舞弊，且事后内心一直有负罪感，审计人员访谈时可以引出对方的正义感，促使其认错。

6. 认为自己没犯错

一些舞弊嫌疑人坦白的原因是他们认为自己没做错，反而认为自己是在为公司、为社会做好事，由于他们认为自己做的事没错，所以就会直接把事情的经过说出来。

7. 自己说漏嘴

一些舞弊嫌疑人本身可能过于自信或骄傲，在谈话过程中不小心把自己舞弊的相关信息透露了出来；也有一些被访谈者会在情绪激动或悲伤时，自己说漏嘴做了供述。当然很多情况下，这种说漏嘴只能透露一些蛛丝马迹或边缘线索，需要靠审计人员认真倾听，捕捉不合理点，然后顺藤摸瓜地将其他的信息查出来、问出来。

审计人员也可以利用刺探信息的技巧，在非认错访谈的场景下让对方在不经意间把一些与舞弊有牵连的线索透露出来。

8. 信任审计人员

也有一些舞弊嫌疑人面对众多确凿证据仍然不肯认错，最后因为对审计人员的专业素养、个人品德比较敬佩，认为"栽"在这么专业的审计人员手里也比较有面子，从而会选择供述。也有一些人选择供述是因为感觉到审计人员对其的尊重，认为审计人员能理解其苦衷，向一个能够理解自己的人认错肯定比向一个不理解自己的人认错容易。

9. 被审计人员诱导、违规交易、欺骗

欺骗舞弊嫌疑人是不合规的诱导供述的方式，比如审计人员通过利益来引诱对方认错，给对方许下自己无法、无权限或根本不想兑现的承诺，例如，"你承认这件事，那我们就不调查其他的事了""如果你承认，我保证公司不追究这件事"。

严格来说，以这种诱导、交易、欺骗方式获得认错是违规的。审计人员必须对这种访谈方式负责。以这种方式获得的证据也很容易被推翻、质疑，因此审计人员必须确保访谈中使用的暗示策略、心理策略和教育策略等没有跨过红线变成诱导、违规交易、欺骗。

10. 肉体伤害、威胁

不合规、不合法地促使他人供述的方法还包括暴力逼供、肉体伤害、威胁等。当被访谈者的身体受到了伤害，为了避免承受这种直接的伤害，很多人都会说出其认为审讯人想听到的答案。这种刑讯逼供的方式是违法的，会造成许多的虚假供述。变相的肉体伤害也属于严刑逼供，如不让被访谈者喝水、吃饭、上洗手间，限制其人身自由等。这种访谈是违法违规的，审计人员不应该执行这种访谈。

11. 认错的基本因素：趋利避害

以上因素最终都可以归纳为一个，即舞弊嫌疑人认为认错可以带来利益，或者可以帮助其规避伤害，或者两者兼有。如果舞弊嫌疑人对认错的利益和危害的衡量结果是认错带来的危害将比利益多则其不会认错；反之，如果衡量结果是认错带来的利益比危害多，那么他就有可能会认错。

在认错访谈中，审计人员要通过各种策略和方法让舞弊嫌疑人联想到一个结果，那就是坦白的利益将比危害多，继续抵赖带来的损害将会比坦白受到的惩罚大。简单来说，让一个人消除侥幸心理，产生供述认错动机的基本公式为：

坦白的利益 > 坦白的损害

抗拒的损害 > 抗拒的利益

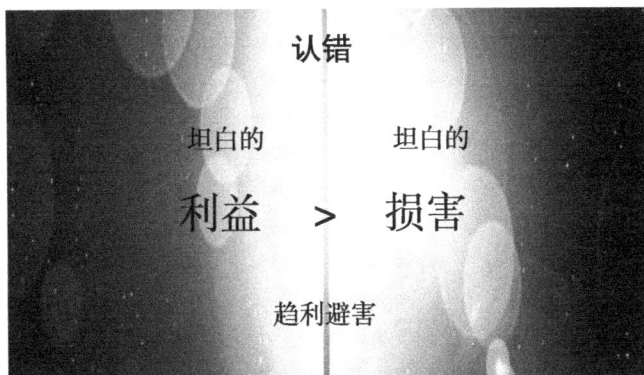

认错

坦白的　　　　坦白的

利益　>　损害

趋利避害

打破了花瓶，你认错吗

　　你今天回到家，看到心爱的花瓶被打破了，你心里满是怒火，估计是家里两个孩子（小强和小明）在客厅踢足球时把花瓶给打破了。你把他们喊出来问："谁把我的花瓶打破了？！我都说了不能在客厅踢足球，是谁顽皮不听话？赶快说！我要用藤条把打破花瓶的那条腿给打断！"试想如果你是打破花瓶的小孩，知道如果承认就会挨打，你会马上承认吗？

　　假设你用另一种方式来询问两个孩子，你强忍怒气说："花瓶破了就破了，不是什么大不了的事，最重要的是好孩子要勇敢诚实，敢作敢当。只要他承认是自己把花瓶打破的，就还是诚实的好孩子，值得表扬，而且好孩子可能还有冰淇淋吃呢！你们自己承认，我就不用把客厅的监控视频拿出来看了。小明，告诉妈妈，你是上午还是下午打破花瓶的？是故意把球踢向花瓶，还是在踢球时不小心碰到花瓶的？"

　　哪种方式更能鼓励小明承认自己把花瓶踢倒了呢？肯定是第二种方式！第一种方式下，小明不敢承认，因为他一承认就要挨打。相信大部分人都会想尽方法拒绝承认，以躲避皮肉之痛。第二种方式不但没挨打，妈妈还安慰他，让他感觉打破花瓶是小事，承认了依然是好孩子，还可能有冰淇淋吃。即使他不承认，母亲也可能会从监控视频中知道是他做的，抵赖是徒劳的，因为小明无法确定妈妈有没有监控视频。小明可能会思考现在承认也许还有主动权，可以编一些比较好的理由解释为何打破了花瓶。当然，小明必须完全相信，妈妈不会骗他，一定会兑现诺言，在他承认后不会反悔来打他，而会遵守诺言带他去吃冰淇淋。

　　如果分开询问小强和小明，告诉他们谁先承认谁就有冰淇淋吃，不说的就要受到加倍惩罚。在这种"囚徒困境"下，可能两人很快都会承认。当然如果妈妈直接惩罚小明，小明在无法承受肉体上的疼痛和伤害时也会承认，因为肉体上的伤害是直接的。一个人为了躲避肉体伤害可能会说出询问者想要听的答案，但也可能做出虚假供述。

五、舞弊认错三角

综合以上各种认错因素，可以归纳出促使舞弊嫌疑人认错的三大前提。舞弊三角理论中所包含的三大因素必须同时存在才能促成舞弊行为的发酵，舞弊认错三角也一样，三大认错因素必须同时存在，才能促使当事人认错供述：

- 认错的利益比损害多；
- 已经或将要失去对抗的条件；
- 勾起当事人犯错的记忆。

认错的前提

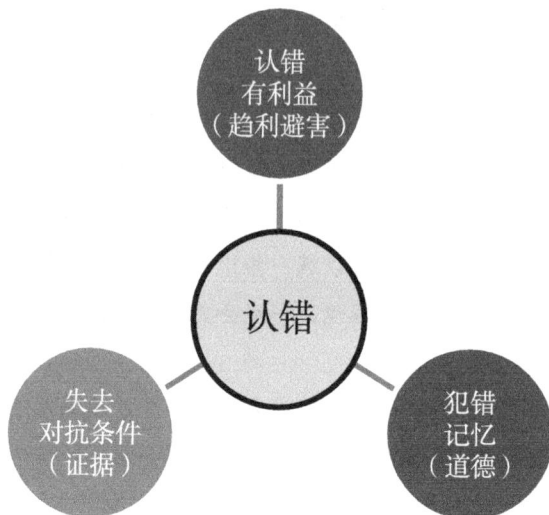

1. 认错的利益比损害多

第一个认错前提是舞弊嫌疑人必须得出认错有净利益的结论。只有当认错利益高于认错损害时，被访谈者才会愿意认错，如果其权衡后得出的结论是认错损害比认错利益高，就不会考虑认错。审计人员应通过谈话策略，让被访谈者放大认错的利益，减小认错的损害，让对方认为，如果认错，则会有更多的主动权解释其舞弊的动机，尽早认错也会有更高的概率争取从宽处理的待遇。

审计人员应让当事人停留在短期思维，不去思考认错的长远损害，要谨慎用词，避免使用会让当事人放大认错损害的词语，如报警、舞弊、偷钱、贪污等，应用一些中性的字眼，如处理、事件、拿了东西、收了红包等。

审计人员也要让对方意识到，继续否认将带来更大损害，审计工作不但不会终止，反而将会扩大和深入，会挖掘出更多过往的过错和舞弊，同时也可能牵连更多的舞弊同犯。审计人员应使对方了解到，继续抵赖将导致向管理层求情的主动权和可能性迅速减小，甚至消失，同时为舞弊行为编造一个道德上可交代、可接受的合理化解释的机会也会失去。

2. 已经或将要失去对抗的条件

第二个认错前提是被访谈者得出自己已经或将失去对抗条件的结论。每一个舞弊嫌疑人都具有侥幸心理，所以才会铤而走险，进行舞弊。一个人如果认为其舞弊行径肯定会被发现，就不会进行舞弊，因为一切都会被发现而变成徒劳。

如果对方舞弊了，审计人员要想方设法让对方认为自己的舞弊罪证已经或马上将要被审计人员掌握，其所依赖抗拒坦白的基石已消失，继续抵赖是枉然的。舞弊这条路已经走到头，不能继续掩盖其行为了。审计人员要打消对方的侥幸心理，让对方明白"若要人不知，除非己莫为"。

审计人员要让对方意识到利益源头已经转换，已不再能从其舞弊行为中获得收益，被访谈者现在的利益源头是审计人员，如果及时认错，可通过审计人员向管理层争取坦白从宽的机会，被访谈者还可以以有体面、有尊严的方式来应对自己被调查这件事。

3. 勾起当事人犯错的记忆

第三个认错前提是勾起了当事人的犯错记忆。舞弊嫌疑人必须真的犯过错，其脑海中存在着犯错的记忆，才有可能认错。审计人员必须要唤起对方曾经犯错的情景，引导出对方脑海中善良正直的一面（天使、超我），让当事人内心光明的一面来勾起其对舞弊的记忆。

审计人员也可利用舞弊过程可能出现或遗留的潜在证据，来激发被访谈者对自己舞弊行为的联想。这些联想就是在对方的脑海中播撒下"思维病毒"，让其发酵，如果舞弊嫌疑人不曾进行舞弊，这些"思维病毒"将无法在其脑海中发挥作用，前面两个认错前提（认错的利益和失去对抗的机会）也无法在其脑海中取得效果。被访谈者如果没有进行舞弊，就无须考虑到底认错的利益和认错的损害哪个比较大，其没有需要掩盖的舞弊行为，所以也无须依赖任何事物进行对抗。

严刑逼供会给被访谈者生理上造成直接或间接的极大痛楚，会迫使其得出结论即"承认"可以避免承受痛苦，肯定比抗拒好，即使其根本没有进行过舞弊。对方"承认"只是为了避免被伤害。这种"承认"是虚假坦白，是屈打成招。因此，严刑逼供是违法的。审计人员绝对不可以在访谈中严刑逼供。

六、促成认错的三大方法

1. 引出对方心中的"天使"

在执行认错访谈时，审计人员要把当事人人性中阳光的一面（"天使"）引出来，在访谈中不可辱骂、贬低、挖苦对方，不可使其失去尊严和面子，从而把当事人推向自私的"本我"。如果对方的"本我"占据主导，让其觉得自己失去了尊严，那他可能会变得不管不顾，也不愿意承认错误。

在审计访谈中，应该尽量让对方感受到被尊重，适当提及或强调对方觉得骄傲的事迹、过去的辉煌业绩、得过的奖项等，例如，"张总，公司里的员工都认为你很专业，对某项技术研究得很透彻"或"林经理，你是公司中最受欢迎的员工，大家很喜欢和你谈话"或"张经理，你上次拿过优秀员工奖"等。通过这种方法，引出对方的"超我"，让其更能接受高尚的道德标准，从而接受认错访谈中的教育。

2. 让对方停留在短期思维

审计人员也要让被访谈者停留在短期思维中。什么是短期思维？短期思维就是让对方只想到眼前，而不去想长远后果。如果让被访谈者思考长远的事，他将找出更多认错的损害，并且会无限放大这些损害。

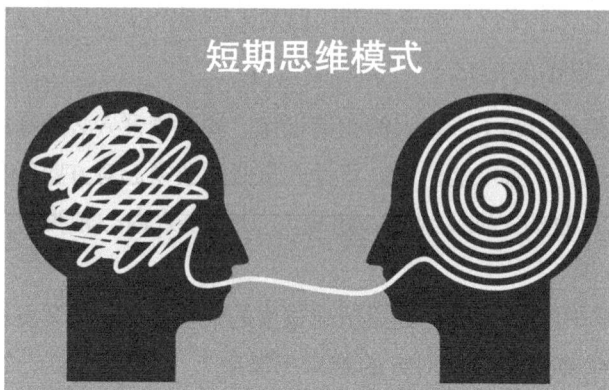

短期思维模式

其实，在访谈中，要令对方权衡得出认错比抗拒利益更大的结论是不容易的。当其思考认错的长远后果，如被开除、难以找到下一份工作、司法程序、被逮捕、判刑、坐牢等，将会伴随其联想到更多负面结果，其很难得出认错有好处的结论。所以，审计人员不能给对方思考长远的损害的机会，以免阻碍其认错。

（1）现在不说，事情还会缠着你

在认错访谈中，审计人员需要让对方停留在短期思维中，让他考虑现在如果不交代，这件事会继续烦扰他；现在不说，也无法解释文件中与其口述的一些矛盾点，审计人员仍会继续询问他这些疑点。审计人员应尽量让被访谈者先思考该如何圆满解决这些疑点、矛盾点，如何编造让人信服的故事或在道德上可以被原谅的理由来解释这些事情。审计人员要让对方的思维停留在思考解释为何某个凭证上有其签字，或者为何某个不合格供应商中标了，或者为何签字看上去被修改过等问题。

审计人员要让被访谈者只思考眼前的小问题，而不是长远的后果，从而让其放大认错的好处。让被访谈者认为首先要做的事是想个理由解释为何自己当时让那个供应商中标、为何在凭证上签字、做那件事的苦衷是什么等。审计人员应通过语言暗示，让被访谈者认为，如果自己承认了，这件事马上就能得到处理，其心灵也会得到解放。

（2）避免敏感词汇

为了不让对方思考长远的后果，审计人员在询问时要注意措辞。在访谈初期，应避免使用敏感词汇，如报警、开除、司法程序等，不要让对方无限放大自己承认后的损害。有时，审计人员说"如果你承认了，公司就可能不会报警"，但对方听到这句话后，反而会联想到报警的后果，因为被访谈者本人进行了舞弊，其就会想如果自己承认了公司可能会去报警！

当然，认错访谈后期，如果对方还是没有认错，审计人员则可能要利用心理压力来令对方坦白，让对方知道抗拒的后果就是公司会报警，其会惹上官司，丢失颜面。此时就无须回避敏感词汇了。

3. 在对方脑中播撒下"思维病毒"

认错访谈主要是通过问话，让被访谈者联想并创建认知误区，使认错三角中三大前提都呈现在被访谈者的头脑里。第一，要激起其犯错记忆，让他的"超我天使"提醒其所作所为是不正确的。第二，让其自己分析出自己赖于反抗审计的条件已经或即将失去。第三，让其认识到现在唯一的出路就是向审计人员认错，争取最大限度的宽恕对待。

在访谈中利用暗示策略就是在被访谈者头脑中播撒下各种"思维病毒"，让"病毒"在被访谈者的头脑中持续发酵，使其得出认错对其有利这一结论。

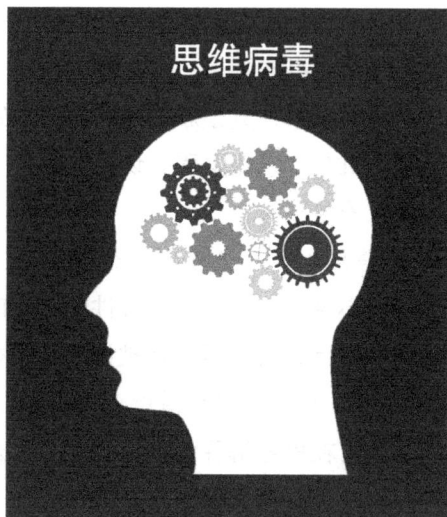

思维病毒

什么是"思维病毒"

"思维病毒"让人们在获得片面、模糊的信息后自我联想和分析形成一些认知，这些认知可能和现实有差距，但是当事人却难以发现。一般这种认知都是往最坏的情形去联想的。

这里以两个小例子来说明什么是"思维病毒"。

1. 人事部派人来找你了

假设今天你到办公室刚坐下，你的同事告诉你："刚才人事经理来找你，要你到公司后马上去一趟人事部。"请问这时你的脑海中是会考虑人事部要和你讨论年终奖金，还是会联想公司是否已经发现了你泄露标底给投标商的事？

2. 你太太打电话到你的座机上

假设今天你到办公室刚坐下，你的同事告诉你："刚才你太太打电话到你的座机，说打你的手机没信号，要你到公司马上打电话回家。"请问这时你的脑海中是会想你太太打电话给你是要和你商量今天晚餐吃什么，还是会联想家里是否出了事，是小孩还是老人出事了？

估计大多数的人在听到了以上的事之后都会自然地去联想一些负面的事。如果你真的泄露标底给投标商，那你可能就会经常担心这件事被人发现。当家里人打电话来公司找你却没留下完整的信息，你的第一个想法肯定是出了什么重要的事所以打电话到公司来找你。一般人在收到模糊和不完整的信息的时候都会自然而然地做最坏的联想。

七、认错访谈四部曲之一：认错访谈的开场

认错访谈的目的就是让被访谈者承认其进行的舞弊，此时可以采用四个步骤来让对方敞开心胸，承认舞弊。

- 认错访谈的开场
- 认错的游说策略
- 阻止对方否认并寻求突破
- 提供狭窄的选项

在企业内部开展审计访谈与公检法进行访谈不一样，企业不具有国家法律的权威，没有限制被访谈者自由的权力，所以企业内部开展的信息访谈都是以相对"低压力"的方式进行的。由于认错访谈必须比信息访谈更加直接、更加有针对性，所以认错访谈不能以类似信息访谈般温和的方式来进行。

认错访谈具有很强的对抗性，被访谈者要隐瞒舞弊，而审计人员要揭穿舞弊，所以认错访谈的气氛就自然没有信息访谈那么友善，访谈氛围将持续紧张。当审计人员采取给对方施加心理压力的访谈策略时，谈话氛围必须严肃，这样才能营造出压迫感。从信息访谈切换成认错访谈时，访谈模式就要有所改变，这时审计人员要在认错访谈的开场阶段执行两件事：（1）建立审计威信；（2）切换访谈模式。

1. 建立审计威信（播下第一枚"思维病毒"）

在认错访谈中，审计人员的最终目的是使被访谈者认错。要让对方最终认错，审计人员须让被访谈者感受到审计工作的严谨仔细，一点一滴地让被访谈者认可审计人员获取证据、证明舞弊事实的能力。审计人员要建立审计威信，营造严肃的谈话氛围。

建立审计威信是播撒"思维病毒"的一种方式，主要目的是让当事人对审计工作有所敬畏，相信审计工作。审计威信可以通过下列几种方式创建：

- 利用环境氛围创建威信；
- 通过亮明身份创建威信；
- 利用调查力度创建威信；
- 利用政策规章创建威信；
- 通过核实证据创建威信。

（1）利用环境氛围创建威信

认错访谈的地点要比信息访谈更讲究，信息访谈可以在任何地方进行，但是认错访谈应在审计人员拥有主动权、比较隐蔽同时也比较严肃的地方进行，最好是审计人员的办公地点。

可以考虑在通往访谈室的途中悬挂一些以公司对舞弊零容忍为内容的政策海报，也可以在走廊两旁悬挂一些口号或案例，让对方走向认错访谈室时可以看到这些严肃的口号、政策、案例，使其产生压力。

认错访谈室内的摆设要严肃，尽量减少无关物品的摆放，通过营造紧张的环境氛围来让被访谈者产生心理压力。

如果企业有条件，可以考虑设立专门用来进行认错访谈的谈话室；可以将访谈室的其中一面墙壁设立为单向玻璃，将玻璃的另一边设为访谈观察间。

（2）通过亮明身份创建威信

通过告知被访谈者审计人员的身份与职责来让对方联想到事情的严重性，同时告知对方配合审计工作是其身为员工的职责与义务。审计人员也应让被访谈者知道这次访谈是经过其领导许可的，要尽可能让对方产生被孤立的感觉，不要让其以为还可以依靠自己的领导。审计人员在访谈开始时，要向对方提出必须如实陈述的警告。

（3）利用调查力度创建威信

审计人员可以向被访谈者描述审计团队的调查力度，打消对方的侥幸心理。一般而言，认错访谈开始时，审计人员应根据案情和可能存在的潜在证据，以点到为止的方式让对方知道审计检查的调查力度、深度和广度。审计人员可以说，在审计中已经进行了全方位的审计工作，例如，数据分析和审查投标合同文件、与供应商和离职员工进行谈话、通过电子痕迹软件恢复文件、检查员工线上的行为等。

审计人员也可以透露在审计过程中已经调取和审查了企业的监控摄像头。这些描述主要是让对方联想和意识到审计人员的调查力度，意识到审计人员是有备而来的，从而激发被访谈者的联想，认为审计人员已经或很快就将获得舞弊证据。

（4）利用政策规章创建威信

审计人员应向被访谈者介绍企业对舞弊行为的政策，以及企业对待员工"坦白从宽，抗拒从严"的政策。让被访谈者一方面受到政策震慑，另一方面知道其"逃生窗口"还开着。审计人员应告知被访谈者，企业管理层对待员工是公平公正的，虽然已经知道了员工的行为，但还是会给其一个主动解释事情经过的机会。这样说的用意是让对方以为审计人员已经掌握了其舞弊的证据。

（5）通过核实证据创建威信

最后一个建立威信的方法是告知被访谈者，审计人员将根据其所提供的信息进行核实，暗示被访谈者如果提供虚假信息，审计人员是可以发现的，最好不要撒谎。

审计人员可以这样说"我们现在来和你谈话，是公司给员工一个机会，听听你对这件事的解释""公司已经知道你的行为，今天来和你谈这件事，是要进行一个审计询问的流程，来让你说说情况"，尽量让对方感觉到审计人员其实已经掌握了足够的证据，不是为了从其口中获取信息，只是来听听其解释而已。

2. 切换访谈模式（播下第二枚"思维病毒"）

企业内部访谈都是以温和、低压的信息访谈开始的，当要进入认错访谈时，审计人员需要转换谈话的氛围。审计人员可以通过以下三种方式切换访谈模式，从较温和的信息访谈转换成认错访谈。

（1）犯错明示

审计人员直接指控对方犯了错误，认为被访谈者参与了舞弊事件。这种做法比较直截了当，让对方知道审计人员已经认为他就是舞弊当事人，他的舞弊事件已经被掌握了。

如果审计人员已经掌握了非常充分确凿的证据，可以用这种犯错明示的方式来切换访谈模式。但是这种直接指控缺少回旋的余地，如果访谈后发现对方确实没有舞弊，那双方的关系将很难修复。一般情况下，不建议审计人员在访谈中采取"犯错明示"来切换访谈模式。

（2）疑点暗示

疑点暗示是指出被访谈者之前谈话中的疑点或其提供信息的不正确之处。审计人员会暗示被访谈者所说的话中存在矛盾、不合理的地方或所提供的信息无法被确认等。这些不合理的地方需要对方重新如实陈述。审计人员没有直接指控对方，只是暗示他说的话有矛盾、不符合逻辑。这种方式比较委婉，比较合适企业内部的认错访谈，尤其是当审计人员只掌握了部分证据或没有证据可以证明对方舞弊时。

（3）试探暗示

试探暗示是以"顾左右而言他"的方式来进行提问，一般是围绕着主话题的外围问题。审计人员故意不问事情的主要构成部分，反而去问一些非主题事件。这种问题一般都以模糊文字和中性文字来询问，主要用处是在对方的脑海中播撒"思维病毒"，让对方自己联想这些问题的含义。

在切换访谈模式时，审计人员可以向被访谈者暗示现在的访谈具有一定的严重性，访谈的内容将和之前不一样，可以利用以下问题进行过渡：

- 你知道这次访谈的目的吗？
- 你知道我们的职责吗？
- 你觉得这次审计后会有什么结果？
- 你知道我们为何来和你谈话吗？
- 你这几天考虑得如何？（假设曾经与对方做过访谈。）
- 上次访谈后，你是怎么想的？（假设曾经与对方做过访谈。）
- 上次让你回去考虑的是什么事？（假设曾经与对方做过访谈。）

（4）勿以抱歉语气来提问或切换访谈模式

从信息访谈切换到认错访谈需要营造一个访谈气氛，要创造足够的条件，让被访谈者产生心理压力，从而促使其最终认错。审计人员需要以自信的态度来面对被访谈者，让他知道审计人员掌握了足够的证据。

手上掌握了证据的审计人员应该表现出自信的样子，而不是带有抱歉的态度。审计人员不能以"不好意思""抱歉"等语气词和态度来切换访谈模式，不应说："李总，不好意思，我们需要问你一些问题。""张经理，非常抱歉，我们需要问你一些关于投标的问题，可能有些敏感。"

如果用抱歉的语气来切换，对方就会猜出审计人员其实没有完整的证据。审计人员应以一种自信的态度和口气来让对方知道，之前所谓的"儿戏"已经结束，现在是对方配合的时候了。

八、认错访谈四部曲之二：认错的游说策略

在成功建立了审计威信并切换访谈模式后，审计人员就要进入认错访谈的第二个阶段：游说。这时审计人员仿佛成了一名销售员，对被访谈者进行游说，让其态度从一开始的"绝对不说"，慢慢变成"不可以说"，再变或"不愿意说"，之后变成"不得不说"，最后成为"不妨说说"，最终让被访谈者认为"最好还是向审计人员坦白"。在被访谈者的态度转变的过程中，审计人员需要利用大量的博弈战术，在合适的时机攻陷其心理和情感的薄弱点。

认错访谈中的"游说阶段"是整个审计询问中最深入的阶段，审计人员与被访谈者双方斗智斗勇斗毅力，展开"拉锯战"和"持久战"，这一阶段是花费时间最长、耗费精力最多、心理及智力斗争最激烈的阶段。

要提高游说的成功率、突破对方心理防线，审计人员必须掌握案情中已经获得的证据与线索、被访谈者和其他证人之前陈述中的疑点和矛盾点，以及被访谈者的心理状态。

在审计访谈中，游说被访谈者认错需要技巧与策略。游说的策略可以分为以下六大类。

- 证据类
- 矛盾类
- 心理类
- 教育类
- 暗示类
- 战术类

每一类游说策略都有其优点和适用的时机。有些游说策略单独使用就能有效地促使被访谈者产生供述的动机；有些游说策略需要和其他的策略混搭使用才能产生效果；也有些游说策略起初使用的时候无法触动被访谈者，但是在谈话进展到一定程度后再使用，却能影响对方。

每一位被访谈者都有着不同的背景、阅历、文化程度，所以没有哪一个游说策略可以通用于不同的被访谈者，审计人员应灵活使用各类游说策略，敢于尝试使用各种策略，一个策略不奏效，就接着使用下一个策略，总有策略会在被访谈者身上起作用。审计人员应多了解被访谈者，研究对方的背景，掌握其喜好，了解其所牵挂的事和性格中的弱点，通过这些信息，审计人员可以更好地选择最合适的游说策略。

1. 证据类游说策略

证据类游说策略就是通过证据来促使被访谈者供述。运用证据类游说策略一般是在审计人员掌握了较充分、确凿的证据，或者审计访谈时间紧迫，必须重点突破、直接对垒的情况下。如果审计人员有足够的访谈时间，一般不建议直接采用证据类游说策略来进行访谈，因为直接利用证据来与对方对质，就减少了让对方先陈述，从而拓展审计范围的机会。

证据类游说策略有明示证据和暗示证据两种方法。

（1）明示证据

明示证据就是审计人员向被访谈者直接出示实证，包括文书证据、照片、数据等。审计人员将已收集的各项证据向被访谈者出示并进行对质，希望通过出示证据来表明被访谈者的舞弊行为或显示被访谈者所提供的信息是虚假的。明示证据是一种没有回旋余地的游说策略，出示后的证据就失去了其所有的神秘感，如果被访谈者能想到为该证据辩解的理由，那审计人员的证据底牌就被对方看穿了。

（2）暗示证据

暗示证据就是审计人员以非明确的方式提示被访谈者该证据的存在。暗示证据的方式包括口头向被访谈者宣称该证据的存在，审计人员也可以将证据摆放在被访谈者可以看到的地方，但不出示，引而不发。如果有音频视频的，则只展示部分音频或视频或以静音的方式播放视频。审计人员也可以通过行动来暗示证据，如接听电话，让被访谈者看到审计人员同时与另外一名舞弊嫌疑人或供应商在谈话，或者安排人员故意在被访谈者面前提交文件给审计人员，让其以为审计人员已经获得了证据。

审计人员在使用证据时要留有回旋的余地，能够以暗示的方式来提示证据就不要明示。以暗示的方式使用证据也可归类为"暗示类游说策略"。

（3）利用证据时的注意事项

有时，审计人员觉得证据充分，就直接采取出示证据的谈话策略，这样做的风险在于，被访谈者会根据所出示的证据来调整其将要给出的供述，从而可能出现虚假或局部供述。有些情况下，舞弊的范围很大，审计人员可能只找到了已知舞弊事件中的证据，但对于其他舞弊事件仍一无所知。

当审计人员出示了已知舞弊中的证据，被访谈者可能就会摸透其底牌，只把审计人员已知的事说出来，然后继续隐藏那些未知的舞弊。审计人员要避免过早出示证据，防止给自己设定思维局限和盲点，无法深挖对方的余罪和舞弊同伙。

出示证据时审计人员应全神贯注观察对方的表情和肢体语言，判断该证据对被访谈者的震撼力如何。如果对方对出示的某些证据表示惊讶，则表示该证据可能可以继续深入挖掘。

每个出示的证据都要充分发挥其功效，与其他的证据和访谈策略相结合和补充。审计人员也不应重复使用证据，因为这样会让被访谈者认为审计人员只有这一个证据。出示证据要选择好时机，在不恰当的时机出示证据可能会无法达到效果。

当对方还没把谎言说得深入时就出示证据，会让对方马上改口，解释为何存在该证据；反之，在适当的时机出示证据，即使该证据是微小的，也有可能获得很好的效果。

当被访谈者的心理处于犹豫或悲哀状态时，或当被访谈者已经将谎言说得深入，无法轻易回头改口时再出示证据，容易获得震撼的效果。

当被访谈者心理防线接近崩溃，在挣扎是否供述时，或许一个微小的线索或暗示就足以给其最后的震撼，促使其产生认知误区并生成供述的动机。例如，在被访谈者考虑是否要承认其拿了供应商的好处时，审计人员向其展示了供应商办公室内有和其同款的特殊茶具，让他自己联想以为供应商已经向审计人员承认了。这时，被访谈者的最后防线就崩溃了，最终承认其拿了供应商的好处。

（4）证据的合法性

出示的证据必须是以合法合规的审计方法获得的，出示证据的过程也必须合法合规，不可通过恐吓、诱导等方式出示证据。以违规违法方式获取的证据将不能被法律采纳。

（5）证据就像炮弹

出示证据就像打出炮弹，必须谨慎选取时机，能够不出示证据就尽量不出示。审计人员需要知道证据在出示之后就会失去神秘感，被访谈者对该证据的所有联想就会马上消失。如果明示的证据没有达到预期的效果，则很难再次被用于促使供述，就好像打出去的炮弹很难再被重新使用。

审计人员应在谨慎盘算后认定出示证据有较高的概率达到预期效果时再出示证据。如果必须要出示证据，审计人员要争取以最少的证据获得最大的效果，并尽可能少地出示证据。出示证据必须由浅入深，逐步从微小证据到重大证据；要等到必须出示证据时再出示证据，非必要时不应出示。

谨慎使用证据的建议

能使用次要证据的，就不要使用主要证据。

能口头提示证据的，就不要明确出示证据。

能局部使用证据的，就不要全部使用证据。

能间接使用证据的，就不要直接使用证据。

能暗示使用证据的，就不要明示使用证据。

能混杂使用证据的，就不要具体使用证据。

能个别使用证据的，就不要集体使用证据。

---

2. 矛盾类游说策略

矛盾类游说策略是指审计人员利用以下矛盾点，促使被访谈者陷入不得不认错的处境：

- 被访谈者的供述与其他证据存在矛盾、出入和不合理之处；
- 被访谈者的供述与历史信息、自然条件、惯例常态存在矛盾、出入和不合理之处；
- 被访谈者和其他人的供述存在矛盾、出入和不合理之处；
- 被访谈者的供述和其之前的供述存在矛盾、出入和不合理之处。

为了执行矛盾类游说策略，审计人员必须对口头证据以外的所有证据都了如指掌。企业内部的舞弊审计绝大部分证据都来自文件与数据，所以审计人员在进行认错访谈前，必须先做好文件审核和数据分析工作。在掌握了文件和数据情况后，审计人员可以将其与被访谈者所提供的信息进行对比，找出两者之间的矛盾点、出入点和不合理点。例如，工程合同审批与被访谈者所说的不一致，现场签证和被访谈者的供述有出入等。

除了寻找被访谈者提供的信息与证据之间的矛盾点，审计人员也应该尽量获取自然环境方面的历史信息、了解企业惯例，如历史天气记录、企业流程的惯例（常态）、企业的招标政策等。在掌握了自然条件的历史数据和企业惯例之后，审计人员可以将其与被访谈者所提供的信息进行对比，找出两者之间的矛盾点、出入点和不合理点。例如，被访谈者说的工程延误的理由与天气记录是否匹配；物料收货和质检流程描述是否符合企业惯例；招投标流程是否符合企业制度等。

审计人员也必须记得其他人所提供的供述，并与舞弊嫌疑人所说的进行对比，尤其要警觉被访谈者的供述与其他人说的不一致之处。出现这种情况，不是被访谈者说谎或说错，就是其他人说谎或说错，审计人员必须在访谈后核实到底谁说的是对的。很多情况下，其他证人的陈述中会隐藏着一些蛛丝马迹，能否有效地利用这一点首先看审计人员在与舞弊嫌疑人进行访谈时能否记得其他证人曾经说过的话，其次是看审计人员能否察觉出陈述中的矛盾点，最后看审计人员在发现矛盾点后是否有迎难而上的毅力，去深入挖掘其他证据来揭露舞弊嫌疑人的谎言。

最后一种矛盾点是被访谈者自己所说的话之间存在不一致，例如，前面说过的和后来说的相互矛盾或有逻辑上的不合理之处。同样，审计人员必须做到记得对方之前说过的话，并且能察觉到两者间的差异。非常关键的是，在发现这些差异后，审计人员需要思考这些差异背后的含义是什么，是代表当事人不想说某件事，还是某个文件存在问题，或是表示某个数据有不妥之处，抑或是表示当事人不知道某件事等。审计人员需要根据这些矛盾点的引导来顺藤摸瓜，把其他证据找出来。

（1）以子之矛，攻子之盾

以被访谈者的供述来核对他之前所提供的信息和陈述，就是"以子之矛，攻子之盾"。当事人的"矛"是最尖锐的，审计人员应该灵活地利用，让其自己的"矛"攻击自己的"盾"。当事人很难解释为何他一边认可某个论点，另一边又完全否认自己提出来的论点。

除了当事人自己说过的话是最尖锐的"矛"之外，审计人员也可以把所发现的文件证据、数据证据、自然历史信息、企业惯例等让对方确认。由于审计人员一直不揭穿对方的谎言，对方可能会放低戒备心，未察觉审计人员在让他确认信息。当其不经意间确认了审计人员给他看的证据之后，这些文件证据、数据证据、自然历史信息、企业惯例等就都成为他口中说过的话，变成他的"矛"了，审计人员可以用它们来攻他的"盾"。

（2）欲擒故纵

利用矛盾点策略要讲究技巧，审计人员应让被访谈者多说话，只有对方肯多说话才能不断收集信息、谎言。在对方说话时，应尽量让他自由回想，使其自由发挥。审计人员可以先以开放式问题发问，再用封闭式问题和引导式问题，避免对方在访谈结束后辩解是审计人员引导他这么说的。审计人员的问题必须简短、容易明白，避免对方辩解是自己误解了问题。审计人员还应该多次从正面和侧面向对方确认他所说的不合理之处，避免其过后狡辩是不小心说错了。

（3）不可喜形于色

当被访谈者说了矛盾点和谎言时，审计人员应沉住气，不可喜形于色，让对方意识到自己说错话了。审计人员也不应在对方说了矛盾点和谎言时马上指出，而应该让其继续说。审计人员应在对方回答了三至四个问题之后，趁对方还未察觉时再次从侧面询问同样的问题，让对方把谎言再说一遍。最好能让对方把谎言说三遍以上，这样其就很难在事后狡辩。

如果审计人员捕捉到了对方陈述中的矛盾点和谎言，"天鹅肉"仿佛已经到嘴边，这时不必穷追不舍急着去指正对方，否则可能导致"天鹅"飞走。被访谈者如果撒谎就放任其撒谎，审计人员要做的就是把对方的谎言收集起来。

这种做法类似将到嘴边的天鹅"圈养"起来，继续把其他的天鹅（谎言）吸引过来，等天鹅（谎言）"圈养"多了，再慢慢把笼子关起来。

（4）利用反假定性问题来收集矛盾点

当审计人员采取欲擒故纵的策略和矛盾点策略时，可以考虑利用反假定性问题。反假定性问题是提问方已经知道问题答案，但仍把自己当作什么都不知道地向对方提问。通过反假定性问题，审计人员可以测试对方是否在说实话，也可以观察对方的肢体语言和表情。如果对方撒谎，则这个谎言也可以被收集起来，让对方在自己的谎言里被套牢，随后一次性拆穿所有谎言，使其无法辩解。

反假定性问题其实就是"假定性问题"和"引导性问题"的反面。"假定性问题"和"引导性问题"都会跳过一个或两个前提来提问，先假设前提事件存在，然后询问后续的事。而反假定性问题中，提问者明明知道问题的答案，但并不认定或假定任何事情，通常以减少一个或者两个事件前提为方针来设计问题。

（5）通过预测抢占先机，寻找矛盾点

利用矛盾来击破对方的谎言时，要选择适当的缺口。审计人员应谨慎预判对方的借口和客观环境可能给予对方的"逃脱"解释。

认错访谈就像一场没有硝烟的战争，谁的预见能力和策划能力更强，谁就更有机会胜出。做好预测后，审计人员要抢占对方的棋盘，尽量在对方还没把借口说出来前，将他的借口不能成立的原因说出来，也就是抢先占领对方棋子（借口）的位置，不让其有机会下那一步棋（不让其有机会把借口说出来）。当然，如果对方也是博弈高手，他可能也会想抢占该位置，那就要看谁能继续往前去抢占下一步棋的位置。

审计人员也需要知道手中掌握的矛盾点的逻辑是否足够严谨，矛盾点是否只有唯一的解释，即是对方故意操作的。如果矛盾点还可能存在其他解释，就表示该矛盾点还不够充分，证据的唯一性还不够充足，还需要其他的矛盾点或证据来辅助才能说明事情原委。这种情况下，审计人员就要继续收集对方的谎言、矛盾点和其他证据。

（6）星星之火，可以燎原

当有了足够充分的矛盾点时，审计人员要选择一个合适的缺口进行突破，可以选择舞弊事件中的关键点来突破，也可以选择一个不起眼的小矛盾点发起攻击。

选择舞弊的关键点来突破对方的心理防线，就是真刀真枪地进攻对方的城池营垒。由于被访谈者知道该关键点就是证明自己舞弊的重要证据，所以一定会全力对抗和辩解。以舞弊关键点来取得突破的好处是节省时间，比较直接，无须进行过多的思考，但是突破舞弊的关键点需要充分、确凿的证据。

选择不起眼的小矛盾点进行突破，就像先占据农村继而包围城镇，由于这些小矛盾点不起眼，对方可能不在乎，也不太放在心上，不会有太多的对抗和辩驳。以非关键点突破，就是在对方不重视的情况下慢慢渗透其重要地段。

（7）以矛盾点进行"迂回围歼"

当这些非关键矛盾点收集到一定量后，就可以进行"迂回围歼"，将对方所依赖的每一个辩解支撑点逐个击破，让他无法继续自圆其说，最终作茧自缚，自己被自己的话套住、逼到了墙角，这时被访谈者只能选择认错。当然也有人会继续狡辩，审计人员应让其知道，此时认错还能体面收场，如果继续狡辩将显得其没有道德底线、很愚蠢，将会影响他的声誉和尊严，也就没有台阶下了。

当矛盾缺口打开，对方无法解释和自圆其说时，审计人员要乘胜追击，加快节奏向对方连续提问，并从多方面向对方提问，达到多重"围剿"的效果，给对方增加心理压力，促使对方心理防线崩溃，产生供述的动机。审计人员不能小看这些不起眼的小矛盾点，一个非关键的小矛盾点就可能撕开对方防备的缺口，最后让整个堤坝承受不住而崩溃。要记住，"星星之火，可以燎原"。

（8）直接指正矛盾点

当然，矛盾点也能被用来直接指正对方。但是这种做法比较容易造成审计人员与被访谈者间产生摩擦，可能会导致对方从此不再说话。如果对方什么都不说，将难以找出其他的矛盾点，而且在被指正后，被访谈者也会察觉审计人员警惕性很高，则其接下来的谎言就会更加隐晦、高明。所以，一般不鼓励审计人员在访谈游说的开始阶段就采用直接指正矛盾点的策略。

在游说的后期，当对方进入动摇和犹豫的阶段，想要否认和反驳时，审计人员可以采用直接指正的策略，不让对方否认和狡辩。也就是说，当对方说一个借口时，审计人员马上批评指正，一般要以严肃坚定的口气打断对方的借口，以直接并快速的方式指正对方，这是一种"高压的"突破方法。

（9）利用被访谈者和他人之间的信息不对称

矛盾类的游说策略也包括利用被访谈者和其他人之间的矛盾和信息不对称。当被访谈者不知道其同伙以及其他人曾经或将对审计人员说些什么内容时，就会进入一种博弈的困境。

被访谈者只能盘算对自己有利的策略，由于不能与其他人马上沟通或直白地询问审计人员其他人到底说了什么，被访谈者只能预判对方将提供什么信息给审计人员。每个人都有趋利避害的天性，所以会默认其他人也同样会趋利避害地做出一些对自己有利的决策。

在这种想保护自己并推断他人也是自私的思维之下，被访谈者就掉入了囚徒困境，从而最终会做出一个表面合理但其实对其不利的决定。

（10）囚徒困境的博弈

博弈是对抗双方在预测对方的下一步动作后，根据预测制定自己的应对方案的过程。在审计认错访谈中，谈话双方都在预测对方将给出的信息和辩解。审计人员要思考被访谈者将给出哪些借口和理由，预判这些情况后，审计人员就会计划接下来要问的问题，问什么、该如何问、什么时候问等，这是一个博弈的过程。

囚徒困境是博弈论中的一种。囚徒困境是指两个人由于信息隔离，在无法沟通、无法达成共识、无法保证共识不会改变的情况下，都会自然而然地选择对自己有好处的选项，即使该选项并不能使自己和大家的利益最大化。

囚徒困境

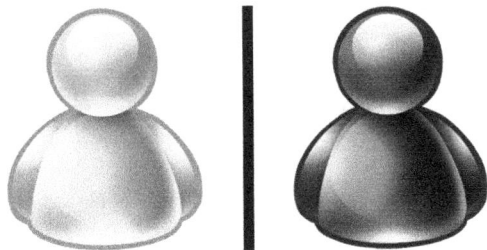

审计人员可以利用囚徒困境，离间舞弊同伙，制造矛盾。在访谈开始前，审计人员可以适当地让被访谈者知道其"同伙"也正在进行审计访谈。例如，让正在被谈话的存在拿回扣嫌疑的采购经理知道或看到相关供应商正在和审计人员沟通。当采购经理看到审计人员也在和供应商谈话，但是又不知道谈了什么时，他就会陷入"囚徒困境"，开始盘算对自身有利的谈话策略。

这种让被访谈者知道审计人员也同时在和供应商谈话的方法，不需要明说，只要让其看到供应商也进入了另一间访谈室就够了。这种"思维病毒"会在其头脑中发酵酝酿，制造出联想，很多时候暗示比明示能更好地产生"思维病毒"和联想效果。

要瓦解舞弊当事人事先约定好的共识，攻破其荣辱共存的舞弊，囚徒困境是一个可以利用的方法，囚徒困境可以用来离间舞弊"同伙"，化解他们事先达成的共识。舞弊审计访谈就是要创造出一个博弈的氛围，让被访谈者陷入囚徒困境。审计人员可以考虑设定企业的标准访谈制度，在企业制度允许下，让被访谈者在认错访谈过程中关闭手机，或者将手机放进特制的容器内，不让被访谈者与外界联系。

囚徒困境的故事

两个小偷进入一个人的屋子里偷东西，他们在逃跑的过程中被警察抓到了，人赃并获。再回到被偷的屋子时，警察发现屋子的主人被杀了。警察有证据证明小偷在那个死者家里偷了东西，但是却没有证据证明他们杀了屋子主人，于是把他们两人分开关了起来，不让他们沟通，然后对他们分别进行审讯，这个审讯就引发了"囚徒困境"。

警察告诉 A："如果你不招供但是 B 招供，B 就是'坦白从宽'，你就是'抗拒从严'。那么，B 只需要坐 1 个月的牢，而你要坐 8 年牢；反之，如果你招供，你坐 1 个月的牢，B 坐 8 年牢。倘若两人都承认，就都坐 5 年的牢，如果两人都不承认，那就都坐 2 年牢。"

当 A 要决定是否招供时，他会先思考 B 会如何决定。

（1）如果 B 招供，A 自己不招供，那自己要坐 8 年牢，B 坐 1 个月牢；如果都招供，大家一起坐 5 年牢。所以在 B 招供的情形下，A 最好还是招供，因为这样最多坐 5 年牢，如果 B 招 A 不招，A 就要坐 8 年！

（2）如果 B 不招供，A 自己也不招供，大家一起坐 2 年的牢狱；如果 B 不招供，而 A 招供，那 B 要坐 8 年牢，而 A 就只坐 1 个月的牢。所以在 B 不招供的情形下，A 最好还是招供！

所以最终 A 会得出一个结果：不管 B 招供还是不招供，自己的最好选择都是招供。警察也把同样的话告诉了 B，而 B 也会得出同样的结果：不管 A 招供与否，B 自己的最好选择也是招供。

囚徒困境

囚徒A

	承认	不承认
承认	两人都承认 5年牢狱 / 5年牢狱	5年牢狱 ← 8年牢狱 / 1个月牢狱
不承认	8年牢狱 ↑	1个月牢狱 / 1个月牢狱 ← 2年牢狱 / 2年牢狱 ↑

囚徒B

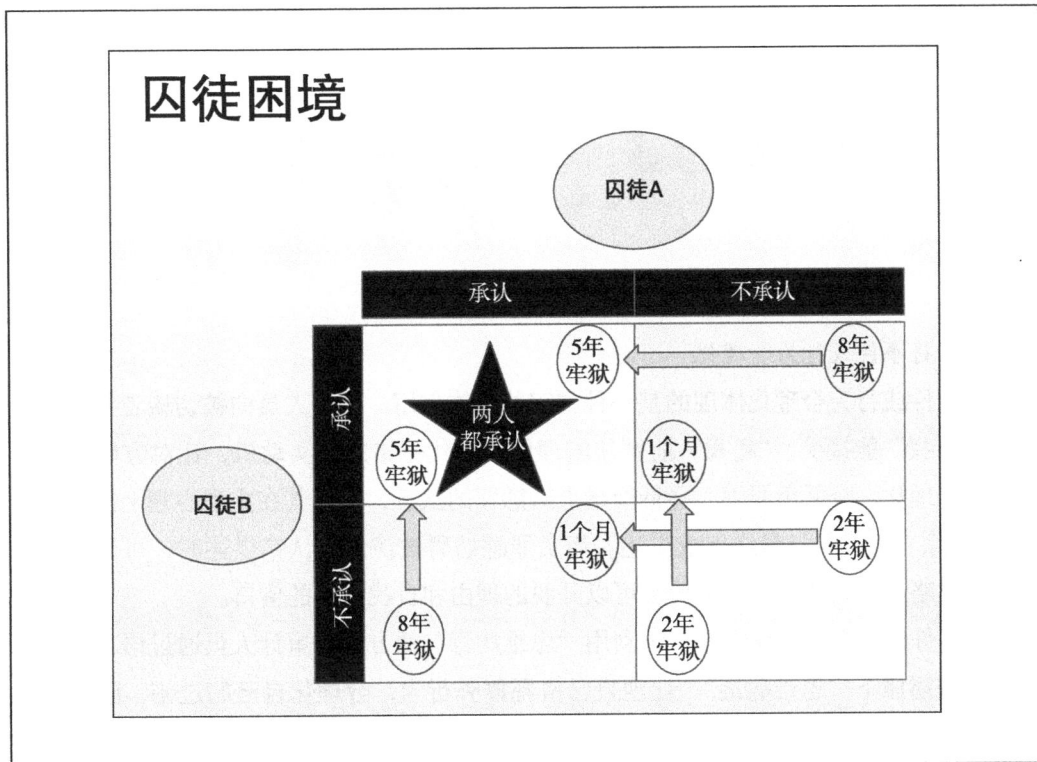

案例：经理都说了，你还不说

J市某饮料公司的工厂经理被举报以自己控制的企业以低于市场价购买所属公司的每年几百万元的废弃塑料瓶，导致公司蒙受损失。审计人员将工厂经理安排在集团总部进行访谈，同时也在工厂访谈仓库主管。在访谈过程中，审计人员利用两人不能沟通的情况（囚徒困境）询问仓库主管："工厂经理已经在总部交代了，你还不说吗？""他说了你不说，你想想谁可以申请从轻处理呢？""我们现在过来和你谈，主要是看在你已在公司工作多年不想让你吃亏，给你一个机会解释什么时候开始参与这件事，是从加入公司就开始了，对吧？"

3. 心理类游说策略

认错访谈中常见的心理类游说策略包括以下几种。

- 将事件或行为合理化。
- 利用人性的自然情感。
- 利用人性的自然倾向。

（1）将事件或行为合理化

将事件或行为合理化体现的是一种文字的修饰作用。审计人员向被访谈者提出一种让其"自我"能接受、"超我"能宽恕的理由来替代犯错的真实动机，让对方能够自己把事件合理化、降低负罪感、降低情绪上对惩罚的抵触，促使其在主观心理上能"过得去"，消除心理障碍，最终促成供述。当负罪感妨碍被访谈者认错供述时，可以利用合理化的策略让对方找到一个道德上可以开脱的理由和自我原谅的借口。

将事件或行为合理化也是一种利用"思维病毒"的方式。审计人员通过语言在对方的头脑中播撒下"思维病毒"，让他自己解释舞弊行为，合理化自己的过错，降低其负罪感。其实这一套想法都是其自己想出来的，审计人员完全没有说过他的罪责降低了。这里列举五个常用的合理化策略的例子。

①找一个解释其行为的理由（合情合理）

让被访谈者想出一个他舞弊的理由，这个理由应该在道义上有较高的高度，让他在心理上觉得自己的所作所为有一个可以被自己接受的理由，如为了家人、企业、社会等。例如，"张总，你收他们的红包主要也是为了让家人可以过得好一点（或为了供孩子上大学、为了赶工期）。"总的来说，就是让其做的事有道义上的理由。（虽然如此，你做的事还是违法违规的。）

②把责任归咎于其他人或其他事情上（"月亮惹的祸"）

让被访谈者把责任归咎于其他人或其他事情上，例如，"是领导批评了你，你生气了，就把公司信息告诉对方了""公司内部流程比较混乱，导致你有机会犯错""你的经理不审核你的工作，导致你做这事没人知道"等。总的来说，就是别人开的头，他只是执行下去而已。（虽然如此，你持续做下去还是违法违规的。）

③把当事人在舞弊中的作用最小化（参与少）

让被访谈者认为自己虽然参与舞弊，但参与度不是最高的，使其罪责感降低。例如，"小林，你做这件事不是事先规划好的，而是突然想到的""你拿的红包是供应商主动给的，不是你向他们要的"。总的来说，就是其参与了，但不是起到最大作用的人。（虽然如此，你参与的那个部分也是违法违规的。）

④把当事人的舞弊当成一件普通的事（小事一桩，大家都做）

让被访谈者认为其做的事其实很多人也在做，这并不是一件天大的、很特别的事，让他觉得其实这种事在别的地方也出现过，也被审计人员发现并处理过。自己不是唯一一个被抓到的，也有人同样被揭发了。例如，"陈经理，其实这种事情我们见多了，不是第一次发生，也不是只有你一个人。"总的来说，就是他不是第一个被抓到的，还有其他人。（虽然别人也在做违规的事，并不表示你做的事不违法违规。）

⑤把当事人当受害人（保留面子、尊严）

让被访谈者觉得自己也是事件的"受害者"或"倒霉蛋"。合理化策略和把责任归咎于他人大同小异，而合理化策略不单是怪罪他人，甚至还可由被访谈者将自己作为一个"受害人"，是各种社会情况、家庭背景或者企业舆论下的"倒霉蛋"。例如，"李会计，多记销售收入这件事你的压力看起来也挺大的。"总的来说，就是他做这件事事出有因。（虽然你是倒霉的人，但是你持续做下去还是违法违规的。）

（2）利用人性的自然情感

审计人员可以利用对方对社会关系的依恋（亲情、面子）和对安全感的需求，引导并感化其产生积极情感、排除消极情绪，促使其产生供述动机。可以利用对方要保护或有情感依恋的人及对其有利益需求的人，引导被访谈者为这些人着想，促使其产生供述动机。

让被访谈者认为一人做事一人当，不要连累家人、孩子或者拖累领导等。审计人员应利用人的自然情感唤醒对方的"天使"（超我），唤起其心中的良知，让他鼓起承认错误的勇气，让他知道现在承认还为时不晚。

每一个人都有情感上的触动点（弱点），只要找到对方的情感触动点并进行适当的触动，就可以促使对方供述，要让被访谈者知道只有认错供述才能保护自己关心的人或事。可以触动被访谈者的情感触动点包括：

- 自尊心、颜面；
- 家庭（家人、孩子）；
- 财务情况（缺钱、爱财）；
- 渴望信任、认同、尊重；
- 有不可告人的事（情妇、余罪、旧账）。

审计人员也可以利用人的自然情感来降低或消除被访谈者的对立感。审计人员可以尝试建立共情和信任，让对方相信审计人员是真心来帮助他，是来听他解释的。

审计人员应尽量让对方感受到自己真的是来挽救他，和他在同一条船上，让其认为审计人员就是自己的朋友，而且是一个很有专业素质的朋友，没有看不起他，反而很尊重他；让他感觉到，即使在这位审计人员面前承认舞弊错误也心甘情愿，是有尊严的。

触动人的情感的方法

同理共情：通过安慰、理解对方，建立共情，降低对方的负罪感。

激励鼓励：找出对方人生中的闪光处，引出他内心的"天使"。

赢得信任：审计人员通过言行举止、衣着、语言来树立威信。以尊重、不歧视、不侮辱、不讽刺、不挖苦被访谈者来赢得信任。

关心关怀：在微小事情上表示关心，通过寒暄、关心工作难度、给对方提供水、询问其是否要吃饭或上洗手间等来表示关心。如果发现对方或对方孩子正好过生日（或生日刚过）或者对方孩子刚考上大学，为其送上祝福；如果对方或对方家人刚生了场病，要给予安慰。

情绪调控：通过控制访谈时间、频率、语速、声调、环境来调控对方的情绪，如使其适当地悲伤、紧张或焦虑。

激将怀疑：适度刺激对方的荣誉感，激起对方不服气的情绪。

（3）利用人性的自然倾向

人的有些与生俱来的心理自然倾向和盲点是很难改变的，许多魔术师会利用这些自然倾向和盲点，创造出许多视觉和思维上的魔术。审计人员可以利用人性的这种自然倾向和盲点，来促使被访谈人产生供述动机。人性中的某些自然倾向被称为人性的弱点，这里列举部分供参考。

① 稀少罕见

一般而言，人们都会给稀少罕见的东西赋予更高的价值，而对于一些常见、普遍的东西都会认为价值较小。所以很多商家都会在售卖平台上以标示最后一件、限量版、最后一天等方式来促销。审计人员也可以利用这个策略，向被访谈者表明，其坦白从宽的机会很难得，马上就会一闪而过（就像直播购物，时机过了就没了），时间紧迫，如果他错过了这次机会，就没有人来听他的解释了，要抓住机会，赶快认错。

"林总，您也知道我是特意从 B 市总部过来和您谈这件事的，想听听您的苦衷，让总部了解您的情况。我马上就要去赶火车了，如果您不说就再也没有人听您说了。如果大家不了解您这么做的原因，也就无法考虑从轻处理了。"

② 礼尚往来

一般而言，人们会在收到别人送给自己的礼物后，都会感觉需要给对方回礼。这种收了礼就像欠了对方的感觉是嵌入人类基因的，当人类还在森林里生活时，许多猛兽都想吃人类，所以那时人类就懂得守望相助是最好的生存方法。今天我守夜，有猛兽来了我叫醒你，大家一起跑；明天你守夜，有猛兽来了你叫醒我，大家一起跑；今天我有剩下的食物，我给你一些；明天你有多余的食物，你给我一些，大家一起生存。基于这一因素，人在收了其他人的东西后会产生一种予以回报的自然倾向。

审计人员可以利用这种人的这种自然倾向，来和被访谈者建立亲近感与信任。在访谈开始时，审计人员可以给对方倒一杯水或茶，或简单地询问对方是否喝茶。访谈过程中，审计人员也可以和对方分享一些信息或"秘密"，让对方从潜意识层面希望回报一些信息或"秘密。"

③ 大家都一样

人类是群体动物，需要互动和认可。一般而言，只要别人也在做同样的事，自己就会觉得比较稳妥，所以才会有群众一窝蜂似地排队买东西的现象。审计人员在开导被访谈者时，可以适当地让其知道，其实不只是他一个人犯过类似的错误，审计人员见过很多这种案例，他和大家是一样的，从而使其降低供述的心理障碍。

④ 先小后大

这是"先把脚塞进门"的策略，先让对方答应一些小事后，再要求稍微大一点的事。"反正我已经答应了一件小事，那么稍微大一点的事也没什么大不了。"审计人员想要游说被访谈者认错，就要先让他承认小错误、小舞弊，当对方承认了某件小事后，接下来要承认大事就比较容易了。

例如，审计人员预测被访谈者实施了一系列的工程量操作舞弊，其中有些金额巨大。但审计人员故意先从一笔小额的工程舞弊开始调查，设法让对方承认。等他坦白后再根据同样的舞弊方式深挖证据或再继续引导其承认其他事情。一些人肯承认是为了不让审计人员发现其更大的舞弊罪行，所以他们觉得"不妨"承认一些小事。因此，审计人员应想办法"先撬开一个小口"。

⑤ 先大后小

这种策略源自人的天性中不喜欢拒绝他人的一面，一般这种策略会用在谈判中。谈判双方通常都会狮子大开口，先向对方提一个很大的要求，即使知道对方是不可能同意的，在此之后再慢慢放低要求，让对方感觉自己已经让步了很多。这也是路边摊销售员常用的技巧，先开个高价，然后让你来砍价。审计人员可以利用这种先大后小的方式来让被访谈者感觉审计人员已经做很大的让步。例如，"小张，分公司的所有超标采购都是你处理的，总金额已经超过 500 万元了，你有什么解释？物料质量也出现问题了，客户都投诉到总部去了。""你说这些不是你处理的，好，那这些 ABC 材料是你买的，对吧？"

⑥ 折中的功效

一般而言，人们都不太喜欢极端的事物，买东西时会选择中间价位的产品，买最贵的会觉得太奢华，买最便宜的又会觉得太低级，最好是中间价或比中间价稍微高一些的产品。审计人员也可以利用这种折中效果，让被访谈者觉得承认"一些"舞弊事件是折中的妥协。

（4）合理化策略使用时的注意点

合理化游说策略需要使用文字修饰艺术，它利用文字的含义和映射让对方自己联想，从而给自己台阶下。审计人员不可用具体的文字来合理化对方的行为，说的话必须是中性的，能模糊尽量模糊，不可许下承诺。审计人员可以从大方向提出看法，给出比较宏观的方向，或说一些一定正确的话、有道德高度的话等，但必须在许下承诺那条红线之前停下来。以下是审计人员在利用合理化策略时要注意的地方。

① 不能表示同意对方的犯罪行为

在运用合理化策略时，审计人员要注意不能表示同意对方的犯罪行为，因为这种合理化只是文字上的修饰，并不代表实质上认同对方的舞弊行为。审计人员不可以说"我赞同你的做法""我认为你做的是对的"，可以说"我了解你的处境""你这么做估计也有你的原因"。

② 不可表示对方的行为不严重

审计人员不可表示对方的行为不严重。合理化修饰只是在文字上让对方感觉道德上过得去，可以自我原谅，主要作用是让他可以跨过自己内心的那道坎，不要什么都不说。审计人员不可以说"你拿公司的钱不是一件严重的事""你收供应商的红包没问题"，但是可以说"你拿公司的钱不是用来赌博吧""红包是供应商硬塞给你，还是你向他要的"等。

③ 不可表示你可以减轻他的责任

审计人员不可表示对方的责任一定可以被减轻。合理化修饰只是在文字上让对方降低对惩罚的抵触情绪，并不一定能真正实现。除非得到授权，否则审计人员不能代表公司宽恕或减轻对方的责任。审计人员不可以说"你为家人这么做，公司是不会报警的""你只是拿了公司一些钱，应该不会被解除合同"，但是可以说"你是为了家人还是为自己？你说出来后，管理层才能知道你的苦衷""你拿的钱还剩下多少，退回来，可以显示出你愿意配合调查，可能对考虑你的情况有帮助"。

4. 暗示类游说策略

（1）暗示的"思维病毒"

暗示是一种"思维病毒"，主要利用模糊信息来让对方产生联想。暗示的言语会让被访谈者回想舞弊事件并联想自己的行径所产生的证据，会在其头脑中酝酿、发酵出许多感知和错觉，促成供述判断。如果被访谈者参与了舞弊，那他就有犯错记忆。当暗示的"思维病毒"播撒下后，被访谈者就会在头脑中重演当时的情景，勾起犯罪记忆。暗示只对拥有犯错记忆的人有效，因为只有他们才可以被暗示勾起回忆，没有犯错记忆的人对暗示的反应和有犯错记忆的人的反应是不一样的。

有犯错记忆的人面对审计人员的暗示一般会有迟疑，因为他们要思考如何应对这个暗示，盘算如何回答这个问题。但是，对于无犯错记忆的人来说，暗示对他们一般不起作用，他们可能会直接反驳该暗示，或者会问为何对他有这种怀疑。

（2）失去对抗条件

暗示的主要目的是让被访谈者联想到自己已经失去或将要失去对抗的条件，其舞弊证据已经被审计人员掌握，或者将要被发现了。让被访谈者自我感觉其对抗舞弊的条件已经失效，审计人员已经或将要找到他舞弊的证据。一般而言，暗示可以从潜在证据下手。这类"思维病毒"是让对方联想到自己所依赖的抵抗条件已经消失，强大的"敌人"已经到了，马上要大难临头了。

（3）潜在证据

潜在证据就是舞弊中可能出现或曾经出现过的证据。任何一个舞弊当事人都知道这种潜在证据理论上有可能存在，但却无法确定其是否真的存在。审计人员可以通过暗示的方式提及这些潜在证据，可以用假定性的问题询问，这旨在播撒"思维病毒"，例如，"小张，为什么我们询问过的人会说昨天看到你从出纳办公室出来"。

一般而言，诚实的人可以马上回答这个问题：有或没有从出纳办公室出来，如果有，是因为什么。但是一个昨天进入出纳办公室偷钱的人在面对这个问题时，他听到的可能是"……昨天看到你从出纳办公室出来"。他可能不会听出这个问题其实是假定性问题（因为人有确认的偏见和注意力盲点，只听自己心中想的）。因此，他在回答这个问题前会考虑审计人员是否在骗他，是否真的有人看到了自己从出纳办公室出来，或者是有监控录像；他也会回想当时的情景，确认到底是否有人看到他。

想撒谎的人一般需要先思考如何回应，因此其回答会有延迟。反之，诚实的人就没有这种回答的延迟。这种延迟一般非常短暂，可能短于四分之一秒。如果审计人员不关注可能无法察觉。

（4）暗示类的问题——诱饵性问题

一般而言，暗示类策略和潜在性证据需要使用"诱饵性问题"来询问。诱饵性问题和撒谎不同，诱饵性问题是询问一些假定事物，并没有直接对被访谈者撒谎，而撒谎是直接以没有回转余地的方式将非事实说成事实。这里列举几个暗示类的问题。

① "什么原因"

这个问题以假设为前提，向被访谈者询问有什么理由会导致潜在证据出现，是一种"思维病毒"问题，它让一个有犯错记忆的人自己去联想为何该潜在证据出现了。"什么原因"的问题的例子如下：

- 什么原因导致有人看到了你从出纳办公室出来？
- 什么原因导致在检查系统日志时发现你在上周六登录了人事系统？
- 什么原因导致有供应商说你拿了他们的红包？

询问"什么原因"的问题必须要有技巧，既要询问一些被访谈者本身也无法确定该潜在证据是否真的存在的问题。因为一般每一件事情都会留下痕迹——文件、数据、电子记录、视频、人证等。对于一个无犯错记忆的人，他对这种"什么原因"的问题，一般是直接反驳，或直接回答为何有关他的潜在证据会出现，例如，"那天我去出纳办公室提交报销凭证"。

② 是否该给第二次机会（引蛇出洞）

这个问题是由审计人员询问被访谈者是否觉得应该给犯有类似舞弊错误的员工第二次机会。问这个问题的目的是引蛇出洞，用来试探被访谈者是否倾向于给予犯同样错误的人第二次机会。如果被访谈者很希望给犯有类似舞弊错误的员工第二次机会，那么其本身也可能存在同样的问题。

这个策略的原理基于人一般都会宽恕和自己犯同样错误的人，因为其也希望自己同样被宽恕。林经理涉嫌利用公司资产为自己谋取利益（利用公章进行挂靠、违规进行债务担保、公款私用等）。审计人员以一个假定的事件去询问林经理是否该给某人第二次机会，如果林经理自己也进行了同样的舞弊，他一般会给他人第二次机会。

③ 应该有什么惩罚（敲山震虎）

这个问题是询问被访谈者觉得犯有类似舞弊错误的员工应该面对什么样的惩罚，与上文的"第二次机会"问题类似。这个问题旨在起到敲山震虎的作用，如果被访谈者提出应该予以轻判，那就表示他本身可能也存在同样的问题。

这个策略的原理和"第二次机会"是类似的。人们一般不希望和自己犯同样错误的人受到重罚，因为其也希望自己不受重罚。继续前文的例子，假设林经理自己也进行过同样的舞弊，他应该不会建议开除分公司类似事件的当事人。

④ 为同样的事寻求帮助

这个策略是向被访谈者寻求咨询和协助。审计人员告诉对方企业内有人进行舞弊，并向其寻求帮助，询问如何审查这件事、该从何处下手调查。如果对方不想协助，或给出各种理由来推脱，那表明对方本身也可能存在同样的问题（当然只是可能）。

⑤ 物理错觉、行为错觉

除了语言上的暗示，审计人员还可以利用物理错觉和行为错觉来取得暗示的效果。物理错觉如把准备的众多文件和凭证摆放在桌上，让被访谈者感到压力；行为错觉如和供应商谈话、假装接听供应商的电话等。

以上这些暗示技巧不仅可以用在认错访谈中，审计人员也可以在适当的时候用在走访调查和信息访谈中。当然，这些技巧的应用要因被访谈者而异。一些阅历多、比较谨慎的人就没那么容易掉进暗示"陷阱"中。

（5）暗示证据和潜在证据是"空子弹"

实际证据是"真子弹"，而暗示和潜在证据都是"空子弹"。在认错访谈中，审计人员要做到实际证据、潜在证据和暗示策略混合运用，"真子弹"与"空子弹"结合使用。在审计访谈中，审计人员需要运用多种访谈策略，一种策略没有效果就要换另一种策略。暗示和潜在证据（"空子弹"）必须像实际证据（"真子弹"）一样才可信，潜在证据必须是理论上应该存在，同时被访谈者无法确定其是否真的存在才可以。暗示不能太具体，语言必须模糊，避免被揭穿。暗示用语必须无明确界限、概念可外延，例如，

- "有什么原因……"（假定问题，让对方自己联想）；
- "他交代了……"（具体交代了什么，让对方自己联想）；
- "上次说的……"（上次说了什么，让对方自己联想）。

暗示可以分为语言暗示、非语言暗示和物理信息暗示。

- 语言暗示：含糊提示、一语双关。
- 非语言暗示：通过眼神、表情、体态动作、行为进行暗示。
- 物理信息暗示：传递局部、残缺不全的信息，如没有声音的视频、局部照片、看到供应商或其他人同时被询问等。

（6）暗示策略和诱饵性问题是否是欺骗

根据《中华人民共和国刑事诉讼法》相关规定，执法人员必须依照法定程序收集证据，严禁刑讯逼供和以威胁、引诱、欺骗以及其他非法方法收集证据，不得强迫任何人证实自己有罪。采用刑讯逼供等非法方法收集的犯罪嫌疑人、被告人供述和采用暴力、

威胁等非法方法收集的证人证言、被害人陈述，应当予以排除。企业内部在进行认错访谈时也应遵守同样的规则，不得刑讯逼供和以威胁、引诱、欺骗等方式获取认错供述，通过欺骗获得的供述，其正当性和合法性将受到质疑。

暗示是否是欺骗？这是一个涉及伦理和法律的课题，如果暗示越界就是欺骗。在回答这个问题之前，我们从另一个角度来探讨这个问题：在认错访谈中，是否必须百分之百地对被访谈者说实话？想象一下，如果审计人员必须在访谈中完全说实话，将出现什么样的局面：

审计人员："被访谈者你好，我们在审计过程中还没有找到充分的证据证明你参与了舞弊，但是我们希望通过今天的谈话，让你告诉我们你到底有没有舞弊，如果有的话请提供证据。"

暗示与欺骗

当然，审计人员肯定不会对被访谈者这样说，否则对方肯定不会主动交代实情。当其知道审计人员仍未掌握自己做错事的证据，他就不会主动承认，因为承认舞弊，可能就会失去工作、惹上刑事官司。所以舞弊者一定会尽力以欺骗的方式把不真实的信息告诉审计人员。当然，审计人员不能以同样欺骗的方式来对待舞弊嫌疑人，但也无须告诉对方所有的事情，例如，"我们没有证据，请你主动交代"。

暗示是利用被访谈者对案情、证据的不确定性，引导对方转变心意，促成对方产生供述动机的策略与计谋。暗示以含蓄、间接、隐晦、含糊的方式传递信息，让有犯罪记忆的被访谈者自己思考、领会和联想并创造错误的感知。

但是审计人员不可利用被访谈者对案情、证据的不确定性，把未证实的事说成事实，不可传递虚假信息、伪造证据、虚构证据。

暗示和欺骗有着形式上的接近，同时又有着本质上的区别。欺骗就是直接简单粗暴地把不真实的事当作事实。暗示是把不确定的事以假定方式向对方透露部分信息。由于用词是含糊、间接的，所以在严格意义上是没有欺骗对方的。

当然，也有人从伦理的角度来说这是玩弄语言技巧，实质上还是欺骗了对方。但是如果顺着这个思路延伸思考，那我们又将会回到必须向对方承认"审计人员手上没有足够证据，所以请你自己主动交代"的困境中。

而且，如果审计人员必须百分之百地向对方提供所有的信息，那审计人员也不能运用任何计谋和策略来促使对方承认舞弊了，因为使用计谋也隐含了没有完全向对方提供真实信息。因此暗示的力度是需要把握的，暗示越界就是欺骗。审计人员在使用暗示策略时，应谨慎设计问题避免越界。经验较少的审计人员应咨询审计领导后再使用暗示策略。

这里举例介绍暗示与欺骗的区别。

暗示	欺骗
当检查工作完成后，我们为何会在系统中看到您的账号登录日志（暗示）	这是我们的电子痕迹报告（伪造的），报告显示您的账号在司法鉴定系统中出现（撒谎）
什么原因让我们询问的人说他看见你和供应商进了会所（暗示）	有一个司机拍到了你和供应商进会所的照片（撒谎）
什么原因让 IT 人员完成通话记录审查后发现供应商经常在晚上给你打电话（暗示）	电话记录显示，供应商经常在晚上给你打电话（撒谎）

利用暗示类策略要遵守以下原则。

- 合法合规原则：暗示必须合法合规。
- 现实可信原则：暗示只有现实可信才能取得功效，不现实的暗示会有反效果。
- 模糊局部原则：暗示必须是模糊和局部的，不可说得或做得太具体。
- 无法确定原则：暗示必须是对方无法确定的，如果对方可以确定，暗示就是无效的。
- 预先伏笔原则：暗示只有事先埋下伏笔才能取得好效果。
- 必要性原则：暗示必须在必要时再使用，不要轻易使用。
- 效益性原则：暗示必须要在能获得高效益时再使用，如果使用效益低则不要使用。

5. 教育类游说策略

教育类访谈策略就是通过教育，向被访谈者宣导正确的思想，协助其分析供述的利弊、行为的道德与否。当对方理解这些道理之后，其侥幸心理会动摇，会出现犹豫和放弃的心理状态，审计人员要看准时机，乘虚而入，结合其他访谈策略，促使对方产生供述的意愿。

利用教育类访谈策略可以让对方看清利害关系，让他知道现在回头还为时不晚。审计人员需要让被访谈者感觉到现在改变计划还不迟，认错对其有利，当下利益筹码已经转换到审计人员手上，他应该通过认错换取这些利益。

教育类访谈策略具体有以下几种。

（1）认错有利

审计人员应游说被访谈者，让其知道现在认错还为时不晚，还有可能保留一些主动权来解释其舞弊的原因或苦衷。审计人员可以结合暗示策略在被访谈者头脑中播撒下"思维病毒"，让其联想到认错的好处，例如，可以争取管理层的谅解、避免扩大调查范围、保护其他人、得到心理上的缓解、有颜面地结束舞弊调查、争取从宽待遇等。

（2）原谅理由

通过暗示，让对方创造感知，认为如果自己说出为何舞弊，就有可能让管理层衡量及评估是否可以原谅自己或降低惩罚力度。审计人员可以说："小张，如果你不说为何收供应商的红包，那管理层就无法知道你的情况，根本无法理解你。""你说了至少还有机会让其他人知道你的难处。""我不知道管理层是否理解你，但是如果你不说，那被谅解的机会肯定是零，说了至少还有解释的机会。"当然，审计人员不可以给对方许下任何原谅或降低惩罚力度的承诺。

（3）不翻旧账

通过暗示让对方创造感知认为如果其交代了舞弊行径，就有可能保全其他人和其他事，让他觉得可以做到弃车保帅，也可能让审计人员终止所有审计工作，他就不会被翻旧账了。审计人员可以说："张经理，这件事情如果没有调查清楚，公司是不会就此结束调查的，可能还会扩大审计范围，加强审计力度。"当然，除非获得公司的授权，否则审计人员不可以给对方许下任何不翻旧账和不扩大审计范围、加大审计力度的承诺。

（4）留个情面

通过暗示让对方创造感知，认为如果自己坦白认错，就可以保留颜面与尊严。审计人员可以说："如果你尽快配合，或许还有妥当处理的机会。""事情交代后，可能就不需要到员工的办公区域去搜查。"体面地处理舞弊事件是审计人员可以做到的，例如，在一个比较隐蔽的会议室进行访谈，避免在办公时间搜查其办公室等。但是，保留颜面与尊严是否包含不开除和不解除劳动合同不是审计人员可以决定的，所以审计人员不可以给对方许下任何不开除或不解除劳动合同的承诺（除非获得公司的授权）。

（5）坦白从宽

审计人员要大力介绍公司"坦白从宽、抗拒从严"的态度和政策，让对方了解到现在坦白认错还有获得从宽待遇的可能。审计人员可以说："你解释原因后，可以向公司申请从宽处理，如果你不说，任何从宽处理的可能性都没有了。"同时，列举一些实际从宽处理的案例，让对方相信。如果企业有"污点证人"方面的政策，也要提出来让对方知道。

（6）零口供证明舞弊

审计人员应介绍审计调查的强度和证据的力度。有些被访谈者误以为，只要自己不说，审计人员就无法证明其舞弊。审计人员要向对方介绍零口供证明舞弊的可能性，打消舞弊嫌疑人的侥幸心理。

在企业中证明舞弊的证据要求与在法庭上的证据要求是不同的，法庭上必须超越一切合理怀疑，而在企业内只要有足够的证据能让管理层和治理层相信存在舞弊就可以了。因此，对某些隐蔽的舞弊（如贪污），审计人员虽然无法获得个人财务和公民隐私信息来"超越一切合理怀疑"地予以证明，但只要其能获得"足够的证据"让管理层认可就可以了。根据证据的多寡、事件的严重程度，管理层可以斟酌如何处理相关事件。

（7）若要人不知，除非己莫为

由于每个人办事都会或多或少留下痕迹，即使非常隐蔽的行贿、受贿、贪污舞弊案也不例外，例如，电子痕迹、电话定位、行贿人为了保护自己可能会进行的录音或拍照、合同上的缺陷、数据的不合理、系统的日志记录、摄像监控等。没有人能完全确保自己参与的舞弊没人知道，多人舞弊的同伙或利益相关方也有可能会举报。审计人员在利用教育类访谈策略时应强调"若要人不知，除非己莫为"，以此来给对方施加心理压力。只要做了就会有人知道，这种害怕被揭露的潜意识会一直跟着舞弊者，给其施加压力，审计人员可以把坦白认错解释成为一种"心理上的解脱"。

（8）凡事都可以重来

审计人员也可以通过教育让对方看清认错的利和继续否认的弊，例如，如果继续否认会导致审计调查工作范围扩大、力度加强，甚至深入调查旧账。如果被访谈者选择认错，他不但可以获得心理上的解脱，也有机会东山再起，认错后还有明天。必须让当事人觉得，坦白认错并非世界末日，因为如果其认为认错会导致一个无法挽回的结果，就不会认错了。审计人员可以向对方列举舞弊后当事人洗心革面、东山再起的案例。

（9）道德高度

审计人员应向被访谈者介绍企业的员工行为道德准则及承认错误的道德高度。审计人员可以通过列举其他案例的方式，向对方宣扬廉正文化，同时要尽量提到对方闪光的业绩表现、曾经获得的奖项，让其认清自己还是个有道德操守的人，告诉他承认错误是一件有道德高度的事情，符合他的人品。

（10）法律后果与利弊

在认错访谈中，审计人员应尽量把对方的思维限制在短期思维中，不让他去考虑认错的长远后果，而只考虑眼前如何回答审计人员提的问题及其无法自圆其说的矛盾点。

不建议在访谈一开始就提到法律、报警、公安、司法程序等字眼，这些词会让对方跳出短期思维去思考长远后果，很难促使其产生认错的意愿。

在访谈后期，当其他访谈策略都无法取得成效时，审计人员可以开始以高压的方式来介绍抗拒的后果，包括走司法程序、承担刑法与民法的法律责任等。由于是采用高压的方式来进行访谈，所以审计人员也无须含蓄，可以详细介绍对方可能要承担的所有法律责任。

（11）利用教育类策略要灵活

审计人员在利用教育类访谈策略时要灵活，必须因人而异，不可单纯拿出企业的员工行为准则就开始照本宣科，这样反而会起到反作用。

教育类访谈并不是给对方上道德辅导课，审计人员要情理并用，做到以理服人、以情动人、情理交融。教育类的游说必须恰当合适，不可言过其实，审计人员应尽量引用企业中的实例和先例，让对方相信"坦白从宽"的可能。教育宣导应以一种谈话的方式不经意进行，也可以采用讲故事的方式。

当人们听到故事时，会下意识地把自己代入故事的角色当中，审计人员可以使用故事或其他案例来引出教育的内容，也可以通过案例来暗示被访谈者，审计人员已经获得了其舞弊的证据。为了更有效地传递故事的意义，故事中的事物应该和当事人的现状和舞弊事件相关，并在结尾插入一个当事人说出真相后的好处，最后留个伏笔暗示对方也做同样的事：承认。

利用教育类策略和情感类策略游说被访谈者都需要先建立信任。审计人员可以利用以下方法快速与对方建立信任：

- 建立共情（参考上一章）；
- 给一张差牌（参考下文战术类游说策略）；
- 欲隐故显（参考下文战术类游说策略）；
- 礼尚往来（参考上文心理类游说策略）。

6. 战术类游说策略

在舞弊审计中，认错访谈是一场舞弊嫌疑人与审计人员之间的较量。如果审计人员能够证明对方舞弊，舞弊当事人就很可能会失去工作；如果舞弊嫌疑人进行舞弊但是审计人员无法证明，那便是审计人员失职。对舞弊当事人来说，这场对峙关乎钱财与人生，他们一定会倾尽全力地博弈。

在这个没有硝烟的战场上，审计人员面对的是高智商、高阅历的舞弊当事人，他们的舞弊行为非常隐蔽，再加上全力地隐瞒和撒谎，如果审计人员不利用计谋，要查出对方舞弊行径的可能性微乎其微。

审计人员必须要藏好底牌，不让对方看穿其手上已掌握的证据。在访谈过程中尽量制造模糊信息、错觉来迷惑对方，可以通过模糊语言、道具、行为传达一些信息给被访谈者，让其误以为审计人员已经了解或掌握了证据。

审计人员要做到以虚求实，利用"囚徒困境"等策略让被访谈者以为其他人已经交代，进而离间、瓦解舞弊同犯的"荣辱同盟协定"。

常见的舞弊访谈的计谋和战术如下。

（1）扑克牌脸

在认错访谈中，不能让对方看穿底牌，所以审计人员不可喜形于色。当审计人员在关注对方面部表情和肢体语言时，对方也在观察审计人员，他们也可能会以一些非真实信息来试探审计人员的反应。如果审计人员显露出对这些虚假信息的积极态度，那对方就知道审计人员其实并不知道整件事情的来龙去脉。所以，审计人员必须面无表情地与对方谈话，不让其轻易看透审计人员的情绪。

（2）总是以怀疑的态度问"是吗"

由于大部分被访谈者都会以最"安全"的答案来敷衍审计人员，希望审计人员得到第一个答案就会满足，不再继续深入追问。审计人员不应把对方提供的第一个答案就当成最正确、最诚实的答案。被访谈者采取的策略可能是"能不提供信息就不提供"，如果必须提供信息，就给出一些无关痛痒的信息，若审计人员一再追问，再逐渐提供一些重要的信息。

在被访谈者给出第一个答案时，审计人员要适当地提出怀疑，如"是吗？""嗯？""还有呢？""继续说。"让对方知道审计人员并未被他说服，他需要继续"加码"，提供更多信息。审计人员在提出怀疑时，最好记得配上扑克牌脸或以质疑的眼神看着对方。这个策略与前文刺探信息中提到的"以怀疑态度应对对方的回答"和信息访谈中提到的"不满足于第一个答案"是同样的概念。

（3）唱红脸白脸

唱红脸和白脸是一个历久弥新的访谈策略。一个访谈者当"好人"，另一个访谈者当"坏人"。当"坏人"的访谈者以比较严肃、直接、相对粗鲁的方式进行谈话，当"好人"的访谈者就以比较轻松、委婉、相对温和的方式谈话，最终的目的是刚柔并施，获得想要的答案。

唱红脸、唱白脸

（4）给一张差牌

被访谈者总会对访谈者（审计人员）存有怀疑与戒备心，审计人员应尽量通过显示共情、建立亲和感来降低对方的戒备心，也可以考虑向对方提供一些听上去对其有利的信息，提高其对审计人员的信任度。

通常的做法是主动告诉被访谈者一个非重要的信息。例如，"张经理，我们不妨告诉你，我们在你的报销程序上没有查出问题来（一个非审计重点）。"一般人的想法是对手不会给我方提供信息，也不会告诉我方其弱点。当对方把他的弱点（差牌）给我看，可能表示他的威胁性不大。审计人员可以通过故意示弱来获取对方的信任。前文提到，人们对给自己东西或信息的人会产生好感或予以回报，所以在审计人员给对方一些信息后，对方可能就会想告诉审计人员一些线索。

（5）欲隐故显

欲隐故显与给一张差牌一样，审计人员的策略本来是不让对方知道底牌，但是为了让对方降低戒备心、提高信任度，审计人员可以故意透露一两个非关键信息。欲隐故显也可以用在证据显示上，明明要保密的信息，故意挑选一些非关键点让对方看到，从而促使对方认为审计人员已经获得了大量的证据信息，他看到的那部分只是冰山一角。

（6）避实击虚

审计人员在访谈时要避开对方准备充分、我方证据比较薄弱的领域，应该攻击对方比较薄弱的地方。涉嫌舞弊的团队中如果有比较年轻的、初犯的、社会阅历较少的人员，应该先对其进行访谈。应该优先考虑询问对方不确定是否有潜在证据存在的舞弊事件，而非那些对方比较有把握的环节。

（7）声东击西，欲擒故纵

有时，为了混淆被访谈者的思路，审计人员要采取声东击西的策略。明明要获取某一方面的信息，但故意从反方向询问，让他以为审计人员对重要的事不关心，反而关心无关的事。声东击西和欲擒故纵相似，本来是要把对方答案内的矛盾点找出来，去故意不揭穿其谎言，任由对方继续说，继续撒谎。审计人员只在暗地里收集对方的谎言，等时机成熟再发起总攻，让对方在毫无防范的情况下面对自己所陈述的一系列无法自圆其说的矛盾点，作茧自缚。

（8）将计就计

当审计人员看穿了被访谈者的谎言或计谋后，应考虑将计就计，继续与被访谈者演戏。这一方面可以让对方继续撒谎，另一方面可以让对方降低戒备心。在访谈过程中，当被访谈者误解一些信息而提供了一些审计人员原本不知情的信息时，审计人员千万不要阻止其说下去，而应将计就计让对方继续说，用以获取新的线索和信息。

审计人员也可考虑利用道听途说的问题来执行"将计就计"的策略。关于道听途说的问题请参考第十一章。

（9）利用沉默

在审计访谈中，难免会碰到对方不想回答问题的时候，当对方犹豫是否要回答或如何回答问题时，沉默就会出现。如果审计人员向被访谈者问了一些关键问题导致沉默，则需要沉住气，忍受沉默，等待对方回答。

审计人员可以利用沉默来控制谈话的气氛和谈话的进度，也可以利用对方犹豫沉默的时间来思考其之前所说的话、所无法理顺的逻辑等，同时也可以趁对方沉默时，把前面没记录好的谈话信息记录下来。

（10）环境、空间与形象的无声压力

除了沉默的无声压力外，审计人员也可以创造其他的无声压力，例如，通过眼神、面部表情和肢体语言等故意释放出某种信息，如不相信对方提供的信息。

访谈者和被访谈者之间的距离也可以成为压力的来源。一般而言，当人与人之间的距离拉近后，会出现压迫感，如果访谈者想给对方施加压力，则可以考虑把椅子拉到稍微靠近对方的位置。如果被访谈者是异性，那这个策略不适合使用。

访谈会议室内的陈设、摆设和挂在墙上的标语等也会给被访谈者带来无形的压力和潜意识上的提醒。一般而言，访谈间必须有干净、简单的座椅陈设，没有多余的物件和繁杂凌乱的东西，必须给人一种专业、严肃的感觉。墙上可以悬挂一些企业诚信文化、内部审计、清正廉洁相关的标语和海报，如果有关于企业对舞弊行为惩戒的公告和一些关于"舞弊零容忍""举报机制"等字眼的公告、海报，也可以张贴在布告栏中。

审计人员的衣着也会发出一种潜意识的信号。审计人员应选择比较正式的、符合企业文化的衣着来进行访谈，通过衣着传递专业的信号，避免不正式、不规范、不专业的穿着，这样会让对方认为审计人员不够专业。

当然，企业环境给当事人带来的压力是无法和司法机关相比的，但无论如何，还是应该尽量设置严肃、专业的访谈室。

（11）放虎归山

有时为了获取"再生证据"，审计人员可能在让舞弊嫌疑人知道自己被调查了后放虎归山。当然，在放虎归山前，审计人员要布置好严密的监控措施，如果舞弊嫌疑人为了掩盖舞弊而销毁证据，那其所生成的"再生证据"就会被审计人员"捕捉"。

放虎归山的策略只有与电子监控、电子痕迹、污点证人和"卧底"员工策略结合使用才能取得显著效果。

（12）"污点证人"

企业也可以通过保密方式给予敢于承认错误、值得挽救的舞弊参与者从宽待遇，并把他们转换为"污点证人"，通过他们获取正常审计无法发现的舞弊证据。审计人员可以通过远程监督运营流程，重新搜集原始证据和"再生证据"。

（13）"卧底"

一些重大的企业内部的贪污隐蔽、海外资金隐藏、重大工程贪污等舞弊案件很难通过传统的审计方式侦破，除非能够借助公检法的力量，否则企业的审计人员在合规调查过程中很难查出确凿可用的证据。企业可以考虑安排卧底员工到相关部门上班，从中观察并审查相关的舞弊事件。当然，这种安排只有在有条件的集团公司才能执行。

由于舞弊审计结果的严重性，舞弊审计过程是双方斗智斗勇的博弈过程。舞弊方侵犯企业合理权益并且在隐蔽处通过隐瞒和谎言来蒙骗企业。为了提高获胜的概率，审计人员须掌握战术策略并运用计谋。为了成功使用计谋和战术，审计人员必须不让被审计方看穿"底牌"，例如，调查策略、已获得的证据、未获得的证据、后续审计步骤等信息。如果审计人员要查"东边"，就要让对方以为审计人员要查"西边"。正如《孙子兵法·始计篇》所言："兵者，诡道也。故能而示之不能，用而示之不用，近而示之远，远而示之近。利而诱之，乱而取之，实而备之，强而避之，怒而挠之，卑而骄之，佚而劳之，亲而离之。攻其无备，出其不意。此兵家之胜，不可先传也。"

九、访谈游说中的注意事项

1. 审计人员的事前准备要充分

审计人员需要提前了解案情、掌握证据和线索、揣摩对方心理、制定策略方法，做到知己知彼。

2. 游说要有周密的设计方案

审计人员要设计多个游说方案，充分考虑对方的狡辩理由，并事先制定好应对策略（矛盾、证据、暗示等）。

3. 沉着应对

敌明我暗，审计人员要做到谋不外泄、情不外露、大智若愚、欲擒故纵、欲隐故显、耐心陪演，细致关注对方陈述中的矛盾；尽量问一些可以鉴别和印证的问题，不管供述还是辩解，对方都会直接或间接围绕案情说话，所以要仔细倾听。

4. 核查要及时

审计人员应及时让不在访谈现场的同事核查对方陈述的真实性，其获得的信息可以及时在访谈中使用。

5. 积极倾听

审计人员应显示出理解对方的处境，同时捕捉对方的微表情、微语言、微逻辑，创造有利于游说突破的氛围。

6. 软硬兼施

审计人员既要制造严肃紧张的气氛又不能过激造成僵局，同时还要建立信任、制造共情。

7. 灵活运用策略，适当调整方法

前文提到的技巧和策略看起来繁杂，但在实际访谈中审计人员可能需要在极短的时间结合运用。审计人员在访谈过程中应根据实际情况不断选择、调整、替换游说策略。审计人员要以适当的策略来应对不同的人，做到"见人说人话，见鬼说鬼话"，不可以一视同仁地将同样的策略应用在不同的被访谈者身上。

有时，审计人员可以使用"见人说鬼话，见鬼说人话"的逆向策略，不可因为自己的偏见而忽略某些策略，尤其当招数已尽时，最后一招也是好招。策略好不好，用了才知道，"不管黑猫白猫，能捉到老鼠的就是好猫"。审计访谈就好像往一个放在桌子边沿的碗里一滴一滴地倒水，你不知道哪一滴水会令整个碗倾斜。

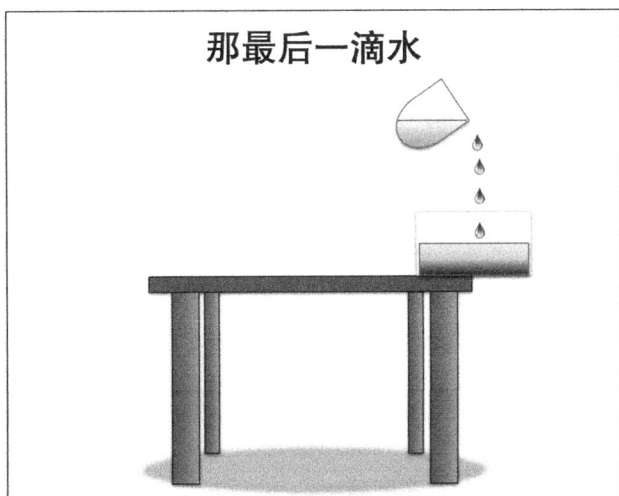

那最后一滴水

十、认错访谈四部曲之三：阻止对方否认并寻求突破

1.阻止对方否认

在认错访谈中，对方会进行否认和抵赖，审计人员应及时应对对方的否认。这时可以考虑利用证据和矛盾点来直接指正、纠正对方的说辞，尽量不让对方把谎言说完。审计人员可以用手势示意打断对方的话，通过调节双方的气势，开始营造出一个比较严肃的氛围来攻克对方提出的辩解和借口。

2.游说的突破方式

审计人员可以通过以下四种方式来创造游说突破的谈话氛围。

（1）增加访谈的氛围压力

审计人员可以表现出神情严肃、举止坚定，通过高频率和快节奏提问，结合沉默、矛盾策略和证据，制造一种大军压境、兵临城下的形势。

（2）降低访谈的氛围压力

审计人员可以放慢访谈节奏，显示出正在倾听对方说话，表现出关怀并赢得对方的共情。一般利用合理化策略、情感和心理策略，通过教育来游说突破。

（3）与对方正面对质证据

当审计人员有确凿充分的证据时，可以采取与对方正面对质的方式。在审计时间紧迫的情况下，也可考虑正面突破。

（4）侧面显示证据矛盾点

当审计人员的证据不充分或没有"撒手锏"证据时，应以从侧面显示矛盾点的方式来寻求突破。对于被访谈者准备充分、防范严密的部分，审计人员也不要与其正面对质，应该运用迂回围歼、声东击西的战术。

在企业中，认错访谈策略一般以利用证据、矛盾和暗示为主，虽然利用心理、教育和情感的访谈策略也有一定的效果，但是由于没有公权力，尤其对于一些经验、阅历丰富的舞弊人员，单纯靠心理、教育和情感策略比较难奏效。

3.游说的突破点

审计人员要通过对舞弊案情和被访谈者的深入了解，选择合适的游说突破切入点。舞弊审计就像战争，对方戒备和防备最强大的地方也是审计最难攻陷的地方。当审计人员寻找游说突破口时，不应选择对方最强大的方面而必须选择对方最薄弱的环节进行打击。常见的游说突破切入点有以下三点：

（1）从最薄弱的舞弊同伙中寻求突破

寻找舞弊同伙中最脆弱的一个人，然后从他开始询问游说。

- 与其他同犯有矛盾冲突的、分赃不均的、压榨过分的。

- 年纪轻、舞弊经验、反侦查经验比较少的。
- 性格比较脆弱、比较正直、有悔改心、想戴罪立功的。
- 被动加入舞弊的。

（2）从最薄弱的舞弊情节中寻求突破

寻找舞弊事件中情节最为脆弱的一环，然后从这个环节下手询问游说。

- 审计获得证据比较确凿充分的情节。
- 舞弊中比较公开或暴露的情节。
- 对方防备比较薄弱的情节。
- 能触动对方情感、良知的情节。
- 对方暴露过破绽、矛盾、谎言的情节。

（3）从对方拒供的心理状态上寻求突破

在认错访谈中，被访谈者会有一系列的心理状态，审计人员须察言观色，根据被访谈者的心理状态调整访谈策略与游说策略，做到对症下药，促使对方认错供述。舞弊嫌疑人在认错访谈中通常有以下的心理状态。

① 畏罪

犯错的嫌疑人通常会对舞弊的惩罚结果感到害怕，其会担心法律上的惩罚，以及失去工作、名誉和颜面等。这种心理状态下的被访谈者是非常戒备谨慎的，他们会高度集中精神来倾听审计人员所说的内容，尝试摸清楚审计人员到底掌握了多少证据。

这时审计人员应选择让对方停留在"短期思维"，尽量不引导其思考长远后果，也可以通过"合理化策略"和"暗示策略"让其减轻自己的罪责感。

② 侥幸

舞弊嫌疑人通常会对自己的舞弊掩盖手法十分自信，在访谈开始时，被访谈者都会存有侥幸心理，认为自己舞弊的证据并未被掌握。存在侥幸心理的被访谈者通常的反应是避重就轻地回答问题，否认自己具有舞弊的机会和方法，并列出自己不可能舞弊的理由。也有被访谈者认为只要自己不说，审计人员就无法证明其舞弊，这种心理状态会使被访谈者选择沉默。

这时审计人员应采取证据、暗示、囚徒困境等策略并强调审计团队的调查力度，争取突破被访谈者的心理防线。

③ 抵触和戒备

当对方适应了谈话的氛围后，就会比较有信心与访谈者对抗，这种情况常常发生在比较有阅历的被访谈者身上。在这种心理状态下，对方会出现明显的对抗情绪，会抵赖、狡辩和撒谎，这时审计人员应留意对方说的内容，尽量让对方多说且不要揭穿其谎言，可以向对方询问一些可以确认的问题，以便收集足够的信息来证明对方在撒谎。

当被访谈者进行了辩解和抵赖后，心理会慢慢过渡到戒备状态，这时其抵触心理和行为会有缓解，但依然怀有戒备心。对方会仔细思考审计人员的问题，会出现精神紧张状况并产生心理压力，这时审计人员可以利用教育、心理暗示等访谈策略来慢慢引导对方的思维。

在这一阶段，审计人员可引导对方内心的"天使"（超我），尝试让其缓解对抗心理。

④ 犹豫

当审计人员给被访谈者进行了足够的教育与暗示后，对方就开始权衡坦白认错的利与弊，这时其会在供述与不供述之间挣扎。被访谈者通常的表现是逐渐沉默不语、心不在焉，会试探坦白认错的后果，语气会相对缓慢。这时审计人员可以采取法律教育、从宽政策等策略让被访谈者克服"犹豫"勇敢坦白。

⑤ 悲观

当被访谈者发现其辩解的理由已被突破后，就会失去侥幸心理，悲观的心态就会出现。当被访谈者出现悲观的情绪时，审计人员要表现出理解对方的感受，并通过语言和动作显示共情。这时，审计人员要注意不能让对方的情绪过于悲观，要让其理解舞弊被揭穿也并非意味着完全失去了"明天"。

这时审计人员可以选择法律、从宽政策、"还有明天""可东山再起"等教育策略让被访谈者"有信心"坦白。

当被访谈者出现犹豫、悲哀的心理状态时，审计人员应该抓住时机争取突破让对方认错。对方犹豫是否供述时一般会出现以下征兆：

- *反常态的沉默*
- *答非所问*
- *闪烁其词*
- *神情木然*
- *心不在焉*
- *关心从宽案例*
- *异常的微动作*
- *哭泣流泪*
- *神情激动愤怒*

如果对方呈现出悲哀伤心的情绪，如哭泣流泪，审计人员应提供纸巾，并等待对方处理情绪。当对方无话可说，思想防线基本崩溃时，要及时给对方提出认错选项和假设性问题，促使他供述。一些被访谈者的情绪表现可能不明显，审计人员应关注对方的微表情和微反应，推断其心理状态是否出现焦虑、舒缓与抚慰、挫败等。

当对方犹豫不决、心理动摇时，访谈者切忌喜形于色，急于求成。审计人员应继续对其进行思想教育，消除对方的畏罪惧怕心理，强调认错的时机仅此一次，机不可失，时不再来。审计人员现在是他唯一的救命稻草，谈话结束后审计人员就要回总部，没有人再来听他的解释，他的任何苦衷和辩解都不会有人听了。让其知道这时他的"利益源头"已经转换到审计人员这边。此外，审计人员要继续打消对方剩余的侥幸心理，强调"若要人不知，除非己莫为"。

十一、认错访谈四部曲之四：提供狭窄的选项

当被访谈者在供述的好处和坏处之间徘徊时，还需要供述的动力。审计人员需要让他心理转化、认知内在化。这有点像"蹦极"时在考虑该不该跳，已经走到这一步了，当事人知道应该跳，但是又不敢跳，不知道跳下去会有什么后果。这时，当事人需要一个外力的协助，鼓动促使他下定决心跳下去或让他不需要花太大力气就可以跳下去。审计人员需要给对方一个供述的协助，让对方不必花费太大力气就可以承认舞弊。选一个敏感度较低、威胁较小的不当行为——让对方更容易承认。审计人员应给对方一个狭窄的选项：

- 提出假定问题或假定陈述（降低认错的力气门槛）；
- 提出两难中选其轻的选项（降低认错的道德门槛）。

提问这些"低力气门槛"和"低道德门槛"的问题必须选对时机。问早了无法在对方心中取得触动，问晚了错过对方心理崩溃的时机，对方收拾好心情后就不会再承认了。最好的时机一般是对方心理开始动摇、犹豫不决，在考虑供述还是不供述、权衡比对还没下定决心的时候。

审计人员应选择一个不严重的问题作为"低门槛"让对方承认，采取"先把脚迈进门再说"的策略。让被访谈者觉得他只说一点，没什么大不了。等被访谈者承认了小部分事实后，审计人员再引导其供述其他的问题。只要开了一个口，接下来就容易处理了。

即使对方在承认了小问题后突然跳出"短期思维"不再说了，审计人员还是可以利用这些信息，给当事人或其他合伙人施加压力，也可以利用这些信息去寻找其他线索或再生证据。

1. 假定问题或假定陈述（降低认错的力气门槛）

当对方心理动摇、在犹豫考虑是否要供述时，给他一个促使他勇敢跨出一步的动力。审计人员利用问话技巧，在被谈话人犹豫供述与否时，替他降低供述的力气门槛，让对方更容易承认。审计人员先假定舞弊事件的事实，认定问题中的事已经真实发生，然后提问这件事后会发生的事（跳过事件的一个或两个前提的假定问题）。

- 问为什么做了这事，而不问有没有做这事。
- 问什么时候发生，而不问有没有发生。
- 问在哪里出现，而不问是否出现。
- 问当时是如何操作的，而不问有没有做。
- 问你和他在咖啡厅待了多久，而不问有没有这个人。

如果审计人员可以在问题中跳过两个前提更好，因为这样会更加显得审计人员知道事实。审计人员可以通过预测假定舞弊事件的存在，思考如果舞弊曾经发生，将会有哪些证据曾经出现或者哪些证据应该存在。这些都可以统称为"潜在证据"，审计人员可以把这些"潜在证据"作为假定性问题或假定性陈述的素材。

审计人员也可以把假定性问题转换成假定性陈述说给对方听，让他来纠正或认可该陈述。审计人员把最有可能发生的事放进假定陈述中，让对方只需微微点头或通过眼神就可以承认错误。要让被访谈者自己主动承认舞弊是很难的，因为这违背人们趋利避害的天性，所以，审计人员要以最低力气门槛的方式让对方承认舞弊，当对方跨过认错的最难点，承认了一件小事以后，一切就容易了。当对方点头后，审计人员可以把对方点头的含义用文字说出来，让他再次确认自己的认错行为。

以下列举一些假定性问题（这些假定性问题可以转换成假定性陈述）供参考。

假定性问题

- 第一次取钱是什么时候？（不问：你取过钱吗？）
- 你拿过的最贵的东西是什么？（不问：你拿过公司的东西吗？）
- 是从哪个仓库拿的？（不问：你是否拿过仓库的货品？）
- 还剩下多少钱？（不问：你拿了多少钱？）
- 这是他（经理、同事）的主意，对吧？（不问：你是否参与了？）
- 在你当收银员时就开始了，对吧？（不问：你有没有取过钱？）
- 你最后一次登录网银是什么时候？（不问：你有网银账号吗？）
- 昨天，你和凌小姐在会议室待了多久？（不问：昨天，你和凌小姐在会议室吗？）
- 你与某公司的经理认识多久了？（不问：你认识某公司的经理吗？）
- 你在活动结束后才向总经理申请，为何说是总经理预先批准的？（不问：你在活动前是否得到了总经理的预先批准？）

---

2. 两难中选其轻的选项（降低认错的道德门槛）

审计人员先假定舞弊事件的事实，认定问题中的事件发生了，然后给出两个原因。一个原因是罪责感较低、比较有道德高度的借口，另外一个原因是道义上比较难接受的，而两个选项的前提都是他做了这件事。想要承认舞弊的人都不想接受自己道德低下的事实，所以在两个选项中一般会选那个有道德高度的借口，但是不管他选择哪个选项，选择之后就表示他承认了选项的前提：他参与了舞弊。

如果他不曾参与舞弊，这个心理策略就无法在其心中产生作用，因为他根本没有这个舞弊记忆，舞弊认错三角中的"犯错记忆"前提不存在。当面对这个两难问题时，无辜的人一定会有第三个选项：我没做这件事；有犯罪记忆的人就会比较关注如何在两者中选其一。以下列举一些两难中选其轻的问题。

两难中选其轻的问题

- 工程量是承包商让你加的，还是你自己主动加的？
- 红包（钱）是给你家孩子了还是花在赌博上（拿去娱乐）了？
- 你是预先计划要做这件事（收红包），还是突然想到的？
- 是他们（供应商）坚持把钱塞给你还是你要求他们给的？
- 你只是帮经理转账还是自己事先计划要转账的？
- 是主管将他的卡的密码告诉你的还是你私自窃取的？

十二、对方坦白认错后应注意的事项

1. 拓展供述，深入挖掘

当对方坦白认错时，审计人员切记不可喜形于色，应该沉住气，鼓励对方继续供述。在被访谈者认错后，访谈的模式应转换为信息访谈，访谈者说的少，被访谈者说的多，尽量让对方提供一些具体信息，以便在访谈结束后可以继续挖掘出其他的文字、电子、实物或数据证据来佐证其口头供述。

审计人员也应记得，一个人肯供述的其中一个理由可能是弃车保帅，掩盖更大的舞弊过错。所以当对方肯承认一个错误时，审计人员不应认为那就是唯一的舞弊行为，对方可能在无法招架审计人员的询问后，供述一个小错误希望可以满足审计要求。

审计人员应该重启信息访谈程序，继续拓展对方的供述，让对方多说话。这时审计人员应继续和对方维持良好的关系、建立共情，让他感觉到审计人员是尊重他的，没有对他进行道德审判。审计人员要全神贯注地倾听对方的陈述，在回答中寻找线索，让对方把其他的事也说出来，利用"还有呢"这种提问方式来拓展供述。

2. 验证对方的供述

口头证据相对不固定，也容易受到很多因素的影响，导致其证明力不足。对方存在记忆错误，只提供了部分信息或事后翻供，这些情况都可能出现。所以在对方认错后，审计人员应根据对方提供的信息查找其他的证据来佐证。有时被访谈者为了尽快结束访谈，会随便编个虚假故事来认错，审计人员应持有职业谨慎态度，不轻易相信口供，通过搜集其他证据来验证口供所描述的事情是否属实。

3. 追回损失

审计人员在确认舞弊后就要执行追回损失的工作，尽量让舞弊当事人配合把可以收回的资金拿回来，不能马上收回的资产则应通过法律手段冻结或将产权转移回公司。

审计人员也应考虑舞弊事件是否会对企业的会计报表产生重大的影响，是否需要做会计调整。

4. 挖掘其他舞弊关系人

审计人员也要查看是否存在其他共犯或背后的主谋。复杂的舞弊事件通常需要一人以上的配合才能完成，舞弊金额比较大的也有可能涉及级别比较高的领导，这些级别比较高的领导如果参与舞弊，会搭建很多"防火墙""护城河"，不让自己牵涉进去，所以，审计人员如果仅通过文件审核或数据分析程序可能无法查明。因此，审计人员要尝试通过被访谈者找出其他人。在询问过程中，审计人员要关注流程上游和下游的参与者，这些人是最有可能参与舞弊或协助舞弊的当事人。

5. 确认舞弊的方法和原因

对方坦白认错后，审计人员应尽量了解对方舞弊的方法和原因，这是为了回答舞弊调查中的最后两个疑问，即"他是如何做的"和"他为何要这么做"。挖掘对方如何舞弊可以找出内控漏洞，做到亡羊补牢；找出对方舞弊的原因可以协助企业在培训和文化建设上做出调整和改进。

6. 对方没坦白认错，怎么办

如果在使用了所有访谈策略和技巧后，对方在访谈时间结束前还是没有坦白认错，则审计人员也应该结束访谈。认错访谈的时间一般建议控制在 4 个小时以内，最多不能超过一个工作日。如果需要加班延长访谈时间，审计人员应根据具体情况、企业工作惯例，报请审计领导和企业管理层具体决定。访谈结束后，应根据企业的规定决定是否让该员工回到工作岗位。一些企业规定，经过舞弊认错访谈的员工不可重回岗位，也不可进入企业范围，而是让他暂时带薪休假，当然这取决于企业的制度、案件的严重性及管理层的考量。

在访谈还没结束之前，审计人员可以再次转换访谈模式，从认错访谈转变为信息访谈，逐渐把访谈调节至信息访谈的温和氛围，这时可以重新启用开放式问题，给对方更多的机会回答和解释。审计人员可以让对方继续解释为何不是他参与了舞弊，并提问可能会是哪些人参与了舞弊，企业内有哪些内控漏洞导致了问题的出现，如何改善流程和系统等问题。

审计人员应该让被访谈者知道由于其工作和舞弊事件存在一定联系，企业需要进行排查，所以才会和他谈话，同时提醒他审计人员可能还会和他进行下一轮的谈话。最后，要告知对方谈话内容是保密的，不可在未经企业许可的情况下透露给他人，包括企业内的员工。

十三、访谈笔录

访谈内容需要固定。虽然一些审计人员会对访谈进行录音，但笔录还是有必要的，因为看笔录比较快，不需要花和访谈同样长的时间来听录音。笔录有两种形式，一是一问一答式，二是描述重点式。

一问一答式的笔录模式可以最直接地显示出访谈的全部经过，但也需要花较多的时间。当然，如今可以用转换软件把录音转成文字，但是需要确保精确，不然就可能曲解访谈中的意思。一问一答式的笔录也可以只写重点，把问题和答案重点摘要以一问一答的方式呈现出来。描述重点式笔录只需把重点写出来，不需要耗费太多时间。比较关键的访谈（如重要证人、被举报人的访谈）可以采用一问一答的方式做笔录，其他次要的访谈笔录可以考虑用描述重点的形式完成。

在笔录中要明确记录下列信息：

- 访谈日期；
- 访谈起止时间；
- 访谈地点；
- 问话人；
- 被访谈者的基本信息包括工作情况、社会背景等。

要想在笔录中明确事实，必须要把对方所说的"七何"都明确下来。在描述时要尽量考虑对方提供的信息是否足够达到构成舞弊违法违纪行为的条件。

1. 笔录该由谁来写

有人建议笔录应该由被访谈者自己来写，尤其当对方承认了某些事情之后。理由是让当事人写会留有其笔迹，会更加"固定"他所说的话。但是当你要求当事人写出自己刚刚承认的事时，他就会跳出短期思维，觉得自己刚才不该说那些事情，可能会翻供。很多时候，当事人肯把话说出来，但如果让他写下来，他可能就不会承认。

有一些被访谈者在写笔录的时候会避重就轻，不写自己承认的事，反而添加了其他的解释，使笔录不能发挥作用、与实际访谈内容有出入，导致访谈过程也受到质疑。

有些当事人表达能力不强，无法把事情很好地写出来，这时如果审计人员在一旁指导，又会惹上教他坦白的嫌疑。因此，笔录不建议让当事人自己写，最好让不是主要访谈者的审计人员来完成。在访谈过程中，笔录人员可以把重点记录下来，等访谈结束后再完善补充。

2. 避免一边访谈一边打字

不建议在进行访谈时现场打字，因为打字会发出声音，影响访谈进展。同时，如果做记录的人在被访谈者说出重要线索时赶紧打字记录，对方就会根据打字与否来衡量其说的话是否被认为是重要的。

3. 被访谈者可否修改笔录

笔录完成后需要给被访谈者进行确认。如果被访谈者认为笔录记录不正确，当然可以修改笔录内容。最好的修改方式是让被访谈者用笔在笔录上修改，将他认为不正确的文字画线，将他认为正确的文字写上并签字确认。运用这种方法，笔录上就可以留下被访谈者的笔迹。如果被访谈者要修改的文字是因为要改口翻供，审计人员需要提醒他现在说的和刚才说的不一致。如果他还是执意要改，那就让他在笔录上修改。

4. 笔录是否要签字

笔录要让被访谈者阅读确认并签字，让对方在笔录上注明"以上 × 页笔录我已看过，与我所说的一致"。如果被访谈者不肯签字，审计人员应提醒对方即使不签字，他还是说过前面的话，有多个审计人员听到了他所说的话。如果审计访谈录音是公开并告知对方的，则要提醒录音的存在。如果企业有明确、公开的审计政策规定员工必须配合审计工作的，审计人员可以提醒被访谈者配合审计工作，需要在笔录上签字。当然，如果对方坚持不签字，审计人员也不能强迫他。如果对方坚持不签字，那只能在报告中显示对方说过的话及其不肯签字的事实。如果有必要，访谈录音可以作为证据。

5. 是否所有的访谈都要做笔录

重要的访谈要做笔录，但并非所有的访谈都一定要做笔录，一些不太重要的信息访谈可以不用做笔录。有些审计人员会通过邮件的方式将谈过的事项与对方进行确认，邮件确认又可分为正面确认和负面确认。正面确认是要对方回复说"信息是对的"或"信息无误"；负面确认是指如果对方认为信息是对的就不用回复。审计人员要根据实际情况适当选择确认方式，运用正面确认方式会使审计人员在发送该邮件后失去主动权，如果对方不回复，审计人员只能干着急。

6. 笔录样本

访谈记录

访谈事项：_____

访谈人：_____　　身份：_____

被访谈人：_____

访谈地点：_____

访谈日期：_____

时间：_____　　开始

时间：_____　　结束

问：我们是 ×× 公司审计（监察）部门工作人员。根据集团相关审计工作规定（就 ××× 事情）想你询问了解相关情况。通过谈话笔录的形式予以固定，并同步（录音摄像），您同意吗?

答：同意。

问：请你陈述一下我公司 ×× 总监 ××× 向您索贿的情况。

答：好的。今年 6 月，我……

十四、本章小结

认错访谈是舞弊审计中的关键环节，要做好认错访谈，审计人员需要掌握很多问话技巧、心理学知识、博弈方法与兵法计谋。在认错访谈过程中，虽然审计人员希望对方坦白认错，但也必须以公平公正的态度对待被访谈者。

很多人说企业中的审计访谈没有用，因为无公权力所以无法限制他人自由，没有惩罚的权力，无法营造司法机关才有的压力，当事人不会惧怕，如果没有证据其一定不会承认。当然，这种说法有一定的道理，但并非所有的审计访谈都是无用的。还是会有人在审计访谈中坦白认错并提供一些信息的。

证明舞弊需要证据，不单单是当事人的口供。很多时候，审计人员要做的就是搜集微小的认错信息，慢慢累积更多的线索进而找到确凿的证据。审计人员也可以在访谈后通过污点证人提供的信息，执行有针对性的监控，搜集原生证据，或者等到对方销毁证据时搜集再生证据。

审计人员的目标是靠访谈中的口供快速获取线索和证据，突破舞弊案件。访谈不一定能让对方承认舞弊，但是访谈肯定能协助审计人员加快识别舞弊的速度。当搜集了足够的证据时，审计人员就可以选择与当事人再次进行访谈，或与舞弊的主谋进行正面接触，或报警通过司法程序挖掘更多的证据。

被访谈者坦白认错固然好，如果实在不坦白认错，也并不表示舞弊调查就是失败的，审计人员也可通过其他证据把"蒙娜丽莎"（舞弊）的画像勾画出来，让企业管理层根据商业经验和嗅觉自行判断文书与数据的不合理点、电子证据的证明点，以及当事人前后解释的矛盾点是否足以支撑舞弊已经发生的结论。

后 记

公者无私之谓也，平者无偏之谓也。

——何启

一、引言

在企业内部做好舞弊审计工作不是一件容易的事，在无公权力的情况下，审计"完美文书"舞弊显得更加困难。要提高舞弊案件的破案率，审计人员不仅要掌握传统的审计方法，如文件审核、数据分析、审计询问，也要运用新型审计技巧，如电子痕迹取证、电子监控、利用"污点证人"和卧底员工、搜集再生证据等。

审计人员要想胜任舞弊审计，就必须在具备审计专业技能的基础上，掌握足够的财务知识、其他领域的基础知识，以及企业运营流程相关内容。

能胜任舞弊审计的审计人员是一位"行为大师""语言大师"和"思维大师"。说是行为大师，是因为审计人员能控制自己的言行举止，也懂得解读被审计对象散发出的各种非语言信息；说是语言大师，是因为审计人员能很好地掌握语言科学和语言艺术，能够通过语言让被审计对象把不想说的话说出来；说是思维大师，是因为审计人员足智多谋，能够通过策划、逻辑推断及博弈，与舞弊嫌疑人斗智斗勇，最终找到舞弊案件的突破口。

二、公平公正地执行舞弊审计

由于舞弊审计所运用的方法和计谋都是非常极致的，这些审计能力和计谋就像一把双刃剑，可以用来杀敌也可以用来害人。在法庭上，被告有律师替他辩护，有法律规则为其提供保护，而在企业中，管理层就像法官，审计方就像检察官和侦查人员，被举报的员工就像被告，如果企业的人事部和法务部审查了审计报告，确保报告的信息准确并且证据确凿，那么他们就像被举报员工的辩护律师。

如果企业内没有人审查审计报告，管理层将直接从舞弊审计报告中获取信息，然后决定如何惩戒该名员工，那么审计人员编写的审计报告将影响员工的前途。在执行舞弊审计时，审计人员必须秉持公平公正的原则，不可武断地一定要找出证据来证明舞弊，要用开放的心态来接受可能推翻舞弊指控的证据。

审计人员绝不可以伪造证据，也不可以在审计报告中夸大证据的作用，不可只记录对员工不利的证据，而故意隐瞒对员工有利的证据。如果因为审计人员的虚假证据或有失偏颇的报告导致一名无辜的员工被开除，受到伤害的不单单是该名员工，也包括他的家人和孩子。

审计人员应该了解到舞弊审计的结论不是单纯地只有两种极端结果——证明有错或证明无错。在一些证据不够充分的情况下，还会有第三种结果，那就是无法证实也无法推翻指控。审计人员不应该"害怕"这种审计结果，审计人员不可能在每一次的调查中都能成功地揭发或推翻舞弊指控，尤其是那些"完美文书"舞弊事件。遇到无法证实也无法推翻的指控时，审计人员可以把这些案件归类为"继续观察"，切记不可迫于破案压力，而捏造虚假证据或以不公正的文字编写审计报告误导管理层。

三、有错假设和无辜推定

舞弊审计是一个持续不断地建立"有错假设"和"无辜推定"的过程。在舞弊审计中，审计人员必须客观公正，心中要有一条不可跨越的底线，这条底线就是"无辜推定"。在审计访谈中，审计人员不可严刑逼供，不能诱导对方做虚假供述，不可"欺负"阅历较浅的员工，给他们施加不恰当的压力。在没有证据之前，审计人员不应心存偏见认定对方有错，然后寻找或制造各种证据来印证这个偏见。审计人员应该只扮演收集证据、还原事实的角色，认定对方是否有错应该由管理层完成。

在寻找证据的过程中，审计人员难免要站在舞弊当事人的角度来思考，只有这样才能找到可能留存的证据，并预测对方的辩解理由，这一思考过程建立在假设对方有错的基础上。舞弊审计中，假设对方有错是调查的出发点，如果一味地认定对方没有错，审计人员的思维就会出现"确认的偏见"，只关注对方遵守企业规定流程的行为，而无法注意对方可能违规的行为。

每个人都会趋利避害，为了不让企业揭穿其舞弊行为，当事人往往会选择撒谎隐瞒，所以审计人员不能天真地相信会有人主动交代认错。在寻找舞弊证据的过程中，有职业谨慎性的审计人员难免要做"有错假设"，并从这个方向思考获取舞弊证据。

审计人员必须平衡"有错假设"和"无辜推定"这两个看上去完全相反的概念。在审计过程中，审计人员必须以开放的心态思考如果对方参与了舞弊，那舞弊证据将出现在哪里，并根据这个思路去寻找线索和证据。所有的假设都应建立在线索、证据和逻辑之上，证据越多就越巩固"有错假设"。

但是审计人员必须要谨慎，不可让心中的"有错假设"冲昏了头脑，而忘了"无辜推定"，不可在调查过程中添加自己的意见，把自己的主观意识强行加入审计报告中，进而影响管理层。一名员工到底有错还是无错，应该由管理层认定，审计人员只是证据搜集者。

四、审计人员的三大胜任能力

一名优秀的舞弊审计人员须具备以下三大胜任能力。

1. 洞察力

优秀的舞弊审计人员都有着强大的洞察力。他们能做到观察入微，对文件、数据、陈述之间的细微差异非常敏感；他们能做好比较式观察，能在同中求异，也能在异中求同；他们的洞察是系统性地执行的，注重逆向思维，从外围往中心审查或从中心往外围扩散观察，不放过任何线索，心中不存在观察死角和偏见；他们主动留心倾听，能从异于常人的角度观察、倾听、思考。他们能看一般人不看的，能听一般人不听的，能想一般人不想的。

2. 分析力

除了洞察力之外，优秀的舞弊审计人员都有着强大的逻辑分析能力和批判性思维。他们能将洞察出来的信息用于逻辑思考，找出事物间的因果关系、相互影响的连锁反应，捕捉能证明舞弊的信息。通过这些分析，审计人员能揣摩出对方的行为，预测舞弊线索所在，选择正确的调查方向，做到"一叶落知天下秋"。在舞弊审计的博弈中更早分析出越多的信息，就越有成功的可能。

3. 智谋力

优秀的舞弊审计人员必须足智多谋，能很好地利用已掌握的证据引发对方的联想。审计人员的谋略要十分长远，要不声不响、不知不觉地让舞弊嫌疑人作茧自缚，最后毫无还手余地。在审计开始阶段，不要让对方感到紧张，要以若有若无、声东击西、欲擒故纵的方式掩饰审计的真正意图。审计人员应能根据逻辑推断，判断当事人的心理状态和心理弱点，推测对方将采取的行动，并制定超前的应对措施。审计人员必须能够因人而异、因案而变地运用计谋，做到出其不意、攻其不备。

审计人员只有具备预测盘算的能力才能提高成功突破舞弊的概率，就像《孙子兵法·始计篇》中提到的："夫未战而庙算胜者，得算多也；未战而庙算不胜者，得算少也。多算胜，少算不胜，而况于无算乎！"

　　舞弊审计是一项相当艰难的工作，审计人员要以不畏困难的意志力和敢于亮剑的精神去面对、克服调查中出现的各种各样的难题。在每一次舞弊审计中，审计人员都可能面对新的业务流程、科技事物与舞弊方法，这就要求审计人员必须有着自强不息、持续学习的精神和热情，在极短时间内学习并掌握新知识。同时，审计人员也需要有厚德载物的品德才能真心挽救犯错的员工。调查舞弊并促使员工做正确合规的事是一项永远在路上的正义任务，但愿舞弊审计人员能不忘初心，永远带着赤子之心捍卫正义！

舞弊审计

- 明察秋毫洞察力
- 见微知著分析力
- 触动人心沟通力
- 百折不挠意志力
- 运筹帷幄智谋力
- 自强不息学习情
- 厚德载物同理心
- 捍卫正义赤子心

附录 1
部分不相容职责

部门	不相容职责
资金	支付的审批 vs. 支付的执行 资金保管 vs. 资金盘点 会计记录 vs. 审计监督 出纳 vs. 财务记录
采购	请购 vs. 审批 供应商的选择 vs. 供应商的审批 采购合同签订 vs. 采购合同审批 付款的申请 vs. 付款的审批 付款的申请 vs. 付款的入账
存货	请购 vs. 审批 采购 vs. 验收 采购 vs. 付款 存货保管 vs. 存货记录 发货申请 vs. 发货审批 发货申请 vs. 发货记录 处置申请 vs. 处置审批 处置申请 vs. 处置记录
成本费用	成本费用预算的编制 vs. 成本费用预算的审批 成本费用支出 vs. 成本费用审批 成本费用支出 vs. 会计记录
销售	客户信用管理 vs. 销售合同的审批 销售合同的审批 vs. 发货 销售经办 vs. 发票开具 收款确认 vs. 收款记账 销售退货的验收 vs. 退货记账 坏账计提 vs. 坏账审批 坏账核销 vs. 坏账审批

部门	不相容职责
预算	预算编制 vs. 预算审批 预算审批 vs. 预算执行 预算执行 vs. 预算考核
合同	合同的拟定 vs. 合同的审批 合同的审批 vs. 合同的执行
业务外包	业务外包申请 vs. 业务外包审批 业务外包审批 vs. 业务外包执行 业务外包协议的订立 vs. 业务外包协议的核对 业务外包执行 vs. 会计记录 外包业务付款申请 vs. 外包业务付款审批 外包业务付款申请 vs. 外包业务付款执行
固定资产	投资预算编制 vs. 投资预算审批 投资预算审批 vs. 投资执行 固定资产采购 vs. 固定资产验收 固定资产采购 vs. 固定资产款项支付 投保的申请 vs. 投保的审批 处置的申请 vs. 处置的执行 采购业务 vs. 会计记账 处置业务 vs. 会计记账
工程	项目建议 vs. 项目决策 预算编制 vs. 预算审核 项目决策 vs. 项目实施 项目实施 vs. 价款支付 项目实施 vs. 项目验收 竣工结算 vs. 竣工结算审核
筹资	筹资方案拟定 vs. 筹资方案决策 筹资方案审批 vs. 筹资方案订立 筹资款项偿付的审批 vs. 筹资款项偿付的执行 筹资执行 vs. 会计处理
投资、并购	可行性研究 vs. 可行性评估 投资决策 vs. 投资执行 协议订立 vs. 协议审核 处置审批 vs. 处置执行 绩效评估 vs. 绩效执行

附录 2
业务环节中常见的数据分析

Ⅰ. 从采购到付款

业务环节	相关分析
供应商管理	不完整的供应商信息（如没有地址、税务号、联系方式）
	重复的供应商记录（如姓名、地址、银行信息）
	供应商与员工信息一致或大致相同（如姓名、地址、银行账户、税务号）
	用户权限测试（如创建、修改、删除供应商的权限）
采购活动	采购趋势分析（按供应商、物料、区域分类分析）
	本福特定律分析（如采购数量、付款金额）
	未经授权的采购（未经批准的采购订单）
	后补的采购审批信息——采购单日 vs. 发票日 vs. 合同日（采购日期晚于发票日期）
	采购单价格与经批准的供应商价格表中的价格差异
	紧急购买频率，单一来源购买（例外、豁免频率）
	重复的文件号码（如采购单、请购单、报价）
	已经辞职员工账号所创建的采购单、请购单、合同
	重复购买（同一供应商相同发票号码、同一金额）
	丢失采购单、请购单、报价等，采购单、请购单信息不完整
	假日 / 周末的交易输入
	用户系统访问权限及登录测试（如创建、修改、删除采购单）
	长期开放的采购单（陈旧请购单和采购单）
	交易额高于限额（采购 vs. 授权限制）
	交易量低于但接近授权限额，同时为同一产品的同一供应商拆分采购和采购订单
	不定期、不规律的供应商账户活动。不活跃的供应商账户突然交易 / 调整
物流成本	物流成本分析（例如，按国家 / 地区、陆海空运输模式、运输工具、船舶 / 卡车）
	重新计算成本（如进口税 / 关税、保险、货运代理、增值税、测量师费用、滞期费）

(续表)

业务环节	相关分析
损失与索赔	收缩分析（例如，按路线、陆海空运输模式、港口、运输工具、车辆）
	折扣活动（按商店、职员，按日、周、顾客）
	对运输商索赔的重新计算
	用户权限测试（例如，输入和批准增益／损失，索赔）
仓库管理	匹配采购单与收货单（例如，数量、材料订购、供应商），发票数量 vs. 收货数量（和质量），无收货单的采购
	重复收货和非顺序／缺失的收货
	收货或其他交易在假日或周末输入
	仓库利用率分析
	用户访问权限测试（例如，输入和批准收货单、库存位置）
库存	库存老化／周转分析（副产品、仓库）
	未经授权的调整（红字发票、注销）
	用户访问主文件的测试（库存、物料清单）
	库存成本或数量低于零或接近零
发票	发票、采购单与收货单的三方匹配
	重复发票测试
	交易在假日／周末／夜间输入
	发票上的供应商不在合格供应商主数据库中
	不完整的（国外）发票字段（例如，空白发票号、零增值税、空白日期）
	用户访问测试（例如，输入和批准发票、信用卡／借记卡入账）
应付	应付账龄／营业额分析（例如，按供应商、产品）
	未经授权的调整（例如，借记／贷记通知、红字、注销）
	转账凭证，注销凭证账龄分析
	没有采购单的应付账款，应付账款条目 vs. 采购单列表匹配，发票列表与采购单列表匹配
	合同，应付账款条目与合同列表，发票清单与合同清单
	一次性供应商的出现频率（总体），频繁地与同一个"一次性"供应商往来交易
付款	匹配发票与付款，发票、付款与收据匹配
	匹配付款信息（例如，供应商名称、银行协议号）
	本福特定律分析——支付金额
	重复付款（例如，重复金额、重复发票号）
	缺少支票号码、支付凭证等（间隙分析）
	用户访问测试（例如，输入和批准结算、执行付款、资金转账）
	付款期限分析（付款日期 vs. 发票到期日 vs. 发票日期）

Ⅱ. 人事与工资

业务环节	相关分析
员工	关键数据字段（缺少或不完整的员工工资单主文件）
	重复的员工信息（重复的银行账户或地址）
	系统内员工信息列表与员工离职日期不匹配
	分析关键岗位人员变动人数
考勤	不合理的工作时间（工作小时数与支付的小时数）
	员工工作天数与支付天数不符
	错误的工资率、加班费（实际/计算与主文件）
薪资	社会保险和医疗保险缴款超过限额，超过年龄限制，辞职后继续缴纳
	薪酬总额过高成不合理（当月工资 vs. 上月工资）
	用户访问测试（例如，输入和编辑员工、工作小时、工资单生成、批准）

Ⅲ. 差旅费报销

业务环节	相关分析
差旅费	津贴、每日津贴、膳食、酒店超限
	差旅天数与总费用的线性关系
	关于用餐/娱乐账单的可疑描述
	重复报销——信用卡费用与应付发票
	不允许的交易（现金垫款、个人费用）
	旅行费用分析（例如，每位员工/天、每个目的地/天）

Ⅳ. 从客户订单到收款

业务环节	相关分析
客户管理	客户信息不完整（例如，没有地址、税号）
	匹配客户与员工数据（例如，姓名、地址、银行账户、税号）
	客户主数据——重复的客户名称/地址、客户与空白细节
	用户访问测试（例如，创建、修改、删除客户）
价格主文件	未经授权的价格重要更改/访问
	未经授权的销售价格。销售订单价格与批准的价格表对比，发票价格与批准的价格表对比
销售	销售分析/趋势（例如，每个客户、产品、期间）
	本福特定律分析（例如，金额、数量）
	客户订单与系统订单分析（例如，数量、订购的产品）
	缺少销售订单、客户订单等的销售、发票（空隙分析）
	交易在假期/周末输入

业务环节	相关分析
销售	用户访问测试（创建、修改、删除销售订单等）
	销售额高于批准的信用额度
	销售订单清单——年度／月度销售趋势分析
仓库与物流	匹配销售订单与发货（没有销售订单的运输）
	重复发货、非顺序发货、缺失发货
	用户访问测试（例如，输入和批准发货、位置）
	在假日或周末输入的发货或交易
	仓库利用率分析
库存	库存分析／周转分析（例如，按产品、仓库分列）
	未经授权的调整数（例如，借项／贷项、核销）
	库存成本或数量低于零
物流成本	物流成本分析（例如，按国家／地区、陆运／海运／空运方式、转运商、船只／卡车分列，整车 vs. 拼车）
	费用的重新计算（例如，出口税／税、保险、货运代理、增值税、测量员费用、滞期费）
萎缩与损失	收缩率分析，交付数量与订单数量（按路线、陆／海／空运输方式、港口、运输商、车辆）
	重新计算对运输商的索赔
	用户访问权限测试（例如，输入和批准损益、声明）
	不同的交货地址、交货单与销售订单
开票	匹配客户订单、发货、发票
	发票重复，发票不连续／缺失
	假期／周末的交易输入
	发票字段不完整（例如，空白发票编号、零增值税、空白日期）
	用户访问权限测试（例如，输入并批准发票、贷方通知单）
	未经授权／过多的佣金
应收款	超出信用额度，信用额度 vs. 应收余额，信用额度 vs. 订单金额
	应收日记条目老化分析（账龄分析）
	应收账龄／营业额分析（例如，按客户、产品划分）
	未经授权的调整（例如，借方／贷方凭证、冲销）
收款	匹配发票与收款
	匹配收款信息（例如，客户名称、银行账号）
	本福特定律收款额分析
	重复收款（例如，重复金额、重复发票）
	缺少支票号码，收据凭证等空白／缺少官方收据（空隙分析）
	收款会计用户访问测试（例如，输入和批准结算、执行人员收款、开具收据）
	现金收入与发票金额、销售

Ⅴ. 总账与调整会计分录

业务环节	相关分析
调整分录	未经授权的会计调整分录
	未经授权用户的会计调整分录
	重复的会计调整分录（账户或金额相同，调整分录编号或金额相同）
	拆分会计调整分录（单个调整分录 / 多个账户，多个调整分录 / 单个账户）
	将会计调整分录发布到休眠账户
	整数金额的会计调整分录
	会计调整分录描述中可疑关键字
	会计调整分录的数量、频率
	频繁、经常逆转、注销，红字会计调整分录
总账	无效的过账（记录在会计账本上不正常的一面，如该记录借方的但是记录到贷方）
	关键数据字段（总账户、敏感交易，如特殊付款）
	总账户的描述显示出是复制或类似的账户
	职责分离（总账凭证的建立 vs. 上传 vs. 入账 vs. 审批）
	贷方红字冲销凭证，借方红字冲销凭证的数量
	储备预留，费用应计，冲销的频率
	明细账与总账（应付、应收、库存、固定资产、其他应收、其他应付）的对账调节

Ⅵ. 权限与分工

业务环节	相关分析
职责分工	采购人员用户访问测试（例如，创建、编辑、删除供应商主数据、银行账户等），采购员 vs. 供应商主数据库管理员
	采购人员用户访问测试（例如，创建、修改、删除、批准采购订单）物品使用者 vs. 采购员，采购订单创建人 vs. 采购订单批准人，采购申请批准人 vs. 采购订单批准人
	损益索赔用户访问权限测试（例如，输入和批准物品的损益质量问题、索赔）
	收货用户访问权限测试（例如，输入和批准收货、位置），采购员 vs. 收货人
	应付会计用户访问权限测试（例如，输入并批准供应商发票、借方冲销凭证），采购员 vs. 应付会计
	付款会计用户访问测试（例如，输入和批准结算、执行付款、资金转账）
	客户主数据库用户访问测试（例如，创建、修改、删除客户）
	库存主数据库用户访问权测试（库存、物料清单）
	违反职责分工的系统访问、交易（订单输入与客户主数据的用户账号，订单输入与产品主数据的用户账号）
	销售订单用户访问测试（例如，创建、修改、删除销售订单等）
	客户主数据库用户访问测试（例如，创建、修改、删除客户）
	收款会计用户访问测试（例如，输入和批准结算、收款执行、开发收据）

（续表）

业务环节	相关分析
职责分工	发票开具用户访问权限测试（例如，输入并批准发票、红字发票）
	发货人员用户访问权限测试（例如，输入和批准发货、发货仓库位置）
	IT 用户访问权限测试（例如，具体业务操作权限的 IT 员工，如开发票、发货、修改凭证等）
	用户访问权限测试（例如，特权或超级用户访问权限）

Ⅶ.其他分析

业务环节	相关分析
洞察分析	每个类别花费的总金额
	每个类别的总收入
	供应商购买总额，新供应商购买额
	平均交易金额
	每个供应商的交易量
	每个供应商的交易额
	每位客户的销售额
	按供应商、商品分类交易
	趋势分析（如季节性产品）
	预算与实际分析
	账龄分析、交易账龄对比（如收货日期与发票日期对比）

附录 3
财务比率分析指标公式与解读

Ⅰ. 获利能力分析

分析指标	公式	解读
销售净利率	（净利润 ÷ 销售收入）×100%	比率越大，企业的盈利能力越强
成本利润率	（利润总额 ÷ 成本费用总额）×100%	比率越大，企业的经营效益越好
总资产净利率	（净利润 ÷ 总资产）×100%	比率越大，企业的盈利能力越强
固定资产净利率	（净利润 ÷ 固定资产）×100%	比率越大，企业固定资产的盈利能力越强
权益净利率	（净利润 ÷ 股东权益）×100%	比率越大，企业的盈利能力越强
总资产报酬率	（利润总额 + 利息支出）/ 平均资产总额 ×100%	比率越大，企业的盈利能力越强
销售收现率	（经营现金净流量 ÷ 主营业务收入净额）×100%	数值越大表明销售收现能力越强，销售质量越高（没现金流的收入是否虚构）
盈利现金比率	（经营现金净流量 ÷ 净利润）×100%	比率越大，企业盈利质量越强，其值一般应大于 1
总资产现金回收率	（经营现金净流量 ÷ 平均资产总额）×100%	与行业平均水平相比进行分析

Ⅱ. 运营能力分析指标

分析指标	公式	解读
应收账款周转率	销售收入 ÷ 应收账款	与行业平均水平进行比较分析，周转率越高越好
应收账款周转天数（收现天数）	365 天 ÷ 应收账款周转率 365 天 ÷（销售收入 ÷ 应收账款）	与行业平均水平进行比较分析，周转越快越好
存货周转率	销售成本 ÷ 存货	与行业平均水平进行比较分析，周转率越高越好

（续表）

分析指标	公式	解读
存货周转天数（变现天数）	365 天 ÷ 存货周转率 365 天 ÷（销售成本 ÷ 存货）	与行业平均水平进行比较分析，周转越快越好
流动资产周转率	销售收入 ÷ 流动资产	与行业平均水平进行比较分析，周转率越高越好
流动资产周转天数	365 天 ÷ 流动资产周转率 365 天 ÷（销售收入 ÷ 流动资产）	与行业平均水平进行比较分析，周转越快越好
净营运资本周转率	销售收入 ÷ 净营运资本	与行业平均水平进行比较分析，周转率越高越好
净营运资本周转天数	365 天 ÷ 净营运资本周转率 365 天 ÷（销售收入 ÷ 净营运资本）	与行业平均水平进行比较分析，周转越快越好
非流动资产周转率	销售收入 ÷ 非流动资产	与行业平均水平进行比较分析，周转率越高越好
非流动资产周转天数	365 天 ÷ 非流动资产周转率 365 天 ÷（销售收入 ÷ 非流动资产）	与行业平均水平进行比较分析，周转越快越好
总资产周转率	销售收入 ÷ 总资产	与行业平均水平进行比较分析，周转率越高越好
总资产周转天数	365 天 ÷ 总资产周转率 365 天 ÷（销售收入 ÷ 总资产）	与行业平均水平进行比较分析，周转越快越好
应付账款周转率	销售成本 ÷ 应付账款	与行业平均水平进行比较分析，周转率越低，占用供应商资金越久
应付账款周转天数	365 天 ÷ 应付账款周转率 365 天 ÷（销售成本 ÷ 应付账款）	与行业平均水平进行比较分析，还款率应在合理范围（还款越慢越好）

Ⅲ. 偿还能力分析指标

分析指标	公式	解读
流动比率	流动资产 ÷ 流动负债	与行业平均水平进行比较分析，参考值：>2
速动比率	速动资产 ÷ 流动负债 速动资产 = 流动资产 − 存货 − 预付款 − 待摊费用	与行业平均水平进行比较分析，参考值：>1
现金比率	（货币资金 + 有价证券）÷ 流动负债	与行业平均水平进行比较分析，参考值：>20%
净利润现金比率	经营现金流量 ÷ 净利润	比率越大，企业盈利质量越高
利息保障倍数	息税前利润 ÷ 利息费用 （净利润 + 利息费用 + 所得税费用）÷ 利息费用	利息保障倍数越大，利息支付越有保障

（续表）

分析指标	公式	解读
现金流量利息保障倍数	经营活动现金流量 ÷ 利息费用	现金流量利息保障倍数越大，利息支付越有保障
经营现金流量债务比	（经营活动现金流量 ÷ 债务总额）×100%	比率越高，偿还债务总额的能力越强
资产负债率	（总负债 ÷ 总资产）×100%	比值越低，企业偿债越有保证，贷款越安全
产权比率	总负债 ÷ 股东权益	产权比率越低，企业偿债越有保证，贷款越安全
权益乘数	总资产 ÷ 股东权益	权益乘数越高，企业偿债越有保证，贷款越安全

Ⅳ. 成长能力分析指标

分析指标	公式	解读
销售增长率	（当期销售额 – 上期销售额）÷ 上年销售总额 ×100%	对比企业连续多期的值，分析发展趋势，该指标越大，表明其增长速度越快，企业市场前景越好
净利润增长率	（当期净利润 – 上期净利润）÷ 上期净利润 ×100%	对比企业连续多期的值，分析发展趋势，该指标越大，表明其增长速度越快，企业市场前景越好
营业利润增长率	（当期营业利润 – 上期营业利润）÷ 上期营业利润 ×100%	对比企业连续多期的值，分析发展趋势，该指标越大，表明其增长速度越快，企业市场前景越好
固定资产增长率	（当期固定资产 – 上期固定资产）÷ 上期固定资产 ×100%	对比企业连续多期的值，分析发展趋势，该指标越大，表明其增长速度越快，企业市场前景越好
总资产增加率	（当期总资产 – 上期总资产）÷ 上期总资产 ×100%	对比企业连续多期的值，分析发展趋势，该指标越大，表明其增长速度越快，企业市场前景越好
资本保值增值率股东权益增长率	（年末所有者权益 ÷ 年初所有者权益）×100%	资本保值增值率若为100%，说明企业不盈不亏，保本经营，资本保值；若大于100%，说明企业有经济效益，资本在原有基础上实现了增值

附录 4
涉及企业职务犯罪舞弊的主要罪名及处罚

罪名	部分主要处罚 [详情见 2020 年 12 月 26 日公布的《中华人民共和国刑法》含修正案（十一）]
非国家工作人员受贿罪 （《刑法》第 163 条）	• 数额较大的，处三年以下有期徒刑或者拘役，并处罚金 • 数额巨大的，处三年以上十年以下有期刑，并处罚金；数额特别巨大的，处十年以上有期徒刑或者无期徒刑，并处罚金
对非国家工作人员行贿罪 （《刑法》第 164 条）	• 数额较大的，处三年以下有期徒刑或者拘役，并处罚金 • 数额巨大的，处三年以上十年以下有期徒刑，并处罚金 • 行贿人在被追诉前主动交代行贿行为的，可以减轻处罚或者免除处罚
行贿罪 （《刑法》第 389 条）	• 处五年以下有期徒刑或者拘役，并处罚金 • 情节严重的，或者使国家利益遭受重大损失的，处五年以上十年以下有期徒刑，并处罚金 • 情节特别严重的，或者使国家利益遭受特别重大损失的，处十年以上有期徒刑或者无期徒刑，并处罚金或者没收财产 • 行贿人在被追诉前主动交代行贿行为的，可以从轻或者减轻处罚。其中，犯罪较轻的，对侦破重大案件起关键作用的，或者有重大立功表现的，可以减轻或者免除处罚
对有影响力的人行贿罪 （《刑法》第 390 条之一）	• 处三年以下有期徒刑或者拘役，并处罚金 • 情节严重的，或者使国家利益遭受重大损失的，处三年以上七年以下有期徒刑，并处罚金 • 情节特别严重的，或者使国家利益遭受特别重大损失的，处七年以上十年以下有期徒刑，并处罚金
对单位行贿罪 （《刑法》第 391 条）	• 处三年以下有期徒刑或者拘役，并处罚金 • 单位犯前款罪的，对单位判处罚金，并对其直接负责的主管人员和其他直接责任人员，依照前款的规定处罚
单位行贿罪 （《刑法》第 393 条）	• 情节严重的，对单位判处罚金，并对其直接负责的主管人员和其他直接责任人员，处五年以下有期徒刑或者拘役，并处罚金
侵占罪 （《刑法》第 270 条）	• 数额较大，拒不退还的，处二年以下有期徒刑、拘役或者罚金 • 数额巨大或者有其他严重情节的，处二年以上五年以下有期徒刑，并处罚金

（续表）

罪名	部分主要处罚 [详情见 2020 年 12 月 26 日公布的《中华人民共和国刑法》含修正案（十一）]
职务侵占罪 （《刑法》第 271 条）	• 数额较大的，处三年以下有期徒刑或者拘役，并处罚金 • 数额巨大的，处三年以上十年以下有期徒刑，并处罚金 • 数额特别巨大的，处十年以上有期徒刑或者无期徒刑，并处罚金
挪用资金罪 （《刑法》第 272 条）	• 数额较大、超过三个月未还的，或者虽未超过三个月，但数额较大、进行营利活动的，或者进行非法活动的，处三年以下有期徒刑或者拘役 • 挪用本单位资金数额巨大的，处三年以上七年以下有期徒刑 • 数额特别巨大的，处七年以上有期徒刑 • 在提起公诉前将挪用的资金退还的，可以从轻或者减轻处罚。其中，犯罪较轻的，可以减轻或者免除处罚
故意毁坏财物罪 （《刑法》第 275 条）	• 数额较大或者有其他严重情节的，处三年以下有期徒刑、拘役或者罚金 • 数额巨大或者有其他特别严重情节的，处三年以上七年以下有期徒刑
盗窃罪 （《刑法》第 264 条）	• 数额较大的，或者多次盗窃、入户盗窃、携带凶器盗窃、扒窃的，处三年以下有期徒刑、拘役或者管制，并处或者单处罚金 • 数额巨大或有其他严重情节的，处三年以上十年以下有期徒刑，并处罚金 • 数额特别巨大或者有其他特别严重情节的，处十年以上有期徒刑或者无期徒刑，并处罚金或者没收财产
诈骗罪 （《刑法》第 266 条）	• 数额较大的，处三年以下有期徒刑、拘役或者管制，并处或者单处罚金 • 数额巨大或有其他严重情节的，处三年以上十年以下有期徒刑，并处罚金 • 数额特别巨大或者有其他特别严重情节的，处十年以上有期徒刑或者无期徒刑，并处罚金或者没收财产
侵犯商业秘密罪 （《刑法》第 219 条）	• 情节严重的，处三年以下有期徒刑，并处或者单处罚金 • 情节特别严重的，处三年以上十年以下有期徒刑，并处罚金
串通投标罪 （《刑法》第 223 条）	情节严重的，处三年以下有期徒刑或者拘役，并处或者单处罚金
伪造企业、事业单位、人民团体印章罪 （《刑法》第 280 条）	• 伪造、变造、买卖或者盗窃、抢夺、毁灭国家机关的公文、证件、印章的处三年以下有期徒刑、拘役、管制或者剥夺政治权利，并处罚金；情节严重的，处三年以上十年以下有期徒刑，并处罚金 • 伪造公司、企业、事业单位、人民团体的印章的，处三年以下有期徒刑、拘役、管制或者剥夺政治权利，并处罚金
背信损害上市公司利益罪 （《刑法》第 169 条之一）	• 致使上市公司利益遭受重大损失的，处三年以下有期徒刑或者拘役，并处或者单处罚金 • 致使上市公司利益遭受特别重大损失的，处三年以上七年以下有期徒刑，并处罚金
违规披露、不披露重要信息罪 （《刑法》第 161 条）	• 严重损害股东或者其他人利益，或者有其他严重情节的，对其直接负责的主管人员和其他直接责任人员，处五年以下有期徒刑或者拘役，并处或者单处罚金 • 情节特别严重的，处五年以上十年以下有期徒刑，并处罚金

（续表）

罪名	部分主要处罚 ［详情见 2020 年 12 月 26 日公布的《中华人民共和国刑法》含修正案（十一）］
隐匿、故意销毁会计凭证、会计账簿、财务会计报告罪（《刑法》第 162 条之一）	● 情节严重的，处五年以下有期徒刑或者拘役，并处或者单处二万元以上二十万元以下罚金 ● 单位犯前款罪的，对单位判处罚金，并对其直接负责的主管人员和其他直接责任人员，依照前款的规定处罚
逃税罪（《刑法》第 201 条）	● 数额较大并且占应纳税额百分之十以上的，处三年以下有期徒刑或者拘役，并处罚金 ● 数额巨大并且占应纳税额百分之三十以上的，处三年以上七年以下有期徒刑，并处罚金
抗税罪（《刑法》第 202 条）	● 处三年以下有期徒刑或者拘役，并处拒缴税款一倍以上五倍以下罚金 ● 情节严重的，处三年以上七年以下有期徒刑，并处拒缴税款一倍以上五倍以下罚金
逃避追缴欠税罪（《刑法》第 203 条）	● 数额在一万元以上不满十万元的，处三年以下有期徒刑或者拘役，并处或者单处欠缴税款一倍以上五倍以下罚金 ● 数额在十万元以上的，处三年以上七年以下有期徒刑，并处欠缴税款一倍以上五倍以下罚金
骗取出口退税罪、偷税罪（《刑法》第 204 条）	● 数额较大的，处五年以下有期徒刑或者拘役，并处骗取税款一倍以上五倍以下罚金 ● 数额巨大或者有其他严重情节的，处五年以上十年以下有期徒刑，并处骗取税款一倍以上五倍以下罚金 ● 数额特别巨大或者有其他特别严重情节的，处十年以上有期徒刑或者无期徒刑，并处骗取税款一倍以上五倍以下罚金或者没收财产
虚开增值税专用发票、用于骗取出口退税、抵扣税款其他发票罪（《刑法》第 205 条）	● 处三年以下有期徒刑或者拘役，并处二万元以上二十万元以下罚金 ● 虚开的税款数额较大或者有其他严重情节的，处三年以上十年以下有期徒刑，并处五万元以上五十万元以下罚金 ● 虚开的税款数额巨大或者有其他特别严重情节的，处十年以上有期徒刑或者无期徒刑，并处五万元以上五十万元以下罚金或者没收财产
虚开发票罪（《刑法》第 205 条之一）	● 情节严重的，处二年以下有期徒刑、拘役或者管制，并处罚金 ● 情节特别严重的，处二年以上七年以下有期徒刑，并处罚金
伪造、出售伪造的增值税专用发票罪（《刑法》第 206 条）	● 处三年以下有期徒刑、拘役或者管制，并处二万元以上二十万元以下罚金 ● 数量较大或者有其他严重情节的，处三年以上十年以下有期徒刑，并处五万元以上五十万元以下罚金 ● 数量巨大或者有其他特别严重情节的，处十年以上有期徒刑或者无期徒刑，并处五万元以上五十万元以下罚金或者没收财产
非法出售增值税专用发票罪（《刑法》第 207 条）	● 处三年以下有期徒刑、拘役或者管制，并处二万元以上二十万元以下罚金 ● 数量较大的，处三年以上十年以下有期徒刑，并处五万元以上五十万元以下罚金 ● 数量巨大的，处十年以上有期徒刑或者无期徒刑，并处五万元以上五十万元以下罚金或者没收财产

（续表）

罪名	部分主要处罚 [详情见 2020 年 12 月 26 日公布的《中华人民共和国刑法》含修正案（十一）]
非法购买增值税专用发票或者购买伪造的增值税专用发票 （《刑法》第208条）	• 处五年以下有期徒刑或者拘役，并处或者单处二万元以上二十万元以下罚金
非法制造、出售非法制造的用于骗取出口退税、抵扣税款的发票，其他发票罪 （《刑法》第209条）	骗取用于出口退税，可抵扣税的发票： • 处三年以下有期徒刑、拘役或者管制，并处二万元以上二十万元以下罚金 • 数量巨大的，处三年以上七年以下有期徒刑，并处五万元以上五十万元以下罚金 • 数量特别巨大的，处七年以上有期徒刑，并处五万元以上五十万元以下罚金或者没收财产 前款规定以外的其他发票： • 处二年以下有期徒刑、拘役或者管制，并处或者单处一万元以上五万元以下罚金 • 情节严重的，处二年以上七年以下有期徒刑，并处五万元以上五十万元以下罚金
盗窃、诈骗增值税专用发票罪 （《刑法》第210条）	• 处三年以下有期徒刑、拘役或者管制，并处或者单处罚金 • 数额巨大或者有其他严重情节的，处三年以上十年以下有期徒刑，并处罚金 • 数额特别巨大或者有其他特别严重情节的，处十年以上有期徒刑或者无期徒刑，并处罚金或者没收财产
持有伪造的发票罪 （《刑法》第210条之一）	• 数量较大的，处二年以下有期徒刑、拘役或者管制，并处罚金 • 数量巨大的，处二年以上七年以下有期徒刑，并处罚金

条款	部分主要处罚 （详情见《中华人民共和国会计法》2017 年 11 月 4 日修正）
伪造、变造会计凭证、会计账簿，提供虚假财务会计报告 （《会计法》第43条）	• 尚不构成犯罪的，由县级以上人民政府财政部门予以通报，可以对单位并处五千元以上十万元以下的罚款 • 对其直接负责的主管人员和其他直接责任人员，可以处三千元以上五万元以下的罚款 • 属于国家工作人员的，还应当由其所在单位或者有关单位依法给予撤职直至开除的行政处分 • 其中的会计人员，五年内不得从事会计工作 • 构成犯罪的，依法追究刑事责任
隐匿或者故意销毁依法应当保存的会计凭证、会计账簿、财务会计报告 （《会计法》第44条）	• 尚不构成犯罪的，由县级以上人民政府财政部门予以通报，可以对单位并处五千元以上十万元以下的罚款 • 对其直接负责的主管人员和其他直接责任人员，可以处三千元以上五万元以下的罚款 • 属于国家工作人员的，还应当由其所在单位或者有关单位依法给予撤职直至开除的行政处分 • 其中的会计人员，五年内不得从事会计工作 • 构成犯罪的，依法追究刑事责任

（续表）

条款	部分主要处罚 （详情见《中华人民共和国会计法》2017 年 11 月 4 日修正）
授意、指使、强令会计机构、会计人员及其他人员伪造、变造会计凭证、会计账簿，编制虚假财务会计报告或者隐匿、故意销毁依法应当保存的会计凭证、会计账簿、财务会计报告 （《会计法》第 45 条）	• 尚不构成犯罪的，处五千元以上五万元以下的罚款 • 属于国家工作人员的，还应当由其所在单位或者有关单位依法给予降级、撤职、开除的行政处分 • 构成犯罪的，依法追究刑事责任
（一）不依法设置会计账簿的 （二）私设会计账簿的 （三）未按照规定填制、取得原始凭证或者填制、取得的原始凭证不符合规定的 （四）以未经审核的会计凭证为依据登记会计账簿或者登记会计账簿不符合规定的 （五）随意变更会计处理方法的 （六）向不同的会计资料使用者提供的财务会计报告编制依据不一致的 （七）未按照规定使用会计记录文字或者记账本位币的 （八）未按照规定保管会计资料，致使会计资料毁损、灭失的 （九）未按照规定建立并实施单位内部会计监督制度或者拒绝依法实施的监督或者不如实提供有关会计资料及有关情况的 （十）任用会计人员不符合本法规定的 （《会计法》第 42 条）	• 由县级以上人民政府财政部门责令限期改正，对单位并处三千元以上五万元以下的罚款 • 对其直接负责的主管人员和其他直接责任人员，可以处二千元以上二万元以下的罚款 • 属于国家工作人员的，还应当由其所在单位或者有关单位依法给予行政处分 • 会计人员有前款所列行为之一，情节严重的，五年内不得从事会计工作 • 有前款所列行为之一，构成犯罪的，依法追究刑事责任

附录 5
常见审计环节中的部分重点

招投标审计、工程审计关注点

1. 拆分工程项目

- 项目一分为二，规避上级、总公司审批
- 拆分采购合同，大量采用询价方式，不公开招标
- 从一家公司同时采购同类材料，拆分为多个合同
- 关注项目标段划分的合理性
- 关注同一项目、同一物资采购
- 关注直接委托的项目
- 关注应招标却以市场比价采购的项目
- 关注濒临审批权限的采购
- 审查招标准备工作、项目审批、标底编制

2. 招标工作流于形式，后续手续不符合规范操作

- 事先确定承包商，后期补办招标手续
- 虚假招标，走流程，明招暗定
- 先让承包商干活，后补签合同（强调公司需求特殊、时间紧急）
- 允许承包商二次报价，并以邮件方式进行，违反招标和评标规定
- 承包商资质等级不够，出现挂靠现象
- 承包商使用虚假资质文件
- 使用的供应商不具备资质要求
- 使用非合格供应商库内的承包商
- 独标、限制潜在投标人
- 投标人互相串通、围标、串标

3. 招标文件编制不严密、内容不规范

- 招标文件出现矛盾或歧义
- 招标文件中的限制性用语不准确
- 招标文件中出现开口合同价
- 招标文件中出现许多暂定内容，给之后的虚增提供机会
- 审查招标文件，确保内容合规性、完整性、条款合理性

4. 工程量、定额、取费等

- 合同变更及现场签证未审批、缺乏支撑文件
- 建筑材料用量及价差问题
- 次品质量问题
- 定额套价，错误、多套、高套
- 取费标准错误、重复取费
- 审查工程技术标，工程量清单、招标控制价

5. 其他的招投标不规范点

- 供应商以低价中标，后通过大量变更，高价结算
- 招标人泄露投标信息（包括标底、技术标、其他投标人信息等）
- 评标标准不公平、不合理
- 审查投标资格审核，确保投标商合格性、真实性、无利益冲突
- 审查开标流程，包括开标方式、程序、监督、记录
- 审查评标流程，评标合理性、严谨性、评标人资格、利益冲突、评标程序和记录
- 审查定标流程，公示流程、合同签订、无阴阳合同
- 关注是否有迟到的投标文件仍被接受
- 关注投标文件不齐全但仍被接受的情况
- 关注投标截止日期延期，尤其无审批、无理由的情况
- 关注未开标前投标书未保管好的情况
- 关注投标书是否有被开启过的痕迹
- 关注倾向式二次报价单位是最低报价人的情况
- 关注修改询价规格、范围要求（未通知所有合格供应商）
- 关注给予报价时间过短、不合理的情况
- 关注无法提供招标公示的"招标"项目

采购审计部分重点

- 审查供应商主文档的建立、维护、管控及职责分工
- 审查供应商资质文件
- 审查供应商是否是关联方、关系人
- 审查请购、采购、审批、收货、付款的职责分工
- 审查请购、采购、审批、收货、付款的凭证要求
- 审查请购单上的技术根据、审批情况
- 审查采购单上的单价、数量根据、审批情况、是否有修改
- 审查报价单、标书提交的准时性、合规性、合理性（确保没有"黑天鹅"：参考文件审核）
- 咨询走访供应商、投标商（尤其是没中标的）
- 审查收货流程、质检流程、差异处理、过渡账号

销售审计部分重点

- 审查客户主文档建立、维护的管控及职责分工
- 审查客户资质文件
- 审查客户是否是关联方、关系人
- 审查客户授信额度、授信合理性、授信审批、授信文件要求
- 审查订单、信用度审查、发货、开票、收款的职责分工
- 审查发货与开票匹配、发货开票完整及安全性情况
- 审查销售收入的记账期间的合理性、合规性
- 审查销售收入记账科目的合理性、合规性
- 审查退货量、频率、退货记账的合理性
- 审查销售费用、销售员提成的合理性、合规性
- 审查收款完整性，打折、返利、赠品的合理性

费用审计部分重点

- 审查付款依据，审批流程、凭证处理
- 审查费用的合规性、合法性，是否符合合同要求
- 审查实物质量、数量，与采购单发票是否匹配
- 审查费用记账期间的合理性、合规性
- 审查费用记账科目的合理性、合规性
- 审查费用预提的合理性、合规性

附录 6
部分国家和地区商业企业注册局与企业信息检索网站

	国家 / 地区	相关部门	微软 Bing 国际版搜索关键词
亚洲	中国	国家企业信用信息公示系统	国家企业信用信息公示系统
	日本	National Tax Agency Corporate Number Publication Site	National Tax Agency Corporate Number Publication Site Japan
	越南	National Business Registration Portal	Vietnam National Business Registration
	老挝	National Enterprise Database	Laos National Enterprise Database
	柬埔寨	Ministry of Commerce	Business Registration Kingdom of Cambodia
	泰国	Department of Business Development Ministry of Commerce	Thailand Department of Business Development
	缅甸	Directorate of Investment and Company Administration	Directorate of Investment and Company Administration Myanmar
	马来西亚	Suruhanjaya Syarikat Malaysia Companies Commission of Malaysia	Suruhanjaya Syarikat Malaysia SSM
	新加坡	Accounting and Corporate Regulatory Authority	Accounting and Corporate Regulatory Authority Singapore
	菲律宾	Republic of the Philippines Securities and Exchange Commission	Republic of the Philippines Securities and Exchange Commission
	文莱	Ministry of Finance and Economy Brunei Darussalam	ONE COMMON PORTAL
	印度尼西亚	Ministry of Law and Human Rights	Companies House Indonesia（非官方）

（续表）

	国家/地区	相关部门	微软 Bing 国际版搜索关键词
亚洲	东帝汶	Ministry of Finance	Timo-Leste Ministry of Finance
	巴布亚新几内亚	Investment Promotion Authority Papua New Guinea	Investment Promotion Authority Papua New Guinea
	斯里兰卡	Department of the registrar of Companies	Sri Langka Department of the Registrar of Companies
	印度	Ministry of Corporate Affairs Government of India	Ministry of Corporate affairs Government of India
	巴基斯坦	Securities and Exchange Commission of Pakistan	Securities and Exchange Commission of Pakistan
	孟加拉国	Office of the Registrar of Joint Stock Companies and Firms	Bangladesh Office of the Registrar of Joint Stock Companies and Firms
	尼泊尔	The Office Portal of Government of Nepal	Office of Company Register Nepal
	蒙古国	General Authority of State Registration	General Authority of State Registration Mongolia
	塔吉克斯坦	Tax Committee of the Government of Tajikistan	Tax Committee of the Government of Tajikistan (andoz.tj)
	哈萨克斯坦	Public Services and Online Information	Public Services and Online Information Kazakhstan
	吉尔吉斯斯坦	Ministry of Justice of the Kyrgyz Republic	Ministry of Justice of the Kyrgyz Republic
	乌兹别克斯坦	Chamber of Commerce and Industry of Uzbekistan	Chamber of Commerce and Industry of Uzbekistan
	土库曼斯坦	State Registration of Legal Entities	Ashgabat Consulting Team (ACT)（非官方）
	伊朗	Ministry of industry, Mine and Trade	Ministry of industry, Mine and Trade Iran（MIMT）
	马尔代夫	Ministry of Economic Development	Ministry of Economic Development Maldives (Business Registration Portal)
	阿拉伯联合酋长国	Official Portal of the UAE Government	UAE Verify Business Licences
	沙特阿拉伯	Ministry of Commerce	Ministry of Commerce Saudi Arabia
	伊拉克	Registrar of Companies of Iraq	Tasjeel.mot.gov.iq
	科威特	Ministry of Commerce and Industry	Kuwait Government Online
	约旦	Ministry of Industry and Trade and Supply	Ministry of Industry and Trade and Supply Jordan

（续表）

	国家 / 地区	相关部门	微软 Bing 国际版搜索关键词
亚洲	巴林	Commercial Registration of Bahrain	Sijilat
	阿曼	Oman Company Register	Oman Company Register
	土耳其	Turkey Trade Registry	The Union of Chambers and Commodity Exchanges of Turkey
	以色列	Ministry of justice	Israeli Corporate Authority
	黎巴嫩	Investment Development Authority of Lebanon	Investment Development Authority of Lebanon
	俄罗斯	Ministry of Economic Development of the Russian Federation	Ministry of Economic Development of the Russian Federation (Integrated foreign economic information portal)
大洋洲	澳大利亚	Australian Securities &Investments Commission	Australian Securities & Investments Commission
	新西兰	Ministry of Business, Innovation & Employment	New Zealand Companies Office
	所罗门群岛	The Company Haus	Solomon Islands The Company Haus
	库克群岛	Ministry of Justice	Cook Islands Registry Services
	斐济	Fijian Registrar of Companies	Fijian Government Eservices
欧洲	阿塞拜疆	Ministry of Taxes	Ministry of Taxes Azerbaijan
	亚美尼亚	Electronic Government of the Republic of Armenia	Electronic Government of the Republic of Armenia
	格鲁吉亚	Office of the Georgia Secretary of State	Georgia Corporation Division
	乌克兰	Ministry of Justice of Ukraine	United State Register of Legal Entities, Individual Entrepreneurs and Public Organizations of Ukraine
	白俄罗斯	Ministry of Justice of Republic of Belarus	Unified State Register of Legal Entities and Individual Entrepreneurs
	摩尔多瓦	Public Service Agency	Public Service Agency Moldova
	保加利亚	Republic of Bulgaria Registry agency	Republic of Bulgaria Registry Agency Portal
	希腊	General Electronic Commercial Registry	General Electronic Commercial Registry ERMIS GOV GR
	罗马尼亚	Ministry of Justice	National Trade Register Office Romania

	国家/地区	相关部门	微软 Bing 国际版搜索关键词
欧洲	马其顿	State Statistical Office	State Statistical Office Macedonia Business Entities
	阿尔巴尼亚	Institute of Statistics	Institute of Statistics Albania
	塞尔维亚	Serbian Business Register Agency	Serbian Business Register Agency apr gov
	波斯尼亚和黑塞哥维那	Federal Ministry of Jusctice and Judiciary Commission	Registers of Business Entities in Bosnia and Herzegovina
	克罗地亚	Croatian Companies Registry	Croatian Companies Registry Sudski Registar Republika Hrvatska
	匈牙利	Ministry of Justice	Business Information and Electronic Business Procedure Service Ministry of Justice Hungary
	斯洛伐克	Ministry of Justice of the Slovak Republic	Slovak Republic business register
	波兰	Gov.pl	Ministerstwo Sprawiedliwosci - Portal Gov pl
	拉脱维亚	Latvijas republikas Uznemumu registrs	Latvijas Republikas Uznēmumu reģistrs
	爱沙尼亚	E-business Register Centre of Registers and Information systems	Ariregister
	捷克共和国	Ministry of Finance of the Czech republic	Czech Statistical Office
	奥地利	Austrian Financial Market Authority	Austrian Financial Market Authority fma gv at
	斯洛文尼亚	AJPES	AJPES Slovenia
	德国	The central platform for the storage of company data	Unternehmensregister
	意大利	Italian business register.it	Italian business register
	列支敦士登	The Commercial Register	The Commercial Register Liechtenstein
	丹麦	CVR-det Centrale Virksomhedsregister	CVR-det Centrale Virksomhedsregister
	荷兰	Netherlands Chamber of Commerce (KVK)	KVK Netherland
	比利时	FPS Economy	FPS Economy Belgium
	法国	Infogreffe Entreprendre en confiance	Infogreffe Entreprendre en confiance
	安道尔共和国	Register of Authorized Entities	Autoritat Financera Andorrana

（续表）

	国家 / 地区	相关部门	微软 Bing 国际版搜索关键词
欧洲	摩纳哥	Gouvernement Princier Principaute de Monaco	Gouvernement Princier Principaute de Monaco public service
	西班牙	RMC.ES Registro mercantile central	RMC.ES Registro mercantile central
	葡萄牙	Instituto dos registos e do notariado	Instituto dos registos e do notariado
	卢森堡	The Luxembourg business Register	The Luxembourg business Register
	瑞士	Federal Office of Justice	zefix firmensuche
	英国	GOV.UK	Companies House - GOV UK
	瑞典	The Swedish Companies Registration Office	The Swedish Companies Registration Office
	挪威	Brønnøysund Register Centre	Forsiden Brønnøysundregistrene
	芬兰	Finnish patent and registration office	Finnish patent and registration office
	冰岛	Statistics Iceland	Statistics Iceland
	爱尔兰	Companies Registration Office	Companies registration office Ireland
	马恩岛	Isle of man government	Isle of Man Government Companies Registry
	圣马力诺	Economic Development Agency Chamber of Commerce San Marino	San Marino trade register
	马耳他	Malta Business Registry	Malta Business Registry
非洲	埃及	Ministry of Trade and Industry	Egypt Ministry of Trade and Industry
	莫罗科	Moroccan Office of Industrial and Commercial Property	Moroccan Office of Industrial and Commercial Property
	尼日利亚	Corporate Affairs Commission	Nigeria Corporate affairs commission
	贝宁	Investment and Export Promotion Agency	Investment and Export Promotion Agency Benin
	喀麦隆	Chamber of Commerce, Industry, Mines and Crafts (CCIMA)	Chamber of Commerce, Industry, Mines and Crafts (CCIMA)
	冈比亚	Attorney General's Chamber & Ministry of Justice	Attorney General's Chamber & Ministry of Justice The Gambia
	布基纳法索	Chambre De Commerce Et D Industrie Du Burkina Faso	Chambre De Commerce Et D Industrie Du Burkina Faso
	利比里亚	Liberia Ministry of Commerce & Industry	Liberia Business Registry
	吉布提	Djibouti Licensing & Registration	Djibouti Licensing & Registration

（续表）

	国家 / 地区	相关部门	微软 Bing 国际版搜索关键词
非洲	厄立特里亚	Eritrean National Chamber of Commerce	Eritrean National Chamber of Commerce
	索马里	Somalia Ministry of Commerce and Industry	Somali Business Registration and Licensing System
	肯尼亚	Business Registration Service Republic of Kenya	Business Registration Service Republic of Kenya
	刚果共和国	General Secretariat of the Government Official Journal Republic of the Congo	General Secretariat of the Government Official Journal Republic of Congo
	刚果民主共和国	Ministry of Justice and Human Rights Democratic Republic of the Congo	Ministry of Justice and Human Rights – Business Registry (Guichet unique)
	乌干达	Uganda Registration Services Bureau	Uganda Registration Services Bureau
	埃塞俄比亚	Federal Democratic Republic of Ethiopia	Federal Democratic Republic of Ethiopia Electronic Services
	加纳	Registrar General's Department	Ghana Registrar General's Department
	坦桑尼亚	Business Registration and Licensing Agency Tanzania	Business Registration and Licensing Agency Tanzania
	卢旺达	Office Of Registrar General	Office Of Registrar General Rwanda
	安哥拉共和国	Ministry of Justice and Human Rights	Pequisa de Informação Publicada em DR III
	莱索托	One Stop Business Facilitation Centre	One Stop Business Facilitation Centre Lesotho
	马拉维	Department of the Registrar General	Department of the Registrar General Malawi
	南非	Companies and Intellectual Property Commission	Companies and intellectual property commission South Africa
	纳米比亚	Business and Intellectual Property Authority	Business and Intellectual Property Authority Namibia
	博茨瓦纳	Companies and Intellectual Property Authority	Companies and Intellectual Property Authority Botswana
	津巴布韦	Department of Deeds Companies & Intellectual Property	Department of Deeds Companies & Intellectual Property Zimbabwe
	赞比亚	Patents and Companies Registration Agency	Patents and Companies Registration Agency Zambia
	非洲塞舌尔群岛	Seychelles Government	Seychelles Company Register
	毛里求斯	Corporate and Business Registration Department	Corporate and Business Registration Department Mauritius CBRD

（续表）

	国家／地区	相关部门	微软 Bing 国际版搜索关键词
拉丁美洲	哥伦比亚	Camara de Comercio de Bogota	Camara de Comercio de Bogota Columbia
	委内瑞拉	Ministerio del Poder Popular de Economia, Finanzas y Comercio Exterior	SENIAT Ministerio del Poder Popular de Economia, Finanzas y Comercio Exterior
	圭亚那	The Deeds and Commercial Registries Authority	The Deeds and Commercial Registries Authority Guyana
	巴西	Departamento Nacional de Registro Empresarial e Integração (DREI)	Departamento Nacional de Registro Empresarial e Integração (DREI) juntas comerciais（各州注册）
	阿根廷	Ministerio de Justicia y Derechos Humanos	Ministerio de Justicia y Derechos Humanos
	乌拉圭	Uruguay Investment, Export and Country Brand Promotion Agency	Uruguay Investment, Export and Country Brand Promotion Agency（投资介绍）
	智利	Conservador de Bienes Raices de Santiago	Conservador de Bienes Raices de Santiago Índice del Registro de Comercio
	玻利维亚	Bolivia Trade Registry	Bolivia Trade Registry Fundempresa
	秘鲁	Peru National Superintendence of Public Registries	Registries Plataforma Digital Unica del Estado Peruano
	厄瓜多尔	Superintendencia De Companias Valores Y Seguros	Superintendencia De Companias Valores Y Seguros
北美洲	墨西哥	The Secretariat Economy of Mexico	The Secretariat Economy of Mexico

	国家／地区	相关部门	微软 Bing 国际版搜索关键词
加勒比	巴哈马	The Government of the Bahamas	The government of the Bahamas
	巴拿马	Registro Publico	Panama digital gob pa
	哥斯达黎加	National Registry of Costa Rica	Bizlatinhub（非官方）
	萨尔瓦多	Directorate General of Taxation	
	百慕大群岛	Registrar of Companies	Bermuda Registrar of Companies
	开曼群岛	Cayman Islands General Registry	Cayman Islands General Registry
	古巴	National office of Statistic Cuba	Oficina nacional de estadistica e informacion cuba
	牙买加	Companies Office of Jamaica	Companies Office of Jamaica
	多米尼加共和国	Companies and Intellectual Property Office Dominica	Companies and Intellectual Property Office Dominica Republic

（续表）

	国家 / 地区	相关部门	微软 Bing 国际版搜索关键词
加勒比	特立尼达	Companies Registry Trinidad	Trinidad and Tobago company registry online
	英属维尔京群岛	British Virgin Islands Financial Services Commission	British Virgin Islands Financial Services Commission
	库拉索	Curacao Chamber of Commerce & Industry	Curacao chamber of commerce & industry
	巴哈马	Registrar General's Department	The government of Bahamas (Business Company Search)
	巴巴多斯共和国	Corporate Affairs and Intellectual Property Office	Corporate Affairs and Intellectual Property Office Barbados
加拿大	加拿大	Government of Canada	Corporations Canada（联邦公司）
	阿尔伯塔省	Service Alberta	Service Alberta
	不列颠哥伦比亚省	British Columbia Corporate Registry	British Columbia Corporate Registry
	新不伦瑞克省	Corporate Affairs Registry Database New Brunswick	Corporate Affairs Registry Database New Brunswick
	纽芬兰和拉布拉多	Companies and Deeds Online Newfoundland and Labrador	Companies and Deeds Online Newfoundland and Labrador
	西北地区	Department of Justice - Corporate Registry Northwest Territories	Department of Justice - Corporate Registry Northwest Territories
	新斯科舍省	Registry of Joint Stock Companies - Nova Scotia	Registry of Joint Stock Companies - Nova Scotia
	努纳武特	Department of Justice - Corporate Registries Nunavut	Department of Justice - Corporate Registries Nunavut
	安大略	Integrated Business Services Application Ontario	Integrated Business Services Application Ontario
	爱德华王子岛	Department of Environment, Labor and Justice Corporate /Business Names Registry Prince Edward Island	Department of Environment, Labor and Justice Corporate /Business Names Registry Prince Edward Island
	魁北克人	Registraire des entreprises Quebec	Registraire des entreprises Quebec
	萨斯喀彻温省	Saskatchewan Corporate Registry	Saskatchewan Corporate Registry
	育空地区	Yukon Chamber of Commerce - Business Directory	Yukon Chamber of Commerce - Business Directory
美国	亚拉巴马州	Alabama Secretary of State	Alabama Secretary of State
	阿拉斯加州	Department of Commerce, Community, and Economic Development	Alaska Department of Commerce, Community, and Economic Development

（续表）

	国家/地区	相关部门	微软 Bing 国际版搜索关键词
美国	亚利桑那州	Arizona Corporation Commission	Arizona Corporation Commission Business
	阿肯色州	Arkansas Secretary of State	Secretary of State of Arkansas
	加利福尼亚州	California Secretary of State	California Secretary of State Business
	科罗拉多州	Colorado Secretary of State Jena Griswold	Colorado Secretary of State
	康涅狄格	Secretary of the State of Connecticut	Secretary of the State of Connecticut online business services
	特拉华州	Secretary of State of Delaware	Secretary of State of Delaware search business
	佛罗里达	Florida Division of Corporations	Secretary of State of Florida Division of Corporations
	佐治亚州	Georgia Secretary of State	Georgia Secretary of State
	夏威夷	eHawaiiGov	Business Search - eHawaiiGov - Government in Hawaii
	爱达荷州	Secretary of State of Idaho	Secretary of State of Idaho business search
	伊利诺伊州	Illinois Secretary of State	Illinois Secretary of State
	印第安纳州	Secretary of State of Indiana	Secretary of State of Indiana business division
	堪萨斯州	State of Kansas Secretary of State	Kansas secretary of state Business service
	肯塔基州	Secretary of State Kentucky	Secretary of State Kentucky business Records
	路易斯安那州	Secretary of State of Louisiana	Secretary of State of Louisiana Business Services
	缅因州	Secretary of State of Maine	Secretary of State of Maine
	马里兰	Maryland Department of Assessments and Taxation	Maryland business resource
	马萨诸塞州	Massachusetts Secretary of the Commonwealth	Massachusetts Secretary of the Commonwealth
	密歇根	Department of Licensing and Regulatory Affairs Michigan	Department of Licensing and Regulatory Affairs Michigan
	明尼苏达州	Minnesota Secretary of State	Minnesota Secretary of State
	密西西比	Secretary of State of Mississippi	Secretary of State of Mississippi Business Services
	密苏里州	Missouri Secretary of State	Missouri Secretary of State
	蒙大拿	Secretary of State of Montana	Secretary of State of Montana
	内布拉斯加州	Secretary of State of Nebraska	Secretary of State of Nebraska Corporate and business

（续表）

国家/地区	相关部门	微软 Bing 国际版搜索关键词
新泽西州	New Jersey Secretary of State	New Jersey Secretary of State
内华达州	Secretary of State of Nevada	Secretary of State of Nevada
新墨西哥州	New Mexico Secretary of State	New Mexico Secretary of State
新罕布什尔州	New Hampshire Secretary of State	New Hampshire Secretary of State
纽约州	Secretary of State of New York	Secretary of State of New York
北卡罗来纳州	North Carolina Secretary of State	North Carolina Secretary of State
北达科他州	North Dakota Secretary of State	North Dakota Secretary of State
俄亥俄州	Ohio Secretary of State	Ohio Secretary of State
俄克拉荷马	Oklahoma Secretary of State	Oklahoma Secretary of State
俄勒冈	Oregon Secretary of State	Oregon Secretary of State
宾夕法尼亚	Secretary of the Commonwealth of Pennsylvania	Secretary of the Commonwealth of Pennsylvania
罗德岛	Secretary of State of Rhode Island	Secretary of State of Rhode Island
南卡罗来纳州	Secretary of State of South Carolina	Secretary of State of South Carolina
南达科他州	South Dakota Secretary of State	South Dakota Secretary of State business
得克萨斯州	Texas Secretary of State	Texas secretary of state business
犹他州	Utah Division of Corporations and Commercial Code	Utah Division of Corporations and Commercial Code
佛蒙特州	Secretary of State of Vermont	Secretary of State of Vermont
弗吉尼亚州	Secretary of the Commonwealth Virginia	State Corporation Commission Virginia
华盛顿	Secretary of State of Washington	Access Washington
西弗吉尼亚州	Secretary of State West Virginia	West Virginia Secretary of State
威斯康星州	Wisconsin Government	Wisconsin Government
怀俄明州	Secretary of State of Wyoming	Secretary of State of Wyoming
华盛顿特区	Department of Consumer and Regulatory Affairs DC	Department of Consumer and Regulatory Affairs DC
关岛	Department of Revenue and Taxation Guam	Department of Revenue and Taxation guam

注：国家/地区列的"美国"为该表所有行的合并单元格。

（续表）

	国家 / 地区	相关部门	微软 Bing 国际版搜索关键词
美国	美属维尔京群岛	Division of Corporations and Trademark USVI	Division of Corporations and Trademark USVI
	波多黎各	Puerto Rico Department of State	Puerto Rico Department of State
	北马里亚纳群岛	Department of Commerce Northern Mariana Islands	Department of Commerce Northern Mariana Islands